KB168298

데이터베이스 신뢰성 엔지니어링

데이터베이스 신뢰성 엔지니어링

탄력적인 데이터베이스 시스템 설계와 관리

이설민 옮김   레인 캠벨 · 채리티 메이저스 지음

i!i
에이콘

에이콘출판의 기틀을 마련하신 故 정완재 선생님 (1935-2004)

한국어판 추천사

클라우드의 급격한 확산, MSA, DDD, ORM 등 서비스 개발 방식의 지속적인 고도화 속에서도 이를 지탱하는 데이터베이스 신뢰성은 변치 않는 모든 종류의 서비스 운영을 위한 핵심 기술이다. 이 책은 데이터베이스 신뢰성을 이해하기 위한 지식을 포괄적으로 담고 있어, 입문자를 위한 책으로 전혀 부족함이 없다. DBA뿐만 아니라 서비스를 개발하는 모든 엔지니어에게 강력하게 추천한다.

– 임상석, 42dot 상무

프론트엔드front-end 개발자로서 백엔드back-end의 역할에 대한 궁금증이 항상 있었다. 이 책으로 신뢰성 있는 데이터를 서비스하기 위한 다양한 방법과 이를 체계적으로 운영하기 위한 프로세스에 대해 흥미롭게 설명했다. 문제 해결을 위해 DBRE로서 가져야 하는 사고방식을 일깨워줌으로써 영감을 얻을 수 있을 것이며, 신뢰성 있는 서비스를 구축하기 위한 좋은 기회가 될 것이다.

– 김민수, 카카오페이 안드로이드 개발 리더

최근 10년 동안 클라우드, 컨테이너가 트렌드가 되면서 더 유연한 IT 인프라 환경이 만들어졌고, 이에 맞춰 개발 환경도 변화하고 있다. 인프라 엔지니어와 개발자 간에 벽이 조금씩 허물어졌고 서비스 운영 문화도 변화했다. 그동안 이와 관련된 책이 많이 번역됐으나 데이터베이스 관련 책은 없어서 많은 아쉬움이 있었기 때문에 이 책이 번역돼 기쁘게 생각한다.

이 책은 변화 속에서 데이터베이스 엔지니어가 받아들여야 할 문화와 기술의 방향을 제시해준다. 뿐만 아니라 잊기 쉬운 기본 지식과 전통적인 역할 및 책임도 놓치지 않고 설명해준다. 때문에 데이터베이스 운영을 시작하는 사람에게는 선배들이 물려주는 가이드, 지침서와 같은 책이 될 것이다. 또한 데이터베이스 엔지니어에게는 DBRE 문화를 이해하고 정착하는 데 큰 도움이 될 것이다.

— 정현수, 네이버웍스 주소록 서비스 개발자

조직에 데브옵스^{DevOps}의 문화를 도입하고 클라우드를 비롯한 다양한 환경 위에서 서비스를 구성하고 안정적으로 운영하려면 데이터의 관리 방법, 특히 데이터베이스에 대한 올바른 설계, 운영 방법을 확립하는 것이 가장 중요하다. 이 책에서는 데이터베이스의 신뢰성을 높이는 설계 방법, 거버넌스 수립, 리스크 관리까지 실제 업무에서 활용할 수 있게 다양한 기법과 노하우 등을 자세히 설명해준다.

또한 DBRE가 궁극적으로 보유해야 할 지식뿐만 아니라 서비스를 설계, 개발하는 모든 사람이 알아야 할 데이터베이스 모범 사례들이 잘 구성돼 있다. 개발자, DBA, 데브옵스, 신뢰성 엔지니어링을 도입하는 모든 사람에게 많은 도움이 될 것이다.

— 장경철, king.com 시니어 SRE

이 책은 DBA의 전통적인 직무에서 한 단계 더 나아가 비즈니스까지 연계된 데이터베이스 관리의 신뢰성 기술과 문화를 설명한다. 평소 인프라 엔지니어나 소프트웨어 엔지니어들과 협업하며 상호 간 이해가 필요한 실무를 하고 있다면 많은 영감을 얻을 수 있을 것이다.

최근 지속적으로 확대되는 클라우드 환경을 비롯해 변화하는 비즈니스의 요구사항들 속에서 어떻게 DBRE의 역할과 개념을 수립해야 하는지 쉽게 이해할 수 있었다. 또한 DBA로서 SRE와의 협업을 통해 상호 성장과 효율성 및 생산성까지 높이고자 한다면 이 책을 한번 자세히 살펴보는 게 좋을 것이다.

– **이공수**, 엔씨소프트 모바일게임 SRE팀 팀장

추천사

우리는 전반적인 데이터베이스 산업에서 전례 없는 변화와 혼란의 시기를 목격하고 있다. 기술 채택의 생명주기는 새로운 도전과 기회와 함께 머리를 어지럽게 만드는 지점까지 가속화됐다.

아키텍처는 매우 빠르게 진화하고 있어서 지금까지 익숙해진 업무는 더 이상 필요하지 않게 됐으며 그렇게 많이 투자했던 제반 기술은 이제 거의 연관이 없다. 보안, 코드형 인프라, 클라우드의 수용력(예를 들어 서비스형 인프라와 데이터베이스)과 같은 새로운 혁신과 압박으로 인해 우리가 어떻게 구축하고 있는지 재고할 필요성을 느끼게 한다.

필연적으로 기존의 관리성 작업 부하에서 벗어나 아키텍처, 자동화, 소프트웨어 엔지니어링, 지속적인 통합 및 배포, 시스템 편성 기술 등을 강조하는 프로세스로 전환했다. 그동안 우리가 보호하고 관리해 온 데이터의 가치와 중요성은 그 규모만큼이나(혹은 그 이상으로) 증가했고 앞으로도 그 가치가 증가하지 않는 미래는 그려지지 않는다. 우리는 이와 같은 세상에서 무언가 의미 있고 중요한 차이를 만들어낼 수 있는 운이 좋은 위치에 있다.

한때 본인이 뛰어난 데이터베이스 관리자라고 의심없이 생각했던 많은 사람은 시대의 흐름에 압박 받고 있으며 심지어 뒤처질 위험에 처해 있다. 동시에 이 분야에 뛰어든 새로운 사람들은 조직의 패러다임을 갈망한다. 이 두 가지 상황에 대한 답은 동일하다. 학습의 즐거움, 자기 계발, 긍정적, 열정 그리고 자신감이다. 이는 피할 수 없는 고난과 위험에도 어떤 업무를 맡아 그것을 끝까지 관철시키기 위함이다. 이 책은 데이터베이스 인프라 엔지니어링에 대한 새로운 사고 방식을 소개하고 운영, 가이드북, 플레이북 등 우리가 수행하고 재구성했던 모든 것을 새로운 방향으로 이끈다는 점에서 주목할 만한 성과다. 즉, 이것이 바로 데이터베이스 신뢰성 엔지니어링이다.

— 폴 밸리[Paul Vallee], 파이시안[Pythian]의 사장 겸 CEO

옮긴이 소개

이설민(c0desway@naver.com)

엔씨소프트, 현대자동차, 카카오페이증권 등의 다양한 분야에서 대규모 데이터를 처리하는 데이터베이스 관리자로 근무했다. 이와 관련해 클라우드 솔루션 개발 업무도 리딩하는 업무를 수행했다. 연세대학교 대학원에서 컴퓨터공학 전공으로 석사 학위를 받았으며 현재 SK텔레콤에서 데이터베이스 신뢰성 엔지니어링DataBase Reliability Engineering, 자동화automation, AI 기술에 흥미를 갖고 연구하고 있다.

옮긴이의 말

과거 데이터베이스는 스페셜리스트만의 전유물이었다. 설치는 어려웠고 튜닝은 복잡했으며 쿼리 작성에 조금만 신경을 못 써도 서비스에 영향을 미치게 되는 두려운 존재였다. 데이터베이스는 아주 예쁜 유리병과도 같았고 이를 잘 다루려면 오랜 시간 동안 숙련된 장인의 손길이 필요할 것만 같았다. 하지만 최근 클라우드 컴퓨팅, MSA 아키텍처, 자동화 시스템 등의 기술 발달로 현대의 데이터베이스는 더 이상 그들만의 전유물이 아니게 됐다. 필요하면 누구나 쉽게 접근할 수 있게 진입장벽이 낮아졌으며, 또한 어느 정도까지는 서비스도 가능할 정도로 표준화됐다.

이러한 시대의 변화는 자연스럽게 데이터베이스를 바라보는 관점의 변화를 만들었으며 이에 따른 데이터베이스 관리자의 역할도 적지 않게 바뀌었다. 이로 인해 DBRE라는 새로운 관점의 데이터베이스 관리가 필요하게 됐고 그에 맞는 요구 사항들이 생겨나기 시작했다. 그렇다면 DBRE의 개념은 무엇이며 그동안 데이터베이스 관리자의 역할과 어떤 점이 다른지 필연적으로 궁금증이 발생할 것이다.

이 책은 이러한 궁금증에 대한 답을 제시한다. 서비스, 아키텍처, 인프라 등 다양한 관점에서 데이터베이스를 바라보고 데이터베이스 관리자의 역할을 재정의해 어떤 배경지식이 필요한지 설명한다. 특히 데이터베이스 신뢰성이라는 관점으로 데이터베이스 관리를 지향하고 있으며 이를 위해 반복적인 관리 포인트를 줄이고 아키텍처나 퍼포먼스에 집중하고자 프레임워크를 만들고 수행 방안을 전개한다. 현대의 데이터베이스가 누구나 사용 가능하다고 해서 모두가 데이터베이스를 능숙하게 다룰 수 있는 것은 분명 아닐 것이다. 근본적으로 데이터베이스 관리자는 내부 구조, 아키텍처, 동작 원리를 학습해 기본기가 바탕이 돼야 함은 DBRE의 관점에서도 변함이 없다.

항상 새로운 기술이 나타나고 변화함에 따라 이에 맞는 도전 과제들을 수행하기 위해서 우리는 배워야 할 게 너무나 많은 세상을 살고 있다. 많은 데이터베이스 관리자는 DBRE라는 용어를 들어보지만 않았을 뿐 이미 이러한 변화를 피부로 느끼며 현업에서 데이터베이스 신뢰성 향상을 위해 노력하고 있을 것이다.

이 책이 최근 시대의 환경 변화로 인해 데이터베이스 관리자의 역할이 어디까지인지 고민하고 있던 사람에게 조금이나마 도움이 되기를 바란다. 이 책을 통해 다양한 관점에서 데이터베이스를 생각해볼 수 있으며 나아가 우리가 책임지고 있는 데이터베이스의 신뢰성을 좀 더 성숙하게 발전시킬 수 있는 전환점이 될 수 있기를 기대한다.

지난 수개월 동안 번역 작업을 해야 한다는 명분하에 같이 뛰어노는 시간보다 책상에 앉아 있는 아빠 모습을 더 많이 봐왔을 아들 동윤이와 나를 대신해 아들의 넘쳐나는 에너지를 온전하게 받아내며 항상 응원해준 아내에게, 내 삶을 지탱하는 목적이자 행복 그 자체라는 것을 이 지면을 빌어 사랑하는 마음과 함께 감사한 마음을 전한다.

또한 지나고 보니 함께했던 회사 생활이 더할 나위 없이 열정적인 시간이었다는 것을 뒤늦게 깨닫게 해줬던, 이 책의 추천사를 흔쾌히 작성해 준 동료들에게 감사의 뜻을 전한다. 마지막으로 이 책을 펴내기 위해 긴 시간 동안 힘써주신 에이콘 출판사의 모든 분에게 진심으로 감사의 마음을 전한다.

2023년 1월 어느 날 새벽, 서재에서

지은이 소개

레인 캠벨^{Laine Campbell}

패스틀리^{Fastly}의 프로덕션 엔지니어링 시니어 디렉터^{Senior Director}다. 또한 오바마 포 아메리카^{Obama for America}, 액티비전 콜 오브 듀티^{Activision Call of Duty}, 어도비 에코사인^{Adobe Echosign}, 테크노라티^{Technorati}, 라이브 저널^{Livejournal}, 젠데스크^{Zendesk}와 같은 기업의 데이터베이스 요구 사항을 처리하는 컨설팅 회사인 팔로미노DB^{PalominoDB}, 블랙버드^{Blackbird}의 설립자이자 CEO였다. 18년 동안 대규모 데이터베이스 및 분산 시스템에서 실무자로 근무했다.

채리티 메이저스^{Charity Majors}

Honeycomb.io의 CEO이자 창립자다. 허니콤^{Honeycomb}은 로그 수집기의 원시 정확도, 시계열 지표의 속도, APM^{Application Performance Metrics}의 유연성을 결합해 세계 최초의 진정한 차세대 분석 서비스를 제공한다. 이전에 Parse/Facebook의 운영자였으며 레디스^{Redis}, 카산드라^{Cassandra}, MySQL와 더불어 대규모의 몽고DB^{MongoDB}를 관리했다. 또한 페이스북의 RocksDB 팀과 긴밀히 협력해 플러그형 스토리지 엔진 API를 사용해서 세계 최초의 Mongo+Rocks를 개발하고 출시했다.

차례

07장 백업과 복구

08장 릴리스 관리 237

10장 데이터 스토리지, 인덱싱, 복제

11장   데이터 스토어 필드 가이드

들어가며

이 책에서는 차세대 데이터베이스 전문가인 데이터베이스 신뢰성 엔지니어^{DBRE}를 위한 프레임워크를 보여준다. 먼저 데이터베이스 관리자란 직업에 어떤 선입견이 있는지 떠올려보자. 이 불가사의한 생명체와 협력하고 있는 소프트웨어 또는 시스템 엔지니어들은 다음과 같은 선입견을 갖고 있을 것이다.

전통적으로 데이터베이스 관리자^{DBA}는 데이터베이스^{DB} 내부를 속속들이 이해했다. 그들은 옵티마이저, 쿼리 엔진, 특정 시스템의 성능 기준에 맞는 튜닝과 제작에 능했다. 이들은 데이터베이스를 더 잘 운영하고자 다른 기술을 습득해야 한다면 그렇게 했다. 컴퓨터 중앙처리장치^{CPU}나 디스크 스핀들^{disk spindles} 부하를 분산시키는 방법, CPU 친밀도^{affinity}를 사용하고자 DB를 설정하는 방법, 스토리지 서브시스템을 평가하는 방법 등을 배웠다.

DBA가 가시성^{visibility} 문제에 직면했을 때 그들은 핵심 지표를 식별하기 위한 그래프를 만드는 방법을 배웠다. 아키텍처의 한계에 직면했을 때 캐시 계층에 대해 배웠고, 개별 노드의 한계에 부딪혔을 때 샤딩과 같은 새로운 설계 패턴의 개발을 배우며 주도했다. 이러한 과정에서 캐시 무효화^{cache invalidation}, 데이터 리밸런싱^{data rebalancing}, 순차 DB 변경^{rolling DB change} 작업 등과 같은 새로운 운영 기법을 정복하고 있었다.

하지만 오랫동안 DBA들은 사일로^{silo}와 스노우플레이크^{snowflake}를 만드는 비즈니스를 하고 있었다. 그들이 쓰는 도구와 하드웨어, 언어는 달랐다. DBA는 SQL,

시스템 엔지니어는 펄^{perl}, 소프트웨어 엔지니어는 C++, 웹 개발자는 PHP, 네트워크 엔지니어들은 그들만의 완벽한 어플라이언스를 만들고 있었다. 오직 팀 절반 정도만 어떤 식으로든 버전 관리 시스템을 사용하고 있었고, 철저하게 서로의 영역에 관여하거나 침범하지 않았다. 마치 다른 나라로 들어가야 하는 것처럼 보였다.

이런 모델이 효과적이고 지속 가능하다는 것을 증명할 수 있는 시대는 얼마 남지 않았다. 이 책은 데이터베이스 엔지니어링 시야를 통해 바라본 신뢰성 엔지니어링의 관점이다. 모든 사례를 다루고 있지는 않지만 여러분의 경험에 빗대어 우리가 중요하게 여기는 것을 설명할 것이다. 이러한 프레임워크는 다양한 데이터 스토어, 아키텍처, 조직 등에 적용할 수 있을 것이다.

이 책을 쓰게 된 이유

이 책은 약 5년 동안 진화시켜온 우리의 염원이다. 레인^{Laine}은 어떠한 공식적인 기술 훈련도 받지 않고 DBA 역할을 맡았다. 그녀는 소프트웨어 엔지니어나 시스템 관리자도 아니었고 오히려 음악과 극장을 떠난 후 기술적인 경력을 쌓기로 마음 먹었다. 이러한 배경으로 데이터베이스에서 찾은 구조, 조화, 대위법^{counterpoint}, 오케스트레이션^{orchestration} 등을 배웠다.

그 이후로 그녀는 수도 없이 많은 DBA와 함께 채용하고, 가르치고, 지도하며 일했다. 데이터베이스 분야 종사자들의 출신은 매우 다양하다. 일부는 소프트웨어에서, 다른 일부는 시스템에서 왔다. 심지어 일부는 데이터 분석가와 사업 부서에서도 왔다. 하지만 최고의 자리에서 꾸준히 빛을 발하는 것은 회사 데이터의 안전성과 가용성을 위한 열정 그리고 주인 의식이었다. 우리는 건강에 유해할 정도로 치열하게 데이터의 조달자 역할을 수행했다. 하지만 우리는 소프트웨어 엔지니어와 시스템 엔지니어 사이에서 핵심 역할을 수행했다. 어떤 사람들은 우리가 바로 각 영역에 발을 담그고 있는 진짜 데브옵스라고 말할지도 모른다.

채리티^{Charity}는 견고한 운영과 스타트업 문화에 대한 경험이 있다. 그녀는 신속한 인프라 구축 능력, 스타트업의 성패를 좌우하는 빠른 의사결정, 위험을 감수하는 능력, 극도로 한정된 자원을 기반으로 어려운 선택을 이뤄내는 능력 등 화려한 이력을 갖고 있다. 대부분은 성공적이었고 그녀는 데이터를 사랑하는 DBA가 됐다. 항상 전문 DBA가 없는 운영 팀에서 일해 왔기 때문에 소프트웨어 엔지니어링 팀과 운영 엔지니어링 팀은 결국 서로의 작업을 공유했다.

이렇게 다양한 과거의 경험으로 오랜 시간 이 일을 하면서 지난 10년 동안의 트렌드를 인식하고 수용했다. 그동안 DBA의 삶은 고된 노동이거나 미래가 보이지 않았다. 이제 우리는 1등급 시민으로 역할 전환을 할 수 있고 DBA로서 취할 수 있는 가장 높은 가치에 집중할 수 있게 도구와 집단 매수권을 갖고 있다.

이 책을 통해 차세대 엔지니어가 진정으로 행복하고 생산적인 경력을 쌓을 수 있기를 바라며 이전 세대가 가졌던 영향력을 이어나갈 수 있길 희망한다.

이 책의 대상 독자

데이터 스토어의 설계, 구축, 안정적인 운영에 흥미가 있는 모든 사람을 대상으로 한다. 독자는 데이터베이스의 지식을 넓히려고 하는 소프트웨어 엔지니어 혹은 같은 이유를 가진 시스템 엔지니어일 수도 있다. 스킬 향상을 원하는 데이터베이스 전문가라면 여기서 가치를 발견할 것이고, 이 업계에 새로 들어온 사람이라면 이해를 줄 수 있을 것이다. 결국 이 책이 하나의 프레임워크다.

리눅스/유닉스 시스템 운영뿐만 아니라 웹과 클라우드 아키텍처의 기술적 숙련도를 가진 독자를 대상으로 한다. 또한 다음 두 가지 중 하나의 경우일 것으로 간주한다. 하나는 이미 시스템 관리자 또는 소프트웨어 엔지니어링과 같은 다른 분야에 대한 깊이를 갖고 있고 데이터베이스 엔지니어링 분야를 포함해 기술적인 폭을 넓히는 데 흥미를 느끼는 경우다. 다른 하나는 초급에서 중급 정도의 경력을 가진 데이터베이스 엔지니어링 전문가로서 기술적 깊이를 쌓고자 하는 경우다.

관리자나 프로젝트 관리자라면 서비스를 뒷받침할 수 있는 데이터 스토어의 요구 사항을 이해하기 위한 목적으로 이 책을 사용할 수 있다. 우리는 관리자가 팀과 프로젝트의 성공 가능성을 높이고자 운영과 데이터베이스 원칙을 이해하는 것이 필요하다고 굳게 믿고 있다.

혹은 기술적 바탕이 없는 사람일 수도 있다. 맨땅에 헤딩해 데이터베이스 운영을 배운 비즈니스 분석가 출신의 DBA일지도 모른다. 개발이나 시스템 업무가 아니라 엑셀을 통해 데이터베이스 세계에 빠져든 데이터베이스 전문가도 많다.

이 책의 구성

이 책을 살펴보면 두 개의 부로 구분해 정보를 나타낸다. 첫 번째 부분은 운영 핵심 커리큘럼이다. 이는 데이터베이스 엔지니어, 소프트웨어 엔지니어, 심지어 제품 소유자^{product owner}까지 모두가 알아야 할 운영의 기초이다. 이후에는 데이터의 모델링, 저장, 복제, 접근 등을 파헤친다. 여기서는 아키텍처적인 선택과 데이터 파이프라인^{data pipeline}을 논의할 것이다. 이는 분명 짜릿할 것이다.

좋은 'RE'가 되지 못하면 좋은 'DBRE'가 될 수 없다. 먼저 평범하고 좋은 'E'가 되지 않고서야 될 수 없는 일이다. 현대의 DBRE는 시스템 엔지니어링의 기초를 기반으로 데이터 특화된 도메인 문제를 이해하는 것을 전문적으로 다룬다.

하지만 여기서 포인트는 어떤 엔지니어라도 데이터 서비스를 수행할 수 있다는 것이다. 이제 우리는 동일한 언어로 이야기하고, 동일한 저장소와 동일한 코드 리뷰 프로세스를 사용한다. 데이터베이스를 다루는 것은 운영 엔지니어링의 확장이다. 이는 뛰어난 네트워크 엔지니어가 되려면 먼저 엔지니어가 되는 방법을 알고 나서 어떻게 트래픽을 처리하는지, 조심해야 하는 부분은 무엇인지, 최신 모범 사례는 무엇인지, 네트워크 토폴로지^{topology}를 평가하는 방법은 무엇인지 등을 알아야 하는 것과 같다.

다음은 각 장에서 기대할 수 있는 내용을 분류한 것이다.

1장은 데이터베이스 신뢰성 엔지니어링^{database reliability engineering}의 개념을 소개한다. 원칙을 안내하는 것에서 출발해 운영 중심부로 넘어가고 마지막으로 매슬로우의 욕구 계층^{Maslow's hierarchy of needs}을 기반으로 DBRE의 비전을 구축하기 위한 프레임워크를 제시한다.

2장에서는 서비스 수준 요구 사항^{service level requirements}을 설명한다. 이는 제품을 위한 기능 요구 사항만큼이나 중요하다. 이 장은 서비스 수준 요구 사항이 무엇이고 어떻게 그것을 정의하는지 알아본다. 이후에는 이러한 요구 사항을 측정하고 처리하는 방법을 살펴본다.

3장에서는 위험 평가와 관리^{risk assessment and management}를 알아본다. 위험의 기초적인 측면을 설명하고 난 후 시스템 및 데이터베이스 엔지니어링에 위험 평가를 접목시키기 위한 실전 프로세스를 살펴본다. 또한 함정과 복잡성도 살펴본다.

4장에서는 운영 가시성^{operational visibility}을 다룬다. 지표^{metric}와 이벤트를 이야기하고 이를 측정하기 위한 계획을 어떻게 세우는지, 시간이 지남에 따른 반복 작업은 어떤 게 있는지 알아본다. 그리고 모니터링 시스템의 구성 요소와 이를 사용하는 클라이언트를 파헤친다.

5장과 6장에서는 인프라의 엔지니어링과 관리^{infrastructure engineering and management}를 자세히 살펴본다. 데이터 스토어를 위한 호스트 구축 원칙을 설명하고 가상화와 컨테이너, 환경설정 관리, 자동화와 오케스트레이션^{orchestration}을 살펴본다. 이는 데이터를 저장하고 접근하는 시스템을 구축하고자 구동되는 모든 부분을 이해할 수 있게 도와준다.

7장에서는 백업과 복구$^{backup\ and\ recovery}$를 다룬다. DBE를 마스터로 향하게 하는 가장 중요한 부분일 것이다. 데이터는 유실하게 되면 게임 끝이다. 서비스 수준 요구 사항에서 출발해 적절한 백업과 복구 방법을 평가하고, 어떻게 확장하는지 그리고 어떻게 이처럼 중요한 부분과 자주 간과하기 쉬운 운영 측면을 테스트하는지 평가한다.

8장에서는 릴리스 관리$^{release\ management}$를 살펴본다. 데이터 스토어에 대한 변경 사항을 어떻게 테스트^{test}, 빌드^{build}, 배포^{deploy}하는지와 데이터 접근 코드나 SQL에 대한 내용도 살펴본다.

9장에서는 보안^{security}을 다룬다. 데이터 보안은 기업의 생존에 매우 중요하다. 끊임없이 발전하는 데이터 인프라에서 보안을 계획하고 관리하는 방법에 대한 전략을 다룬다.

10장에서는 데이터 스토리지와 인덱스 그리고 복제$^{data\ storage,\ indexing,\ and\ replication}$를 다룬다. 관계형 데이터가 저장되는 방법을 설명한 후 이를 문자열 정렬과 로그 구조의 병합 트리$^{log\ structured\ merge\ tree}$를 비교한다. 인덱스의 다양성을 살펴보고 난 후 데이터 복제 토폴로지를 살펴본다.

11장은 데이터 스토어의 필드 가이드$^{datastore\ field\ guide}$다. 여기서는 여러분이 평가하고 운영해야 할 데이터 스토어에서 찾을 수 있는 수많은 다양한 속성을 살펴본다.

12장에서는 분산 데이터베이스에 사용되는 좀 더 일반적인 설계 패턴과 연관된 파이프라인을 살펴본다. 먼저 데이터베이스 생태계^{ecosystem}에 전통적으로 자리 잡고 있는 아키텍처 구성 요소를 살펴보는 것부터 시작해서 이들이 가진 이점, 복합성, 일반적인 사용법 등을 살펴본다.

13장에서는 여러분 조직에서 데이터베이스 신뢰성 엔지니어링의 문화를 형성하는 방법을 다룬다. 그리고 오늘날의 조직에서 관리자^{administrator}에서 엔지니어로서 DBRE의 역할로 전환할 수 있는 다양한 방법을 살펴본다.

편집 규약

이 책에서는 아래와 같은 표기 규칙을 사용한다.

고정폭 글자

프로그램 목록뿐만 아니라 프로그램 요소를 설명하는 문단에도 사용된다. 예를 들면 변수, 함수 이름, 데이터베이스, 데이터 유형, 환경 변수, 문장, 키워드 등이 있다.

굵은 글씨의 고정폭 글자

독자가 문자 그대로 입력해야 하는 명령이나 다른 텍스트를 표시한다.

이 요소는 팁이나 제안을 의미한다.

이 요소는 일반적인 참고를 의미한다.

이 요소는 경고나 주의를 나타낸다.

표지 그림

데이터베이스 신뢰성 엔지니어링의 표지에 있는 동물은 서퍽 홀스^{Suffolk horse} 또는 서퍽 소렐^{Suffolk sorrel}로도 알려진 서퍽 펀치^{Suffolk punch}다. 이 영국 품종의 말은 항상 밤색이고 걸음걸이가 활기차다.

서퍽 펀치는 16세기에 농장 일을 위해 개발됐다. 이 품종은 20세기 초에 인기를 얻었지만 농업의 기계화로 인해 20세기 중반에 인기가 떨어졌다. 서퍽 펀치는 높이가 약 65~70인치이고 무게는 약 2,000파운드다. 클라이데스다일즈^{Clydesdales} 또는 샤이어스 ^{Shires}와 같은 다른 영국 품종보다 짧지만 더 크다.

오라일리 책 표지의 많은 동물이 멸종 위기에 처해 있다. 이 세상의 모든 동물이 중요하다는 것을 잊지 말자. 도울 수 있는 방법을 자세히 알아보려면 animals. oreilly.com으로 방문하자.

표지 이미지는 Museum of British Quadrapeds에서 가져온 것이다.

문의

이 책에 관한 의견이나 문의는 출판사로 보내주기 바란다.

이 책의 오탈자 목록, 예제, 추가 정보는 책의 웹 페이지인 https://www.oreilly. com/library/view/database-reliability-engineering/9781491925935/를 참고한다. 한국어판의 정오표는 에이콘출판사의 도서정보 페이지 http://www.acornpub. co.kr/book/database-reliability-engineering에서 확인할 수 있다.

이 책의 기술적인 내용에 관한 의견이나 문의는 메일 주소 bookquestions@ Oreilly.com으로 보내주기 바란다. 그리고 한국어판에 관해 질문이 있다면 에이콘 출판사 편집 팀(editor@acornpub.co.kr)이나 옮긴이의 이메일로 연락주길 바란다.

1장

데이터베이스 신뢰성 엔지니어링 소개

이 책의 목표는 훌륭한 데이터베이스 신뢰성 엔지니어^{DBRE, DataBase Reliability Engineer}가 될 수 있는 길을 찾는 데 도움이 되는 가이드와 프레임워크를 제공하는 것이다. 그렇기 때문에 제목을 정할 때 관리자^{administrator} 대신 신뢰성 엔지니어^{reliability engineer}라는 단어를 사용하기로 했다.

구글 엔지니어링 부사장인 벤 트레이너^{Ben Treynor}는 신뢰성 엔지니어링을 다음과 같이 설명한다.

> 기본적으로 과거의 운영 팀이 하던 일을 소프트웨어 전문 지식을 갖춘 엔지니어가 수행해야 하는 것인데, 엔지니어는 선천적으로 수작업을 자동화로 대체하려는 성향과 그만한 능력을 갖추고 있어야 한다.

오늘날의 데이터베이스 전문가들은 관리자가 아니라 엔지니어가 돼야 한다. 이들은 필요하면 구현하고 만들어낸다. 데브옵스^{DevOps}를 수행하는 엔지니어는 "우리 모두가 함께 참여했으므로 특정한 누군가의 잘못은 없다."라는 원칙을 지닌다. 엔지니어라면 반복 가능한 프로세스를 적용하고 정립된 지식과 전문적인 판단을 통해 운영 데이터 스토어와 내부 데이터 구조를 설계, 구현, 운영할 수 있어야 한다. 그리고 데이터베이스 신뢰성 엔지니어라면 반드시 운영 원칙을 갖고 있어야 하며 한 걸음 더 앞선 데이터베이스 전문 지식을 갖춰야 한다.

최근 인프라에서 스토리지를 제외한 다른 구성 요소를 보면 프로그래밍과 자동화된 방법을 통해 쉽게 구축하고, 실행하며 소멸되는 시스템을 확인할 수 있다. 이러한 구성 요소의 수명은 며칠밖에 되지 않을뿐더러 심지어 몇 시간 또는 몇 분일 수도 있다. 그중 하나가 소멸되더라도 기대한 수준의 서비스 품질을 유지할 수 있는 대체 가능한 구성 요소가 얼마든지 존재한다.

우리의 다음 목표는 여러분이 신뢰성 엔지니어링과 데브옵스 문화의 패러다임 paradigm 속에서 데이터 스토어를 설계하고 구현 및 운영할 수 있는 정책과 실무에 적용할 수 있는 프레임워크를 가져가게 하는 것이다. 이러한 지식을 활용하면 조직이 성장하는 과정에서 작업이 필요한 모든 단계의 데이터베이스 기술과 환경에 적용할 수 있다.

DBRE의 원칙

이 책을 쓰려고 자리에 앉았을 때 스스로에게 한 질문은 "데이터베이스 전문가가 수행해야 하는 새로운 반복 작업에서 지켜야 할 기본적인 원칙은 무엇인가?"였다. 데이터 스토어를 설계하고 관리하는 방식을 재정의해야 한다면 먼저 우리가 바람직하다고 믿고 있는 행동 방식의 근거부터 정의를 내려야 했다.

데이터 보호

전통적으로 데이터를 보호하는 것은 항상 데이터베이스 전문가의 기본 원칙이었고 여전히 변함이 없다. 일반적으로 데이터를 보호하고자 접근했던 기존 방법은 다음과 같다.

- 소프트웨어와 데이터베이스 엔지니어 사이의 엄격한 업무 분리
- 까다로운 백업 및 복구 프로세스와 정기적인 테스트

- 체계적으로 통제된 보안 절차와 정기적인 감사

- 강력한 내구성이 보장된 고가의 데이터베이스 소프트웨어

- 모든 구성 요소가 이중화된 고가의 스토리지

- 변경 및 관리 작업에 대한 광범위한 제어

서로 협력적인 문화를 가진 팀에서는 엄격한 업무 분리가 오히려 방해될 뿐만 아니라 업무의 혁신과 속도를 제한한다. 안전망을 만들어 업무 분리의 필요성을 줄이는 방법은 8장에서 다룬다. 추가적으로 이러한 환경은 광범위한 변경 사항을 제어하는 대신 테스트, 자동화, 영향도 완화에 집중할 수 있게 한다.

그 어느 때보다도 아키텍처와 엔지니어는 과거의 오라클[Oracle]과 같은 방법으로 내구성을 보장할 수 없는 오픈소스 데이터 스토어를 자주 사용하고 있다. 때때로 완화된 내구성은 빠른 확장을 원하는 팀에서 필요한 성능을 만족시켜주기도 한다. 11장에서 적절한 데이터 스토어를 선택하고 그 선택이 미치는 영향도를 파악해본다. 관리 중인 데이터를 기반으로 다양한 도구의 존재를 인지하고 효과적인 도구를 선택하는 것이 빠르게 표준으로 자리 잡고 있다. 그뿐만 아니라 스토리지 또한 상당한 변화를 겪었는데, 이제 시스템이 빈번하게 가상화되는 환경에서 네트워크와 임시 스토리지[ephemeral storage][1]는 데이터베이스 설계 단계에서부터 고려된다. 이 부분은 5장에서 살펴본다.

임시 스토리지에서 운영되는 데이터 스토어

2013년에 Pinterest는 자사의 MySQL 데이터베이스 인스턴스를 아마존 웹 서비스[AWS, Amazon Web Service]의 임시 스토리지에서 실행할 수 있게 이전했다. 사실상 임시 스토리지는 컴퓨터 인스턴스가 장애가 나거나 셧다운되면 디스크에

---

1. 시스템이 부팅되면 저장된 내용이 사라진다. 이 책에서는 임시 스토리지로 번역한다. - 옮긴이

저장된 모든 데이터를 잃는다는 것을 의미한다. 하지만 Pinterest[2]는 일관된 처리량과 낮은 대기시간을 위해 임시 스토리지를 선택했다.

위와 같이 임시 스토리지를 사용하려면 노드가 재구성되는 동안 클러스터가 소멸하는 상황도 허용할 수 있는 애플리케이션 엔지니어링이 필요할 뿐만 아니라 자동화된 견고한 백업과 복원에 상당한 투자가 필요했다. 임시 스토리지는 스냅샷을 허용하지 않는데, 이는 트랜잭션 로그를 롤 포워드roll forward 하기 위한 사전 준비로 스냅샷을 사용하는 방법이 아니라 전체 데이터베이스를 네트워크로 복사하는 방법으로 복구해야 하는 것을 의미했다.

이 사례는 적절한 프로세스와 도구를 이용한다면 임시 스토리지 환경에서도 데이터 안정성 유지가 가능하다는 것을 보여준다.

데이터 보호를 위한 새로운 접근 방법은 다음과 같다.

- 부서 간 공유된 데이터에 대한 책임

- DBRE가 제공하는 표준화되고 자동화된 백업과 복구 프로세스

- DBRE와 보안 팀이 제공하는 표준화된 보안 정책과 절차

- 모든 정책은 자동화된 프로비저닝과 개발을 통해 적용

- 데이터 요구 사항에 따라 데이터 스토어를 결정하고 의사결정 과정에 내구성 평가가 들어가야 함

- 고가의 복잡한 하드웨어보다 자동화된 프로세스 및 이중화 그리고 잘 만들어진 절차에 의존

---

2. 사용자가 스크랩하고자 하는 이미지를 포스팅하고 다른 이용자와 공유하는 소셜 네트워크 서비스다. – 옮긴이

- 테스트 및 대비책 그리고 영향도 완화에 중점을 둔 개발과 인프라 자동화의 통합

확장을 위한 셀프 서비스

재능 있는 DBRE는 사이트 신뢰성 엔지니어^{SRE, Site Reliability Engineer}보다 훨씬 드물다. 대부분의 회사는 한두 명 이상을 유지할 수 있는 여건이 되지 않는다. 그래서 가능한 한 효과적으로 일을 해야 하는데, 이는 팀에서 사용할 셀프 서비스 플랫폼을 만드는 것부터 시작한다. 표준을 정의하고 도구를 제공함으로써 팀에서는 업무가 과중된 데이터베이스 전문가에게 일이 집중되는 현상 없이 일정한 페이스로 신규 서비스를 배포하고 적절한 변경 작업을 수행할 수 있게 된다. 셀프 서비스의 종류는 다음과 같다.

- 정확한 플러그인의 제공에 의한 데이터 스토어로부터 적절한 수치가 수집되고 있는지 확인
- 새로운 데이터 스토어에 배포할 수 있는 백업과 복구 유틸리티 구축
- 팀별로 배포할 수 있고 운영이 승인된 데이터 스토어를 위한 레퍼런스 아키텍처와 환경설정 정의
- 데이터 스토어 개발을 위한 표준을 정의하고자 보안 팀과 협력
- 데이터베이스에 적용할 변경 사항을 위해 안전한 개발 방법과 테스트 스크립트 구현

즉, 효과적인 DBRE의 역할은 타인에게 권한을 부여하고 그들을 지도하는 것이지 단순한 문지기^{gatekeeper}의 역할이 아니다.

잡일 제거

구글의 SRE 팀은 구글 SRE 도서[3]의 5장에서 '잡일 제거$^{Elimination\ of\ Toil}$'라는 문구를 자주 사용한다. 해당 도서에서는 '잡일'을 다음과 같이 정의한다.

> 잡일은 실제 서비스를 운영하는 데 수반되는 일종의 작업으로써 수동적이고 반복적이며, 자동화가 가능하고 지속할 가치가 없는 성격을 지니고 있다. 그리고 서비스 성장과 함께 비례해 증가한다.

DBRE가 잡일에 허덕이지 않으려면 자동화와 표준화를 효과적으로 활용해야 한다. 이 책 전반에 걸쳐 DBRE에 특화된 잡일의 예와 이를 완화할 수 있는 접근 방법을 설명할 것이다. 그러나 '잡일'이라는 단어는 여전히 모호해 사람들마다 다양한 의견이 있다. 이 책에서 언급되는 잡일은 특히 반복적이고 비생산적이며 도전적이지 않는 수작업에 관해서만 이야기한다.

수동 데이터베이스 변경

많은 고객의 환경에서 데이터베이스 엔지니어는 테이블과 인덱스의 수정, 추가, 데이터의 변경과 삭제 같은 수많은 업무가 포함된 DB 변경 사항을 검토하고 적용하도록 요청받는다. 모든 사람은 데이터베이스 관리자^{DBA,} $^{DataBase\ Administrator}$가 이러한 변경 사항을 적용하고 있고 실시간으로 그 변경에 대한 영향도를 모니터링하는 데에 안심한다.

변화율이 상당히 높았던 한 고객 사이트가 있는데, 이러한 변경은 자주 서비스에 영향을 미쳤다. 결국 환경 전반에 걸쳐 변경 사항을 적용하는 데 일주일에 20시간을 소비했다. 두말할 것도 없이 일주일의 절반을 이러한 반복 작업에 소비하는 안타까운 DBA는 업무 싫증이 났고 결국 그만두게 됐다.

---

3. 구글에서 저술한 책이며 제목은 『Site Reliability Engineering』(O'Reilly, 2016)이다. – 옮긴이

자원의 부족함을 느끼게 되자 매니지먼트는 마침내 DB 팀에게 롤링 스키마 변경 자동 유틸리티를 구축하게 했는데, 이 도구는 데이터베이스 엔지니어 중 한 명이 변경 사항을 검토하고 승인한 후에 소프트웨어 엔지니어가 사용할 수 있었다. 곧, 모든 사람이 해당 도구를 신뢰했고 변화가 시작되면서 DBRE 팀이 이러한 프로세스를 배포 스택과 통합하는 데 좀 더 많은 시간을 투자할 수 있도록 길을 열게 됐다.

데이터베이스는 더 이상 특별한 스노우플레이크[4]가 아니다

데이터베이스 시스템은 비즈니스 요구 사항을 서비스하는 그 어떤 다른 구성 요소보다 더 중요하다거나 덜 중요하지 않다. DBRE는 반드시 표준화 및 자동화 그리고 회복 탄력성을 위해 힘써야 한다. 이를 위해 데이터베이스 클러스터의 구성 요소가 더 이상 두렵지 않다고 생각해야 한다. 특정 구성 요소가 손상돼도 아무런 걱정 없이 효율적으로 그것을 교체할 수 있어야 한다. 유리 방 안에 있는 것처럼 깨지기 쉽고 특별히 취급해야 하는 데이터 스토어는 오래된 이야기다.

애완동물과 소의 메타포The metaphor of pets versus cattle를 활용해서 특별하게 취급하는 구성 요소와 일반적인 구성 요소가 어떻게 다른지 보여주는 경우가 많다. 이는 마이크로소프트의 유명한 엔지니어인 빌 베이커Bill Baker로부터 유래된다. 애완동물 서버는 먹이를 주고 보살피고 아플 때 건강을 되찾아줘야 하는 존재며 이름도 갖고 있다. 2000년에 트래벌로시티Travelocity사[5]에서는 서버 이름이 심슨 캐릭터였다. 이 회사에서 오라클이 수행되고 있는 두 개의 SGI 서버를 패티Patty와 셀마Selma라고 이름 지었고, 늦은 밤까지 수많은 시간을 이 둘과 함께 보냈으며 항상 관리하고 있었다.

---

4. 스노우플레이크(snowflake)는 한 번 구성된 서버에서 지속적으로 업데이트를 적용하는 방식이다. - 옮긴이
5. 미국 온라인 여행 에이전시다. - 옮긴이

소 서버는 번호를 부여받으며 이름은 없다. 이 서버는 커스터마이징하는 데 시간을 소비하지 않을뿐더러 각 호스트에 개별적으로 로그인하는 시간은 더욱 적다. 특정 소가 아프다는 신호를 보냈을 때 무리에서 그들을 따로 골라낸다. 물론 비정상적인 병을 발견한다면 골라낸 소는 포렌식을 위해 따로 놔둬야 한다. 이제 더 이상 이 메타포를 쥐어짜는 일은 그만하겠다.

데이터 스토어는 애완동물의 특성을 지닌 마지막으로 보류하고 있는 것 중 하나다. 결국 이들은 데이터를 보유하고 있고, 이는 짧은 수명과 완전한 표준화를 지니고 있는 대체 가능한 소와 같이 간단하게 취급할 수 없다. 예를 들어 "보고용 복제 서버를 위해 특별히 사용하는 복제 규칙은 무엇인가? 대기 서버를 위해 다르게 구성해야 하는 설정 값은 무엇인가?"에 대한 답을 획일화하는 것은 어려운 일이다.

소프트웨어와 운영 사이의 장벽 제거

인프라, 환경설정, 데이터 모델, 스크립트는 모두 소프트웨어의 일부분이다. 다른 엔지니어가 그렇듯이 소프트웨어 개발 라이프 사이클을 연구하고 참여하자. 코딩하고 테스트하고 통합하고 빌드하고 테스트하고 배포하라.

이러한 활동은 운영과 스크립트 기반의 배경을 지닌 누군가에겐 매우 어려운 패러다임의 전환이 될 수 있다. 소프트웨어 엔지니어가 조직을 이끌어가는 방식과 해당 조직의 요구 사항을 충족하고자 구축된 시스템과 서비스 조직의 운영 방식에는 구조적인 임피던스 불일치impedance mismatch가 발생할 수 있다. 소프트웨어 엔지니어링 조직은 애플리케이션의 개발, 테스트, 배포를 위한 방법이 잘 정의돼 있다.

전통적인 환경에서 인프라와 운영을 위한 서비스를 설계하고 구축하며 테스트를 추진하는 기반 프로세스는 소프트웨어 엔지니어링SWE, SoftWare Engineering과 시스템 엔지니어링SE, System Engineering, DBA로 구분돼 있었다. 앞서 다룬 패러다임 전환은 이 임피던스 불일치의 제거를 촉진시킨다. 즉, DBRE와 시스템 엔지니어는 그들 스스로가 각자의 업무 수행을 위해 유사한 방법을 찾는다.

 소프트웨어 엔지니어는 반드시 운영을 배워야 한다.

운영하는 사람들은 "코딩을 배우거나 아니면 집으로 가라"는 말을 너무 자주 듣는다. 이 말에 동의는 하지만 반대의 경우도 마찬가지다. 운영 및 인프라의 원칙과 관행을 배우려고 하지 않고 추진하지도 않으려는 소프트웨어 엔지니어는 취약하고 성능 최적화되지 않으며 잠재적으로 보안에 취약한 코드를 만들 것이다. 임피던스 불일치는 모든 팀을 동일한 테이블로 모이게 할 때 사라진다.

또한 DBRE는 직접 소프트웨어 엔지니어링 팀에 스스로 참여해 동일한 코드를 기반으로 작업하고 어떻게 코드가 데이터 스토어와 상호작용하는지 검수하며 성능, 기능성, 안정성을 위해 코드를 수정하는 자신을 발견할 수도 있다. 이러한 조직 임피던스를 제거하면 기존 모델보다 훨씬 더 큰 신뢰성, 성능, 속도의 개선이 이뤄진다. 그리고 DBRE는 이러한 새로운 프로세스 및 문화와 도구를 다루는 것에 반드시 적응해야 한다.

운영 핵심 개요

DBRE의 핵심 역량 중 하나는 운영이다. 이는 단순 작업이 아닌 규모와 신뢰성이 필요한 어떠한 시스템에서든 설계, 테스트, 구축, 운영이 기본 요소다. 이는 데이터베이스 엔지니어가 되길 원한다면 이러한 작업을 알 필요가 있다는 의미다.

운영이란 매크로 수준의 운영을 말하는 것이 아니라 회사가 품질 좋은 시스템과 소프트웨어를 유지 보수하는 일과 관련돼 쌓아온 모든 기술, 지식, 가치를 결합한 것이다. 이는 암묵적 가치뿐만 아니라 명확한 가치, 습관, 도메인 지식, 보상 시스템이 된다. 제품의 기술 지원을 하는 사람에서부터 CEO에 이르기까지 모든 사람이 운영 결과에 영향을 미친다.

하지만 항상 성공하는 것은 아니다. 많은 회사는 누구든지 간에 번아웃되게 만드는 최악의 운영 문화를 갖고 있다. 이 점은 많은 사람이 시스템, 데이터베이스, 네트워크 등과 같은 운영 작업을 생각할 때 떠오르게 되는 나쁜 평판을 줄 수 있다. 그럼에도 운영 문화는 조직이 어떻게 기술적인 미션을 수행하는지 보여주는 창발성emergent property[6]을 가진다. 그렇기 때문에 회사가 어떠한 운영도 하지 않는다고 말한다면 우리는 그 회사의 서비스를 이용하지 않을 것이다.

아마도 여러분은 소프트웨어 엔지니어가 아니면 서비스로서의 인프라 및 플랫폼을 지지하는 사람일 것이다. 그리고 여러분은 운영이 용감한 데이터베이스 엔지니어에게나 필요한 건 아닌지 미심쩍어 할 것이다. 서버리스 컴퓨팅 모델이 소프트웨어 엔지니어에게 운영 영향도를 생각하거나 신경 쓸 필요성으로부터 해방시켜줄 것이라는 생각은 완전히 잘못된 생각이다. 사실은 정반대다. 그것은 구글 SRE, AWS 시스템 엔지니어, PagerDuty[7], DataDog[8] 등과 같이 운영 엔지니어링을 수행하는 운영 팀이 없는 놀라운 세상이다. 이는 애플리케이션 엔지니어가 지금보다 운영, 아키텍처, 성능을 수행함에 있어 훨씬 뛰어나야 하는 세상이다.

욕구 단계

여러분 중 일부는 엔터프라이즈 및 스타트업 경험이 있을 것이다. 여러분이 데이터베이스 시스템 운영의 책임을 맡은 첫날에 시스템 접근을 고려할 때 무엇을 할 것인지 다음과 같이 생각해보는 것은 가치가 있다.

---

6. 하위 계층(구성 요소)에는 없는 특성이나 행동이 상위 계층(전체 구조)에서 자발적으로 돌연히 출현하는 현상이다. 또한 불시에 솟아나는 특성을 말한다. - 옮긴이
7. SaaS 장애 대응을 수행하는 미국의 클라우드 컴퓨팅 회사다. - 옮긴이
8. 서비스형 서비스(SaaS) 기반 데이터 플랫폼을 통해 서버, 데이터베이스, 도구, 서비스를 모니터링하기 위한 모니터링 서비스를 제공하는 회사다. - 옮긴이

- 백업이 있는가?

- 백업이 정상 작동하는가? 확신할 수 있는가?

- 장애 극복을 위한 복제본이 있는가?

- 어떻게 장애 극복을 수행하는지 알고 있는가?

- 파워 스트립$^{power\ strip}$, 라우터, 하드웨어가 이중화돼 있는가?

- 백업이 어떤 방식으로든 실패할 때 어떻게 알아차릴 수 있는가?

즉, 데이터베이스에게 필요한 요구 사항의 단계를 이야기할 필요가 있다.

매슬로우의 욕구 단계설$^{Maslow's\ hierarchy\ of\ needs}$은 인간의 생존을 위해 반드시 충족해야 하는 욕구의 피라미드다. 이는 생리적인 생존, 안전, 사랑과 소속, 존중, 자아실현으로 구성된다. 피라미드의 제일 하위 계층은 생존과 같은 가장 원천적인 욕구다. 모든 단계는 대략적으로 생존 다음 단계로 안전, 안전 다음 단계로 사랑과 소속 등과 함께 진행된다. 최초 4단계가 충족되면 안전하게 탐험하고 활동하고 생산하는 인간의 고유한 잠재력을 최대한 발휘할 수 있는 자아실현 단계에 이른다. 지금까지 설명은 인간에게 의미가 있는 것들이고 이제 이것을 데이터베이스에게 필요한 요구 사항에 비유해보자.

생존과 안전

데이터베이스의 가장 필수 요구 사항은 백업과 복제, 장애 극복이다. 다음 내용을 살펴보자.

- 운영 중인 데이터베이스가 있는가? 해당 서버는 살아 있는가?

- 네트워크 연결이 가능한가?

- 애플리케이션에서 응답이 가능한가?

- 백업이 되고 있는가?

- 복원은 정상적으로 수행되는가?

- 데이터베이스가 실제로 멈추면 어떻게 해야 할지 알고 있는가?

- 데이터는 안전한가?

- 데이터는 여러 군데로 실시간 복제되고 있는가?

- 장애 극복을 어떻게 수행하는지 알고 있는가?

- 복제본은 물리적 가용 영역으로 분산돼 있는가? 다중 파워 스트립과 랙rack은 어떤가?

- 백업은 일관성이 있는가?

- 시점 복구를 수행할 수 있는가?

- 데이터가 변형된 사실을 알 수 있는가? 어떻게 알 수 있는가?

이 질문에 대한 답변은 7장에서 살펴본다.

이제 확장 준비를 시작해야 하는 시간이다. 성급히 확장하는 것은 어리석은 행동이지만 핵심 데이터 객체, 스토리지 시스템, 설계의 식별자를 결정할 때는 샤딩, 성장, 확장을 고려해야 한다.

확장 패턴

이 책에서는 꽤 자주 확장을 이야기할 것이다. 확장성이란 증가하는 작업의 양을 처리하기 위한 시스템 및 서비스를 수용하는 능력이다. 이는 실질적인 능력이 될 수 있다. 모든 것이 성장을 지원하고자 배치됐거나 잠재력을 지니고 있거나 확장이 필요한 구성 요소와 리소스의 추가를 처리하기 위한 구성 요소가 준비돼 있기 때문이다. 일반적으로 확장에는 다음과 같이 4가지 접근 방법이 있다.

- **스케일업**scale up: 리소스 할당을 통한 수직 확장
- **스케일아웃**scale out: 시스템과 서비스의 중복에 의한 수평 확장
- **파티셔닝**partitioning: 각 기능별로 독립적인 확장을 위해 워크로드를 좀 더 작은 기능의 집합으로 분리
- **샤딩**sharding: 워크로드를 특정 데이터의 집합이 아닌 고유 특성을 지닌 데이터로 파티셔닝

위 패턴의 상세 내용은 5장에서 살펴본다.

사랑과 소속

사랑과 소속은 데이터를 소프트웨어 엔지니어링 프로세스의 구성 요소를 최상 급으로 만드는 것이다. 이는 데이터베이스와 다른 시스템 사이의 사일로silo를 깨부수는 것이다. 이를 위해 기술과 문화적인 측면이 필요한데, 즉 데브옵스 필 요성이라고 부를 수도 있는 이유다. 상위 단계에서는 데이터베이스를 관리하는 것이 다른 시스템을 관리하는 것처럼 보이고 느끼게 해야 한다는 것을 의미한 다. 또한 이는 문화적으로 유연하고 크로스펑셔널리티cross-functionality[9]를 독려하는 것을 의미한다. 사랑과 소속 단계에서는 서서히 로그인을 멈추고 카우보이 명령 을 root 권한으로 실행한다.

동일한 코드 검토 및 배포 수행을 사용하는 것부터 시작해보자. 데이터베이스 인프라와 프로비저닝은 다른 모든 아키텍처의 구성 요소와 다를 것 없이 동일한 프로세스의 일부가 돼야 한다. 데이터를 다루는 것도 다른 애플리케이션의 부

---

9. 팀 내에서 주어진 역할만 하지 않고 본인이 가진 스킬을 다른 팀에서도 활동할 수 있게 하는 행위를 말한다. - 옮긴이

분으로 작업하는 것처럼 일관성 있게 느껴져야 한다. 즉, 누구라도 데이터베이스 환경과 관계를 맺을 수 있고 지원할 수 있다고 느낄 수 있도록 용기를 줘야 한다.

개발자에게 두려움을 심어주고 싶은 충동을 자제하자. 그들을 통제할 수 있는 권한을 갖고 있다고 느끼는 편이 더 낫기 때문에 그렇게 행동하기 쉽고 이는 꽤나 매력적이다. 하지만 그렇지 않다. 그렇게 해서는 안 된다. 여러분이 그들을 통제하는 데 쏟는 에너지를 가드레일을 만드는 일에 투자한다면 모두에게 좋을 것이다. 그렇게 되면 누군가 실수로 가드레일을 부수는 것이 더 어렵게 된다. 그리고 모든 사람이 자신의 변경 사항을 스스로 제어할 수 있게 교육하고 권한을 주자. 심지어 "불가능합니다."와 같은 실패를 사전에 방지하는 이야기는 꺼내지 말자. 다시 말하자면 회복 탄력적인 시스템을 만들어 가능한 한 많이 데이터 스토어와 작업을 할 수 있도록 모든 사람을 독려하자.

엣시(Etsy)[10]에서의 가드레일

엣시는 데이터베이스 변경 사항을 안전하게 운영 환경에 적용할 수 있는 스키마네이터^{Schemanator}라는 이름의 도구를 소개했다. 소프트웨어 엔지니어에게 변경 사항을 적용할 수 있는 권한을 부여하고자 다양한 가드레일이 포함됐다. 이러한 가드레일의 내용은 다음과 같다.

- 스키마 정의가 표준을 따르는지 검증하기 위한 휴리스틱^{heuristic} 리뷰
- 성공적으로 스크립트가 실행되는지 검증하기 위한 테스트
- 실행 전 엔지니어에게 현재 클러스터 상태를 노출해 내용 확인

---

10. 주로 수제품, 빈티지 아이템, 공예품을 취급하는 전자상거래 웹 사이트다. 글로벌적으로 인지도가 높은 마켓 플레이스 중 하나다. – 옮긴이

- 서비스가 중단된 데이터베이스에서 중대한 변경 사항을 실행할 수 있도록 롤링 업데이트
- 예측할 수 없는 장애가 발생할 때 취소할 수 있도록 워크플로의 세분화

추가 내용은 엣시 블로그(https://codeascraft.com/2013/01/11/schemanator-love-child-of-deployinator-and-schema-changes/)에서 확인할 수 있다.

존중

피라미드에서 가장 필요한 것은 존중이다. 사람들한테 이는 존경과 숙련을 의미한다. 데이터베이스로 치자면 관찰력, 디버깅 능력, 자아성찰, 계측과 같은 것들을 의미한다. 이 의미는 스토리지 시스템 자체를 이해할 수 있을 뿐만 아니라 스택 전반에 걸쳐 이벤트도 연관 지을 수 있다는 의미다. 다시 말해 이 단계는 두 가지 측면이 있다. 운영 서비스가 이 단계를 통해 어떻게 진화할 것인지와 사람에 관한 것이다.

서비스는 자체적으로 성장세인지 추락세인지 에러율이 얼마나 발생하는지를 나타낼 수 있어야 한다. 이를 알아내고자 반드시 그래프를 확인할 필요는 없는데, 서비스가 성숙함에 따라 여러분의 궤도가 좀 더 예측 가능해질수록 변화의 속도는 다소 느려지기 때문이다. 운영 환경을 수행하고 있다면 스토리지 시스템의 취약점, 동작, 장애 상태에 대해 가면 갈수록 더 많이 배우고 있을 것이다. 이는 데이터 인프라의 10대 시절과 비교할 수 있다. 다른 무엇보다도 필요한 것은 현재 일어나고 있는 일에 대한 가시성이다. 운영이 복잡할수록 수행하는 작업이 많아지고 어떤 일이 일어나는지 파악하는 데 필요한 도구를 개발하고자 할당해야 하는 엔지니어링 사이클이 많아진다.

서비스를 완전히 중단하는 대신에 품질을 떨어뜨리는 방향으로 선택이 필요한 경우도 있다. 예를 들면 다음과 같다.

- 사이트를 읽기 전용 모드로 설정할 수 있는 플래그

- 특정 기능 비활성화

- 사후 처리를 위한 쓰기 작업의 큐잉queueing

- 비정상 사용자나 특정 엔드포인트endpoint를 블랙리스트blacklist에 올릴 수 있는 기능

사람들은 비슷하지만 그렇다고 완전히 겹치는 욕구를 갖진 않는다. 여기서 발생하는 흔한 패턴은 운영 환경에 접어들면 팀이 과잉 반응을 한다는 것이다. 그들은 충분한 시야를 갖고 있지 않기 때문에 모든 것을 모니터링하거나 너무 자주 호출하는 행위를 통해 보상한다. 그래프가 없는 상태에서 문자 그대로 수십 만 그래프로 가는 것은 쉽지만 그중 99%는 전혀 의미가 없다. 이는 좋은 상황이 아니다. 오히려 더 나빠질 수 있다. 그게 사람들이 시그널signal을 발견할 수 없을 정도로 많은 노이즈noise를 만들어내고, 로그 파일을 추적하는 일을 줄이고, 추측만 한다면 이는 그래프가 없는 것보다 더 나쁜 상황이다.

이 상황은 여러분이 사람들을 방해하고, 깨우고, 알람을 받아도 신경 쓰지 않거나 대응하지 않도록 훈련하게 함으로써 그들에게 번아웃burn out이 시작되게 만들 수 있다. 서비스 초기 단계에서 모두가 전화 대기를 해야 할 것으로 예상된다면 문서화가 필요한 시점이다. 부트스트래핑bootstrapping할 때에는 돌아가면서 전화 대기를 해야 하고 사람들을 비상 대기시켜야 하며, 관련해 약간의 도움도 줘야 한다. 최소한 유용한 문서와 절차 정도는 작성하자.

자아실현

모든 사람의 자아가 고유한 것처럼 모든 조직에서도 자아실현된 스토리지에는 고유한 특징이 있다. 플라톤의 이데아The platonic ideal[11]에 따르면 페이스북Facebook, Pinterest, 깃허브Github와 같은 회사의 스토리지 시스템은 완벽하게 구성돼 있지 않다는 것이다. 작은 스타트업은 말할 것도 없다. 하지만 건강하고 자아실현된 사람들은 본인의 패턴이 있듯이(보통 이러한 사람들은 잡화점에서 짜증 내지 않고 잘 먹으며 규칙적인 운동을 한다) 건강하고 자아실현된 스토리지 시스템인 것으로 판단해볼 수 있는 패턴이 있다.

같은 맥락에서 생각해보면 자아실현은 데이터 인프라가 현재 진행 중인 목표를 달성하는 데 도움이 되고 데이터베이스 워크플로는 무언가를 진행하는 데 장애물이 아니라는 것을 의미한다. DBRE는 오히려 개발자에게 업무를 완료할 수 있도록 권한을 주고 불필요한 실수로부터 해방시켜준다. 일반적인 운영상의 고통과 지루한 장애는 자체적으로 개선해야 하며 사람의 개입 없이 건강한 상태로 시스템을 유지해야 한다. 이는 필요한 시기에 수행할 수 있는 확장 계획을 갖고 있다는 것을 의미한다. 그것은 몇 달에 한 번씩 10배로 늘리는 것일 수도 있고 용량 증설 걱정 없이 3년 동안 견고하고 안정성 있고 우직한 상태를 원하는 계획일 수도 있다. 아이러니하게도 다른 것을 생각하는 데 여러분 시간의 대부분을 사용할 때 성숙한 데이터 인프라를 보유하고 있다고 볼 수 있다. 여기서 다른 생각이란 현재의 문제를 대응하는 것을 대신할 수 있는 새로운 운영 환경이나 예상되는 미래의 문제와 같은 것을 의미한다.

시간이 지나면서 피라미드의 단계를 이리저리 옮겨다니는 것은 상관없다. 이는 상호 간에 우선순위를 생각하는 데 도움이 된다. 예를 들어 백업이 정상 수행되게 하는 것은 동적으로 샤딩 또는 용량 증설을 수행하는 스크립트를 작성하는

---

11. 오직 이상만이 진실을 담고 있으며 본질이 될 수 있다고 주장하는 이론이다. 물리적인 형태로는 그럴 수 없다고 본다.
   – 옮긴이

것보다 훨씬 더 중요하다. 또 다른 예로는 온라인에 데이터 복사본이 하나만 있거나 프라이머리^{primary}가 죽었을 경우 어떻게 장애 극복^{failover}이 수행되는지 모른다면 당장 현재 진행 중인 일을 중지하고 해당 작업을 먼저 파악해야 한다.

정리

DBRE의 역할은 이미 잘 알려진 기존 DBA 역할로부터 패러다임의 전환이다. 무엇보다도 이 프레임워크는 끊임없이 변화하는 세상에서 데이터 스토어를 관리하는 기능에 접근하기 위한 새로운 방법을 제공한다. 다음 장에서 이러한 기능의 상세 내용을 살펴볼 것이다. 그리고 일상적인 데이터베이스 엔지니어링에서 중요도에 따라 운영 기능의 우선순위를 산정할 것이다. 아무튼 용맹한 엔지니어여, 자신 있게 전진해보자.

서비스 수준 관리

서비스를 성공적으로 설계, 구축, 구축하는 데 필요한 첫 번째 단계 중 하나는 해당 서비스의 기대치를 이해하는 것이다. 2장에서는 서비스 수준 관리가 무엇인지 정의하고 그 구성 요소를 살펴본다. 그런 다음 서비스의 기대치를 정의하는 방법과 이러한 기대치를 충족시키고 있는지 확인하고자 모니터링하고 보고하는 방법를 살펴본다. 또한 2장 전반에 걸쳐 이러한 프로세스를 설명하기 위한 견고한 서비스 수준 요구 사항을 구축한다.

서비스 수준 목표가 필요한 이유

우리가 설계하고 구축하는 서비스는 그 런타임 특성에 대한 일련의 요구 사항을 갖고 있어야 한다. 이를 흔히 서비스 수준 협약SLA, Service-Level Agreement이라고 한다. 그러나 SLA는 단순히 요구 사항의 리스트만 나열된 것이 아니라 그 이상의 의미를 갖고 있으며, 그 자체가 지닌 영향도와 해결 방안 등 이 책의 범위를 벗어나는 내용을 포함하고 있다. 따라서 서비스 수준 목표SLO, Service-Level Objective라는 용어에 초점을 맞출 것이다. SLO는 특정 시스템의 설계와 운영을 하는 데 바탕이 되는 설계자와 운영자 간 협의된 목표다.

서비스 수준 관리는 어렵다. 이를 한 장으로 압축하는 것은 환원주의적이므로 뉘앙스를 이해하는 것이 중요하다. 이 문제가 어려운 이유를 나타내는 몇 가지 예를 살펴보자.

- 여러분은 이렇게 말할지도 모른다. "API가 성공적으로 처리된 요청의 비율을 보고할거야." 좋다, 누가 보고하지? API를 통해? 이건 명백한 문제다. 로드 밸런서가 다운된다면? 또는 서비스 디스커버리 시스템이 특정 데이터베이스를 서비스 불능 상태로 판단하고 데이터베이스로부터 200 에러가 반환된다면?

- 또는 "좋아, 우리는 외부의 종단 간$^{end\text{-}to\text{-}end}$ 체크 솔루션을 사용해 얼마나 많은 데이터를 정확하게 읽고 쓰는지 계산할 거야."라고 말한다면? 종단 간 검사가 최고 높은 수준의 신뢰성 알람으로 사용하는 것은 훌륭하다. 하지만 모든 백엔드에 적용할 것인가?

- 중요도가 낮은 서비스를 SLO에 포함시킬 것인가? 고객은 API와 배치 작업 둘 다 99.8%의 가용성을 갖는 것보다 API는 99.95%, 배치 작업은 97%의 가용성을 더 선호할지도 모른다.

- 고객에 대한 통제력은 어느 정도인가? 여러분의 API는 98%의 가용성을 지니지만 모바일 클라이언트가 자동으로 재시도해서 3회 내로 99.99%의 안정적인 응답률을 가진 경우 고객은 전혀 눈치 채지 못할 수도 있다. 어느 수치가 정확한 것인가?

- "에러율만 측정하겠다."라고 말할 수도 있다. 하지만 사용자가 유효하지 않거나 잘못된 형식 작성 요청으로 발생하는 에러의 경우는 어떠한가? 이 부분은 우리가 전혀 통제할 수 없다.

- 99.999%의 정확한 결과를 반환하지만 15%는 대기시간이 5초 이상이다. 이건 받아들여질 수 있는가? 고객의 행동에 따라 실제로 일부 사람에게

는 웹 사이트가 응답하지 않음을 의미할 수도 있다. 자체적으로는 기술적으로 99.999%의 가용성을 갖고 있을 수 있지만 여전히 고객은 믿기 힘들 정도로, 그리고 당연하게도 불만을 가질 수도 있다.

- 사이트가 사용자의 98%에게는 99.999%의 가용성을 지니지만 나머지 2%에 대해서는 30%~70%의 가용성을 지닌다면? 어떻게 계산할 것인가?

- 한 개의 샤드^{shard}나 백엔드가 다운되거나 느려지면? 업그레이드할 때 버그로 인해 2%의 데이터 손실이 발생한다면? 온종일 데이터 손실이 발생하지만 특정 테이블에만 해당된다면? 데이터의 특성상 데이터가 손실된 사실을 사용자가 알 수 없지만 2%의 데이터 손실을 보고했고, 모든 사람을 놀라게 하고 그들에게 여러분의 스택에서 이주하도록 권고했다면? 해당 2%의 데이터 손실이 실제로는 애셋^{asset}을 가리키는 포인터 재작성이 포함된 것이고, 그에 따라 해당 데이터가 '손실'된 게 아니라 '찾을 수 없는 상태'라고 한다면?

- 일부 사용자가 본인들의 클라이언트와 여러분의 서버 사이에서 낮은 퀄리티의 와이파이, 오래된 케이블 인터넷, 최적화되지 않은 라우터 테이블로 인해 95%의 가용성을 경험하고 있다면? 그들은 여러분에게 책임을 물을 수 있는가?

- 이들이 전 세계로부터 온 것이라면? 글쎄, 그렇다면 아마도 그들이 여러분을 탓할 수 있는 무언가가 있을 것이다(예, 일부 공급자로 인한 DNS UDP의 패킷 오버런$^{packet\ overrun}$ 현상).

- 여러분의 서비스가 99.97%의 가용성을 지니고 있지만 모든 오류가 전체 웹 사이트를 불러오는 데 실패한다면? 여러분의 서비스가 99.92%의 가용성을 지니고 있지만 각 페이지는 1,500개의 구성 요소를 갖고 있고, 작은 위젯^{widget}을 불러오는 데 실패해도 사용자가 알아차리지 못한다면? 어떤 경험이 더 낫다고 할 수 있는가?

- 실제 에러율을 측정하는 게 나은 것인지? 아니면 시간별로 측정하는 게 나은 것인지? 아니면 에러나 타임아웃이 임곗값^{threshold}을 초과했을 때 분이나 초 단위로 측정하는 게 나은 것인지?

5개의 9?

많은 사람이 가용성을 설명하고자 약칭으로 9라는 숫자를 사용한다. 예를 들어 어떤 시스템이 9가 5개인 가용성을 유지할 수 있게 설계돼 있다면 해당 시스템은 특정 시간에서 99.999%를 가용할 수 있도록 구축됐다는 의미다. 마찬가지로 9가 3개면 99.9%의 가용성을 의미한다.

앞의 예제들과 같은 특징 때문에 SLO와 가용성 측정 기준을 시간이 지남에 따라 설계, 큐레이션, 조정하는 것이 계산상의 문제가 아니라 사회 과학의 문제가 되는 것이다. 사용자의 경험을 정확하게 반영하고 신뢰를 쌓고 올바른 방향으로 장려하는 가용성 비율을 어떻게 측정해야 하는가?

여러분 팀의 관점에서 볼 때 여러분이 모두 동의하는 가용성 지표가 뭐든지 어느 정도 판단을 할 수 있는 숫자로 정해지는 것이 중요하다. 이러한 수치는 여러분의 신뢰성이 나아지는지 또는 악화되는지 여부를 판단할 때와 기능 개발에서 신뢰성으로 리소스를 전환할 필요가 있는 순간이나 또는 반대의 상황에서 관심 있게 지켜봐야 하는 수치다.

고객의 관점에서 볼 때 지표에서 가장 중요한 점은 고객의 경험을 최대한 반영하는 것이다. 고객별로 수치를 측정하거나 UUID와 같은 높은 카디널리티$^{high-cardinality}$의 임의의 차원에 의해 데이터를 쪼개고 분석할 수 있는 능력이 있다면 이는 매우 강력하다. 참고로 페이스북의 Scuba와 Honeycomb.io는 이와 같은 분석을 하고 있다.

서비스 수준 지표(SLI)

SLO에 대한 요구 사항을 평가할 때 일반적으로 요구 사항을 설정할 수 있는 한정된 지표 또는 측정 기준을 고려할 것이다. 이러한 목적으로 이상적인 매개 변수뿐만 아니라 실제 수행 중인 매개변수까지 고려할 것이다. SLO는 서비스 기대치를 정의하는 하나 이상의 지표가 될 수도 있는데, 이러한 지표는 본질적으로 연결될 수 있기 때문이다.

예를 들어 시스템을 사실상 사용할 수 없기 때문에 특정 시점 이후의 대기시간은 가용성 문제가 있을 것이다. 처리량이 없는 대기시간은 다루기 쉬우며 부하 시 시스템을 정밀하게 확인할 필요는 없다. 일반적인 지표는 다음 절들에서 설명한다.

대기시간

응답시간이라고도 하는 대기시간은 요청부터 응답을 받는 데 걸리는 시간을 나타내는 시간 기반의 측정이다. 측정은 컴포넌트별로 세분화하는 것보다 고객이 받는 응답까지 측정하는 것이 가장 좋다. 이것이 고객 중심의 설계이며 고객이 있는 모든 시스템에서 매우 중요하다.

대기시간 대 응답시간

대기시간 대 응답시간이라는 주제로 그야말로 피 터지는 갑론을박이 진행되고 있다. 일부 진영에서는 대기시간은 서비스에 도달하는 데 걸리는 시간이고 응답시간은 요청을 처리하는 데 걸리는 시간이라고 주장한다. 이 책에서는 초기화에서부터 페이로드 (payload) 전달까지 해당 요청의 총 왕복 시간을 대기시간으로 간주한다.

가용성

이 지표는 일반적으로 시스템이 이용 가능할 것으로 예상되는 전체 시간을 백분율로 나타낸다. 가용성이란 클라이언트의 요청을 예상했던 응답으로 반환하는 능력으로 정의할 수 있다. 여기서 시간은 고려 대상이 아님을 알아두자. 즉, 대부분의 SLO는 대기시간과 가용성 모두를 포함해야 한다. 특정 대기시간이 지나면 요청이 아직 완료되고 있는 데도 시스템을 사용할 수 없는 상태로 간주할 수 있다. 가용성은 특정 구간에서 항상 99.9%와 같은 백분율로 표시하는데, 해당 구간 내의 모든 샘플이 집계되는 것이다.

처리량

또 다른 일반적인 SLI에는 처리량이 있다. 이는 특정 기간 동안 성공한 요청을 비율로 나타내며 일반적으로 초 단위로 측정한다. 처리량은 대기시간과 함께 실제로 매우 용이하게 사용된다. 팀에서 서비스 출시 및 대기시간 측정을 준비한다면 최고 처리량 목표치에서 테스트를 수행해야 한다. 그렇지 않으면 테스트는 무용지물이 될 것이다. 대기시간은 티핑 포인트[tipping point]까지 일정하게 유지되는 경향이 있으며, 처리량 목표치를 참고해 반드시 티핑 포인트를 알아야 한다.

내구성

내구성은 스토리지 시스템과 데이터 스토어에 한정된다. 다른 시간에 검색할 수 있도록 쓰기 작업이 성공적으로 스토리지에 저장돼 영속성을 지니고 있음을 나타낸다. 이 속성은 "시스템 장애가 발생하는 경우 2초 이내의 데이터만 유실된다."와 같이 시간대로 표현할 수 있다.

비용과 효율성

'비용 또는 효율성'은 보통 간과되거나 서비스 수준 논의에서 고려하지 않는다. 대신 이는 예산 문제로 밀려나고 보통 효과적으로 추적되지 않는다는 것을 알게 될 것이다. 그런데도 전반적인 서비스 비용은 대부분의 비즈니스에서 중요한 구성 요소다. 이상적으로는 페이지 뷰, 구독, 구매와 같은 작업당 비용으로 표현해야 한다.

조직은 서비스 운영의 일환으로 다음과 같은 조치를 취해야 한다.

신규 서비스

SLO를 정의한다. 좀 더 전통적인 모델에서는 이를 운영 수준 계약이라고 부르기도 한다.

신규 SLO

목표 수치와 실제 수치를 평가하기 위한 적절한 모니터링을 설정한다.

기존 서비스

정의된 SLO에 의해 현재 서비스 중요도를 고려하고 있는지 검증하기 위한 정기적으로 SLO를 리뷰한다.

SLO 수행

SLO의 달성과 위반에 대한 과거 이력과 현재 상태를 정기적으로 보고한다.

서비스 이슈

서비스 수준에 영향을 미치는 이슈에 대한 포트폴리오와 단기적 대안 및 해결책을 제시한다.

서비스 목표 정의

SLO는 제품 기능이 수립되는 것과 동일한 요구 사항의 집합에서 구축돼야 한다. 이는 고객의 니즈needs에 기반을 두고 요구 사항을 정의해야 하기 때문에 고객 중심 설계다. 일반적으로 최대 3가지의 지표만 필요한데, 3개 이상의 지표가 유의미한 가치를 더하는 경우는 거의 없다. 보통 과도한 지표수는 주요 지표의 증상이 중복된다는 의미를 가질 수도 있다.

대기시간 지표

대기시간 SLO는 특정 지표에 기반을 둔 범위로 표현할 수 있다. 예를 들어 요청 대기시간은 100ms 미만이어야 한다고 말할 수 있다. 대기시간은 사용자 경험이 절대적으로 중요하다.

대기시간이 중요한 이유

서비스가 느리거나 일관성 없이 수행되면 다운된 시스템보다 더 많은 고객을 잃을 수 있다. 실제로 속도가 중요한데, 구글 리서치(Google Reserarch)가 100~400ms의 지연으로 4~6주 동안 0.2%~0.6%의 검색량을 감소시킨다는 사실을 밝혀냈다. 자세한 내용은 Speed Matters(https://ai.googleblog.com/2009/06/speed—matters.html)에서 확인할 수 있다. 몇 가지 다른 깜짝 놀란 만한 수치를 확인해보자.

- 아마존(Amazon): 100ms마다 매출의 1%를 잃음
- 구글(Google): 페이지 로딩을 500ms 증가시키면 검색량이 25% 감소
- 페이스북(Facebook): 500ms 느린 페이지는 3%의 트래픽 감소를 유발
- 1초의 페이지 응답 지연으로 고객 만족도 16% 감소

우리는 다음과 같이 가용성 SLO를 나타낼 수 있다.

요청 대기시간은 100ms 미만이여야 한다.

0으로 하한을 두면 틀림없이 역기능이 일어난다. 성능 엔지니어가 응답시간을 10ms까지 단축하는 데 일주일을 보낼 수도 있지만 애플리케이션을 사용하는

모바일 기기는 이러한 최적화를 활용할 수 있을 만큼 결과를 빠르게 전달할 수 있는 네트워크를 거의 가질 수 없을 것이다. 다시 말하자면 성능 엔지니어의 일주일 간 작업이 헛되게 됐다. 따라서 우리는 SLO를 이렇게 말할 수 있다.

요청 대기시간은 25~100ms 사이여야 한다.

다음으로 이 데이터를 어떻게 수집하는 것인지 생각해보자. 로그를 살펴본다면 1분간 요청을 수집해 평균을 낼 수 있을지도 모른다. 그러나 여기에는 문제가 있다. 네트워크에 분산된 대부분의 시스템은 꽤 의미 있는 적은 비율의 아웃라이어outlier를 갖는 분포를 생성한다. 이렇게 되면 평균이 왜곡되고 이를 모니터링하는 엔지니어로의 전체 작업 부하 특성을 숨길 수 있다. 즉, 응답시간을 집계하는 것은 손실 프로세스다.

사실 대기시간에 대한 생각은 대기시간 분포를 생각해 수행해야 한다. 대기시간은 정규 분포, 가우시안 분포, 포아송 분포를 절대 따르지 않는다. 따라서 평균, 중위수, 표준 편차는 쓸모가 없고 최악의 상태다. 이에 대한 자세한 내용은 'Everything you know about latency is wrong'(https://bravenewgeek.com/everything-you-know-about-latency-is-wrong/)을 참고하자.

이해를 돕고자 고성능 제품인 Circonus가 제공하는 그림 2-1과 그림 2-2를 살펴보자. 블로그에서 이러한 그래프는 우리가 논의 중이던 현상인 스파이크 침식spike erosion을 보여주는 데 사용된다. 그럼 2-1에서는 한 달 분량의 데이터를 수용하고자 각 평균에서 더 큰 시간대가 그래프화된 평균을 보여준다.

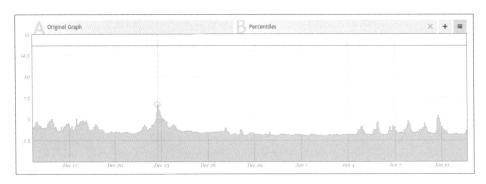

그림 2-1. 시간대 간격을 넓게 한 대기시간 평균

그림 2-2는 4시간만 표시하기 때문에 훨씬 짧은 시간대의 평균을 보여준다.

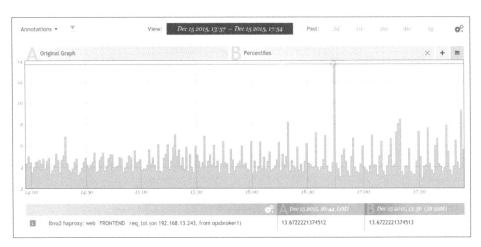

그림 2-2. 시간대 간격을 짧게 한 대기시간 평균

이들은 정확하게 동일한 데이터 세트임에도 그림 2-1은 정점으로 약 9.3을 가리키고 그림 2-2는 14를 가리킨다.

평균을 저장하는 것을 주의하라.

평균보다는 실제 값을 저장해야 한다는 것을 명심하자. 1분마다 평균값을 저장하지만 실제 값을 전체 히스토리를 저장하지 않는 모니터링 애플리케이션이 있다면 5분 동안의 평균 데이터를 원할 때 1분 평균을 이용해 해당 값을 찾을 것이다. 이는 원래의 평균이 손실됐기 때문에 틀림없이 잘못된 데이터를 제공할 것이다.

분 단위의 데이터를 평균이 아닌 전체 데이터 세트로 생각하면 특이값의 영향도를 시각화할 수 있다(사실상 특이값에 더 관심이 있을 수 있다). 다양한 방법으로 이를 확인할 수 있는데, 첫 번째는 평균에 대한 최소/최댓값을 시각화할 수 있다. 또한 가장 빠른 99.9%, 99%, 95% 등과 같이 해당 분에서 특정 백분율 값의 평균을 내는 것으로 특이값을 제거할 수도 있다. 그림 2-3에 나와 있는 것처럼 이 세 가지 평균을 100% 평균으로 겹치게 하고 최소/최댓값을 적용하면 특이값의 영향도를 확인하기가 쉽다.

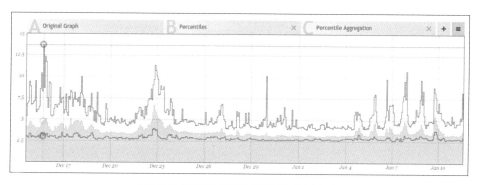

그림. 2-3. 최솟값과 최댓값을 겹쳐놓은 대기시간 평균

이제 그 시점에서 대기시간에 대한 SLO를 생각해보자. 1분마다 평균을 내는 경우 SLO가 뭐든지 간에 평균만 측정하기 때문에 SLO에 도달했음을 증명할 수 없다. 우리의 목표를 실제 업무량과 더 관련성 있게 만드는 것은 어떨까? 우리는 이 SLO를 다음처럼 수정할 수 있다.

99%의 요청에 대해 1분 이상의 대기시간은 25~100ms 사이여야 한다.

100%가 아닌 99%를 왜 선택해야 하는가? 대기시간 분포는 매우 다양한 형태를 보이는 경향이 있다. 정상적인 경우가 있고 자바 가상 머신^{JVM, Java Virtual Machine} 가비지 컬렉션^{garbage collection}, 데이터베이스 플러싱^{database flushing}, 캐시 무효화^{cache invalidation} 등과 같은 복잡한 분산 시스템에서 여러 가지 가능성으로 인한 에지 케이스^{edge case}가 있다. 따라서 특정 비율의 특이값이 예상되고, SLO 설정 목표는

우리가 용인할 수 있는 특이값의 비율을 인식하는 것이다.

이제 업무량을 고려해보자. 지금 API에서 볼 수 있는 간단한 응답에 대해 이야기하는가? 또는 일정 기간 동안 발생하는 많은 호출을 집계한 페이지의 렌더링을 측정하고 있는가? 페이지 렌더링을 측정하는 경우 초기 응답을 하나의 요구사항으로 지정하고 최종 렌더링에는 상당한 기간이 있을 수 있으므로 초 단위로 지정하는 것이 좋다.

가용성 지표

앞에서 언급했듯이 가용성은 일반적으로 백분율로 표현하며, 서비스가 시스템에 정의된 응답으로 요청에 응답할 수 있는 시간이다. 예를 들어 우리는 시스템이 99.9%의 시간 동안 가용 가능해야 한다고 말할 수 있는데 이는 이렇게 표현할 수 있다.

서비스는 99.9%의 시간 동안 이용할 수 있어야 한다.

이는 매년 작업해야 할 다운타임으로 약 526분이 주어지는 것이다. 거의 9시간이다. 왜 100%라고 하지 않는지 의아할지도 모른다. 제품의 소유자거나 판매원이라면 이렇게 100%라고 할 수도 있다. 일반적으로 99%~99.9%, 99~99.99%의 차이는 엔지니어가 관리하기 더 복잡하고 비용이 들고 까다로운 것으로 여겨진다. 게다가 인터넷이나 지리적으로 먼거리를 통한 배송에 의존적인 애플리케이션이라면 전송 매체가 두절되는 상황이 발생할 수도 있으며, 여러분의 시스템이지닌 가용 시간 99%~99.9%보다 더 확보하는 게 어려울 수도 있다.

즉, 1년 동안 1분 정전이 526건인 경우와 526분 정전이 1건인 것은 큰 차이가 있다. 다운타임이 짧을수록 대부분의 사용자가 중단 사실을 알아차리지 못할 가능성이 커진다. 이와 대조적으로 8시간 동안 서비스가 중단되면 뉴스 기사가 생성되고 수천 개의 트윗을 생성하며 사용자로부터 신뢰가 떨어진다. 서비스에서 두 가지 데이터 포인트를 고려해야 한다. 첫 번째는 평균 고장 간격^{MTBF, Mean Time Between Failure}이다. 과거에는 장애를 피하는 것이 먼저였고 이는 MTBF를 증가시키는 것을 의미한다. 두 번째는 평균 수리 시간^{MTTR, Mean Time To Recover}이다. 이는 장애가 발생한 후 서비스를 재개하는 데 걸리는 시간으로, 짧을수록 더 좋다.

가용성에서의 회복 탄력성과 강건성

지난 10년 동안 세 가지 특정한 특성을 가진 탄력적인 시스템을 구축하는 것에 대해 많은 논의가 있었다.

- 장애 시나리오가 잘 모니터링돼 자동화된 복원으로 인한 MTTR의 최소화

- 분산^{distributed}과 중복^{redundant} 환경으로 인해 장애 시 영향도 최소화

- 자동화 및 수동 복원 방안이 일상적인 운영 환경으로 체계적인 문서화가 돼 있고 견고하게 구성돼 있으며, 이를 숙련되고 통합된 시스템에서 발생하는 일반적인 시나리오로서 장애를 처리하는 능력

장애를 제거하는 데 중점을 두지 않는 것을 명심하자. 장애 없는 시스템은 견고할지라도 쉽게 부러지고 깨진다. 장애가 발생하면 대응 팀들이 준비가 안 돼 있을 가능성이 높고 이로 인해 장애 영향도가 확연하게 커질 수 있다. 또한 신뢰할 수 있지만 취약한 시스템은 사용자로 하여금 애초에 SLO에 맞게 설계된 서비스를 예상보다 더 높은 신뢰성을 기대하게 만들 수 있다. 이는 SLO를 위반하지 않았더라도 운영 중단이 발생했을 때 고객이 상당히 당황할 수 있다는 것을 의미한다.

이러한 지식을 바탕으로 SLO의 가용성을 평가할 때 다음과 같은 몇 가지 주요 질문을 스스로에게 해보자.

- 다운타임 동안 임시 해결 방안은 있는지? 읽기 전용과 같은 상황에서 적

용할 수 있는 방안인지? 캐시가 오래돼도 데이터를 제공할 수 있는지?

- 사용자가 많이 없는 상황으로 제한한다면 다운타임이 아닌 다른 방안은 있는지?

- 다운타임이 길어질수록 사용자는 어떤 경험을 하는지?

  - 한 번의 요청 실패

  - 30초

  - 1분

  - 5분

  - 1시간 이상

이를 고려한 후 다음의 내용을 수행해 미숙한 가용성 SLO의 재평가를 원할 수도 있다.

- 타임 인터벌^{time interval} 정의

- 최대 장애 기간 정의

- 가용성을 낮추기 전에 영향을 받는 사용자 비율 정의

이를 염두에 두고 다음과 같이 SLO를 표현할 수 있다.

- 일주일 동안 평균 99.9%의 가용성

- 10.08분 이상의 단일 노드 장애 없음

- 5% 이상의 사용자가 영향을 받는 경우 다운타임 요청

다운타임을 허용하는 설계

이러한 새로운 반복을 통해 제공된 매개변수에 부합할 수 있는 장애 조치, 데이터베이스 잠금 및 재시작과 같은 프로세스를 설계할 수 있다. 또한 1% 미만의 사용자들에게 영향을 미치는 롤링 업그레이드$^{rolling\ upgrade}$를 할 수 있다. 그 주에 다운타임이 발생하지 않고 10분 미만이면 인덱스 생성을 위해 테이블을 잠글 수 있다. 다운타임을 허용되게 설계함으로써 제로 다운타임$^{zero\ downtime}$을 달성하려고 노력하지 않고, 혁신과 속도라는 명목으로 좀 더 효과적인 설계를 할 수 있고 일부 위험을 감수할 수 있게 된다.

99.9%의 가용 시간이 흔해져 버린 요즘 세상에서 서비스가 안전하게 계획되고 관리되는 다운타임이라면 허용해야 하는 때가 있다. 사전 협의돼 읽기 전용으로 제한하고 일부 사용자만 영향이 있는 4시간의 다운타임을 기꺼이 감수한다면 데이터 손상, 개인 정보 이슈 등과 같은 위험이 존재하지만 조심스럽게 조율한 마이그레이션 작업을 진행할 수 있다.

이를 고려해 계획된 다운타임 옵션을 추가해 운영 팀의 유지 보수작업을 가이드함으로써 SLO 가용성을 재평가할 수 있다.

- 일주일 동안 평균 99.9%의 가용성

- 10.08분 이상의 단일 노드 장애 없음

- 5% 이상의 사용자가 영향을 받는 경우 다운타임 요청

- 다음과 같은 경우 연간 1회 4시간의 다운타임 허용

  - 사용자에게 최소 2주전에 다운타임 공지

  - 한 번에 10% 이하의 사용자에게만 영향을 미침

처리량 지표

처리량은 서비스 수준 지표로서 서비스와 함께 제공되는 대기시간과 가용성 SLO를 유지하면서 서비스가 지원할 수 있어야 하는 최댓값을 나열해야 한다. 그럼 여러분은 이렇게 말할지도 모른다. "레인Laine, 채리티Charity, 왜 우리가 이것을 나열해야 하는 거죠? 대기시간과 가용성이면 충분하지 않을까요?" 우리 중 누군가 대답할 것이다. "겁 없는 운영자인 스카우트Scout야, 훌륭한 질문이야!" 그리고 나서 그녀는 생각에 잠겨 파이프 담배를 피우곤 했다.

성능이나 가용성의 한계에 부딪히지 않고 처리량의 상한까지 병목 현상이 발생할 수도 있다. 초당 50개의 쿼리(qps)로 제한하는 시스템에서 잠금이 있을 수 있다. 믿을 수 없을 정도로 빠르고 빡빡한 응답일 수도 있지만 1,000명의 사람이 이 쿼리를 수행하고자 대기하고 있다면 문제가 있는 것이다. 종단 간 대기시간을 측정할 수 없는 경우도 있기 때문에 처리량 지표는 보통 시스템이 비즈니스의 요구 사항을 충족하고 있다는 사실에 대한 추가 검증 단계가 될 수 있다.

처리량은 평균값과 덜 세분화된 샘플링 데이터를 사용할 때 대기시간과 유사한 가시성 문제를 겪을 수 있으므로 모니터링하는 동안 이런 점을 유의하자.

비용 효과적인 지표

시스템 비용을 위한 효과적인 지표를 고려할 때 가장 큰 변수는 무엇을 비용에 반하는 지표로 참고할 것인지 여부다. 이는 실제 비즈니스에서 의사결정 사항이지만 서비스가 가치를 창출할 수 있는 방향으로 선택해야 한다. 여러분이 온라인 잡지와 같은 콘텐츠 제공업체라면 전달되는 페이지가 매우 중요하다. 서비스형 소프트웨어SaaS 제공자라면 서비스를 구독하게 하는 것이 합리적이다. 소매자인 경우라면 거래 건수가 적절할 것이다.

고려 사항

데이터베이스 엔지니어로서 이런 것을 왜 알아야 할까? 서비스 중 하나의 구성 요소만 관리할 뿐인데, 전체 요구 사항에 대한 관심을 왜 가져야 하는 걸까? 미숙했던 시절에는 데이터 스토어에 대한 목표치를 부여받고 이를 유지 보수하는 능력에 따라 등급이 매겨졌을 수도 있다. 하지만 더 큰 규모의 팀에 속한 일원으로서 서비스의 속도와 가용성에 영향을 미칠 수 있는 좋은 기회를 갖게 된다.

전반적인 SLO를 알면 여러분이 집중하는 곳에 우선순위를 매길 수 있다. 대기시간의 SLO가 200ms라면 이 200ms는 다음 항목에 의해 공유된 것이라고 추정할 수 있다.

- DNS 해석

- 로드 밸런서

- http 서버로 리다이렉션redirection

- 애플리케이션 코드

- 데이터베이스에 쿼리하는 애플리케이션

- 전 세계를 가로지르는 TCP/IP 전송 시간

- 메모리, SSD^{Solid-Sate Devices}, 디스크 회전^{disk spinning}으로부터의 검색

데이터 스토어가 잘 작동하고 있고 최소한으로 리소스만 투입되고 있다면 다른 일에 집중하자. 반면 해당 SLO를 유지하는 것이 위험한 상태이고 비교적 쉽게 달성할 수 있는 목표로 판단되면 전력 질주로 시간을 할애해 해당 목표를 성취하고자 헌신할 수 있다.

여러분의 새롭고 흥미로운 서비스를 위해 SLO를 구성하는 동안 몇 가지 추가적인 고려 사항은 다음과 같다.

지나치지 마라

우리는 지표를 축적하는 자들이고 해당 욕구를 이해한다. 하지만 단일 페이지의 대시보드에서 SLO 상태를 검토할 수 있도록 지표 목록을 단순하고 간결하게 유지하자.

사용자 중심으로 생각하라

사용자가 무엇을 중요하게 생각하고 구축하는지 생각해보자. 대부분의 애플리케이션 서비스는 대기시간, 처리량, 가용성에 중점을 두고 스토리지 서비스는 여기에 내구성을 추가한다는 점을 기억하자.

SLO를 정의하는 것은 반복 작업이다

SLO를 검토하는 프로세스가 있는 경우 시간이 지남에 따라 이를 수정하고 추가할 수 있다. 초기 구축 단계에 있는 동안은 SLO에 대해 그렇게 공격적으로 접근할 필요가 없을지도 모른다. 이는 엔지니어에게 기능 개선에 집중할 수 있게 한다.

서비스, 프로세스, 인프라를 어떻게 설계할 것인지에 대한 결정을 하려면 SLO를 사용하자.

SLO 관점의 모니터링과 리포팅

이제 SLO가 잘 정의됐으므로 이상적인 목표에 비해 실제 생활에서 어떻게 하고 있는지 모니터링하는 것이 중요하다. 아직 이 책에서 운영 가시성을 살펴보진 않았지만 다음 주제로 넘어가기 전에 의논해야 할 중요한 것들이 있다.

서비스 수준 관리 모니터링의 최우선 목표는 SLO를 놓칠 수 있는 잠재적 영향을 사전에 파악하고 해결하는 것이다. 다시 말해 현재 위반 사항이 있음을 알림으로 받고자 모니터링에 의존하는 것을 절대로 원하지 않는다. 카누를 타고 있다고 생각해보자. 급류에 들어간 후에 급류가 있다는 것을 알기 원하지 않는다. 잔잔한 물에 있는 동안 급류가 하류에 있다는 것을 나타내는 게 무엇인지 알기를 바란다. 그리고 나서 우리 자신과 시스템에 약속된 SLO 이내로 머물 수 있도록 적절한 조치를 취할 수 있기를 희망한다.

모니터링할 때 항상 자동화된 지표 수집과 분석에 의존한다. 이 분석은 수정 조치, 운영자에게 경고, 사후 작업을 위한 티켓 생성 등을 목적으로 자동화된 의사결정 소프트웨어의 원천 데이터가 될 것이다. 또한 실시간 분석을 위해 이 데이터를 시각화하고 잠재적으로 현재 상태를 높은 수준으로 볼 수 있는 대시보드를 만들고자 할 것이다. 모니터링할 다양한 지표를 설명할 때 이 세 가지 시나리오를 모두 고려해보겠다.

일주일 동안 10.08분의 다운타임을 가질 수 있는데, 화요일까지 카산드라 가비지 컬렉션^{Cassandra Garbage Collection} 이벤트로 인해 3일 동안 3분의 다운타임이 발생했고 로드 밸런서의 장애로 1분이 더 발생했다고 가정해보자. 이미 SLO의 40%를 다 써버렸는데, 아직 4일이나 남았다. 지금이 가비지 컬렉션을 수정할 때야! 특정 임곗값(예, 30%) 이후에 경고가 발생하면 티켓팅 시스템에서 이메일을 발송함으로써 데이터베이스 신뢰성 엔지니어^{DBRE, DataBase Reliability Engineer}는 이 이슈를 바로 해결할 수 있다.

가용성 모니터링

앞 절에서 정의한 가용성 SLO를 사용해보자. 이를 어떻게 모니터링할 것인가? 적절한 현황을 파악하고자 가용성과 사용자 수준의 오류를 모니터링하는 시스템이 필요하다. 우리의 샘플 가용성 SLO를 다시 상기시키자면 다음과 같다.

- 일주일 동안 평균 99.9%의 가용성

- 10.08분 이상의 단일 노드 장애 없음

- 5% 이상의 사용자가 영향을 받는 경우 다운타임 요청

- 다음과 같은 경우 연간 1회 4시간의 다운타임이 허용

  - 사용자에게 최소 2주전에 다운타임 공지

  - 한 번에 10% 이하의 사용자에게만 영향을 미침

전통적으로 운영자는 시스템 가용 여부를 알리고자 상당히 낮은 수준의 모니터링에 집중하는 경향이 있었다. 예를 들어 그들은 호스트가 가동 중인지, 통신이 가능한지, 해당 시스템에 의해 호스팅하는 서비스가 실행 중이고 통신 가능한지 여부를 측정했을 것이다. 분산 시스템에서 이는 서비스 가용성을 지속 불가능하게 하고 장애를 예측하기 위한 좋은 지표가 아니다. 1,000개의 JVM, 20개의 데이터베이스 인스턴스, 50개의 웹 서버를 보유하고 있다면 이러한 컴포넌트 중 어떤 것이 서비스에 영향을 미치고 있는지와 그 영향이 어느 정도 있는지를 어떻게 알 수 있는가?

이를 염두에 두고 가장 먼저 초점을 맞추고자 하는 것은 사용자 요청의 오류율이다. 이를 RUM^Real User Monitoring이라고도 한다. 예를 들어 사용자가 자신의 브라우저에서 HTTP를 호출하면 적절한 형태의 응답을 받는가? 여러분의 서비스가 인기 있는 경우 이는 잠재적으로 많은 데이터가 될 수 있다. 웹 서비스에서 초당 70,000회 이상의 조회수를 발생시키는 중요한 글로벌 뉴스 이벤트를 생각해보자. 모든 최신 CPU는 이 데이터양에 대한 오류율을 상당히 효율적으로 계산할 수 있다. 이 데이터는 애플리케이션(예, 아파치 HTTP)에서 로그 데몬(예, 리눅스 syslog)으로 기록된다.

여기서 이러한 로그의 데이터를 모니터링하고 분석하기 위한 적절한 도구로 가져오는 방법은 매우 많다. 그중 기본 수준으로 집계나 평균화 작업 없이 서비스의 성공/오류 비율을 운영 데이터의 저장소에 저장했다고 가정하자. 앞 절에서

설명한 내용이지만 평균값을 저장하는 것만으로도 소중한 데이터는 손실된다는 점을 상기시킬 필요가 있다.

데이터가 저장된 상태에서 호출의 1% 이상이 실패했는지 평가하고 실패한 경우 해당 초를 다운타임으로 표시하는 것은 비교적 간단하다. 이 정기적인 다운타임 집계를 합산해 일주일 동안 예산인 604.8초와 비교할 수 있으며, 브라우저에서, 네트워크 운영 센터나 사무실의 모니터링에서, 모든 이해관계자가 팀의 성과를 볼 수 있게 하는 어떠한 장소에 표시되는 대시보드에 나타난다.

이상적으로는 이 데이터를 이용해 현재 다운타임 시간이 주말까지 산정된 시간의 초과로 이어질지 여부를 예측할 수 있기를 바란다. 대부분의 환경에서 가장 큰 도전 과제는 제품 개발로 인한 업무 부하의 이동이다. 릴리스가 매주, 때로는 매일 발생하는 시스템에서 이전의 데이터 세트는 상대적으로 쓸모없게 된다. 이는 특히 최근 데이터 세트에 비해 오래된 데이터 세트에 해당된다. 이것을 부식된 함수^{decaying function}라고 한다.

예측 데이터 과학에 대한 탐구는 이 책의 범위를 벗어난다. 그러나 이번 주, 또는 향후 몇 주에 잠재적으로 SLO를 위반할지 예측하고자 취할 수 있는 다양한 접근 방식은 여기에 있다. 이전 N 주간의 값(N은 안정적인 환경에서 더 클 수 있고 다운타임의 연속적인 배포 모델에서 더 작을 수 있음)을 참고해 다운타임이 현재 기간과 같거나 더 적은 기간 동안 얼마나 많은 SLO 위반이 발생했는지 확인해보자.

예를 들어 여러분의 스크립트는 현재 한 주에 10초 동안 다운타임을 가질 수 있고 몇 초의 현재 시간일 수도 있다. 해당 다운타임은 10초와 한 주에 369,126초의 시간으로 정의할 수 있다.

그런 다음 지난 13주를 평가하고 한 주 중 같은 지점(1 ~ 369,126 초)에서 다운타임이 10초 이하인 각 주에 대해 SLO 위반이 그 주에 발생했는지 평가하자. 그러면 이전 기간의 근사치에 근거해 가중치를 부여할 것이다. 예를 들어 지난 13주

동안 13점이 부여된다. 그 전 주에는 12점 이런 식이다. SLO 위반이 발생한 주에 가중치를 추가하면 운영 팀에게 높은 우선순위의 티켓을 발행하고 그들에게 종합 수치가 13점 이상일 경우 채팅으로 알려줄 수 있다.

이는 서비스 수준 데이터를 검토할 시간과 경향이 있는 데이터 과학자들로 구성된 크랙 팀이 없는 경우 어느 정도 수준의 데이터 모니터링을 수행할 수 있는 방법의 한 예일 뿐이다. 여기서의 목표는 긴급 상황이 발생하기 전에 잠재적인 문제를 사전에 확인하는 것이다. 즉, 사람들이 확인해야 하는 문서들이 줄어들고 가용성에 미치는 영향이 적다는 것을 의미한다.

실제 사용자 모니터링 외에도 인공적인 테스트와 같은 추가 데이터 세트를 만드는 것이 유용하다. 이를 신세틱^{synthetic} 모니터링이라고 한다. 인위적이라고 해서 실제 사용자와 활동이 동일하지 않다는 것을 의미하지는 않는다. 예를 들어 이메일 회사는 다른 사용자가 수행하는 것처럼 QA 계정에서 이메일 요청을 수행할 수도 있다.

신세틱 모니터링은 일관되고 철저한 커버리지를 제공하는 것이다. 사용자는 각기 다른 지역에서 다른 시간에 활동할 수 있다. 이는 가능한 모든 지역과 서비스에 대한 코드 경로를 모니터링하지 않으면 사각지대가 발생할 수도 있는 것이다. 신세틱 모니터링을 통해 가용성이나 대기시간이 불안정하거나 저하되는 지역을 식별하고 적절하게 준비하거나 완화시킬 수 있다. 이러한 준비와 완화 작업의 예로는 여유 용량 확보, 쿼리 튜닝, 불안정한 지역으로부터 트래픽 이동하는 것과 같은 것들이 포함된다.

신세틱 모니터링과 RUM을 사용하면 가용성이 영향을 받는 시점을 식별하고 심지어 SLO 위반이 발생할 수 있는 시점을 예측할 수 있다. 단, 시스템 장애나 용량 제한으로 인해 더 큰 영향을 받는 경우에는 도움이 되지 않는다. 군건한 모니터링을 구현해야 하는 핵심 이유 중 하나는 장애와 과부하를 사전에 예측할 수 있는 충분한 데이터를 수집하는 것이다.

대기시간 모니터링

모니터링 대기시간은 요청의 오류를 모니터링하는 것과 상당히 유사하다. 가용성은 불리언^{Boolean}이지만 대기시간은 SLO에 주어진 제약 조건에 맞는지 확인하고자 반드시 측정해야 하는 값이다.

대기시간 SLO

1분 동안 99%의 요청 대기시간은 반드시 25ms~100ms 사이여야 한다.

오류 원격 측정과 마찬가지로, HTTP 요청 로그가 syslog를 통해 시계열 데이터 스토어로 전달된 것으로 가정한다. 이를 통해 시간 간격을 두고 모든 데이터 포인트를 대기시간으로 주문할 수 있고 상위 1%의 요청도 제거할 수 있다. 이 경우 각 1초라는 시간 사이에서 평균값을 산출한다. 나머지 99%의 요청 중 하나가 100ms를 초과하면 다운타임에 영향을 미치는 위반이 발생한다.

이러한 종류의 데이터는 다양한 도구나 스크립트를 통해 예측 분석에 적합할 수 있다. 유사한 시간대나 트래픽 패턴이 발생하는 동안 이전 대기시간을 측정하는 것으로, SLO를 위반할 수 있는 응답시간이 올라가는 이상 징후를 찾을 수 있다.

처리량 모니터링

처리량은 가용성과 대기시간 SLO를 위해 수집하고 검토한 데이터로 쉽게 평가할 수 있다. 모든 기록을 저장한다면 초당 트랜잭션을 상당히 쉽게 측정할 수 있을 것이다. SLO에서 최소 트랜잭션 수를 초과한다면 이는 좋은 상태다. SLO를 초과할 만큼 충분한 트래픽을 생성하지 않는 경우 시스템이 SLO의 요구를 지원할 수 있는지 확인하고자 주기적인 부하 테스트에 의존해야 한다. 부하 테스트는 이후에 더 자세히 다룬다.

비용과 효율성 모니터링

비용과 효율성은 다른 것처럼 정량화할 수 없는 일부 비용이 필요하기 때문에 모니터링하기 어려운 SLO가 될 수 있다. 이는 일정 기간 동안 전반적인 비용을 고려해야 한다. 유틸리티처럼 리소스를 요구할 수 있는 클라우드 환경에서 작업 하는 경우 스토리지, 프로세싱, 메모리, 인스턴스 간 대역폭과 같은 리소스는 비용을 상당히 쉽게 정량화할 수 있다. 반면 자체 베어메탈을 사용하는 경우 서비스 전용의 모든 머신에 대한 하드웨어 비용을 가져와 공유 리소스가 작동 중인 시기를 산정해야 한다. 그러나 보통 비용 기간이 아주 세분화돼 있지 않기 때문에, 공급자로부터 월별 보고서를 받는 경우 시간별 비용과 같은 특정 기간 의 비용을 이해하는 것이 어려울 수 있다.

인스턴스와 스토리지 같은 고정 비용 항목의 경우 공급업체 또는 자체 내부 데 이터베이스에서 업로드된 비용 매트릭스를 유지할 수 있다. 이 데이터는 리소스 가 배치되고 해체돼 예상 지출이 생성될 때 참조될 수 있다. 대역폭, IOPS, 기타 유사 항목의 사용 비용의 경우 예약된 간격으로 수집된 다른 지표를 참조해 비 용을 추정할 수 있다.

서비스를 유지하고 있는 직원의 비용까지 고려해야 한다. 여기에는 운영, 데이 터베이스, 네트워크 엔지니어, 당직자, 프로젝트 관리자가 포함될 수 있다. 이러 한 리소스는 공유 리소스며 여러분이 모니터링 중인 특정 서비스에 할당된 시간 의 백분율을 계산하고 있는 자신을 발견할 수 있을 것이다. 시간 추적을 사용 중인 환경이라면 해당 데이터를 참고해 어느 정도는 실시간 인적 시간 사용 지 표를 작성해볼 수도 있다. 그렇지 않다면 해고, 신규 사원 입사, 팀 변경과 같은 요소들을 고려해 일반적인 기준을 산정해야 할 것이다.

이는 수동적인 작업이며 일정 부분은 쉽게 자동화할 수 없지만 서비스 운영 비용 측면에서 엄청나게 가치 있는 데이터를 제공한다. 이를 서비스에 의해 창출되는 가치와 비교하는 것은 신뢰성 엔지니어에게 효율성 개선이라는 목표를 제공한다.

정리

서비스 수준 관리는 인프라 설계와 운영의 초석이다. 모든 행동이 우리의 SLO 위반을 피하기 위한 계획의 결과라고 충분히 강조할 수 없다. SLO는 하고 있는 게임의 규칙을 만든다. SLO를 사용하는 것으로 어떤 위험을 감수할 수 있는지, 어떤 아키텍처를 선택해야 하는지, 이러한 아키텍처를 지원하는 데 필요한 프로세스를 설계하는 방법을 결정한다.

2장을 마치면서 SLA, SLO, SLI를 포함한 서비스 수준 관리의 핵심 개념을 이해해야 한다. 가용성, 대기시간, 내구성, 효율성 등을 포함해 사용되고 있는 공통 지표를 알아야 한다. 또한 SLO를 위반하기 전에 문제를 포착하고자 이러한 지표를 효과적으로 모니터링하는 방법을 이해해야 한다. 이를 통해 여러분이 관리하는 서비스에 대해 기대하는 바를 효과적으로 전달하고 목표를 달성하는 데 기여할 수 있는 좋은 기반을 마련할 수 있다.

3장에서는 위험 관리를 다룬다. 여기서는 약속한 서비스 수준에 어떤 영향을 미칠지 평가하기 시작한다. 이러한 서비스 수준 요구 사항을 사용하고 잠재적인 위험을 인식함으로써 비즈니스에서 약속한 사항을 이행할 수 있도록 서비스와 프로세스를 효과적으로 설계할 수 있다.

위험 관리

운영은 약속의 집합이며 이를 수행하는 데 필요한 작업이다. 2장에서는 이를 어떻게 생성하고 모니터링하며 보고하는지 살펴봤다. 위험 관리는 이러한 약속을 위반할 수 있는 불확실성을 식별하고 평가하며 우선순위를 지정하고자 수행하는 작업이다. 또한 이러한 불확실성의 발생 확률을 모니터링하고 완화하며 감소시키기 위한 자원(기술, 도구, 사람, 프로세스 등)을 수행하는 애플리케이션이기도 하다.

이것이 완벽한 방법은 아니며 모든 위험을 제거하는 것이 여기서의 목표는 아니다. 그건 자원을 낭비하는 비현실적인 목표일 뿐이다. 우리의 목표는 위험을 평가하고 완화시켜는 방안을 구체화해 모든 프로세스에 적용하고, 이를 경감시키고 예방하는 기술들을 통해 위험의 영향도를 반복적으로 감소시키는 것이다. 이 프로세스는 장애를 관찰하고 신규 아키텍처로 컴포넌트를 도입하며 조직의 발전에 따라 증감되는 영향도 파악을 기반으로 지속적인 수행을 해야 한다. 프로세스의 주기는 다음과 같이 7가지로 분류할 수 있다.

- 서비스에 운영적인 위험을 초래할 가능성이 있는 해저드hazard나 위협threats 요소를 식별

- 서비스에 영향을 미칠 가능성과 영향도를 검토해 각 위험에 대한 평가를 수행

- 위험 발생 가능성과 이에 따른 결과 분류

- 해당 결과를 완화시키거나 위험 발생 가능성을 감소할 수 있는 방안 마련

- 먼저 해결해야 하는 위험의 우선순위 지정

- 제어 구현과 효율성 모니터링

- 프로세스의 반복

위 프로세스를 반복함으로써 카이젠^{Kaizen}[1], 즉 지속적인 개선^{continuous improvement}을 하고 있는 것이다. 점진적으로 전략을 발전시켜야 하는 위험 평가보다 더 중요한 것은 없다.

위험 고려 사항

위험 평가 프로세스의 품질에 영향을 미치는 다양한 변수가 있다. 이들은 다음과 같이 분류할 수 있다.

- 알 수 없는 요인과 복잡성

- 리소스 가용성

- 인적 요인

- 그룹 요인

---

1. 점진적이고 지속적인 변화를 위한 개선 활동 - 옮긴이

여러분의 팀을 위해 실질적인 프로세스를 정의하는 데 도움이 되도록 이와 같은 항목을 고려해 이번 절에서 간략히 설명한다.

알 수 없는 요인과 복잡성

위험 평가 프로세스의 도전 과제를 조합하는 것은 오늘날의 시스템에 수반되는 엄청난 양의 복잡성을 지닌다. 도메인이 복잡하고 난해할수록 사람들은 경험해 보지 못한 상황으로 지식을 전달하는 어려움이 더 커진다. 쉽게 다룰 수 있도록 개념을 지나치게 단순화하는 경향을 환원성 편향reductive bias이라고 한다. 초기 학습에서 효과가 있는 것은 고급 지식 습득에는 더 이상 효과가 없다. 알려지지 않은 수많은 위험이 있으며 통제할 수 없는 위험이 많다. 여기에 몇 가지 예가 있다.

- 아마존Amazon, 구글Google과 같이 호스팅된 환경에서 고객에 의한 영향

- 인프라에 통합돼 있는 벤더vendor가 주는 영향

- 코드를 배포하는 소프트웨어 엔지니어

- 작업 부하를 급증시키는 마케팅 효과

- 업스트림upstream과 다운스트림downstream 서비스

- 패치 작업, 저장소 변경, 기타 소프트웨어 변경 작업

이와 같은 환경에서 위험을 평가하고자 해당 도메인에서의 문제 해결은 평가 프로세스에 도움이 된다. 운영 팀은 그 경험을 활용하고 지속적으로 지식을 성장시켜 더 풍부한 모델을 지속적으로 구축해야 한다. 또한 이는 모든 가능성을 고려할 수 없으며 탄력적인 시스템을 만들어 알 수 없는 가능성에 대한 계획을 세워야 한다는 것을 인지하고 있어야 한다.

리소스 가용성

리소스가 부족한 부서나 열악한 스타트업에 종사하고 있다면 진행 중인 일에 리소스를 추가 투입하거나 사전 예방을 위한 리소스를 확보하는 것은 어려울 수도 있다(일명 Sisyphean[2]). 따라서 한 달에 4시간, 아마 30분 정도만 위험 관리 프로세스에 시간을 할애할지도 모른다. 그러므로 가치를 만들어야 한다. 위험 완화를 위해 사용하는 시간과 자원은 이를 수행하지 않았을 때 발생하는 비용보다 적어야 한다. 즉, 허용된 시간 내에 가장 가능성이 높고 영향력이 높은 위험에 대해 엄격하게 우선순위를 둬야 하는 것이다. 이를 위한 탄력 있는 시스템을 구축해보고 여기서 발생하는 일들을 통해 알아보자.

인적 요인

사람이 일을 하기 시작하면 수많은 잠재적인 이슈(http://bit.ly/2zyoBmm)가 발생한다. 사람들은 매우 뛰어나긴 하지만 보유한 매뉴얼에는 세세한 항목fine print으로 작성된 내용이 많아 이를 모두 확인하는 것은 쉽지 않다. 이러한 프로세스에 영향을 미칠 수 있는 몇 가지는 다음과 같다.

아무것도 하지 않기 증후군

많은 운영자가 위험을 몹시 싫어하는 동료에 둘러싸여 일하고 있다는 걸 알게 된다. 관성적인 특징을 갖는 이러한 사람들은 아무 활동도 하지 않는 위험보다 변화의 위험이 더 크다고 생각하기 때문에 아무것도 하지 않는 것을 선택한다. 알 수 없는 상황에 처했을 때 아무 활동도 하지 않는 것에 의지하는 것보다는 해당 상황을 미리 생각해보는 것이 더 중요하다.

---

2. 끝이 없고 헛된 - 옮긴이

익숙한 위험 무시

경험 많은 엔지니어는 보통 일반적인 위험을 무시하고 좀 더 이례적이고 특이한 이벤트에 더 집중한다. 예를 들어 디스크 용량이 쌓이는 것을 처리하는 데 익숙한 사람은 데이터 센터 전반의 다른 이벤트에 더 집중해 디스크 용량 관리를 위한 충분한 계획은 세워놓지 않을 수 있다.

두려움

두려움은 개인에 따라 긍정적이거나 부정적인 스트레스 요인으로 작용된다. 긍정적인 반응을 보이는 일부 사람은 높은 스트레스와 집중력을 발휘할 수 있는 환경 속에서 성장하며 계획, 완화, 생산 작업에 큰 가치를 가져다준다. 반면 두려움에 대한 부정적인 반응을 보이는 사람들은 그들의 두려움 때문에 최악의 시나리오를 무시하는 것은 흔한 일이다. 이로 인해 주요한 고위험의 구성 요소와 시스템에 대한 준비가 부족하게 된다. 여러분의 팀에서 이러한 반응 여부를 확인하는 것이 중요하다.

지나친 낙관

위험 평가에 대한 또 다른 인간적인 성향은 지나치게 낙관적이라는 것이다. 우리는 보통 우자신과 다른 팀원들을 가장 잘 믿는다. 이는 우리에게 이상적인 상황을 생각하게 만드는데, 피곤하지 않고 산만하게 하는 다른 일이 없으며 주니어가 항상 대기하고 있다고 생각하게 만든다. 이는 사람뿐만 아니라 이벤트에도 적용된다. "하루에 세 개의 디스크가 고장 날 수는 없다."고 생각하는가? 정확히 그 원인이 되는 디스크 불량의 고통을 경험하기 위함일 뿐인가?

또한 장애를 유발하는 피로 및 수작업의 방해물과 같은 물리적인 요소를 고려해야 한다. 수동적 변경 작업과 포렌식 같은 인간의 노동력과 여기에 잠재돼 있는 위험을 고려해야 한다. 그리고 어려운 문제와 씨름하고 있는 운영자들이 기나긴 하루의 근무를 마친 후에도 일하고 있는 경우도 생각해야 한다. 아마 이런 일은 발생하지 않겠지만 대비는 해야 한다. 또한 위험을 완화시키거나 제거하기 위한 장치를 설계하는 순간에도 수작업을 수행하는 사람이 피곤할 수 있으며 심지어 여러 가지 장애를 동시에 처리하고 있을 수도 있다는 것을 고려해야 한다.

호출기 피로

호출기 피로(http://bit.ly/2zyfqCv)란 불필요하거나 과도한 호출이 피로를 유발해 압도하는 경우다. 모니터링 프로세스에 얼마나 많은 알람을 설정할지 결정할 때 이 점을 고려해야 한다. 문제가 아닌 문제에 대한 경고, 잘못된 임곗값으로 인한 경고와 같은 오탐이나 가까운 미래에 위험에 처할 수도 있는 추세를 위한 경고를 알람으로 설정해 사용함으로써 발생한다.

그룹 요인

개인이 사각지대를 갖고 있는 것처럼 그룹은 위험 관리 프로세스를 망치게 할 수 있는 동적인 측면을 가진다. 여기에 몇 가지 명심해야 할 요소는 다음과 같다.

그룹 양극화

위험 전이^{risky shift}로도 알려져 있는 그룹 양극화는 그룹에서는 각 구성원이 생각하는 것보다 더 극단적인 결정을 내리는 경향이 있기 때문에 발생한다. 이는 초기 관점과 정반대되는 방향으로 바뀔 것이다. 예를 들어 개인이 경고 수준으로 느끼는 위험이 있다면 그룹 내에서 합의가 이뤄진 이후에는 훨씬 더 위험에 관대해지는 경향이 있을 것이다. 유사한 방식으로 위험 허용^{risk-tolerance}은 위험 회피^{risk-avoidance} 상태로 이동하게 될 것이다. 개인은 보통 그룹 내에서 가장 보수적인 사람으로 보이기를 원하지 않는다. 이는 팀이 필요 이상으로 더 큰 위험 허용 상태로 이르게 만든다.

위험 전가

그룹은 위험을 전가할 수 있는 다른 그룹이 있을 때 더 큰 위험 허용 상태로 향하는 경향이 있다. 예를 들어 운영 팀을 계획하고 있다면 내가 의지할 데이터베이스 팀이 있다는 것을 알고 난 후에는 더 큰 위험을 감수할 수 있을 것이다. 이는 주인 의식을 갖고 위험을 다른 사람에게 전가할 수 없는 크로스 펑셔널cross-functional 팀으로 일하는 것으로 극복할 수 있다.

결정 전가

결정 전가는 팀이 위험을 과대평가할 때 발생하기 때문에 이로 인해 특정 의사결정에 대한 책임을 다른 팀에게 전가할 수 있다. 예를 들어 고위험 변경 작업에 CTO 승인이 필요하고 이에 따른 책임이 필요한 경우 사람들은 단합해서 위험을 더 높게 측정해 의사결정을 내리는 경향이 있다. 이는 계층적 승인 프로세스가 아닌 개인 및 팀의 전문성과 경험에 의존하는 좀 더 자율적인 팀 운영을 통해 완화시킬 수 있다.

해야 할 것

우리는 위험 관리 프로세스가 지나치게 부담스러울 수 있다는 현실에 직면해 있다. 심지어 상당한 리소스가 있더라도 여전히 팀은 가용성, 성능, 안정성, 보안에 영향을 미칠 수 있는 모든 잠재적 위험을 포착할 수 없다. 시간이 지남에 따라 반복되고 개선되는 프로세스를 만드는 것이 합리적이다. 위험을 처리하는 복원력과 모든 위험을 제거하고자 노력하면 혁신과 개선이라는 이름으로 지능적인 위험을 감수할 수 있다.

우리는 모든 위험을 제거하는 목표가 사실 좋지 않다고 주장한다. 스트레스 요인이 없는 시스템은 시간이 지나도 강화되고 개선되는 경향이 없다. 해당 시스템은 결국 계획에 없던 알려지지 않은 스트레스 요인에 대해 취약해진다. 스트레스 요인을 정기적으로 경험하고 탄력성 있게 설계된 시스템은 알려지지 않은 위험을 좀 더 우아하게 처리하는 경향이 있다.

구글이 만든 것처럼 시스템을 관리 가능한 위험을 발생시키면서 큰 이익을 제공하기 위한 기회로 위험을 부담하며, 다운타임 예산downtime budget의 사용에는 논란이 있다. 구글의 경우 한 분기에 30분의 다운타임 예산이 있고 그 시간을 사용하지 않은 경우 새로운 기능을 출시하고 개선하고 향상시키고자 기꺼이 더 큰 위험을 감수할 의지가 있다. 이는 완전히 위험 회피적인 접근 방법이라기보다는 혁신을 위해 전체 예산을 탁월하게 사용하는 것이다.

그렇다면 이것이 프로세스로서 위험 평가에 대한 실질적인 접근 방법으로 어떻게 변환될 수 있을까? 이에 따라 하지 말아야 할 것을 살펴보자.

하지 말아야 할 것

명심해야 할 것이 많군. 위험 관리의 프로세스를 실제로 파헤칠 때 고려해야 할 몇 가지 조언은 다음과 같다.

- 프로세스를 손상시키는 주관적인 편견을 허용하지 않기
- 일화나 입소문을 위험 평가의 주요 소스로 사용하지 않기
- 이전 사건이나 이슈에만 집중하지 말고 앞을 내다보기
- 이전 작업을 계속 검토하면서 정체되지 않기
- 인적 요인을 무시하지 않기
- 아키텍처와 워크플로의 진화를 무시하지 않기
- 자신의 환경이 이전 환경과 동일하다고 가정하지 않기

- 취약한 제어 장치를 만들거나 최악의 상황을 무시하지 않기

시간이 지남에 따라 목록이 추가될 것이라고 확신하지만 시스템을 고려할 때 발생할 수 있는 결함을 피하고자 명심해야 할 좋은 목록이다.

작업 프로세스: 부트스트래핑

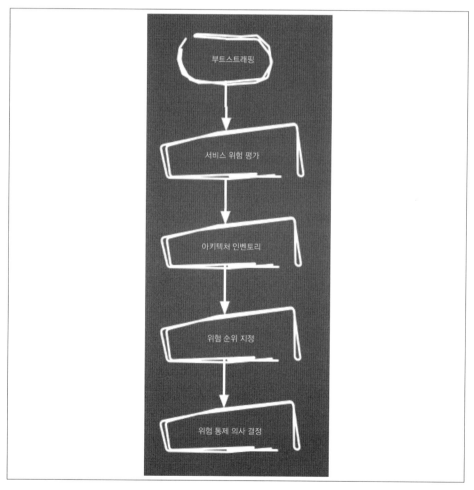

그림 3-1. 위험 관리 프로세스의 초기 부트스트래핑

새로운 서비스나 기존 서비스를 상속하고자 프로세스는 초기 부트스트래핑 Bootstrapping으로 시작한다. 부트스트래핑(그림 3-1)에서 목표는 서비스 수준 목표 SLO를 위태롭게 하거나 그럴 가능성이 가장 높은 주요 위험을 인식하는 것이다. 또한 서비스의 장기 실행 가능성을 위험에 빠뜨릴 수 있는 최악의 시나리오를 고려해야 한다. 광범위한 위험 포트폴리오를 구축하려는 용감한 데이터베이스 엔지니어가 여기의 목표가 아니라는 점을 기억하자. 목표는 사용할 수 있는 기존 리소스의 가치를 극대화하고자 어떻게 운영상 완화, 제거, 계획을 세울지 시작 목록을 작성하는 것이다.

서비스 위험 평가

지원하는 서비스나 마이크로 서비스의 목록을 나열해 제품 소유자와 함께 앉아 각각의 위험 허용 범위를 평가해야 한다. 답변해야 하는 질문은 다음과 같다.

- 이 서비스에 정의된 가용성과 대기시간의 SLO는 얼마인가?

- 다음과 같은 경우일 때 이 서비스의 다운타임이나 허용할 수 없는 대기시간은 어떤가?

  - 모든 고객이 영향을 받는 경우

  - 일부 고객이 영향을 받는 경우

  - 읽기 전용, 일부 기능 꺼짐 등과 같은 품질이 저하된 상태의 서비스가 지속되는 경우

  - 서비스의 성능이 저하되는 경우

- 이 서비스의 다운타임 비용은 얼마인가?

  - 수익 손실?

  - 고객 유지?

- 무료 서비스인지 유료 서비스인지?

- 고객이 쉽게 이전할 수 있는 경쟁 상대가 있는가?

- 회사 전체를 위태롭게 할 수 있는 영향력을 가진 다운타임이 있는지?

  - 데이터 손실?

  - 개인 정보 침해?

  - 이벤트/휴일 동안 다운타임?

  - 다운타임 연장?

예시를 한 번 살펴보자. UberPony는 다음 6가지 서비스로 구성된 주문형 포니 pony-on-demand 기업이다.

1. 신규 고객 가입

2. 주문형 포니 주문 처리

3. 포니 핸들러 가입

4. 포니 핸들러 물류

5. 포니 핸들러 결제

6. 내부 분석

신규 고객 가입과 주문 처리라는 두 개의 서비스를 한 번 살펴보자.

```
UberPony customer signup
Availability SLO              99.90%
Latency SLO                   1 second
New customers per day         5,000
SLO allowed errors            5
```

Infrastructure cost per day	$13,698
Infrastructure cost per dollar of revenue	$0.003
Customer lifetime value	$1,000
Lifetime value per day	$5,000,000
Peak customers per minute	100
Customer dropout after error	60%
Peak value loss per minute	$60,000
UberPony ordering and fulfillment	
Availability SLO	99.90%
Latency SLO	1 second
Current Orders per day	500,000
SLO allowed errors	500
Infrastructure cost per day	$30,000
Infrastructure cost per dollar of revenue	$0.006
Revenue per order	$10
Daily revenue	$5,000,000
Peak orders per minute	1,000
Order dropout after error	25%
Customer loss after error	1%
Peak revenue loss per minute	$2,500
Customer value loss per minute	$10,000
Total loss per minute	$12,500

위 내용을 보면 고객 등록 서비스는 주문 처리 서비스에 비해 분당 최대 4.8배의 수익을 낼 수 있는 것으로 나타난다. 고객의 75%는 주문을 재시도하지만 가입이 안 될 경우 40%만 돌아온다. 보아하니 그들은 대신 UberDonky로 가는 것이 행복해 보인다. 주문 오류 후 고객 손실과 오류 발생 후 재시도된 고객 수나 주문 수와 같은 변수를 고려하려고 노력했다는 점에 유의하자. 이는 좋은 비즈니스 인텔리전스business intelligence 없이는 어려울 수 있지만 데이터가 없다면 추측만으로 충분할 수 있다. 없는 것보다는 낫다.

이 데이터는 변경되고 진화하므로 프로세스를 진행하면서 최신 상태로 유지해야 한다. 예를 들어 UberDonkey가 좀 더 경쟁력이 생기고 UberPony가 주문 오류 후 고객의 5%를 잃는 경우 갑자기 주문 처리 서비스의 다운타임이 갖는 분당 손실은 52,500달러가 된다. 우선순위가 크게 증가했다. 따라서 고객 가입 서비스에 우선순위를 두는 것이 훨씬 더 타당하다.

아키텍처 인벤토리

이제 범위를 정의했으므로 우리가 책임지고 있는 시스템 및 환경의 인벤토리를 살펴보자.

- 데이터 센터

- 아키텍처 구성 요소/계층(예, MySQL, Nginx 로드 밸런서, J2EE 애플리케이션 인스턴스, 네트워크, 방화벽, 하둡^{Hadoop}/HDFS, 콘텐츠 전송 네트워크^{CDN})

- 해당 구성 요소 내의 역할(예, Writer/Primary, Replica)

- 서비스 간의 상호작용/통신 경로(애플리케이션에서 MySQL로 가는 쿼리, 로드 밸런서에서 애플리케이션으로, 애플리케이션에서 레디스^{Redis}로의 게시)

- 작업(추출, 변환, 적재^{ETL} 프로세스, CDN 로딩, 캐시 리프레시^{refresh}, 환경설정 관리, 오케스트레이션^{orchestration}, 백업과 복구, 로그 집계)

다음은 최우선 서비스에 대한 간단한 인벤토리다.

```
UberPony customer signup
```

Component	Datacenter 1 count	Datacenter 2 count
Front end load balancers	2	2
Web servers	20	20
Java load balancers	2	2
Java servers	10	10

Database proxies	2	2
Cloudfront CDN	Service	Service
Redis cache servers	4	4
MySQL cluster write servers	1	0
MySQL cluster read servers	2	2
MySQL replication	Service	Service
CDN refresh	Job	Job
Redis cache refresh	Job	Job
MySQL backups	Job	n/a
ETL process	Job	n/a
RedShift data warehouse	Service	n/a

다음 단계는 서비스에 영향을 미칠 수도 있는 아키텍처의 위험을 평가하는 것이다.

우선순위 지정

SLO 목표를 위반할 가능성을 지닌 위험을 어떻게 식별하고 우선순위를 지정해야 하는가? 위험 관리 분야에서는 부정적인 결과에 해당 결과의 중요도가 곱해져 위험이 발생할 가능성 측면에서 정의한다. 예를 들면 다음 표는 평가 범위를 나타낸다.

Likelihood/Impact	Severe	Major	Moderate	Minor	Negligible
Almost Certain	Unacceptable	Unacceptable	High	Moderate	Acceptable
Likely	Unacceptable	High	High	Moderate	Acceptable
Possible	Unacceptable	High	Moderate	Moderate	Acceptable
Unlikely	High	Moderate	Moderate	Acceptable	Acceptable
Rare	High	Moderate	Acceptable	Acceptable	Acceptable

모호함을 제거하고자 가능성과 결과에 대한 값을 정량화하는 것이 중요하다.

결과는 특정 도메인 문제에 따라 다를 것이다. 가능성이라는 모호성이 주는 문제와 관련해 "Describing probability: The limitations of natural language (https://books.google.co.kr/books/about/Describing_Probability.html?id=qpnLnQEACAAJ&redir_esc=y)"를 검토해 볼 것을 추천한다.

다음과 같이 가능성을 분류해보자.

```
Scale              Range
Almost certain     >50%
Likely             26-50%
Possible           11-25%
Unlikely           5-10%
Rare               <5%
```

이를 일주일 정도의 특정 기간 동안 SLO를 위반하는 백분율로 가정할 것이다. 영향도 측면을 보자면 영향도의 범위를 정의할 때 SLO를 고려해 분류할 것이고, 뿐만 아니라 데이터 손상, 개인 정보 노출, 보안 사고 등의 비즈니스를 파괴할 수 있는 기타 이슈도 함께 고려할 것이다. 그중 대부분은 심각하거나 중대한 범주로 분류된다. 다시 말하지만 단지 예를 든 것뿐이다.

심각한 영향(즉각적인 SLO 위반)

심각한 영향을 미치는 경우는 다음과 같다.

- 전체 서비스의 사용이 불가능하거나 5% 이상의 사용자에게 10분 동안 100ms 이상의 지연으로 서비스와 품질이 저하되는 경우(일주일은 10,080분이다. 다운타임 10분은 99.9%의 SLO를 위반한다)

- 고객 데이터가 다른 고객에게 노출 직전이거나 노출되는 경우

- 비인가자를 운영 시스템이나 데이터에 접근하도록 허용하는 경우

- 트랜잭션 데이터의 데이터가 손상되는 경우

위의 모든 항목은 심각한 이슈로 분류한다.

중대한 영향(SLO 위반에 임박)

중대한 영향을 미치는 경우는 다음과 같다.

- 전체 서비스의 사용이 불가능하거나 5% 이상의 사용자에게 3~5분 동안 100ms 이상의 지연으로 서비스와 품질이 저하되는 경우(최대 50%의 가용성)
- 시스템 용량이 목표한 200% 대신 필요한 용량의 100%로 감소됐을 경우

위의 모든 항목은 주요 이슈로 분류한다.

보통의 영향

보통의 영향을 미치는 경우는 다음과 같다.

- 전체 서비스의 사용이 불가능하거나 5% 이상의 사용자에게 1~3분 동안 100ms 이상의 지연으로 서비스와 품질이 저하되는 경우(최대 33%의 가용성)
- 시스템 용량이 목표한 200% 대신 필요한 용량의 120%로 감소됐을 경우

위의 모든 항목은 보통 이슈로 분류한다.

사소한 영향

사소한 영향을 미치는 경우는 다음과 같다.

- 전체 서비스의 사용이 불가능하거나 5% 이상의 사용자에게 최대 1분 동안 100ms 이상의 지연으로 서비스과 품질이 저하되는 경우(최대 10%의 가용성)

- 시스템 용량이 목표한 200% 대신 필요한 용량의 150%로 감소됐을 경우

위의 모든 항목은 사소한 이슈로 분류한다.

다시 한 번 말하지만 우리는 모든 잠재적 위험을 포착하려고 노력하지 않을 것이다. 여러분은 현재 진행 중인 사고 관리 및 위험 관리 프로세스의 일부로서 매일 이 포트폴리오에 더 많은 것을 추가하게 될 것이다. 지금 하고 있는 것을 프레이밍framing이라고 하는데, 이는 실용적인 방법으로 일을 묶고자 제한된 범위를 만들고 있음을 의미한다. 이 경우 가장 가능성이 높고 영향력 있는 시나리오에 기반을 두고 프레임을 짤 것이다.

예를 들어 UberPony가 호스트로 사용하는 것과 같은 퍼블릭 클라우드 환경에서 구성 요소 장애와 인스턴스 장애는 일반적인 이벤트라는 것을 알고 있다. 즉, 평균 장애 시간 간격MTBF, Mean Time Between Failures이 낮다. 이러한 장애를 웹과 자바 인스턴스 그룹에게 '가능성'으로 분류할 것이다. 언제든지 각각 20개 또는 10개 정도의 적당한 양의 장애를 지니고 있기 때문이다. 즉, 하나의 웹 인스턴스에 장애가 발생하면 5%의 고객이 영향을 받는 것을 의미한다. 자바 인스턴스의 장애는 10%의 고객이 영향을 받는다는 것을 의미한다. 이는 SLO 위반이며 새로운 복제본을 생성하는 데 3~5분 정도가 걸릴 수도 있기 때문에 중대한 영향을 미칠 것이다. 가능성이 높고 중대한 영향력을 지닐수록 위험은 높아진다. 자동화된 복원을 적용하게 되면(인스턴스 중단 후 해당 장소에 신규 인스턴스 생성) 이 프로세스는 평균 5초가 소요된다. 이로 인해 새로운 영향도는 사소한 단계로 이동하게 만들고 위험은 보통 단계로 이동한다.

인벤토리에 대한 서비스나 인스턴스 수준의 장애를 고려한다면 다음과 같이 생각해볼 수 있다.

```
UberPony customer signup service
Component            Likelihood  Impact      Risk
```

Frontend load balancers	Possible	Severe	Unacceptable
Web servers	Likely	Major	High
Java load balancers	Possible	Major	High
Java servers	Likely	Major	High
Database proxies	Possible	Major	High
Cloudfront CDN	Rare	Major	Moderate
Redis cache servers	Possible	Major	Moderate
MySQL write servers	Unlikely	Severe	High
MySQL read servers	Possible	Major	High
MySQL replication	Possible	Major	High
CDN refresh	Unlikely	Minor	Acceptable
Redis cache refresh	Unlikely	Minor	Acceptable
MySQL backups	Unlikely	Major	Acceptable
ETL process	Unlikely	Minor	Acceptable
RedShift data warehouse	Rare	Minor	Acceptable

프레이밍을 바탕으로 먼저 받아들일 수 없거나 위험이 높은 모든 항목에 대해 깊이 뛰어들기를 원한다. 그러고 나서 중간 단계의 케이스나 다른 것들을 파고들 수 있다. 운영 코어 이후의 데이터베이스 절에서는 데이터베이스에 대한 위험 평가를 더 자세히 수행할 것이다. 여기의 목표는 여러분이 프로세스를 이해하게 돕는다. 다른 주의 사항은 전체 데이터 센터 수준의 위험을 고려할 필요가 있다는 것이다. 이러한 위험이 드물게 발생하더라도 개인 정보 침해, 데이터 손실, 비즈니스 중단에 영향을 미칠 수 있는 잠재력 때문에 고려가 필요한 기타 위험과 같은 범주에 들어간다.

통제와 의사결정

평가를 진행하기 위한 위험의 우선순위라는 목록이 있으므로 이러한 위험을 완화시키고 잠재적으로 제거하기 위한 제어 방법을 결정하는 기술을 살펴보자. 앞 절에서 장애의 평균 복구 시간^{MTTR, Mean Time To Recover}을 줄이고자 웹과 자바 서버를 자동화된 프로세스로 교체하는 것으로 시작했다. 목표는 장애 제거가 아닌 평균 복구 시간의 빠른 복구와 감소에 초점을 맞추는 것임을 기억하자. 이는 깨지기 쉬운 고가용성에 대한 탄력성이다.

왜 평균 장애 시간 간격(MTBF)보다 평균 복구 시간(MTTR)인가?

거의 중단되지 않는 시스템을 만들게 되면 본질적으로 취약한 시스템을 만든다. 여러분의 팀은 시스템이 장애가 날 경우 수리할 준비가 돼 있고 무엇을 해야 하는지 알고 있는가? 영향도가 사소해 제어 및 완화시키는 것이 가능한 장애가 빈번하게 발생하는 시스템은 해당 상황에서 무엇을 해야 할지 알고 있는 팀이 있다. 프로세스가 잘 문서화돼 있고 체득돼 있으며 자동화된 복구는 장애가 시스템의 어두운 구석에 숨겨져 있는 것보다 실질적으로 더 유용하다.

잠재적인 각 위험을 위해 선택할 수 있는 세 가지 접근 방법은 다음과 같다.

- 회피(위험을 제거할 수 있는 방법 찾기)

- 감소(상황 발생 시 위험의 영향도를 감소시킬 수 있는 방법 찾기)

- 수용(허용 가능한 위험을 명시하고 그에 맞게 발생할 수 있도록 계획하기)

기술적으로 위험 관리 분야에서는 아웃소싱, 보험, 기타 위험 이전 접근 방법을 사용하는 위험 공유^{risk sharing}라고 하는 네 번째 접근법이 있다. 그러나 그중 어느 것도 IT의 위험에 적용되지 않으므로 여기서 살펴보지는 않을 것이다.

각 구성 요소에 대해 장애 타입, 장애의 영향과 복구를 자동화하고 복구 시간을 단축하며 빈도를 줄이기 위한 몇 가지 제어 방법을 살펴보기로 한다. 이러한 제어 방법과 관련된 것은 비용과 노력이 필요하다. 이 비용을 다운타임 비용과 비교해서 적절한 완화 방법을 결정할 수 있다.

식별

우리의 UberPony 위험 평가에서는 MySQL 스토리지 서비스의 여러 계층이 높은 위험으로 식별했다. 이는 매우 전형적인 데이터베이스 계층이다. 따라서 이 위험을 줄이고자 무엇을 할 수 있는지 살펴보자. 다음과 같이 해당 서비스에서 4가지 주요 장애 지점을 식별했다.

- 쓰기 인스턴스 장애
- 읽기 인스턴스 장애
- 복제 장애
- 백업 장애

이들 각각은 데이터 스토어의 일반적인 장애 지점이다.

평가

쓰기 장애의 경우 UberPony 운영 팀은 MySQL 쓰기 장애 복구의 자동화를 위한 옵션을 평가한다. 쓰기 인스턴스 장애가 발생하면 고객 가입 서비스는 어떠한 데이터도 생성하거나 변경할 수 없다. 즉, 이는 더 이상 신규 고객이 없고 UberPony는 더 이상 고객 데이터를 변경할 수 없다는 것을 의미한다. 피크 시간에 가입 서비스가 다운된다면 분당 60,000달러의 평생 고객 가치의 잠재적인 손실이 발생할 수도 있다는 사실을 확인했다.

완화와 제어

몇 가지 위험 제거 항목이 이미 있다. 우리는 디스크 장애가 데이터베이스 장애를 일으키지 않도록 디스크 이중화를 제공하는 RAID 10 시스템이 있다. 해당 환경은 전반에 걸쳐 유사한 중복이 있다. 또 다른 제거 접근 방식은 MySQL 데이터베이스 엔진을 Galera로 대체하는 것이다. Galera는 MySQL 클러스터의 모든 노드에 쓸 수 있는 아키텍처를 가진다. 이는 상당한 아키텍처 변화를 필요로 할 것이고 팀원 중 어느 누구도 이 엔진에 대한 많은 경험을 갖고 있지 않을 것이다. 검토를 하고 나면 새로운 시스템에 의해 도입된 위험은 접근 방식의 이점보다 더 큰 것으로 보인다.

애플리케이션이 올바르게 설계돼 있다면 고객은 여전히 서비스에 로그인해 읽기 인스턴스에서 데이터를 볼 수 있을 것이다. 이것이 위험 완화$^{risk\ mitigation}$다. 소프트웨어 엔지니어링 팀과 이야기해보면 이것이 로드맵에 있다는 것을 알게 된다. 그러나 해당 모드에서 신규 고객은 여전히 가입할 수 없으므로 이 기능의 비용에 대해 큰 가치를 얻지 못한다(개발되고 있지 않은 다른 기능들은 경쟁 시장에서 높은 비용이다).

결국 팀은 자동화된 복구를 수행하기로 선택한다(이 경우 다른 마스터로 자동 장애 조치 수행). 그들은 수동보다 자동화를 선택했다. SLO에서 허용된 10분간의 다운타임은 단순히 사람을 온라인에 접속하고 작업을 수행할 준비를 하는 데 걸리는 시간을 허용하지 않기 때문이다. 즉, 쓰기 관리를 통해 데이터 손실 가능성이 있으므로 해당 프로세스는 반드시 견고해야 한다.

구현

팀은 자동 장애 조치를 수행하는 데 사용할 기술로 MySQL MHA를 사용하기로 결정한다. MySQL MHA는 장애 조치를 관리하고 이러한 장애 조치에 필요한 복제 토폴로지 변경을 수행하는 소프트웨어다. 팀은 이러한 중요한 프로세스를 구현하기 전에 철저한 테스트 계획을 수립한다. 이러한 테스트는 트래픽이 없는 테스트 환경에서 시작해 시뮬레이션 트래픽이 있는 테스트 환경, 마지막으로 운영 단계에서 면밀하게 모니터링되는 단계로 진행된다. 이러한 테스트는 특이값을 보지 않도록 여러 번 수행한다. 해당 테스트는 다음의 내용이 포함된다.

- 테스트 환경에서 마스터 데이터베이스를 완전히 종료
- 테스트 환경에서 MySQL 프로세스 종료
- 테스트 환경에서 MySQL이 실행되는 서버 인스턴스 종료
- 네트워크 파티션 시뮬레이션

각 테스트 후 다음을 수행한다.

- 장애 조치에 소요된 시간 기록
- 시뮬레이션과 운영 트래픽의 대기시간을 기록해 성능에 미치는 영향 평가
- 테이블이 손상되지 않았는지 검증
- 데이터가 손상되지 않았는지 검증
- 클라이언트 에어 로그를 검토해 해당 기간 동안 어떤 영향을 받았는지 확인

해당 시스템이 작동하고 SLO를 준수하는 것으로 만족이 되면 이 프로세스를 제대로 실행할 수 있고 잘 문서화해 버그가 발생하지 않도록 보장할 수 있게 다른 일상적인 프로세스에 통합할 수 있는 방법을 고려해야 한다. 팀은 초기에 이를 배포 프로세스에 통합하기로 선택했다. 따라서 MySQL 단일 스레드인 복제 프로세스에 영향을 주지 않고 데이터베이스 객체에 롤링 변경 작업을 하고자 자동 조치 프로세스를 사용해 배포 프로세스를 수행한다. 팀이 종료할 때까지 장애 조치는 30초 이하로 감소한다.

소프트웨어 엔지니어링 팀이 장애 조치 기능 프로세스를 테스트할 때 30초의

간격에도 데이터 손실 가능성이 있을 수 있다는 것을 깨닫게 된다. 따라서 해당 팀은 데이터를 복구해야 하는 경우를 대비해 모든 삽입, 업데이트, 삭제를 이벤트 브로커에게 전송해 애플리케이션에 대한 이중 쓰기double write 작업을 수행한다. 이는 쓰기 마스터의 장애 조치 기능에 미치는 영향을 더욱 완화시키는 것이다.

이와 같은 제어는 초기 부트스트래핑을 위한 것이다. 이는 완벽할 필요가 없다는 것을 기억하자. 초기의 제어 세트일 뿐이고 가장 높은 우선순위와 큰 가치에 초점이 맞춰져 있다.

부트스트래핑 프로세스가 완료됐다면 대부분의 일반적인 위험 사례를 다루는 데 많은 노력을 기울여 왔다. 이제 이 시점부터는 이를 반복하는 프로세스가 남았다.

지속적인 반복

부트스트랩 프로세스가 준비되면 위험 제거와 완화에 대한 우선순위가 설계, 구축, 지속적인 운영을 위한 아키텍처 파이프라인으로 밀려난다. 앞에서 위험 관리는 지속적인 과정이라고 언급했으므로 그림 3-2에서 설명한 것처럼 지속적인 프로세스가 위험 포트폴리오에 추가돼 좀 더 깊은 커버리지를 제공하기 때문에 처음부터 포괄적일 필요는 없다. 그렇다면 그 과정들은 무엇인가?

- 서비스 제공 검토
- 사고 관리
- 아키텍처 파이프라인

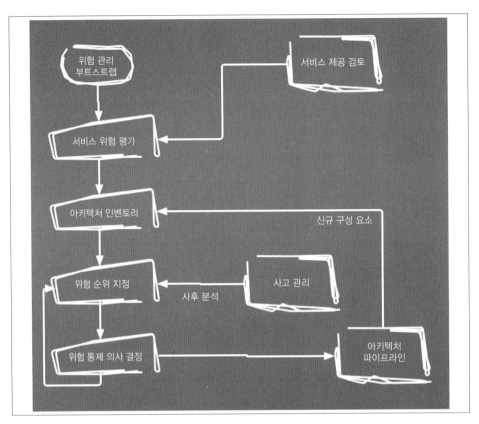

그림 3-2. 위험 관리 프로세스에 대한 지속적인 생명주기와 입력

서비스 제공 검토는 위험 허용 범위, 수익, 영향 비용, 사용자 기반의 변화를 고려해 서비스의 진화를 주기적으로 재검토하는 것이다. 이러한 가치가 크게 변함에 따라 이전 위험 허용, 완화, 제거를 반드시 다시 검토해 여전히 허용 가능한지 확인해야 한다. 또한 사고 관리 프로세스는 위험 우선순위를 매기기 위한 입력 내용을 생성한다. 사후 분석에서 새로운 취약점이 드러나면 이러한 취약점을 분석하고 우선순위 목록에 추가해야 한다. 마지막으로 아키텍처 파이프라인이 구축되면 위험 관리 프로세스를 통해 새로운 구성 요소를 가져와 설계 단계에서 놓쳤을 수 있는 위험을 식별해야 한다.

정리

지금까지 IT의 일상적인 프로세스 속에서 위험 관리를 통합하는 것의 중요성을 살펴봤다. 프로세스에 영향을 줄 수 있는 몇 가지 고려 사항과 해당 요인을 점검하고 현실적인 부트스트래핑 프로세스도 세웠다. 또한 시간이 지나도 점진적으로 위험 관리 프로세스를 계속 개발할 수 있는 일일 프로세스도 세웠다.

서비스 수준 약정과 이러한 약정에 대한 잠재적인 위험을 이해하고 완전 무장을 하고 있더라도 여전히 중요한 구성 요소인 운영 가시성$^{operational\ visibility}$을 놓치고 있다. 사전에 이슈를 예방하고 시스템을 지속적으로 개선하는 방법에 대한 결정을 내리려면 상황 인지뿐만 아니라 시간 경과에 따른 시스템 성능과 특성에 대한 히스토리성 지식이 필요할 것이다.

4장

운영 가시성

흔히 모니터링으로 언급되는 가시성은 데이터베이스 신뢰성 엔지니어링 기술의 초석이다. 운영 가시성이란 다양한 구성 요소를 대상으로 정기적인 데이터 측정과 수집을 통해 데이터베이스 서비스의 업무적 특성을 인지하고 있음을 의미한다. 이것이 중요하고 필요한 몇 가지 이유를 들면 다음과 같다.

중단break/수정fix과 경고alert

서비스 수준 목표SLO를 위반하지 않고 문제를 해결할 수 있도록 언제 상황이 중단되는지 그 시기를 알아야 한다.

성능과 동작 분석

아웃라이어outlier까지 포함해 애플리케이션의 대기시간 분포를 이해하는 것이 중요하고 시간에 따른 추세를 알아야 한다. 이 데이터는 새로운 기능, 실험, 최적화에 따른 영향도를 이해하는 데 매우 중요하다.

용량 산정 계획

사용자의 행동과 애플리케이션 효율성을 실제 리소스(CPU, 네트워크, 스토리지, 처리량, 메모리)와 연관시킬 수 있는 능력은 매우 중요하다. 이는 중요한 비즈니스 순간에 용량이 부족한 현상을 발생시키지 않게 할 것이다.

디버깅^{debugging}과 사후 분석^{postmortem}

서두르면 일을 망친다. 좋은 운영 가시성은 신속하게 장애와 최적화 포인트를 식별해 향후 위험을 완화시킬 수 있게 한다. 인적 오류가 근본적인 원인은 절대 아니지만 시스템은 항상 개선되고 좀 더 탄력적으로 만들어질 수 있다.

인간의 실수는 절대 근본적인 원인이 될 수 없는가?

사건이나 문제를 분석할 때 근본 원인을 인간의 실수로 치부하는 것이 유혹적일 수는 있다. 그러나 좀 더 깊게 파고들면 인간의 실수는 프로세스나 제공된 환경의 근본적인 실패로 인한 것이다. 어떻게 그럴 수 있는지 다음의 예를 통해 가능성을 살펴보자.

- 깨지기 쉽고 계측이 잘되지 않고 과하게 복잡한 시스템은 사람의 실수를 유발시킬 수 있다.

- 수면 전후 상황, 기술과 같은 사람의 요구를 고려하지 않는 프로세스 또한 사람의 실수를 유발 시킨다.

- 운영자를 채용하고 교육하는 과정이 중단돼 잘못된 운영자가 작업 환경에 투입될 수도 있다.

게다가 단일 이슈로 오류와 사고가 발생하는 일은 거의 없기 때문에 '근본 원인' 자체가 문제의 소지가 있는 구문이다. 복잡한 시스템은 복잡한 장애를 초래하고 이와 같은 혼잡한 상황에서 사람을 추가하는 것은 문제가 더 복잡해진다. 근본 원인이라는 용어를 떠올리는 대신 위험과 영향도에 따른 우선순위를 정해 장애에 기인한 요소의 목록을 작성해보는 것을 추천한다.

비즈니스 분석

비즈니스 기능이 어떻게 활용되고 있는지를 이해하는 것이 이슈를 가리키는 주요 지표일 수 있지만 사람들이 사용자의 기능을 어떻게 사용하고 있으며 비용 대비 가치가 얼마나 되는지 보는 것도 중요하다.

상관관계와 인과관계

인프라와 애플리케이션 이벤트를 운영 가시성 스택에 등록하면 작업 부하, 동작, 가용성의 변화를 신속하게 연관시킬 수 있다. 이러한 이벤트의 예로 애플리케이션 배포, 인프라 변경, 데이터베이스 스키마 변경 등이 있다.

거의 모든 조직은 진정한 운영 가시성이 필요하다. 4장의 목표는 작업하게 될 아키텍처를 관찰할 수 있도록 도움을 주는 것이다. 선호하는 툴셋은 없지만 학습할 수 있는 원칙, 분류 체계, 사용 패턴이 있다. 이를 수많은 사례 연구와 예제를 통한 접근 방법으로 제시한다. 먼저 전통적인 접근 방식에서 오늘날 활용하는 방법까지 OpViz의 진화를 살펴보자.

전통적인 모니터링

전통적인 모니터링 시스템은 일반적으로 다음과 같은 특징을 지닌다.

- 호스트는 일반적으로 가상화 인스턴스나 컨테이너가 아닌 서버이고, 수명이 길고 몇 달 혹은 몇 년으로 측정된다.

- 네트워크와 하드웨어 주소가 안정적이다.

- 서비스가 아닌 시스템에 집중한다.

- 고객과 직접적인 수치(서비스 수준 지표)보다 사용률과 정적 임계치를 더 모니터링한다.

- 서로 다른 사일로silo를 위해 다른 시스템을 둔다(예, 네트워크, 데이터베이스).

- 세분화 정도가 낮다(1분 또는 5분 인터벌).

- 분석이 아닌 수집(폴링)과 표현에 중점을 둔다.

- 관리 오버헤드가 높고 모니터링하는 서비스보다 취약한 경우가 많다.

이를 '전통적인 모니터링' 사고방식으로 요약해보자. 기존 환경에서 데이터베이스 관리자는 "데이터베이스가 작동 중인가?", "사용률이 안정적인가?"와 같은 질문에 중점을 뒀다. 그들은 분포도와 잠재적인 이상 수치를 이해하고자 대기시간의 수치를 나타낸 히스토그램을 살펴봄으로써 어떻게 데이터베이스의 동작이 사용자의 대기시간에 영향을 주는지 생각해보지 않았다. 그들은 가끔 생각해보길 원했지만 이를 위한 도구(http://bit.ly/2zkfkhc)가 없었다.

운영 가시성은 매우 큰 과제다. 이 중요한 프로세스를 어떻게 설계, 구축, 활용할 것인지 규칙이 필요하다.

운영 가시성의 새로운 규칙

오늘날의 운영 가시성은 데이터 스토어가 보통 대규모로 분산돼 있다고 추정된다. 이는 데이터의 수집과 표현은 분석만큼 중요하지 않다는 것을 의미한다. 이는 항상 다음과 같은 두 가지 질문을 던지고 신속한 답변을 기대한다.

- 이것이 나의 SLO에 어떤 영향을 미치는가?

- 장애가 발생한 이유는 무엇인가?

즉, OpViz 스택stack을 Ops 팀에 밀려나는 유틸리티의 한 세트로 취급하지 말고 비즈니스 인텔리전스BI 플랫폼으로 생각하고 설계, 구축, 유지 관리를 해야 한

다. 이를 데이터 웨어하우스 또는 빅데이터 플랫폼과 동일한 방식으로 처리해야
한다.

BI 시스템처럼 OpViz 시스템 취급

BI 시스템을 설계할 때 먼저 사용자가 요청할 질문의 종류를 생각하고 거기서부
터 구축하기 시작한다. 다음과 같은 사용자의 요구 사항을 고려하자.

- 데이터 대기시간(데이터를 얼마나 빨리 사용할 수 있는지?)

- 데이터 해상도resolution(사용자가 얼마나 자세히 데이터를 확인할 수 있는지?)

- 데이터 가용성

즉, 여러분은 OpViz 서비스에 대한 SLO를 정의하고 있는 것이다(2장 참고).

성숙한 OpViz 플랫폼의 특징은 애플리케이션을 실행하는 인프라의 상태뿐만
아니라 해당 인프라에서 실행되는 애플리케이션의 동작도 제공할 수 있어야 한
다. 궁극적으로는 비즈니스가 어떻게 진행되고 있으며 해당 비즈니스가 의존하
는 인프라와 애플리케이션에 의해 어떤 영향을 받고 있는지를 누구에게나 보여
줄 수 있어야 한다. 이를 염두에 두고 OpViz 플랫폼은 운영자, 데이터베이스
엔지니어, 소프트웨어 엔지니어, 비즈니스 분석가, 경영진까지 사용할 수 있어
야 한다.

표준에 따른 분산 임시 환경의 트렌드

가상 인프라를 선택함으로써 데이터베이스 인스턴스의 생명주기가 감소하고 있
는 추세라는 사실을 이미 설명했다. 다른 인프라의 구성 요소보다는 훨씬 더
오래 사용하겠지만 개별 데이터베이스 호스트 개념보다 짧은 수명을 가진 구성
요소들을 종합해 구성된 서비스에 대한 지표를 수집할 수 있어야 한다.

그림 4-1은 하루에 수많은 활동이 발생하는 관계형 데이터 스토어에 대해 상당히 안정적인 마스터/복제본 설정을 보여준다. 하루가 끝날 무렵에는 그림 4-2와 같이 완전히 새로운 설정을 볼 수도 있다.

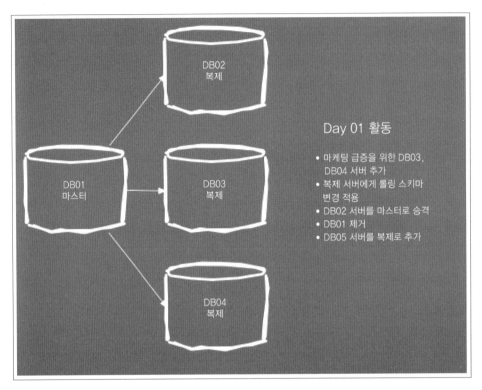

그림 4-1. 전형적인 마스터/복제본 설정

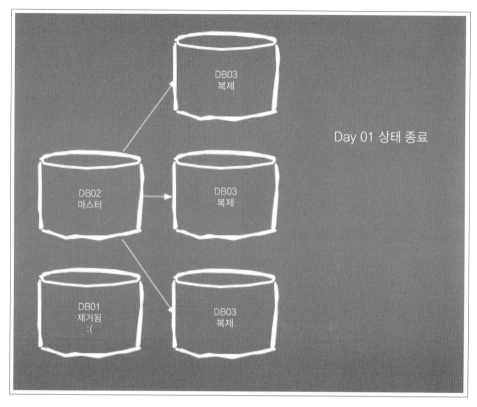

그림 4-2. 1일차 종료 상태

이와 같은 동적 인프라는 서버 이름이나 IP가 아닌 역할에 따라 지표를 수집해야한다. 따라서 DB01의 일련의 지표를 저장하는 대신 '마스터'의 역할에 대한 지표를 추가해야 새로운 마스터로 변경된 후에도 모든 마스터의 동작을 확인할수 있다. 서비스 디스커버리 시스템service discovery system은 이를 용이하게 하고자인프라의 동적인 부분 상위에 추상화된 개념을 유지하는 데 큰 역할을 한다.

주요 지표의 고해상도 저장

2장에서 검토한 것처럼 바쁜 애플리케이션의 작업 부하를 파헤치려면 높은 해상도가 중요하다. 최소한 SLO와 관련된 모든 내용은 시스템에서 어떤 일이 일어나고 있는지를 이해하고자 1초 이하의 샘플링 비율을 유지해야 한다. 경험상 좋은 규칙이란 해당 지표가 1초부터 10초 사이에서 SLO에 영향을 미치거나 이를 세분화할 수 있을 만큼 충분한 가변성이 있는지 고려하는 것이다.

예를 들어 CPU와 같이 제한된 리소스를 모니터링하는 경우 CPU 큐는 매우 빠르게 증가하고 소멸하므로 1초 이하의 샘플로 데이터 수집을 원할 것이다. 밀리초 단위의 대기시간인 SLO를 사용하는 경우 이 데이터는 CPU 포화가 여러분의 애플리케이션 대기시간 영향을 받는 원인인지 확인할 수 있을 만큼 충분히 적합해야 한다. 데이터베이스 커넥션^{connection} 큐는 매우 빈번한 샘플링이 아니라면 놓칠 수 있는 또 다른 영역이다.

이와 반대로 디스크 공간이나 서비스 가용성과 같이 자주 변경되지 않는 항목의 경우 데이터 손실 없이 1분 이상의 샘플링 비율로 측정할 수 있다. 높은 샘플링 비율은 많은 리소스를 소비하므로 이를 신중하게 사용해야 한다. 마찬가지로 OpViz 플랫폼의 간소함과 구조를 유지하려면 5개 미만의 샘플링 비율을 유지해야 한다.

너무 긴 샘플링 비율이 미치는 영향에 대한 예를 보려면 그림 4-3의 그래프를 살펴보자.

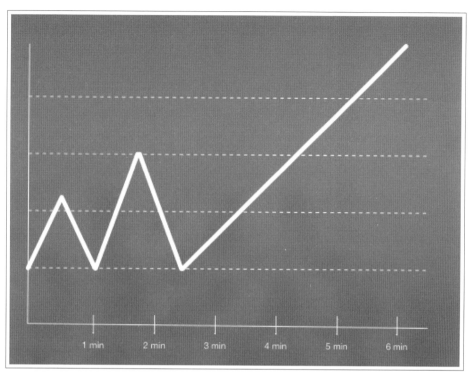

1 min　　2 min　　3 min　　4 min　　5 min　　6 min

그림 4-3. 스파이크(spike)를 나타내는 실제 작업 부하

그림 4-3은 두 개의 스파이크 뒤에 긴 상승이 따르는 것을 보여준다. 이제 이 지표를 1분 간격으로 샘플링할 경우 그래프는 그림 4-4와 같다.

이제 하나의 스파이크는 보이지 않으며 두 번째 그래프가 훨씬 더 양호해 보인다. 사실 알람 임곗값은 3분이 될 때까지도 초과하지 않는다. 스토리지 및 알람 규칙 확인을 위해 1분으로 예약을 걸어놨다고 가정하면 규칙이 위반된 이후 7.5분까지 운영자에게 경고를 보내지 않을 것이다.

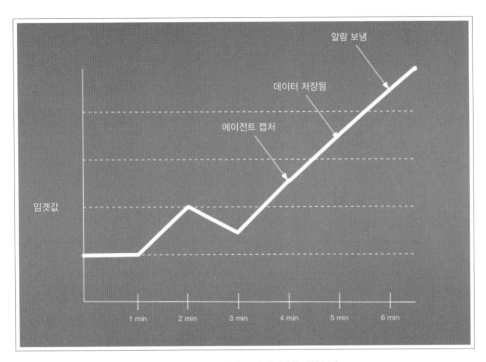

그림 4-4. 1분 샘플링을 통해 시각화된 작업 부하

간소한 아키텍처 유지

성장하는 플랫폼에서 언제든지 인프라로 서비스가 유입되고 나가는 인스턴스와
서버의 수에 관계없이 다양한 수준에서 10,000개 이상의 지표를 확인하는 것은
보기 힘든 일이 아니다. 여러분의 목표는 앞서 언급한 질문에 신속하게 답변이
가능한 것이다. 즉, 신호 대비 잡음 비율을 줄이고자 지속적으로 노력해야 한다.
이는 프레젠테이션과 경고 알람 같은 특히 사람과 상호작용하는 지점에서 시스
템에 허용하는 데이터양이 무자비하다는 것을 의미한다.

'모든 것에 대한 모니터링'은 오랫동안 감시의 대상이었으며 모니터링은 드물고
특별한 환경에 대한 반응이었다. 하지만 사실 분산 시스템과 멀티서비스 애플리
케이션이 너무 많은 지표를 생성한다는 것이다. 초기 단계의 조직에는 이 모니

터링 데이터의 양을 관리할 비용과 시간이 없다. 대규모 조직에서는 무엇이 시스템에 중대한 영향을 미치는지에 대해 집중할 수 있는 지식을 보유해야 한다.

지표에 집중하기

처음에는 SLO와 직접적으로 연관된 지표에 집중하자. 이를 크리티컬 패스 critical path라고 한다. 2장에서 다룬 내용에 따라 여러분의 OpViz 플랫폼에서는 무엇이 우선순위가 돼야 하는지 한번 살펴보자.

대기시간

- 고객이 서비스를 호출하는 경우 얼마나 걸리는지?

가용성

- 얼마나 많은 호출 결과에 오류가 발생하는지?

호출 비율

- 여러분의 서비스에 얼마나 자주 호출이 발생하는지?

활용도

- 서비스를 살펴보면 서비스의 품질과 용량을 확보하기 위한 중요한 리소스의 사용률은 얼마인지?

물론 데이터베이스 신뢰성 엔지니어[DBRE]는 이러한 지표를 데이터 스토어 하위 시스템으로 즉시 분리하기 시작할 것이다. 이는 의미가 있으며 이 장의 후반부에서 설명할 자연스러운 현상이다.

간소함과 신호 증폭에도 표준화가 포함된다. 이는 엔지니어에게 제공되는 템플릿, 해상도, 보존 등 기타 필요한 부분과 기능을 표준화해야 한다는 것을 의미한다. 이렇게 하면 여러분의 시스템은 궁금증에 대한 해답과 이슈를 식별함에 있

어 이해하기 쉽고 사용자 친화적으로 변하게 된다.

이 4가지 규칙을 기억하면 매우 가치 있고 유용한 모니터링 시스템을 설계하고 구축할 수 있다. 이를 위반하는 것을 발견한다면 스스로에게 이유를 물어보자. 정말로 좋은 답변이 떠오르지 않는다면 기본으로 되돌아가는 것이 좋다.

OpViz 프레임워크

이 주제로 책 한 권을 집필할 수도 있다. 업무를 수행하고자 OpViz 플랫폼에 들어갈 적절한 데이터를 수집하고 준비하기 시작한다면 좋은 플랫폼을 인지하고 이를 지지해 좀 더 나은 플랫폼을 만들 수 있어야 하는데, 이것이 이 절의 목표다.

OpViz 플랫폼을 대규모로 분산된 I/O 장치라고 생각해보자. 데이터가 전송되고 라우팅되고 구조화되고, 이는 결국 시스템을 더 이해하기 위한 유용한 방법으로 다른 측면이 도출된다. 그리해 손상됐거나 곧 손상될 것 같은 구성 요소의 행동을 식별해 SLO를 충족하는 데 도움이 된다. 프로세스를 좀 더 자세히 살펴보자.

- 데이터는 클라이언트에 있는 에이전트에 의해 생성된 다음 해당 데이터 유형에 대한 중앙 수집기로 전송된다(예, 지표는 Sensu 또는 CollectD, 이벤트는 Graphite, 로그는 Logstash 또는 Splunk).

    - 가끔 중앙 집중식 모니터링 시스템(Sensu 또는 Nagios)이 앞서 언급한 푸시push 방식이 아닌 풀pull 방식으로 점검을 실행하는 경우도 있다.

    - 분산 검사(애플리케이션에서 검사를 진행하고 수집기로 전달)의 장점은 에이전트와 모니터링 서버를 함께 구성해야 하는 Nagios처럼 긴밀하게 연결된 시스템에 비해 필요한 설정 관리의 양이 훨씬 적다는 것이다.

- 수집기는 Graphite, InfluxDB, 일래스틱서치[ElasticSerarch]와 같은 시스템으로 데이터를 저장하거나 Riemann과 같은 이벤트 라우터 및 프로세서로 전달한다.
- 이벤트 라우터는 휴리스틱[heuristic]을 사용해 적절한 위치에 데이터를 전송한다.
- 데이터 추출은 장기 스토리지, 그래프, 경고 알람, 티켓, 외부 호출 등이 포함된다.

이와 같은 구성으로 OpViz 스택의 진정한 가치를 얻을 수 있다.

데이터 입력

결과를 만들어내려면 적절한 입력이 필요하다. 가능하면 인공적으로 탐색한 것보다는 여러분의 환경에서 이미 생성된 데이터를 사용하자. 시스템으로 요청을 전송해 사용자를 시뮬레이션하는 것을 블랙박스 모니터링이라고 한다. 블랙박스 모니터링은 '카나리[canary]' 사용자를 보내거나 인터넷의 입력과 추출을 감시한다. 블랙박스 모니터링은 트래픽이 적은 기간이나 모니터링할 만큼 자주 실행되지 않는 항목이 있는 경우 효과적일 수 있다. 그러나 충분한 데이터를 생성하고 있다면 화이트박스 모니터링이라는 실제 지표를 얻는 것이 훨씬 더 매력적이다. 화이트박스 테스트에는 애플리케이션에 대한 많은 정보가 포함되며 특히 애플리케이션 내부를 측정하는 것을 포함한다. 이를 위한 훌륭한 도구로는 AppDynamics, NewRelic, Honeycomb 등이 있다. 이와 같은 도구를 사용하면 애플리케이션을 통해 데이터베이스로 이동하는 모든 싱글 사용자의 흐름을 추적할 수 있다.

블랙박스 테스트와 큐잉 이론

대기시간의 중요성으로 인해 블랙박스 테스트에서도 큐잉 이론과 트래픽 볼륨 및 이러한 호출의 대기시간을 사용해 시스템이 포화 상태인지 확인할 수 있다. VividCortex의 'The Essential Guide to Queuing Theory'와 'University of New Mexico's page(http://ece-research.unm.edu/jimp/611/slides/ chap6_3.html)' 에서 큐잉 이론에 대한 내용을 좀 더 확인할 수 있다.

이 접근 방식의 한 가지 이점은 데이터를 생성하는 모든 것이 에이전트가 된다는 것이다. 검사와 조사를 생성하는 중앙 집중식 모놀리식monolithic 솔루션은 서비스 성장에 따라 확장에 대한 어려움이 발생한다. 하지만 화이트박스 테스트를 통해 이 작업을 전체 아키텍처로 분산했다. 이러한 종류의 아키텍처를 사용하면 신규 서비스와 구성 요소를 여러분의 수집 계층에 쉽게 등록하고 해제할 수 있다. 이는 OpViz 규칙에 기반을 두는 좋은 방법이다. 그러나 풀pull 방식으로 원격 실행을 수행할 수 있는 모니터링 시스템을 사용하는 것이 중요한 경우도 있다. 예를 들어 서비스가 실행 중인지 확인하거나, 복제가 실행 중인지 여부를 모니터링하거나, 데이터베이스 호스트에서 중요한 매개변수를 사용하도록 설정했는지 확인하는 것이 중요하다.

노이즈로부터 신호 정렬

우리는 점점 더 큰 데이터 세트에 의존해 분산 시스템을 관리한다. 이제 애플리케이션에서 수집하는 데이터와 이를 지원하는 인프라를 관리하고자 빅데이터 시스템을 만드는 시점에 이르렀다. 이 장의 앞부분에서 설명했듯이 데이터 과학과 고급 수학의 사용은 오늘날 주목할 만한 스택의 가장 큰 단점 중 하나다. 이 모든 잡음으로부터 신호를 효과적으로 식별하려면 기계에 의

존해 해당 잡음에서 신호를 분류해야 한다.

이 영역은 여전히 매우 이론적이며 우수한 이상 징후를 감지하려는 대부분의 시도는 빠른 기능 개발과 사용자 수 변화로 인해 다중 모달 작업 부하와 지속적인 작업 부하 변경으로 인해 사용할 수 없는 것으로 입증됐다. 우수한 이상 징후 감지 시스템은 표준에 맞지 않는 활동을 식별하는 데 도움이 된다. 그러므로 사람들을 즉시 문제로 안내해 신호 대 잡음 비율을 높임으로써 평균 복구 시간^{MTTR}을 줄일 수 있다.

사용할 만한 가치가 있는 시스템은 다음과 같다.

- Reimann
- Anomaly.io
- VividCortex
- Dynatrace
- Circonus
- Prometheus

우리는 이 모든 소중한 데이터를 OpViz 플랫폼으로 보내려고 한다. 이야기하고 있는 데이터는 어떤 종류의 데이터인가?

텔레메트리/지표

지표^{metric}는 매우 다양하고 어디에나 존재한다. 지표는 애플리케이션이나 인프라 구성 요소가 보유하고 있는 속성을 측정하는 것이다. 지표는 정기적으로 관찰되며 속성, 타임스탬프, 수치를 포함하는 시계열을 생성한다. 적용할 수 있는 일부 속성에는 호스트, 서비스, 데이터 센터를 포함한다. 이 데이터의 진정한 가치는 그래프와 같은 시각화를 통해 시간에 따른 데이터를 관찰하는 데 있다.

지표는 일반적으로 네 가지 방식으로 저장된다.

카운터

특정 발생 횟수를 나타내는 누적 지표다.

게이지gauge

어느 방향으로든 변화하는 지표인데, 온도, 큐에 있는 작업, 활성화된 잠금과 같은 현재 수치를 가리킨다.

히스토그램

분포를 보여주고자 설정된 버킷으로 분할된 다수의 이벤트다.

요약

히스토그램과 비슷하지만 시간의 슬라이딩 윈도우sliding windows에서 카운트를 증명하는 데 초점을 맞춘다.

지표는 보통 시각화에서 가치를 도출해내는 사람에게 수학적 함수를 갖고 있다. 이러한 함수는 더 많은 가치를 창출하지만 그들은 파생된 데이터이고 원본 데이터도 그만큼 중요하다는 사실을 기억하는 것이 중요하다. 기반 데이터는 없지만 분당 평균 수치를 모니터링하고 있다면 몇 시간이나 며칠과 같은 더 큰 시간 간격의 평균 수치를 생성하고 싶지는 않을 것이다. 다음은 몇 가지 함수다.

- 카운트
- 합계
- 평균

- 중간값

- 백분위수

- 표준 편차

- 변화율

- 분포

분포 시각화

분포를 시각화하는 것은 웹 아키텍처에서 자주 생성되는 데이터의 종류를 보는 데 매우 중요하다. 이 데이터는 정규 분포가 거의 없고 꼬리가 긴 경우가 많다. 이를 일반적인 그래프에서 확인하는 것은 어려울 수 있다. 그러나 버킷에 걸쳐 분포도 맵을 생성할 수 있으므로 시간 경과에 따른 히스토그램과 플레임(flame) 그래프와 같은 새로운 유형의 시각화를 사용해 여러분의 시스템에서 발생하는 워크로드를 운영자가 시각화하는 데 실질적인 도움이 될 수 있다.[1]

지표는 근본적인 문제의 증상을 식별하는 소스이므로 여러분의 SLO에 영향을 미칠 수 있는 여러 가지 문제를 사전에 식별하고 신속하게 해결하는 것이 중요하다.

이벤트

이벤트는 해당 환경에서 발생된 별개의 작업이다. 설정 변경과 코드 배포는 이벤트다. 데이터베이스 마스터 장애 조치도 이벤트다. 하지만 이들 각각은 증상과 원인을 연관 지을 수 있는 신호일 수 있다.

---

1. Latency Heat Maps, http://www.brendangregg.com/HeatMaps/latency.html

로그

로그는 이벤트를 위해 생성되므로 로그 이벤트를 해당 이벤트의 부분 집합으로 간주할 수 있다. 운영체제, 데이터베이스, 애플리케이션 모두 특정 이벤트가 발생되는 동안 로그를 생성한다. 지표와는 달리 로그는 발생한 항목에 대한 추가 데이터와 콘텍스트를 제공할 수 있다. 예를 들어 데이터베이스 쿼리 로그는 쿼리가 실행된 시기, 해당 쿼리에 대한 중요한 지표, 심지어 쿼리를 실행한 데이터베이스 사용자까지 알려줄 수 있다.

데이터 출력

자, 데이터가 시스템으로 흘러 들어가고 있다. 이는 정말 멋진 일이지만 질문에 답하거나 SLO를 충족시키는 데 도움은 되지 않는다. 그렇지 않은가? 이 OpViz 프레임워크에서 무엇을 만들어야 하는지 좀 더 자세히 살펴보자.

경고

경고는 사용자에게 수행 중인 작업을 중단하고 전달받은 경고의 원인이 되는 규칙 위반 항목을 조사하도록 지시하는 인터럽트[interrupt]다. 이는 비용이 많이 드는 작업이며 SLO가 위급한 상황에서 활용돼야 한다.

티켓과 업무

티켓과 업무는 작업이 완료될 때 생성되지만 재난 같은 긴급한 장애는 아니다. 모니터링의 출력은 작업을 위해 엔지니어 큐에 들어가는 티켓과 업무이어야 한다.

알람

가끔 배포 이벤트가 발생할 때처럼 사람들에게 콘텍스트를 인지하는 데 도움이 되는 이벤트가 발생했음을 기록하고 싶을 때가 있다. 알람은 보통 워크플로를 방해하지 않으면서 이를 가시화할 수 있도록 채팅방, 위키^{wiki}, 협업 도구 등에 공지한다.

자동화

사용률 데이터와 같은 데이터 용량에 대한 증감의 필요성을 알려주는 경우가 있다. 이러한 경우 자원의 가용 범위를 수정하고자 오토스케일링^{autoscaling} 그룹이 호출된다. 이는 모니터링의 산출물인 자동화 중 한 가지 예일 뿐이다.

시각화

그래프는 OpViz의 가장 일반적인 산출물 중 하나다. 이는 특정 사용자 커뮤니티의 요구 사항에 맞도록 대시보드로 수집되며 사람이 패턴을 인지할 수 있게 하는 핵심 도구다.

모니터링 부트스트래핑

여러분이 합리적인 사람이라면 이와 같이 앞으로 발생할 모든 일에 압도 당함을 느끼기 시작할 수도 있다. 이는 지극히 정상적인 것이다. 여기서 우리가 구축하는 모든 것이 반복적인 프로세스의 일부임을 상기시키는 좋은 시간이다. 작게 시작하고, 발전시키고, 필요에 따라 추가하자. 스타트업^{startup} 환경에서 이것보다 더 필요한 것은 없다.

스타트업 환경에서는 제로^{zero}에서 시작한다. 제로 지표, 제로 경고, 제로 가시성 등 많은 엔지니어가 단순히 지나치게 낙관적인 코드만 작성하고 있다. 많은 스타트업이 프로토타입이나 테스트베드인 퍼블릭 클라우드 어딘가에 인스턴스를 설치하게 된다. 그리고 나서 해당 인스턴스는 어떻게든 그들의 프로덕션에서 마스터 데이터베이스로 전환된다. 이는 어리석은 일이다.

여러분은 신생 스타트업에서 첫 번째 운영 또는 데이터베이스 엔지니어로 고용됐을 것이다. 그리고 소프트웨어 엔지니어가 모니터링이나 가시성을 기반으로 구축한 어떤 재고품을 인수받았을 것이다. 그리고 그것은 효과가 전혀 없다.

익숙한 이야기인가? 여러분이 스타트업에 대한 경험이 있다면 이래야 한다. 이는 부끄러워 할 일이 아니다. 이것이 바로 스타트업이 만들어지는 방법이다. 실질적인 요구 사항에 앞서 정교한 운영 가시성 생태계를 구축하는 것으로 시작하는 것은 어리석은 스타트업이다. 스타트업은 핵심 제품에 열심히 집중하고 빠르게 반복하며, 적극적으로 고객을 찾고 고객의 피드백과 제품의 현실에 대응하고, 소중한 엔지니어링 리소스를 어디에 사용할지에 대해 신중한 결정을 내림으로써 성공한다. 스타트업은 과거가 아니라 필요하면 즉시 정교한 성능 가시성 시스템을 구축하는 것으로 성공한다. 스타트업은 항상 실패하지만 일반적으로 엔지니어가 예상할 수 있는 모든 스토리지 지표를 미리 예측하고 측정하지 못했기 때문인 것은 아니다. 먼저 실행 가능한 최소한의 모니터링 세트부터 시작해야 한다.

데이터베이스의 일부가 되는 항목

데이터를 클라이언트에서 데이터베이스로의 스트림^{stream}으로 생각할 수 있다. 가장 상위 개념에서부터 시작하면 데이터베이스는 데이터를 저장하고, 보유하고, 제공하고자 존재한다.

- 클라이언트 메모리에서의 데이터
- 클라이언트와 데이터 스토어 간의 데이터
- 데이터베이스 메모리 구조에서의 데이터
- 운영체제와 디스크 메모리 구조에서의 데이터

- 디스크에서의 데이터

- 백업과 아카이브 데이터

데이터베이스 측정을 위해 찾고자 하는 모든 것은 다음과 같이 요약할 수 있다.

- 데이터를 가져오는 데 시간이 얼마나 걸리며 왜 그렇게 오래 걸리는지?

- 데이터를 저장하는 데 시간이 얼마나 걸리며 왜 그렇게 오래 걸리는지?

- 데이터가 안전하게 저장되는지와 어떤 방식으로 저장되는지?

- 프라이머리[primary]에서 검색이 실패할 경우 물리적으로 분리된 위치에서 데이터를 사용할 수 있는지?

물론 위 내용은 매우 단순하지만 다음 절을 살펴보는 동안 생각해볼 수 있는 좋은 최상위 구조의 개념이다.

데이터베이스, 시스템, 스토리지, 다양한 애플리케이션 계층 간에 모니터링할 수 있는 지표는 무한히 존재한다. 가장 기초적으로 여러분의 데이터베이스가 작동 중인지 또는 작동 중지됐는지는 확인할 수 있어야 한다. 만족할 만한 상태를 충족하려면 커넥션 개수나 잠금 비율과 같은 실제 문제와 관련이 있는 증상들을 모니터링하는 것부터 시작한다. 한 가지 일반적인 진행 내역은 다음과 같다.

- 데이터베이스가 작동 또는 중지됐는지 확인한다(풀 방식).

- 전반적인 대기시간, 오류 지표와 종단 간 상태를 확인한다(푸시 방식).

- 모든 데이터베이스 호출에 대한 대기시간과 오류를 측정하고자 애플리케이션 계층을 측정한다(푸시 방식).

- 유용한지 여부와 관계없이 시스템, 스토리지, 데이터베이스, 애플리케이션 계층에서 가능한 한 많은 지표를 수집한다. 대부분의 운영체제, 서비스, 데이터베이스에는 꽤 종합적인 플러그인이 있다.

- 알려진 문제에 대한 특정 검사를 생성한다. 예를 들어 데이터베이스 노드 중 몇 퍼센트가 손상됐는지, 전역 잠금의 비율이 너무 높지는 않은지와 같은 기반으로 검사한다.

때로는 VividCortex, Circonus, HoneyComb, NewRelic과 같은 서드파티^{third-party} 모니터링 서비스의 플러그인으로 완성된 서비스로 가는 지름길을 택할 수도 있다. 그러나 여러분의 나머지 모니터링의 부분과 분리된 별도의 시스템으로 이러한 데이터베이스 지표를 저장하는 것은 일종의 해킹이다. 서로 다른 시스템에 저장하면 여러 모니터링 플랫폼에 걸쳐 증상을 연관시키는 것이 더 어려워진다. 이것이 나쁘다거나 해서는 안 된다고 말하는 것이 아니다. 우아한 해킹은 여러분을 정말 먼 길로 데려갈 수 있다. 그러나 '자아 실현' 단계에는 일반적으로 모든 모니터링 피드^{feed}를 단일 소스로 통합하는 것이 포함된다.

자, 이제 디스크를 잃어버리거나 엔지니어가 오타를 쳤을 때 회사가 망하지 않게 보호했으므로 여러분의 서비스 상태에 대해 스스로 질문하기 시작할 수 있다. 스타트업으로서 스스로에게 물어볼 핵심 질문은 다음과 같다.

- 데이터는 안전한가?

- 서비스가 살아 있는가?

- 고객이 불편을 겪고 있는가?

이것이 실행할 수 있는 최소한의 프로덕션 모니터링 세트다.

데이터가 안전한가?

정말 중요하게 생각하는 모든 미션 크리티컬 데이터의 경우 3개 미만의 복사본으로 실행되는 것을 피해야 한다. 이는 MySQL이나 MongoDB와 같은 리더팔로워^{leader-follower} 데이터 스토어의 경우 1개의 프라이머리^{primary}와 2개 이상의 세컨더리^{secondary}이거나 카산드라^{Cassandra} 또는 하둡과 같은 분산 데이터 스토어의 경우 3개의 복제 요소를 말한다. 여러분은 아끼는 데이터가 단일 복사본만 존재하는 상황에 놓여 있기를 절대 원하지 않기 때문이다. 이는 이중화가 유지되는 동안에 1개의 인스턴스를 손실할 수 있어야 하므로 2개가 아니라 3개가 최소한의 복사본이 필요한 이유이다. 심지어 신생 스타트업으로서 비용에 민감하고 매달 실행률을 걱정하더라도 미션 크리티컬 데이터는 이러한 비용을 절감할 수 있는 적절한 부분이 아니다(5장에서 가용성 아키텍처를 설명한다).

하지만 모든 데이터가 동일하게 중요한 것은 아니다. 일부 데이터의 손실을 허용 가능하거나 필요시 불변하는 로그^{immutable log}에서 데이터를 재구성할 수 있다면 $n + 1$의 복제 시 실행해도 완벽하다(n은 정상적인 활동에 필요한 노드의 수). 이는 의사결정 사항으로 여러분만이 각 데이터 세트가 회사에 얼마나 중요하고 대체 불가능한지 그리고 재정 자원의 상황은 어떤지 알 수 있다. 또한 백업이 필요하며 백업이 복원 가능하고 백업 프로세스가 성공적으로 완료되고 있는지 정기적으로 확인해야 한다. 백업 상태가 양호한지 모니터링하지 않으면 데이터는 안전하다고 말할 수 없다.

데이터 안전 상태 모니터링을 위한 샘플

여러분의 모니터링에 포함해 안전 상태를 확인해야 하는 몇 가지 예는 다음과 같다.

- 3개의 데이터 노드 작동 여부
- 복제 스레드 실행 여부
- 1초 미만으로 복제되는 최소 1개 노드의 복제 상태 여부
- 최근 백업 성공 여부
- 최근 백업으로부터 복구돼 자동화된 복제본의 성공 여부

서비스가 실행 중인가?

종단 간 검사는 고객 경험을 가장 밀접하게 반영하기 때문에 여러분이 가진 도구 중에 가장 강력한 도구다. 웹 또는 애플리케이션 계층의 활성 상태뿐만 아니라 중요한 경로로 모든 데이터베이스 연결을 실행하는 최상위 상태 확인이 있어야 한다. 데이터가 여러 호스트에 분할돼 있는 경우 검사는 각 파티션에서 객체를 가져와야 하며 파티션이나 샤드의 전체 목록을 자동으로 감지해야 한다. 그렇게 되면 용량을 추가할 때마다 수동으로 새 검사를 수행할 필요가 없다.

그러나 중요한 점은 로드 밸런서가 모든 데이터베이스 연결을 사용하지 않는 경우 더 간단한 활성 검사를 수행해야 한다. 그렇지 않으면 여러분은 자기 자신의 상태 검사를 쉽게 죽음으로 이르게 할 것이다.

과도한 상태 확인(health checking)

채리티(Charity)는 한때 haproxy 상태 확인 엔드포인트를 mysql 테이블에서 간단한 SELECT LIMIT 1을 수행한 시스템에서 일했다. 어느 날 일부 상태 비저장(stateless) 서비스의 용량이 두 배로 증가해 이러한 상태 확인을 실행하는 프록시 서버의 수가 두 배로 증가했다. 뜻하지 않게 다른 시스템에 용량을 추가하면서 데이터베이스 서버에 상태 확인의 과부하가 발생해 전체 사이트가 다운됐다. 데이터베이스의 모든 쿼리의 95% 이상이 어리석은 상태 확인 쿼리였다. 이러지 말자.

어렵게 배운 교훈을 말하자면 항상 오프프레미스$^{off-premise}$ 모니터링이 있어야 한다. 그렇지 않으면 자체 모니터링 서비스를 위한 오프사이트^{offsite} 상태 확인이 필요하다. 데이터 센터나 클라우드 지역이 다운돼 전체 모니터링 장치가 중단될 경우 온프레미스 모니터링 생태계가 얼마나 대단하고 강력한지는 중요하지 않다. 각 주요 제품이나 서비스에 대한 외부 검사를 설정하고 모니터링 서비스 자체에 대한 상태 검사를 설정하는 것이 바람직하다.

데이터베이스 가용성 모니터링의 예제

다음은 여러분의 시스템 가용성 여부를 측정하는 방법 중 몇 가지 예다.

- 모든 프론트엔드 데이터 스토어에 쿼리하는 애플리케이션 수준에서 상태 확인
- 각 데이터 스토어를 위해 각 데이터 스토어 멤버의 각 파티션에 대해 실행하는 쿼리
- 긴급한 용량 이슈
  - 디스크 용량
  - 데이터베이스 커넥션
- 오류 로그 수집
  - DB 재시작(모니터링보다 더 빠른)
  - 데이터 손상

소비자가 불편을 겪고 있는가?

좋다. 여러분은 서비스가 살아 있는지 모니터링하고 있고 상태 확인 결과도 정상이다. 훌륭하다.

하지만 대기시간이 미묘하게 두 배 또는 세 배로 늘어난 경우는? 혹은 요청의 10%가 여러분의 상태 확인 트리거를 교묘하게 피하는 방식으로 오류가 발생하면? 여러분의 데이터베이스가 쓰기는 안 되지만 읽기는 가능하거나 대부분의 쓰기 작업에 행^{hang}을 유발하는 복제가 지연되는 경우에는? RAID 어레이가 볼륨을 잃고 성능 저하 모드에서 실행 중이거나, 인덱스가 생성 중이거나, 단일 행에 대한 업데이트에서 핫스팟이 발생하는 경우는 어떻게 해야 하는가?

이것이 시스템 엔지니어링, 특히 데이터베이스가 매우 재미있는 이유다. 여러분의 시스템이 실패할 수 있는 방법은 무한히 존재하며 그중 약 5% 정도만 미리 예측할 수 있을 것이다. 그렇기 때문에 서비스 상태(상태 확인, 오류율, 대기시간)에 대해 종합적인 고수준의 지표 라이브러리를 점진적으로 개발해야 한다. 여러분 고객의 경험에 실질적으로 영향을 미치고 지장을 주는 모든 것을 고려해야 한다. 그러고 나서 잠시 다른 일을 하고 뭐가 고장 나는지 살펴보자.

우리는 정말로 진지하다. 3장에서 설명한 것처럼 서비스가 어떻게 중단되는지

예측하고자 둘러보면 얻을 수 있는 것이 너무나 많다. 다만 아직 데이터가 없을 뿐이다. 더 많은 것을 만들어내고 고장 날 때까지 기다렸다가 실제로 실패하기 시작할 때 많은 주의를 기울이는 것이 좋다.

지금까지 부트스트래핑 방법과 진화 방법을 제공했으므로 DBRE로서 필요로 하는 것에 초점을 맞춰 무엇을 측정해야 하는지 분석해보자.

애플리케이션 계측

여러분의 애플리케이션에서부터 시작해보자. 데이터 스토어 계층에서 대부분의 지표를 측정할 수 있지만 문제를 나타내는 첫 번째 주요 지표는 사용자와 애플리케이션 상태의 변화가 나타나야 한다. 엔지니어의 애플리케이션 계측과 New Relic, App Dynamic과 같은 애플리케이션 성능 관리^{APM, Application Performance Management} 솔루션으로 모든 조직 구성원을 위한 엄청난 양의 데이터를 얻을 수 있다.

- 페이지 또는 API 엔드포인트에 대한 모든 요청과 응답을 이미 측정하고 기록하고 있어야 한다.

- 데이터베이스, 검색 인덱스, 캐시를 포함한 모든 외부 서비스 또한 이 작업을 수행해야 한다.

- 이와 유사하게 모니터링돼야 하는 모든 작업이나 독립적인 워크플로

- 데이터베이스, 캐시, 기타 데이터 저장소와 상호작용하는 메소드나 함수와 같이 독립적이고 재사용할 수 있는 모든 코드는 비슷하게 계측돼야 한다.

- 각 엔드포인트, 페이지, 함수, 메소드에 의해 실행되는 데이터베이스 호출 수를 모니터링해야 한다.

각 운영에 의해 호출되는 데이터에 접근하는 코드(예, SQL 호출)를 추적하면 데이

터베이스 내에서 수행되는 좀 더 자세한 쿼리 로그를 빠르게 상호 참조할 수 있다. 이는 동적으로 SQL을 생성하는 ORM^Object-Relational Mapping 시스템에서는 도전 과제가 될 수 있다.

SQL 주석

SQL을 튜닝할 때 가장 큰 문제는 데이터베이스에서 실행 중인 SQL을 코드베이스 (codebase)의 호출되는 특정 위치와 매핑시키는 것이다. 많은 데이터베이스 엔진은 정보에 대한 주석을 추가할 수 있다. 이러한 주석은 데이터베이스 쿼리 로그에 표시된 다. 이는 코드베이스의 위치를 삽입하기 좋은 지점이다.

분산 추적

애플리케이션에서 데이터 스토어에 이르는 모든 단계에서 성능을 추적하는 것은 캡처하기 어려울 수 있는 긴 대기시간 이슈를 최적화하는 데 매우 중요하다. 뉴 렐릭^New Relic 또는 집킨^Zipkin과 같은 오픈소스 시스템은 애플리케이션 호출에서 부터 데이터베이스와 같은 외부 서비스까지의 분산 추적을 허용한다. 애플리케 이션에서 데이터 스토어까지의 전체 트랜잭션 추적은 이상적으로는 데이터베이 스 쿼리뿐만 아니라 모든 외부 서비스 호출에 대한 타이밍을 제공해야 한다.

데이터베이스를 완벽하게 파악할 수 있는 추적 기능은 소프트웨어 엔지니어^SWE 팀을 교육하고 자율성과 자립성을 만드는 데 강력한 무기가 될 수 있다. 어디에 초점을 맞춰야 하는지 알려주는 대신 그들은 스스로 정보를 얻을 수 있다. 라스 트 피클^Last Pickle의 애런 모튼^Aaron Morton이 '카산드라 추적 시스템을 집킨으로 대체 Replacing Cassandra's Tracing with Zipkin'라는 강연에서 다음과 같이 말한다.

> 어떤 도구가 이처럼 긍정적인 문화적 변화를 일으키는지 미리 아는 것은 기본적으로 예측하기 불가능하지만 깃에서 풀 리퀘스트(pull requestes)와 안정적인 마스터 브랜치 (master branches)의 실행을 봤고 이를 그라파나(Grafana), 키바나(Kibana), 집킨 (Zipkin)에서도 봤다.

이에 대해 자세한 내용은 라스트 피클의 블로그^{The Last Pickle's blog}(https://thelastpickle. com/blog/2015/12/07/using-zipkin-for-full-stack-tracing-including-cassandra.html)에 서 확인할 수 있다.

DBRE에 관심을 가질 수 있는 많은 종단 간 호출의 구성 요소가 있다. 여기에는 다음 내용이 포함되지만 이에 국한되지는 않는다.

- 데이터베이스 또는 데이터베이스 프록시에 대한 커넥션 설정

- 데이터베이스 커넥션 풀^{pool}에서 커넥션을 위한 큐잉^{queuing}

- 큐잉이나 메시지 서비스로 지표 또는 이벤트 로깅

- 중앙 집중식 UUID 서비스로부터 사용자 ID 생성

- 사용자 ID와 같은 변수를 기반으로 샤드 선택

- 캐시 계층에서의 검색, 검증, 캐싱

- 애플리케이션 계층에서 데이터의 압축과 암호화

- 검색 계층으로 쿼리

전통적인 SQL 분석

레인^{Laine}은 컨설팅 시절에 애플리케이션 성능 모니터링을 데이터베이스 모니터링과 매핑한 모니터링이 없는 매장에 들어간 횟수를 말할 수 없었다. 데이터베이스에서 뷰^{view}를 생성하려면 항상 TCP나 로그 기반 SQL 수집을 수행해야 했다. 그런 다음 최적화할 우선순위가 지정된 SQL 목록과 함께 SWE에게 돌아가면 해당 코드의 어디를 수정해야 할지 몰랐다. 코드베이스를 검색하는 것은 1주일 이상 귀중한 시간이 필요했다.

DBRE로서 SWE 옆에서 함께 작업할 수 있는 엄청난 기회를 갖게 되는데,

이를 통해 모든 클래스, 메서드, 함수, 잡job 등에서 직접 호출되는 SQL로 매핑하게 할 수 있다. SWE와 DBRE가 동일한 도구를 사용하면 DBRE는 핵심 변곡점을 가르칠 수 있으며, 곧 SWE가 여러분의 업무를 대신하는 모습을 발견할 수 있을 것이다.

트랜잭션에 성능 '예산'이 있고 대기시간의 요건을 알고 있는 경우 모든 구성 요소를 담당하는 직원은 가장 비용이 많이 드는 부분을 파악하고 적절한 투자와 타협을 통해 이를 달성하고자 팀으로 작업하도록 장려된다.

이벤트와 로그

모든 애플리케이션 로그는 수집되고 저장해야 한다는 것은 말할 필요도 없다. 여기에는 스택 추적이 포함된다. 게다가 다음과 같이 OpViz에 등록하는 데 매우 유용한 이벤트가 많이 발생한다.

- 코드 배포
- 배포 시간
- 배포 오류

애플리케이션 모니터링은 중요한 첫 번째 단계로, 사용자의 관점에서 행동을 실질적으로 볼 수 있으며 대기시간의 SLO와 직접적인 관련이 있다. 이러한 증상은 해당 환경 안에서의 결함과 성능 저하에 대한 실마리를 제공한다. 이제 근본 원인 분석과 프로비저닝에 도움이 될 수 있도록 지원하는 데이터인 호스트 데이터를 살펴보자.

서버와 인스턴스 계측

다음은 데이터베이스 인스턴스에 상주하는 실제 또는 가상의 개별 호스트다. 여기서 데이터베이스 실행에 사용되는 운영체제와 물리적 리소스에 관한 모든 데이터를 얻을 수 있다. 이 데이터는 애플리케이션 및 서비스와 특별히 연관은 없지만 애플리케이션 계층에서 대기시간이나 오류와 같은 증상을 보였을 때 이를 확인하는 것은 의미가 있다.

이 데이터를 사용해 애플리케이션의 비정상적인 원인을 식별할 때 과도 또는 과소하게 사용하거나, 포화 상태이거나, 오류가 발생하는 자원을 찾는 것이 목적이다(USE[Utilization Saturation and Errors] 방법론, 브레든 그렉[Brendan Gregg]의 방법론(http://www.brendangregg.com/usemethod.html)에서 정의됨). 이 데이터는 성장 및 성능 최적화를 위한 용량 산정 계획에도 중요하다. 병목 현상이나 제약 사항을 인지하는 것은 최적화 작업의 우선순위를 산정해 가치를 극대화할 수 있게 한다.

분산 시스템 집계

개별 호스트 데이터는 호스트가 비정상이며 무리에서 추출돼야 함을 나타내는 것 외에는 특별히 유용하지 않다는 점을 기억하자. 오히려 동일한 기능을 수행하는 호스트 풀에 대한 집계 관점에서 사용률, 포화도, 오류를 생각하자. 즉, 20개의 카산드라 호스트가 있는 경우 풀의 전반적인 사용률, 대기(포화)가 진행 중인 수량, 발생하는 오류에 주로 관심이 있다. 오류가 하나의 호스트에서 발생하면 링(ring)에서 오류를 제거하고 새 호스트로 교체해야 한다.

리눅스 환경에서 리소스를 모니터링하기 위한 좋은 출발점은 다음과 같다.

- CPU

- 메모리

- 네트워크 인터페이스

- 스토리지 I/O

- 스토리지 용량

- 스토리지 컨트롤러

- 네트워크 컨트롤러

- CPU 상호 연결

- 메모리 상호 연결

- 스토리지 상호 연결

운영체제의 이해

운영체제의 운영 특성을 깊이 파고드는 것이 얼마나 가치가 있는지 아무리 강조해도 지나치지 않는다. 많은 데이터베이스 전문가가 이것을 시스템 관리자에게 맡기지만 데이터베이스 서비스 수준과 운영체제 사이의 관계가 너무 긴밀해 파고들 수 없다. 이에 대한 완벽한 예는 리눅스가 페이지 캐시로 여러분의 모든 메모리를 채우는 방법이며, 따라서 '사용 가능한 메모리(Free Memory)' 게이지는 여러분의 메모리 사용량을 모니터링하는 데 거의 쓸모가 없다. 이 경우 초당 페이지 스캔은 훨씬 더 유용한 지표가 되는데, 이는 리눅스 메모리 관리가 어떻게 작동하는지에 대해 깊이 이해하지 않으면 분명하지 않다.

운영체제 소프트웨어는 하드웨어 리소스 모니터링 외에도 다음과 같이 추적해야 할 몇 가지 항목이 있다.

- 커널 뮤텍스

- 사용자 뮤텍스

- 작업 용량

- 파일 디스크립터file descriptor

처음 접하는 것이라면 브렌던 그레그Brendan Gregg의 리눅스용 USE 페이지를 살펴보는 것이 좋다. 이 데이터를 모니터링하는 방법이 매우 상세하게 나와 있기 때문이다. 그가 제시하는 데이터에 상당한 시간과 노력이 들었다는 점은 분명하다.

이벤트와 로그

지표 외에도 모든 로그를 RSyslog나 Logstash와 같은 적절한 이벤트 처리 시스템으로 보내야 한다. 여기에는 커널, 크론^{cron}, 인증, 메일, 일반 메시지 로그뿐만 아니라 MySQL나 nginx와 같이 수집 대상인 프로세스 또는 애플리케이션에 특화된 로그가 포함된다. 설정 관리와 프로비저닝 프로세스도 중요 이벤트로 OpViz 스택에 등록해야 한다. 다음은 항목을 검토하는 것에서 시작해보자.

- 서비스가 중단된 호스트

- 설정 변경

- 호스트 재시작

- 서비스 재시작

- 호스트 크래시$^{host\ crash}$

- 서비스 크래시

클라우드와 가상화 시스템

이러한 환경에서 고려해야 할 몇 가지 추가 항목이 있다.

먼저 비용인데, 이러한 환경에서는 데이터 센터 환경을 사용하기 위한 초기 비용이 발생하는 대신 온디맨드$^{on-demand}$ 방식으로 비용을 낸다. 따라서 비용을 효과적이고 효율적으로 만드는 작업이 매우 중요하다.

CPU를 모니터링할 때 'steal time'을 모니터링하자. 이는 가상 CPU가 어딘가에서 사용되고 있는 실제 CPU를 대기하는 시간이다. 10% 이상 지속하는 높은 steal time은 여러분의 주위 환경에 시끄러운 이웃이 있음을 나타낸다. steal time이 모든 호스트에서 동일하다면 이 경우 여러분이 범인이며 용량을

추가하거나 리밸런스가 필요할 수도 있음을 의미한다.

steal time이 하나 또는 몇 개의 호스트에서 발생하는 경우 이는 다른 테넌트 tenant가 여러분의 시간을 뺏고 있음을 의미한다. 이때는 해당 호스트를 종료하고 새 호스트를 실행하는 것이 가장 좋다. 새로운 것은 다른 곳에 배치될 것이고 훨씬 더 나은 성능을 발휘할 것이다.

앞서 언급한 내용을 OpViz 스택에 포함시킬 수 있다면 해당 스택의 호스트와 운영체제에서 무슨 일이 일어나고 있는지 이해하는 데 큰 도움이 될 것이다. 이제 데이터베이스 자체를 살펴보자.

데이터 스토어 계층

데이터베이스에서 모니터링하고 추적해야 하는 것은 무엇이며 어떤 이유가 있을까? 그중 일부는 데이터 스토어의 종류에 따라 다를 것이다. 여기서는 보편적이면서도 여러분이 가진 데이터베이스를 추적할 수 있을 만큼 구체적인 영역에 중점을 둔다. 이를 네 가지 영역으로 분류하면 다음과 같다.

- 데이터 스토어 커넥션 계층
- 내부 데이터베이스 가시성
- 데이터베이스 객체
- 데이터베이스 호출과 쿼리

이들은 각각 자체적인 섹션으로 구성돼 있으며 데이터 스토어 커넥션 계층부터 살펴보자.

데이터 스토어 커넥션 계층

전체 트랜잭션의 일부로서 백엔드 데이터 스토어에 연결하는 데 걸리는 시간을 추적하는 것이 중요하다는 점을 살펴봤다. 또한 추적 시스템은 프록시까지 통신하는 시간과 프록시에서 백엔드까지의 시간을 구분할 수 있어야 한다. 애드혹ad hoc 샘플링을 위해 집킨과 같은 도구를 사용할 수 없는 경우 tcpdump나 티샤크Tshark/와이어샤크Wireshark를 통해 이를 캡처capture할 수 있다. 필요시 샘플링 작업을 위해 이를 자동화하거나 그때마다 실행할 수도 있다.

애플리케이션과 데이터베이스 커넥션 사이에 대기시간과 오류가 발생하는 경우 원인을 식별하는 데 도움이 되는 추가 지표가 필요할 것이다. 앞서 권장한 USE 방법을 사용해 그 밖에 다른 지표가 어떤 도움이 될 수 있는지 살펴보자.

활용도

데이터베이스는 제한된 수의 커넥션만 허용할 수 있다. 최대 커넥션 수는 다양한 위치에서 제한된다. 호스트 부담을 최소화하고자 인위적으로 최대 한계선을 설정하면 데이터베이스의 설정 매개변수에 지정된 수만큼의 커넥션만 허용할 것이다. 기본 설정에 의해 낮게 설정될 가능성이 있기 때문에 최댓값과 실제 커넥션 수를 추적하는 것이 중요하다.

또한 커넥션은 운영체제 수준에서 리소스를 오픈한다. 예를 들어 PostgreSQL은 커넥션당 하나의 유닉스 프로세스를 사용한다. MySQL, 카산드라, 몽고DB는 커넥션당 스레드를 사용한다. 이들 모두 메모리와 파일 디스크립터를 사용한다. 따라서 커넥션 동작을 이해하도록 다양한 내용을 살펴보자.

- 커넥션 상한 값과 커넥션 수
- 커넥션 상태(작동 모드, 슬립 모드, 중단 모드 등)

- 커널 수준에서 오픈 파일 사용률

- 커널 수준의 최대 프로세스 사용률

- 메모리 사용률

- MySQL 테이블 캐시와 몽고DB 스레드 풀 사용률과 같은 스레드 풀의 지표

- 네트워크 처리량 사용률

이는 커넥션 계층 어딘가에 용량이나 사용률의 병목 현상이 있는지 여부를 알려준다. 사용률이 100%이고 포화도도 높으면 좋은 지표다. 그러나 포화 상태와 동시에 낮은 사용률은 어딘가에 병목 현상을 나타내는 지표이기도 하다. 리소스 사용률이 높긴 하지만 100%가 아닌 상태라면 보통 대기시간에 상당한 영향을 미치거나 대기시간을 유발하는 원인이 되기도 한다.

포화도

포화도는 보통 사용률과 함께 사용할 때 가장 유용하다. 100% 사용률을 보이는 리소스에 대한 대기 상태가 많을 경우 매우 명확하게 수용력 이슈가 있는 것이다. 그러나 전체 사용률 없이 대기 및 포화 상태가 발생하는 경우 지연을 유발시키는 다른 병목 현상이 있을 수 있다. 포화도는 다음과 같은 변곡점에서 측정된다.

- TCP 커넥션 백로그[backlog]

- MySQL의 `back_log`와 같은 데이터베이스에 특화된 커넥션 큐

- 커넥션 타임아웃 오류

- 커넥션 풀의 스레드 대기

- 메모리 스와핑

- 데이터베이스의 잠금 프로세스

큐 길이와 대기 타임아웃은 포화 상태를 이해하는 데 매우 중요하다. 대기 중인 커넥션이나 프로세스를 발견할 때마다 잠재된 병목 현상이 있다는 것을 나타낸다.

오류

사용률과 포화도를 통해 수용 능력의 제약 사항과 병목 현상이 데이터베이스 커넥션 계층의 대기시간에 영향을 미치는지 여부를 확인할 수 있다. 이 정보는 리소스를 늘려야 하는지, 인위적으로 설정한 제약 조건을 제거해야 하는지, 일부 아키텍처를 변경해야 하는지 여부를 결정하는 데 유용한 정보다. 오류 또한 모니터링돼야 하며, 장애나 설정 문제를 제거하거나 식별하는 데 도움이 되게 사용해야 한다. 오류는 다음과 같이 수집할 수 있다.

- 데이터베이스 로그는 데이터베이스 수준의 오류가 발생하면 오류 코드를 제공할 것이다. 때로는 다양한 수준의 자세한 설정 구성이 있을 수 있다. 커넥션 오류를 식별할 수 있을 만큼 자세한 로깅이 있는지 확인하자. 특히 여러분의 로그가 데이터베이스와 스토리지 및 IO 리소스를 공유하는 경우 오버헤드에 주의하자.

- 애플리케이션과 프록시 로그도 상세한 정보가 담긴 오류를 제공할 것이다.

- 앞 절에서 설명한 호스트 오류도 여기에서 활용해야 한다.

오류에는 네트워크 오류, 커넥션 타임아웃, 인증 오류, 커넥션 종료 등이 포함된다. 이는 손상된 테이블, DNS의 의존성, 교착 상태, 인증 변경 등과 같은 다양한 이슈를 가리킬 수 있다.

애플리케이션 대기시간과 오류 지표, 사용률, 포화도, 특정 오류 상태에 대한 추적과 적절한 원격 측정을 활용하면 데이터베이스 커넥션 계층에서 성능 저하와 장애 상태를 식별하는 데 필요한 정보를 얻을 수 있다. 다음은 커넥션 내부에서 무엇을 측정해야 하는지 살펴본다.

PostgreSQL에서의 커넥션 속도 트러블슈팅

인스타그램Instagram은 관계형 데이터베이스인 PostgreSQL을 선택한 회사 중하나다. 이 회사는 데이터베이스에 연결할 수 있는 애플리케이션 커넥션 수를 늘리고자 커넥션 풀러connection pooler인 PGBouncer를 사용하기로 했다. 해당 도구는 데이터 스토어의 커넥션 수를 늘리고자 입증된 확장 메커니즘을 지닌다. 그리고 PostgreSQL에서 모든 커넥션은 새로운 유닉스 프로세스를 생성해야 한다는 점을 고려하면 새로운 커넥션은 느리고 비용이 많이 든다.

이 회사에서는 psycopg2 파이썬 드라이버를 사용해 기본값으로 autocommit= FALSE를 사용하고 있었다. 이는 심지어 읽기 전용 쿼리의 경우에도 명시적 BEGINS 및 COMMITS가 발행되고 있음을 의미한다. 이를 autocommit=TRUE로 변경해 자체적인 쿼리의 대기시간이 감소했으며 풀 내에 커넥션을 위한 큐잉 작업도 줄였다.

이는 처음에 풀이 100% 사용됨에 따라 애플리케이션의 대기시간이 증가해 큐가 증가했음을 나타낸다. 커넥션 계층 지표를 살펴보고 pgbouncer 풀을 모니터링하면 포화 상태로 인해 대기 풀이 증가했고 활성 상태가 대부분의 시간에 전반적으로 사용됐음을 알 수 있다. 의미 있는 사용률, 포화도, 오류 등을 명확히 보여주는 다른 지표가 없기 때문에 쿼리 속도를 느리게 하고 있는 커넥션의 내부에서 무슨 일이 일어나고 있는지 살펴볼 수 있었다. 이는 다음 절에서 살펴본다.

내부 데이터베이스 가시성

데이터베이스 내부를 들여다보면 상당히 많은 양의 구성 요소와 지표들이 전반적으로 복잡하게 돼 있다는 것을 확인할 수 있다. 다시 말해 여기서부터 바로 현실이 시작되는 곳이다. 다시 한 번 USE 구문을 기억하자. 우리의 목표는 대기시간에 영향을 미치거나 요청을 제한하거나 오류를 유발할 수 있는 병목 현상을 이해하는 것이다.

이를 개별 호스트 관점에서 역할별로 취합해서 살펴보는 것이 중요하다. MySQL, PostgreSQL, 일래스틱서치^{ElasticSearch}, 몽고DB와 같은 일부 데이터베이스에는 마스터와 복제본 역할이 있다. 카산드라와 Riak은 특정 역할이 없지만 지역^{region}이나 존^{zone}별로 배포되는 경우가 많다. 이 부분 또한 집계를 위해 중요하다.

처리량과 대기시간 지표

데이터 스토어에서의 작업은 얼마나 많이 그리고 어떤 종류로 발생하는가? 해당 데이터는 데이터베이스 활동을 파악하기 위한 매우 적절한 고수준에서의 관점이다. SWE가 새로운 기능을 추가하면 이러한 작업 부하는 움직일 것이고 해당 작업 부하가 어떻게 이동하는지에 대한 좋은 지표를 제공한다. 변화하는 이러한 작업 부하를 이해하고자 수집해야 하는 몇 가지 지표의 예를 들면 다음과 같다.

- 읽기
- 쓰기
    - 삽입
    - 업데이트
    - 삭제
- 기타 작업

- 커밋^{commit}

- 롤백

- DDL 문장

- 다른 운영 작업

여기서 대기시간을 이야기할 때는 집계에서 이야기하는 것이고 평균을 의미한다. 이 절에서는 더 세분화되고 더 유익한 쿼리 모니터링을 자세히 설명할 것이다. 그러므로 이러한 타입의 데이터에는 아웃라이어가 없으며 매우 기본적인 작업 부하에 대한 정보만 얻을 수 있다.

커밋, 리두, 저널링

세부 구현은 데이터 스토어에 따라 다르지만 거의 항상 데이터를 디스크로 플러시^{flush}하는 I/O 작업 집합이 있다. MySQL의 InnoDB 스토리지 엔진과 PostgreSQL에서 쓰기는 버퍼 풀(메모리)에서 변경되고 작업은 다시 리두^{redo} 로그(PostgreSQL는 미리 쓰기 로그^{write-ahead log})에 기록된다. 백그라운드 프로세스는 복구를 위한 체크포인트를 유지하면서 이를 디스크로 플러시한다. 카산드라에서 데이터는 memtable(메모리)에 저장되는 반면 커밋 로그는 memtable에 추가^{append}된다. memtable은 주기적으로 SSTable로 플러시되며, SSTable는 주기적으로 압축된다. 다음은 모니터링 대상이 되는 몇 가지 지표다.

- 더티^{dirty} 버퍼(MySQL)

- 체크포인트 기간(MySQL)

- 펜딩^{pending} 및 완료된 압축 작업(카산드라)

- 추적된 더티 바이트(몽고DB)

- 수정되거나 수정되지 않은 페이지 추출(몽고DB)

- `log_checkpoints` 설정(PostgreSQL)

- `pg_stat_bgwriter` 뷰 테이블(PostgreSQL)

모든 체크포인트, 플러시, 압축은 데이터베이스의 활동에 상당한 성능 영향을 미치는 작업이다. 경우에 따라 I/O가 증가하기도 하고 주요 작업이 발생하는 동안 모든 쓰기 작업이 완전히 중지될 수도 있다. 여기에서 지표를 수집하면 특정 설정 가능 항목을 조정해 이러한 해당 작업 중에 발생할 영향을 최소화할 수 있다. 따라서 이 경우 대기시간이 증가하는 것과, 과도하게 백그라운드 활동을 나타내는 플러시와 연관된 지표를 보게 될 때 이러한 프로세스와 관련된 튜닝 작업으로 향하게 될 것이다.

복제 상태

복제는 한 노드의 데이터가 다른 노드와 동일하게 여러 노드에 걸쳐 데이터를 복사하는 것이다. 이는 가용성과 읽기 확장의 초석이자 재해 복구와 데이터 안정성의 일부분이다. 그러나 정상 상태가 아니거나 모니터링하지 않거나 잡아내지 못하면 큰 문제로 이어질 수 있는 3가지 복제 상태가 존재한다. 복제에 대한 자세한 내용은 10장에서 설명한다.

복제 대기시간은 장애 상태를 판단하는 첫 번째다. 때로는 다른 노드로의 애플리케이션 변경 사항 적용이 느릴 수 있다. 이는 네트워크 포화 상태, 따라갈 수 없는 단일 스레드 적용 또는 기타 여러 이유로 인해 발생할 수 있다. 경우에 따라 복제가 최대 활동 중에는 결코 따라가지 못하고 데이터가 복제본에서 몇 시간 동안 오래된 상태가 야기될 것이다. 이는 지난 데이터가 제공될 수 있기 때문에 위험하며, 이 복제본을 장애 조치로 사용하는 경우 데이터가 손실될 수 있다.

대부분의 데이터베이스 시스템은 복제 대기시간 지표를 쉽게 추적한다. 이를 통해 마스터의 타임스탬프와 복제본의 타임스탬프 간의 차이를 확인할 수 있다. 궁극적 일관성 모델eventually consistent model을 사용하는 카산드라와 같은 시스템에서 사용 불가능한 상태의 복제본을 동기화하는 데 사용되는 작업 백로그backlog를 볼 수 있을 것이다. 이를 테면 카산드라에서 이는 암시된 핸드오프handoff다.

장애 상태를 판단하는 두 번째는 복제 중단이다. 이 경우 데이터 복제를 유지하는 데 필요한 프로세스는 수많은 오류로 인해 간단히 중단된다. 해결책으로 적절한 모니터링, 오류 원인 복구, 복제를 재개하고 따라잡을 수 있게 하는 신속한 대응이 필요하다. 이 경우 복제 스레드의 상태를 모니터링할 수 있다.

마지막 오류 상태는 가장 난감한 복제 드리프트drift다. 이 경우 데이터가 동기화되지 않아 복제가 쓸모없고 잠재적으로 위험을 유발한다. 대규모 데이터 세트의 복제 드리프트를 식별하는 것은 어려울 수 있으며 저장하는 작업 부하와 데이터 종류에 따라 다르다.

예를 들어 데이터가 상대적으로 변경 불가능하고 삽입/읽기 작업이 일반적인 경우 복제본의 데이터 범위에서 체크섬을 실행한 다음 해당 체크섬을 비교해 동일한지 확인할 수 있다. 이 작업은 복제 후 롤링 방식으로 수행할 수 있으므로 데이터베이스 호스트에서 추가 CPU 사용률을 희생해 손쉽게 안전 검사를 수행해 볼 수 있다. 그러나 많은 변경이 발생하는 경우 이미 검토한 데이터에 대해 체크섬을 반복적으로 실행하거나 가끔 샘플만 수행해야 하므로 이 방법이 더 어려운 것으로 판단된다.

메모리 구조

데이터 스토어는 일반적인 운영 작업으로 수많은 메모리 구조를 유지한다. 데이터베이스에서 가장 흔히 볼 수 있는 것 중 하나는 데이터 캐시다. 많은 이름이 있을 수 있지만 이 작업의 목표는 자주 액세스하는 데이터를 디스크가 아닌 메모리에 유지하는 것이다. 구문 분석된 SQL의 캐시, 커넥션 캐시, 쿼리 결과 캐시 등을 포함한 다른 캐시가 있을 수 있다.

이러한 구조를 모니터링할 때 사용하는 일반적인 지표는 다음과 같다.

사용률

시간 경과에 따라 사용 중인 할당된 공간의 전체 양이다.

이탈률 churn

다른 객체를 위한 공간을 만들거나 기본 데이터가 검증이 안 됐기 때문에 캐시된 객체가 제거되는 빈도를 나타낸다.

적중률 hit ratio

캐시되지 않은 데이터를 제외하고 캐시된 데이터가 사용되는 빈도다. 이는 성능을 최적화하는 데 도움이 된다.

동시성

보통 이러한 구조는 병목 현상이 발생할 수 있는 뮤텍스 mutex 와 같이 자체적인 직렬화 serialization 방법이 있다.

이러한 구성 요소의 포화도를 이해하면 최적화에도 도움이 될 수 있다.

카산드라와 같은 일부 시스템은 메모리 관리를 위해 자바 가상 머신 JVM, Java Virtual Machine 을 사용해 모니터링을 위한 완전히 새로운 영역을 노출시킨다. 이와 같은 환경에서는 가비지 컬렉션 garbage collection 과 다양한 객체 힙 heap 공간의 사용도 매우 중요하다.

잠금과 동시성

특히 관계형 데이터베이스는 잠금을 활용해 세션 간의 동시 접근을 관리한다.

잠금은 다른 프로세스가 아무것도 변경할 수 없게 보장한 상태에서 데이터의 변형과 읽기가 발생할 수 있도록 허용한다. 이는 매우 유용하지만 프로세스가 차례를 기다리면서 점점 쌓이기 때문에 대기시간이 발생하는 이슈가 있다. 어떤 경우에는 교착 상태^{deadlock}로 인해 프로세스가 타임아웃되는 현상을 겪을 수도 있으며 이때는 롤백^{rollback} 말고는 특별한 해결 방법이 없다. 잠금 구현에 대한 자세한 내용은 11장에서 살펴본다.

잠금 모니터링은 데이터 스토어에서 잠금이 대기하는 시간을 모니터링하는 것이다. 이는 포화 상태 지표로 간주할 수 있으며 큐가 길면 애플리케이션과 동시성 이슈 또는 대기시간에 영향을 미치는 근본적인 이슈를 나타낼 수 있다. 이렇게 되면 잠금을 획득한 세션이 완료되기까지 더 오랜 시간이 걸린다. 롤백과 교착 상태를 모니터링하는 것도 매우 중요하다. 이는 애플리케이션이 잠금을 완전히 해제하지 않아 이를 대기하는 세션에서 타임아웃과 롤백이 발생하고 있다는 또 다른 지표이기 때문이다. 롤백은 트랜잭션이 정상적이고 잘 작동한다는 의미일 수 있지만 일부 작업이 트랜잭션에 영향을 미치고 있음을 나타내는 주요 지표가 되기도 한다.

앞서 메모리 구조 절에서 설명했듯이 데이터베이스에는 동시성을 안전하게 관리하도록 설계된 동기화의 기본 요소^{synchronization primitives}로 작동하는 많은 지점이 있다. 이는 보통 뮤텍스^{mutex} 또는 세마포어^{semaphore}다. 뮤텍스(Mutually Exclusive Lock)는 캐시 엔트리^{cache entry}와 같은 리소스에 대한 접근을 동기화하는 데 사용되는 잠금 메커니즘이다. 오직 하나의 작업만 뮤텍스를 획득할 수 있다. 뮤텍스에는 소유권이 존재하며 오직 소유자만 뮤텍스의 잠금을 해제할 수 있음을 의미한다. 이를 통해 데이터가 손상되는 것을 보호한다.

세마포어는 공유 리소스의 동시 사용자 수를 지정된 최댓값까지 제한한다. 스레드는 리소스에 대한 접근을 요청(세마포어 감소)할 수 있으며 리소스 사용이 완료(세마포어 증가)됐음을 알릴 수 있다. 뮤텍스/세마포어를 사용해 MySQL의 InnoDB

스토리지 엔진을 모니터링하는 예는 표 4-1에 나열돼 있다.

표 4-1. InnoDB 세마포어 활동 지표

이름	설명
Mutex Os Waits(Delta)	OS에 양보된 InnoDB 세마포어/뮤텍스의 대기 수
Mutex Rounds(Delta)	내부 동기화 배열에 대한 InnoDB 세마포어/뮤텍스의 스핀 라운드 수
Mutex Spin Waits(Delta)	내부 동기화 배열에 대한 InnoDB 세마포어/뮤텍스의 스핀 대기 수
Os Reservation Count(Delta)	InnoDB 세마포어/뮤텍스 대기가 내부 동기화 배열에 추가된 횟수
Os Signal Count(Delta)	내부 동기화 배열을 사용해 InnoDB 스레드가 신호를 받은 횟수
Rw Excl Os Waits(Delta)	InnoDB에 의해 OS에 양보된 배타적 세마포어 대기 수
Rw Excl Rounds(Delta)	InnoDB 동기화 배열 내에서 배타적 세마포어 스핀 라운드 수
Rw Excl Spins(Delta)	InnoDB 동기화 배열 내에서 배타적 세마포어 스핀 대기 수
Rw Shared Os Waits(Delta)	InnoDB에 의해 OS에 양보된 공유 세마포어 대기 수
Rw Shared Rounds(Delta)	InnoDB 동기화 배열 내에서 공유 세마포어 스핀 라운드 수
Rw Shared Spins(Delta)	InnoDB 동기화 배열 내에서 공유 세마포어 스핀 대기 수
Spins Per Wait RW Mutex(Delata)	내부 동기화 배열을 위한 InnoDB 세마포어/뮤텍스 스핀 라운드와 뮤텍스 스핀 대기의 비율
Spins Per Wait RW Excel(Delata)	내부 동기화 배열 내에서 InnoDB 배타적 세마포어/뮤텍스 스핀 라운드와 스핀 대기의 비율
Spins Per Wait RW Shared(Delata)	내부 동기화 배열 내에서 InnoDB 공유 세마포어/뮤텍스 스핀 라운드와 스핀 대기의 비율

이 값이 증가하면 데이터 스토어가 코드베이스의 특정 영역에서 동시성 제한에 도달하고 있음을 나타낸다. 설정 환경을 튜닝하거나 확장 기능을 통해 데이터 스토어에서 지속 가능한 동시성을 유지해 트래픽 요구 사항을 충족함으로써 이 문제를 해결할 수 있다.

잠금과 동시성은 심지어 확장 작업 진행 중에 티핑 포인트tipping point를 만나면 가장 성능이 뛰어난 쿼리조차도 종료시킬 수 있다. 부하 테스트와 운영 환경에서 이러한 지표를 추적하고 모니터링하는 것으로 데이터베이스 소프트웨어의 한계를 이해하고 대규모 동시 사용자를 수용하기 위한 확장 방안으로 애플리케이션을 어떻게 최적화해야 하는지 파악할 수 있다.

데이터베이스 객체

데이터베이스의 상태와 저장 방법을 이해하는 것이 중요하다. 가장 단순하게 말하자면 이는 각 데이터베이스 객체와 관련된 키/인덱스가 차지하는 스토리지의 양을 이해하는 것이다. 파일 시스템 스토리지와 마찬가지로 현재 스토리지 사용량보다 증가 속도와 상한선에 도달하는 데 걸리는 시간을 이해하는 것이 더 중요하다.

스토리지와 증가량을 이해하는 것 외에도 중요 데이터의 분포를 모니터링하는 것도 도움이 된다. 예를 들어 데이터의 상한선과 하한선, 평균과 카디널리티cardinality를 이해하면 인덱스와 스캔 성능을 이해하는 데 도움이 된다. 이는 정수 데이터 타입과 낮은 카디널리티 문자 기반 데이터 타입에 특히 중요하다. 이 데이터를 SWE가 손쉽게 사용할 수 있도록 만들어서 그들에게 데이터 타입과 인덱싱에 대한 최적화를 인지할 수 있게끔 하자.

키 범위나 목록을 사용해 데이터 세트를 샤딩한 경우 샤드 간의 분포를 이해하면 각 노드의 성능을 최대화하는 데 도움이 된다. 이러한 샤딩 방법론은 해시나 모듈러스modulus 접근 방식을 사용하는 분포가 아니기 때문에 핫스팟hotspot을 허용한다. 이 점을 인식하면 샤딩 모델을 리밸런스하거나 다시 접근해야 할 필요성을 이해할 수 있을 것이다.

데이터베이스 쿼리

작업하고 있는 데이터베이스 시스템에 따라 실제 데이터 접근과 조작 활동이 상세히 계측되거나 전혀 그렇지 않을 수 있다. 바쁜 시스템에서 쿼리를 로깅하는 데이터를 모두 수용하려고 시도한다면 시스템과 사용자에게 중요한 대기시간과 가용성에 이슈가 발생할 수 있다. 그럼에도 이보다 더 가치 있는 데이터는 없다. Vivid Cortex와 Circonus와 같은 일부 솔루션은 필요한 데이터를 얻고자 TCP와 유선 프로토콜에 중점을 두어 쿼리 로깅이 성능에 미치는 영향을 크게 줄인다. 다른 방법으로는 부하가 적은 복제본에서 샘플링, 일정 기간 동안만 로깅 활성화, 느리게 실행되는 쿼리만 로깅하는 방법이 있다.

이 모든 것과 관계없이 여러분은 데이터베이스 활동의 성능과 사용률에 대해 가능한 한 많이 저장하기를 원할 것이다. 여기에는 CPU와 IO 사용률, 읽거나 쓰기의 행 수, 상세 실행 시간과 대기시간, 실행 횟수 등이 포함될 것이다. 옵티마이저의 경로, 사용된 인덱스, 조인, 정렬, 집계 등을 이해하는 것도 최적화를 위해 중요하다.

데이터베이스 어썰트와 이벤트

데이터베이스와 클라이언트 로그는 중요한 정보인데, 특히 어썰트[asserts]와 오류를 위해 필요하다. 해당 로그는 다른 방법으로는 모니터링할 수 없는 다음과 같은 중요한 데이터를 제공한다.

- 커넥션 시도와 장애

- 손상 경고와 오류

- 데이터베이스 재시작

- 설정 변경

- 교착 상태

- 코어 덤프core dump와 스택 트레이스stack trace

이러한 데이터 중 일부를 취합해 여러분의 지표 시스템으로 적재할 수 있다. 그 외의 다른 항목들은 추적하고 상호 간의 연관성을 위해 사용되는 이벤트로 간주해야 한다.

정리

4장에서는 운영 가시성의 중요성, OpViz 프로그램을 시작하는 방법, OpViz 아키텍처를 구축하고 진화시키는 방법을 확실하게 이해했다. 여러분은 구축하고 운영 중인 시스템에 대해 절대 모든 정보를 가질 수 없을 것이다. 또한 여러분의 운영 역할에서 중요한 부분이 돼버린 서비스를 관찰하기 위한 시스템을 빠르게 찾을 수 있다. 이는 인프라의 다른 모든 구성 요소와 마찬가지로 관심 받을 만하다.

인프라 엔지니어링

애플리케이션과 분석가가 사용할 수 있도록 데이터베이스 클러스터를 현행화하는 프로세스를 시작해보자. 앞서 서비스 수준 기대치, 위험 분석, 운영 가시성 등 많은 준비 작업을 살펴봤다. 앞으로 두 개의 장에 걸쳐 해당 환경을 설계하고 구축하기 위한 기술과 패턴을 살펴본다.

5장에서는 서버리스^{serverless} 또는 서비스형 데이터베이스^{Database as a Service} 옵션을 포함해 데이터 스토어를 실행할 수 있는 다양한 호스트를 살펴본다. 그리고 이러한 데이터 스토어에서 사용할 수 있는 다양한 스토리지 옵션을 설명한다.

호스트

앞에서 설명한 것처럼 여러분의 데이터 스토어는 빈 상태로 존재하지 않으며 항상 일부 호스트에서 프로세스로서 실행돼야 한다. 과거에 데이터베이스 호스트는 항상 물리 서버였다. 지난 10년 동안 가상 호스트, 컨테이너, 추상화된 서비스까지 선택 사항은 다양해졌다. 각 항목을 차례대로 살펴보고 데이터베이스로서 이들을 사용하는 것에 대한 장단점을 논의한 후 구체적인 세부 사항을 검토해보자.

물리 서버

여기서 물리 서버란 운영체제를 갖고 있고 해당 운영체제로부터 100% 독점으로 직접 서비스가 실행되는 호스트다. 미성숙한 환경에서 물리 서버는 트래픽이 적고 리소스가 풍부하다면 많은 서비스를 실행할 수 있다. 데이터베이스 신뢰성 엔지니어가 수행해야 할 첫 번째 단계 중 하나는 데이터 저장소를 자체 서버로 분리하는 것이다. 데이터 저장소에 필요한 워크로드는 일반적으로 CPU, RAM, IO에 꽤 집중적이다. 일부 애플리케이션도 CPU나 IO에 더 많은 리소스가 필요할 수도 있지만 여러분은 데이터베이스가 다른 애플리케이션과 리소스 경쟁을 하는 것을 원하지 않을 것이다. 이러한 작업 부하를 튜닝하는 것도 매우 전문적이므로 이를 적절히 수행하려면 격리가 필요하다.

전용 물리 호스트에서 데이터베이스를 실행할 때 데이터베이스는 잠시 후에 간략히 설명할 수많은 구성 요소와 상호작용하며 사용될 것이다. 해당 논의의 목적을 위해 여러분이 리눅스나 유닉스 시스템을 실행하고 있다고 가정한다. 이 중 많은 부분을 윈도우에 적용할 수 있겠지만 충분한 차이점이 있으므로 논외로 한다.

여기서는 데이터베이스 가용성과 성능을 획기적으로 높일 수 있는 문제를 해결하고자 DBRE가 활용할 수 있는 운영체제와 하드웨어 지식의 깊이를 보여주기 위한 모범 사례의 상당한 부분을 살펴보려고 노력했다. 가상 호스트와 컨테이너로 추상화 개념이 위로 올라갈수록 적절히 연관된 정보를 추가할 것이다.

시스템과 커널 운영

DBRE는 소프트웨어 신뢰성 엔지니어[SRE]와 직접 협력해 데이터베이스 호스트에 적합한 커널 설정을 정의해야 한다. 이는 데이터베이스 바이너리 및 기타 환경 설정과 함께 자동으로 배포되는 표준이 돼야 한다. 대부분의 데이터베이스 관리 시스템^{DBMS}은 벤더에 특화된 요구 사항과 권장 사항을 제공하며 가능한 경우 이를 검토하고 적용해야 한다. 흥미롭게도 사용 중인 데이터베이스 타입에 따라 이에 대한 접근 방법이 매우 다를 수 있다. 따라서 몇 가지 상위 범주를 살펴보고 논의할 것이다.

사용자 리소스 제한

데이터베이스가 일반 서버보다 훨씬 많은 수의 리소스를 사용한다. 여기에는 파일 디스크립터^{file descriptors}, 세마포어, 사용자 프로세스가 포함된다.

I/O 스케줄러

입출력^{I/O} 스케줄링은 운영체제가 블록^{block} 단위 I/O 작업을 스토리지 볼륨에 전달하는 순서를 결정하는 방식이다. 기본적으로 이러한 스케줄러는 탐색 대기시간^{seek latency}이 긴 회전 디스크^{spinning disks}로 작업하는 것으로 가정한다. 따라서 기본값은 일반적으로 위치^{location}에 따라 요청 내용을 정렬해 탐색 시간^{seek time}을 최소화하는 엘리베이터 알고리듬이다. 리눅스에서는 다음과 같은 옵션으로 확인할 수 있다.

```
wtf@host:~$ cat /sys/block/sda/queue/scheduler
[noop] anticipatory deadline cfq
```

noop 스케줄러는 대상 블록 장치가 I/O 최적화를 수행하는 컨트롤러가 있는 SSD^{Solid-State Drive} 어레이^{array}일 때 적절한 선택이다. SSD의 탐색 시간이 상대적으로 안정적이기 때문에 모든 I/O 요청이 균등하게 처리된다. deadline 스케줄러는 기아 현상^{starvation}을 방지하고자 마감 기한을 부과하고 쓰기보다 읽기 우선순위를 먼저 지정해 I/O 대기시간을 최소화함으로써 최적화한다. deadline 스케줄러는 데이터베이스 부하와 같은 동시 다중 스레드 환경에서 좀 더 우수한 성능을 보여준다.

메모리 할당과 파편화

데이터베이스는 서버가 수행하는 애플리케이션 중 가장 메모리를 많이 사용하는 것 중 하나임은 누구도 부인할 수 없을 것이다. 메모리 할당과 관리 방법을 이해하는 것은 메모리를 최대한 효과적으로 활용하는 데 중요하다. 데이터베이스 바이너리는 다양한 메모리 할당 라이브러리를 사용해 컴파일된다. 몇 가지 예를 살펴보자.

- MySQL 5.5 버전부터 InnoDB는 glibc의 malloc을 내재한 사용자 지정 라이브러리를 사용한다. 깃허브[GitHub]는 tcmalloc로으,로 전환해 대기시간을 30% 줄였다고 주장하는 반면 페이스북[Facebook]은 jemalloc를 사용한다.

- PostgreSQL 역시 malloc을 감싸고 있는 사용자 지정 라이브러리를 사용한다. 대부분의 다른 데이터 스토어와는 달리 PostgreSQL은 메모리 콘텍스트[memory contexts]라고 하는 매우 큰 청크[chunk]에 메모리를 할당한다.

- 아파치 카산드라 2.1 버전부터는 오프힙[off-heap] 네이티브가 아닌 jemalloc을 지원한다.

- 몽고DB 3.2는 기본적으로 malloc을 사용하지만 tcmalloc이나 jemalloc으로 설정할 수 있다.

- Redis는 2.4 버전부터 jemalloc을 사용한다.

jemalloc과 tcmalloc은 둘 다 glibc의 네이티브 malloc보다 훨씬 나은 성능을 제공함과 동시에 단편화를 줄임으로써 대부분의 데이터베이스 부하에 대해 상당한 동시성 향상을 제공하는 것이 입증됐다.

메모리는 기본적으로 크기가 4KB인 페이지page로 할당된다. 따라서 1GB의 메모리는 262,144페이지에 해당된다. CPU는 이러한 페이지의 목록을 포함하는 페이지 테이블page table을 사용하며 각 페이지는 페이지 테이블 엔트리page table entry로 참조된다. TLBTranslation Look-aside Buffer는 빠른 검색을 위해 최신의 가상 메모리 주소가 물리적인 주소로 변환돼 저장된 메모리 캐시다. TLB 미스miss란 가상에서 물리 메모리의 페이지 변환이 TLB에서 발생하지 않는 것을 의미한다. TLB 미스는 히트hit보다 느리며 페이지 워크page walk가 필요하므로 여러 개의 로드가 필요할 수 있다. 많은 양의 메모리인 페이지로 인해 TLB 미스는 스레싱thrashing을 만들어낼 수 있다.

THPTransparent Huge Pages는 리눅스 메모리 관리 시스템으로 더 큰 메모리 페이지를 사용함으로써 메모리 용량이 이 많은 시스템에서 TLB 룩업lookup의 오버헤드를 줄여 필요한 엔트리 수를 줄여준다. THP는 2MB 및 1GB 크기로 제공되는 메모리 블록이다. 2MB의 페이지를 사용하는 테이블은 기가바이트 메모리에 적합하고 1GB의 페이지는 테라바이트에 가장 적합하다. 그러나 이러한 큰 페이지 크기에서의 조각 모음defragmentation은 하둡, 카산드라, 오라클, MySQL에서 특히 볼 수 있고 상당한 CPU 스레싱을 유발할 수 있다. 이를 완화시키고자 조각 모음을 비활성화한다면 최대 10%의 메모리가 손실되는 문제를 해결해야 할 수 있다.

리눅스는 짧은 대기시간과 높은 동시성을 요구하는 데이터베이스 부하에 맞춰 최적화돼 있지 않다. 커널이 회수 모드reclaim mode로 전환되면 예측이 불가능하기 때문에 가장 권장하는 방법 중 하나는 스톨stall 현상과 대기시간에 심각한 영향이 미치지 않도록 설정함으로써 물리 메모리를 완전히 소진하지 못하게 하는 것이다. 이는 설정에서 THP를 할당하지 않는 것으로 해당 메모리를 확보할 수 있다.

스와핑

리눅스/유닉스 시스템에서 스와핑swapping이란 메모리에 더 이상 적합하지 않는 데이터를 저장하고 검색하는 프로세스며 메모리 자원을 위한 부담을 완화하고자 디스크에 저장하는 작업이다. 이는 메모리 액세스에 비해 매우 느린 작업이므로 최후의 수단으로 고려해야 한다.

데이터베이스는 허용할 수 있는 수준을 즉시 넘겨버리는 스와핑을 일반적으로 피해야 하는 것으로 여겨진다. 즉, 스왑이 비활성화된 경우 운영체제의 'Out of Memory Killer$^{OOM Killer}$'가 데이터베이스 프로세스를 종료시킬 것이다.

여기에 두 가지 사상이 있다. 첫 번째는 전통적인 접근 방식인데, 데이터베이스를 동작시키고 느리지만 유지하는 것이 데이터베이스를 전혀 사용할 수 없는 것보다 낫다는 것이다. 두 번째는 DBRE의 철학과 좀 더 밀접한 접근 방식으로, 대기시간에 미치는 영향은 성능에 미치는 영향만큼이나 나쁘다는 것이다. 따라서 디스크로 스와핑하는 것은 절대 허용하지 않는다.

데이터베이스 설정은 일반적으로 이론적인 것만큼 실제 메모리 사용량도 높다. 버퍼 풀이나 캐시와 같은 고정 메모리 구조는 정해진 양을 사용하기 때문에 예측이 가능하다. 그러나 커넥션 레이어layer에서는 좀 더 골치 아플 수 있다. 정렬 버퍼sort buffers 및 스레드 스택thread stacks과 같이 모든 커넥션마다 메모리가 할당되면 최대 커넥션 개수와 최대 메모리 크기에서 이론적인 한계가 있다. 커넥션 풀과 몇 가지 정상적인 추측을 바탕으로 스와핑을 피할 수 있는 합리적으로 안전한 메모리 임곗값threshold을 예측할 수 있어야 한다.

이 프로세스는 잘못된 환경설정, 제어할 수 없는 프로세스, 기타 비정상 이벤트와 같은 이상 현상이 메모리 한계를 넘어가게 함으로써 OOM$^{Out Of Memory}$ 이벤트로 인해 서버가 종료되도록 허용한다. 그렇지만 이런 방식도 괜찮다. 여러분이 효과적인 가시성, 용량, 장애 조치 전략을 갖고 있을 경우 대기시간에 대한 잠재적인 SLO 위반을 효과적으로 차단한 것이다.

스왑 비활성화

견고한 장애 극복 프로세스가 있는 경우에만 이 작업을 수행해야 한다. 그렇지 않으면 애플리케이션의 가용성에 절대적인 영향을 미친다는 것을 알게 될 것이다.

여러분의 환경에서 스와핑을 허용하게 설정할 경우 대개 도움이 되지 않는 파일 캐시를 위해 운영체제가 데이터베이스 메모리를 스왑 아웃$^{swap\ out}$해버리는 가능성을 줄일 수 있다. 또한 데이터베이스 프로세스에 대한 OOM 점수를 조정해 커널 메모리 프로파일러가 다른 곳에서 필요한 메모리로 인해 데이터베이스 프로세스를 종료시킬 가능성을 줄일 수 있다.

불균일 메모리 접근

다중 프로세서의 초기 구현에서는 SMP$^{Symmetric\ MultiProcessing}$라는 아키텍처를 사용해 CPU와 메모리 뱅크^{bank} 사이의 공유 버스를 통해 각 CPU에 균등한 메모리 액세스를 제공했다. 최신 멀티프로세서 시스템은 각 프로세서에 로컬 메모리 뱅크를 제공하는 불균일 메모리 접근$^{NUMA,\ Non-Uniform\ Memory\ Access}$을 사용한다. 다른 프로세서에 뱅크된^{banked} 메모리에 대한 액세스는 여전히 공유 버스를 통해 수행된다. 따라서 일부 메모리(로컬) 액세스는 다른 메모리(원격)에 비해 대기시간이 훨씬 낮다.

리눅스 시스템에서 프로세서와 해당 코어는 노드로 간주된다. 운영체제는 로컬 노드에 메모리 뱅크를 부착하고 거리에 따라 노드 간 비용을 계산한다. 프로세스와 스레드는 메모리에 사용할 선호 노드$^{preferred\ node}$가 제공된다. 스케줄러는 이를 일시적으로 변경할 수 있지만 친밀성^{affinity}은 항상 선호 노드로 이동한다. 게다가 메모리가 할당되면 다른 노드로 이동하지 않는다.

데이터베이스 버퍼 풀과 같이 큰 메모리 구조가 존재하는 환경에서 이것의 의미는 메모리가 선호되는 노드에 많이 할당된다는 것이다. 이러한 불균형으로 인해 사용 가능한 메모리가 없는 선호 노드가 채워질 것이다. 즉, 서버에서 물리적으로 사용할 수 있는 메모리보다 적은 메모리를 사용하고 있더라도 스와핑이 발생할 수 있다는 것을 의미한다.

트위터에서 NUMA와 MySQL 해결하기

제레미 콜$^{Jeremy\ Cole}$은 이 이슈에 대한 내용과 트위터가 이것을 어떻게 해결했는지에 대해 인상적인 두 개의 게시물을 작성했다.

- NUMA와 MySQL에 대한 단상(http://bit.ly/2zxNuPe)

- MySQL의 스왑 이상 현상과 NUMA 아키텍처의 효과(http://bit.ly/2zxXnfP)

처음에는 numactl --interleave=all을 사용해 인터리브^{interleave}된 할당을 강제하는 접근 방식이 활용됐다.

인터리빙을 통해 할당은 효과적으로 모든 노드에 분산될 수 있다. 그러나 운영 중에 잠시 실행된 후 MySQL 프로세스를 다시 시작하면 OS 버퍼 캐시가 상당히 가득 찰 수 있기 때문에 100% 효과적이지 않았다. 두 가지 솔루션 포인트를 더 추가함으로써 이 프로세스는 반복 가능하고 신뢰할 수 있게 된다.

- mysqld 서비스 시작 전에 sysctl -q -w vm.drop_cache=3 명령을 사용해 리눅스의 버퍼 캐시를 플러시한다. 이는 상당한 양의 데이터가 운영체제의 버퍼 캐시에 있는 동안에 데몬을 재시작하더라도 공정한 할당을 보장한다.

- 시작 즉시 OS가 InnoDB의 버퍼 풀을 할당하도록 강제하고 리눅스 2.6.23+ 이상부터 지원되는 MAP_POPULATE를 사용하자. 그렇지 못할 경우 memset으로 사용하자. 이는 NUMA 노드 할당 결정은 즉시 이

> 뤄지지만 버퍼 캐시는 앞서 언급한 플러시인해서 여전히 깨끗한 상태다.
>
> 이는 DBRE가 매우 많은 SWE와 SRE들에게 가치를 제공할 수 있는 완벽한 예다. 이 경우 과도한 스와핑은 OS 메모리 관리의 심층 분석으로 이끈다. 이와 함께 MySQL의 메모리 관리에 대한 깊이 있는 지식을 사용함으로써 즉각적인 수정이 이뤄졌고 이는 결국 메인 MySQL 포크fork로 반영됐다.

이 시점에서 대부분의 DBMS 요청으로 여러분은 커널에서 NUMA에 대한 인터리빙을 설정하고 있을 것이다. PostgreSQL, Redis, 카산드라, 몽고DB, MySQL, 일래스틱서치 등에 대해서도 동일한 이슈가 많다.

네트워크

이 책에서는 모든 데이터 스토어가 분산돼 있다고 가정한다. 네트워크 트래픽은 데이터베이스의 성능과 가용성에 매우 중요한 요소다. 네트워크 트래픽은 다음과 같은 범주로 나눌 수 있다.

- 노드 간 통신
- 애플리케이션 트래픽
- 관리 트래픽
- 백업과 복구 트래픽

노드 간 통신 데이터 복제, 합의consensus, 가십gossip 프로토콜, 클러스터 관리를 포함한다. 이는 클러스터가 자신의 상태를 알고 정의된 양으로 복제된 데이터를 유지하게 하는 데이터다. 애플리케이션 트래픽은 애플리케이션 서버나 프록시에서 발생하는 트래픽이다. 이는 애플리케이션 상태를 유지하고 애플리케이션에 의한 데이터 생성, 변형, 삭제를 허용하는 것이다.

관리 트래픽은 관리 시스템, 운영자, 클러스터 간의 통신이다. 여기에는 서비스 시작과 중지, 바이너리 배포, 데이터베이스와 설정 변경 등이 포함된다. 어딘가에서 상황이 나빠질 때 이는 수동 및 자동화된 복구를 허용하는 시스템의 생명줄이다. 백업과 복구 트래픽이 바로 이에 해당된다. 이는 데이터를 보관 및 복사하거나 시스템 간에 데이터를 이동하거나 백업에서 복구할 때 발생되는 트래픽이다.

트래픽을 분리하는 것은 데이터베이스에 적합한 네트워킹을 위한 첫 번째 단계다. 물리적 NIC^Network Interface Cards을 통해 이 작업을 수행할 수 있는데, 하나의 NIC을 파티셔닝할 수 있다. 최신 서버의 NIC은 일반적으로 1Gbps와 10Gbps 크기로 제공되며 이중화와 로드 밸런싱을 위해 쌍으로 결합할 수 있다. 이와 같은 중복성은 평균 장애 시간 간격^MTBF을 증가시키겠지만 이는 탄력성보다는 견고성을 중요시하는 예다.

데이터베이스는 자체적인 부하를 관리하고자 경미한 전송 계층을 필요로 한다. 빈번하고 빠른 연결, 짧은 라운드 트립^round trips, 대기시간에 민감한 쿼리는 모두 특정 튜닝이 필요하다. 이는 세 가지 영역으로 나눌 수 있다.

- 대량의 커넥션을 위해 TCP/IP 포트의 양을 확장해 튜닝

- 소켓을 재활용하는 데 걸리는 시간을 줄여 `TIME_WAIT` 상태의 대량 연결을 방지하고 사용할 수 없게 함

- 포화 상태로 인해 커넥션이 거부되지 않도록 대량의 TCP 백로그^backlog 유지

TCP/IP는 대기시간과 가용성 문제를 해결하는 데 있어 가장 좋은 친구가 될 것이다. 이 일에 깊게 몰두할 것을 적극 권장한다. 이를 위해 추천할 책은 더글라스 커머^Douglas E. Comer의 『Internetworking with TCP/IP, Vol 1』(Pearson)이다. 2014년에 개정됐으며 훌륭한 참고 자료다.

스토리지

데이터베이스를 위한 스토리지는 엄청난 주제다. 개별 디스크, 그룹화된 디스크 구성, 디스크에 대한 액세스를 제공하는 컨트롤러, 볼륨 관리 소프트웨어, 파일 시스템 등을 고려해야 한다. 그중 하나의 섹션만 파고들어도 며칠의 시간이 소요되기 때문에 우리는 큰 그림에 집중할 수 있도록 노력할 것이다.

그림 5-1에서 데이터가 스토리지로 전달되는 방식을 확인할 수 있다. 데이터를 파일에서 읽으면 사용자 버퍼에서 페이지 캐시, 디스크 컨트롤러, 검색용 디스크 플래터platter 순으로 간다. 그러고 나서 다시 역순으로 사용자에게 전달된다.

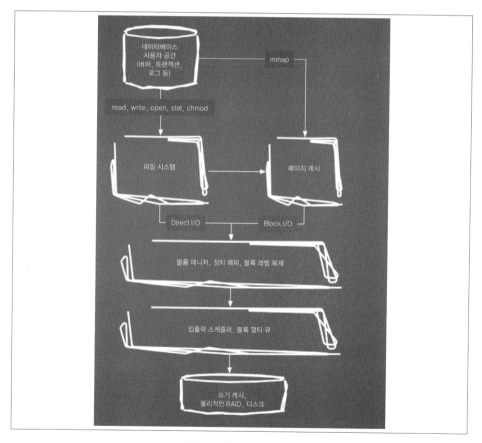

그림 5-1. 리눅스 스토리지 스택

이와 같이 정교하게 연결된 버퍼, 스케줄러, 큐^{queue}, 캐시는 메모리에 비해 디스크가 매우 느리다는 사실을 완화시키고자 사용되며 그 차이는 100나노초^{nanosecond} 대 10밀리초^{miliseconds}(http://bit.ly/2zyKIt1)다.

데이터베이스 스토리지의 경우 5가지 주요 요구 사항이나 목표를 가진다.

- 용량

- 처리량(IOPS)

- 대기시간

- 가용성

- 내구성

스토리지 용량

용량은 데이터베이스의 데이터와 로그에 사용할 수 있는 공간이다. 스토리지는 스트라이프^{stripe}된 여러 개의 디스크(RAID 0), 개별 마운트 지점으로 동작하는 여러 개의 디스크(JBOD)와 같이 많은 디스크로 이뤄질 수 있다. 이러한 각 솔루션에는 각각 다른 장애 패턴이 있다. 단일 대용량 디스크는 미러링되지 않는 한 단일 장애 지점이다(RAID 1). RAID 0은 MTBF가 N의 계수만큼 줄어든다. 여기서 N은 함께 스트라이프된 디스크 개수다. JBOD는 장애가 더 자주 발생하지만 RAID 0과 달리 나머지 $N-1$ 만큼의 디스크는 사용할 수 있을 것이다. 일부 데이터베이스는 이를 활용해 교체 디스크를 확보해 설치하는 동안 안정성은 떨어지지만 서비스는 유지할 수 있다.

그러나 데이터베이스의 전체 스토리지 요구를 이해하는 것은 전체 중 일부분일 뿐이다. 10TB 스토리지가 필요한 경우 10TB 스트라이프 세트를 생성하거나 JBOD에 10개의 1TB Disk를 마운트해 데이터 파일을 분산시킬 수 있다. 하지만 이제 한 번에 백업할 10TB 데이터베이스가 생겼고, 장애가 발생하면 10TB를 복구해야 하므로 시간이 오래 걸린다. 해당 시간 동안 전체 시스템의 용량과 가용성은 감소할 것이다. 한편 데이터베이스 소프트웨어, 운영체제, 하드웨어가 이러한 모놀리식monolithic 데이터 스토어를 읽고 쓰고자 발생하는 동시성concurrency 부하를 관리할 수 있는지 고려해야 한다. 이 시스템을 소규모 데이터베이스로 분할하면 애플리케이션, 백업/복원, 데이터 세트 복사 등과 같은 작업을 위한 탄력성, 용량, 성능이 향상될 것이다.

스토리지 처리량

IOPS는 스토리지 디바이스의 초당 입력 및 출력 작업의 표준 측정값이다. 여기에는 읽기와 쓰기가 포함된다. 요구 사항을 고려할 때 데이터베이스 워크로드의 평균이 아닌 최대 IOPS를 고려해야 한다. 새로운 시스템을 계획할 때 적절하게 계획하려면 트랜잭션당 필요한 IOPS 수와 최대 트랜잭션 수를 추정해야 한다. 이는 분명 애플리케이션에 따라 엄청나게 달라질 것이다. 지속적인 삽입과 단일 행 읽기를 수행하는 애플리케이션은 트랜잭션당 4 ~ 5IOPS를 수행할 것으로 예상할 수 있다. 복잡한 다중 쿼리 트랜잭션은 손쉽게 20 ~ 30IOPS까지 사용할 수 있다.

데이터베이스 워크로드는 읽기/쓰기가 혼합되며 순차적이지 않고 랜덤한 경향이 있다. 추가 전용 쓰기 스키마append-only write schema와 같은 일부 예외가 있는데, 이 스키마는 순차적으로 작성된다(예, 카산드라의 SSTables). 하드디스크 드라이브HDD 의 경우 랜덤 IOPS는 주로 스토리지 장치의 랜덤 검색 시간random seek time에 따라 결정된다. 대신 SSD의 경우 랜덤 IOPS는 내부 컨트롤러와 메모리 인터페이스 속도에 의해 좌우된다. 이는 SSD가 IOPS를 크게 향상시켰다는 것을 말한다. 순차 IOPS는 디스크가 일으킬 수 있는 최대 지속 대역폭을 나타낸다. 그리고 대개 초당 메가바이트(MBps)로 보고되며 대량 로드나 순차적 쓰기의 성능을 나타낸다.

SSD를 사용할 때는 버스bus도 고려해야 한다. 마이크로초 정도의 대기시간이 있는 FusionIO 6GBps의 처리량과 같은 PCIe 버스 플래시 솔루션을 설치하는 것이 좋다. 하지만 현재 이 글을 작성하는 시점 기준으로 10TB에 약 45,000달러의 비용이 들 것이다.

전통적으로 IOPS는 스토리지 처리량에 대한 제약 요소였다. 특히 읽기처럼 캐시로 최적화할 수 없는 쓰기의 경우 더욱 그렇다. 스트라이핑(RAID 0)이나 JBOD로 디스크를 추가하면 스토리지와 마찬가지로 IOPS 처리량이 늘어난다. RAID 0은 균등한 대기시간을 제공하며 JBOD에서 나타날 수 있는 핫스팟을 제거하지만 MTBF를 줄이려면 스트라이프 세트의 디스크 수에 의존적이다.

스토리지 대기시간

대기시간은 I/O 작업의 종단 간 클라이언트 시간이다. 다시 말하면 I/O를 스토리지로 보내고 이에 대한 읽기나 쓰기가 완료됐다는 응답을 받는 사이에 소요된 시간이다. 대부분의 리소스와 마찬가지로 포화 상태에서도 지원할 수 있는 대기 요청을 위한 큐queue가 있다. 일정 수준의 큐잉queuing은 나쁜 것이 아니며 실제로 많은 컨트롤러는 큐 깊이queue depth[1]를 최적화하도록 설계돼 있다. 워크로드가 허용 가능한 성능을 완전히 활용할 수 있는 충분한 I/O 요청을 발생시키지 못할 경우 스토리지는 예상했던 처리량을 제공하지 못할 것이다.

트랜잭션 데이터베이스 애플리케이션은 I/O 대기시간 증가에 민감하며 SSD에 적합하다. 낮은 큐 길이low queue length와 볼륨에 허용 가능한 많은 IOPS를 유지하면 대기시간을 줄일 수 있고 높은 IOPS를 유지할 수 있다. 볼륨에 허용 가능한 것보다 더 많은 IOPS를 지속적으로 제공하면 I/O 대기시간이 늘어날 수 있다.

대용량 맵리듀스MapReduce와 같은 처리량 집약적인 애플리케이션에서 쿼리는 I/O 대기시간 증가에 덜 민감하며 HDD 볼륨이 적합하다. 대용량 순차 I/O를 수행할

---

1. IO 작업 시 동시에 대기 중인 작업 수량 - 옮긴이

때 높은 큐 길이^{high queue length}를 유지하면 HDD 볼륨에 대한 높은 처리량을 유지할 수 있다.

리눅스 페이지 캐시^{page cache}는 대기시간에 대한 또 다른 병목 현상이다. 다이렉트^{direct} IO(O_DIRECT)를 사용하면 페이지 캐시를 우회해 몇 밀리초^{millisecond} 정도의 대기시간에 미치는 영향을 방지할 수 있다.

스토리지 가용성

성능과 용량은 중요한 요소지만 신뢰성이 낮은 스토리지도 처리해야 한다. 구글은 2007년에 '대형 디스크 드라이브 집단에서의 장애 추세'(https://static.googleusercontent.com/media/research.google.com/en//archive/disk_failures.pdf)라는 제목으로 HDD 장애율에 대한 광범위한 연구를 수행했다(그림 5-2). 이를 연구에 의하면 100개 드라이브 중 3개 드라이브가 서비스의 첫 3개월 동안 고장 날 것으로 예상할 수 있다. 처음 6개월 동안 사용된 디스크에서 약 50개 중 1개가 6개월에서 1년 사이에 장애가 난다는 것을 알게 될 것이다. 그리 많지 않은 것 같지만 각각 8개의 드라이브가 있는 6개의 데이터베이스 서버를 갖고 있다면 해당 기간 동안 디스크 장애가 발생할 것으로 예상할 수 있다.

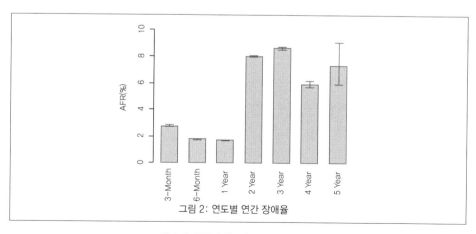

그림 2: 연도별 연간 장애율

그림 5-2. 구글의 연구에 따른 HDD의 장애율

이는 엔지니어가 패리티^{parity} 드라이브로 스트라이프 세트를 강화하고 드라이브 미러링(RAID 1)을 시작한 이유도 여기에 있다. 쓰기 페널티가 너무 크기 때문에 패리티 변형(예, RAID 5)에 대해서는 많이 이야기하지 않겠다. 최신 스토리지 서브시스템은 일반적으로 JBOD에서 또는 스트라이프(RAID 0), 미러(RAID 1), 스트라이프 미러(RAID 10)로 그룹화된 디스크를 찾을 것이다. 이를 염두에 두면 RAID 1과 RAID 10은 단일 디스크 장애에 대해 가장 내성이 높은 반면 RAID 0은 서비스 손실이 가장 쉽다는 것을 추론해내기 쉽다(그리고 스트라이프에서는 디스크가 많을수록 더 많은 가능성이 있음). JBOD는 나머지 스토리지로 여전히 서비스하면서 장애를 허용하는 기능을 보여준다.

가용성은 단순히 볼륨의 MTBF를 나타낼 뿐만 아니라 장애 후 재구축하는 데 걸리는 시간인 평균 복구 시간^{MTTR}도 포함된다. RAID 10과 RAID 0의 선택은 장애 시 교체할 데이터베이스 호스트를 쉽게 배포할 수 있는 능력에 따라 결정된다. 성능상의 이유로 RAID 0을 유지하는 것이 매력적일 수 있다. RAID 1이나 10은 쓰기에 두 배의 IOPS가 필요하며 고급 드라이브를 사용하는 경우 하드웨어의 이중화 비용이 많이 들 수 있다. RAID 0은 성능이 뛰어나고 예측 가능하지만 다소 취약하다. 결국 5개 드라이브로 된 스트라이프 HDD 세트는 첫해에 약 10%의 장애율을 보일 것으로 예상할 수 있다. 4개의 호스트를 사용한다면 1년이나 2년마다 장애가 발생할 것으로 예상된다.

미러를 사용하면 데이터베이스를 재구성할 필요 없이 디스크를 교체할 수 있다. 회전 속도가 상당히 빠른 디스크로 2TB 데이터베이스를 실행 중인 경우 데이터베이스 백업 복사 시간이 수 시간으로 측정되며 마지막 백업에서 델타^{delta}를 동기화하려면 데이터베이스 복제에 더 많은 시간이 필요할 수 있다. 이 문제에 익숙해지려면 해당 복구가 진행되는 동안 장애가 발생한 노드 1개나 2개로 최대 트래픽을 지원할 수 있는 충분한 용량이 있는지 고려해야 한다. 하나의 데이터 세트가 사용자의 비율에 불과한 분산 환경에서는 이를 완벽하게 수용할 수도 있으며 비용 및 쓰기 대기시간의 이점을 위해 더 취약한 데이터 볼륨이 장점이 될 수 있다.

내구성

마지막으로 내구성^{durability}이 있다. 여러분의 데이터베이스가 내구성을 보장하고자 물리적 디스크에 데이터를 커밋할 때 페이지 캐시를 플러시^{flush}하는 데 의존하지 않고 fsync()라는 운영체제 호출을 실행한다. 예를 들어 리두 로그$^{redo\ log}$나 로그 선행 기입$^{write-ahead\ log}$이 생성될 때 데이터베이스의 복구를 보장하고자 디스크에 실제로 쓰는 경우다. 쓰기 성능을 유지하고자 많은 디스크와 컨트롤러가 메모리 캐시를 활용한다. fsync는 스토리지 서브시스템에 이러한 캐시를 반드시 디스크로 플러시해야 한다고 지시한다. 쓰기 캐시가 배터리에 백업돼 있고 전력 손실을 견뎌낼 수 있다면 이 캐시를 플러시하지 않는 것이 훨씬 더 성능 측면에서 효과적이다. 비휘발성 램^{NVRAM}이든 쓰기 캐시든 디스크 플래터 등의 특정 설정이 안정적인 스토리지에 실제로 데이터를 플러시하는지 검증하는 것이 중요하다. 브래드 피츠패트릭$^{Brad\ Fitzpatrick}$의 diskchecker.pl(https://gist.github.com/bradfitz/3172656)과 같은 유틸리티로 이 작업을 수행할 수 있다.

또한 파일 시스템 작업은 크래시^{crash}와 같은 장애 이벤트가 일어나는 동안 손상과 일관성이 깨지는 상황을 유발할 수 있다. 그러나 XFS 및 EXT4와 같은 파일 시스템을 저널링^{journaling}하면 이러한 이벤트의 가능성을 크게 감소시킬 수 있다.

스토리지 전용 네트워크

직접 연결 스토리지와는 다르게 외부 인터페이스(일반적으로 파이버 채널$^{Fibre\ Channel}$)과 함께 스토리지 전용 네트워크$^{SAN,\ Storage\ Area\ Network}$를 사용할 수 있다. SAN은 직접 연결에 비해 훨씬 더 비싸며 스토리지를 중앙 집중화함으로써 관리 비용을 절감하고 상당한 유연성을 제공할 수 있다.

업계 최고 수준의 SAN을 사용하면 훨씬 더 많은 캐시를 얻을 수 있다. 또한 대규모 데이터 세트에 유용한 기능이 많다. 백업 및 데이터 복사본을 위해 스냅샷을 생성할 수 있는 것은 매우 유용하다. 현실적으로 데이터 스냅샷과 이동은

SSD가 기존 SAN보다 더 나은 IO를 제공하는 현대의 인프라 속에서 가장 좋은 기능 중 하나다.

물리 서버의 장점

물리 서버는 데이터베이스를 호스팅하기 위한 가장 간단한 접근 방법이다. 구현과 런타임의 상세 정보를 숨기거나 추가적인 복잡성을 지닌 추상적인 계층은 존재하지 않는다. 대부분의 경우 OS에서 가능한 한 많은 제어를 할 수 있으며 가시성을 지닌다. 이는 운영을 상당히 간단하게 만든다.

물리 서버의 단점

그러나 물리 서버를 사용하는 것은 몇 가지 단점이 있을 수 있다. 그중 첫 번째는 특정 서버에 전용으로 할당된 용량을 낭비할 수 있다는 것이다. 또한 이러한 시스템의 구축에는 상당한 시간이 소요될 수 있으며 하드웨어와 소프트웨어의 관점에서 모든 서버가 동일한지 보증하는 것이 어려울 수 있다. 이를 염두에 두고 가상화를 살펴보자.

가상화

가상화에서 소프트웨어는 물리적 인프라를 분리해 다양한 독립된 리소스를 생성한다. 이 소프트웨어를 사용하면 동일한 서버에서 여러 애플리케이션을 실행하는 여러 운영체제를 실행할 수 있다. 예를 들어 가상 머신[VM, Virtual Machine]을 사용해 전용 컴퓨팅, 메모리, 네트워킹, 스토리지를 갖춘 한 대의 서버에서 4개의 리눅스 인스턴스를 번갈아 실행할 수 있다.

가상화는 컴퓨트[compute], 스토리지, 네트워킹을 포함한 인프라의 리소스를 결합해 가상 서버에 할당할 수 있는 풀을 만들 수 있게 한다. 이를 흔히 클라우드 컴퓨팅이라고 한다. 아마존 웹 서버AWS, Amazon Web Services와 같은 퍼블릭 클라우드 인프라를 사용한다면 이와 함께 동작하는 것이다. 또한 이는 여러분의 데이터 센터 내에서도 수행할 수 있다.

기본적으로 퍼블릭, 프라이빗, 하이브리드 솔루션에 관계없이 코드를 통해 서버 리소스와 관련 운영체제의 모습을 정의할 수 있다. 이를 통해 데이터베이스 시스템에 대해 일관된 배포를 할 수 있으며 이는 DBRE의 대상 사용들이 DBRE가 설정한 표준에 따라 구성된 자체 데이터베이스 클러스터를 구축할 수 있다는 것을 의미한다. 이러한 표준에는 다음 내용이 포함된다.

- 운영체제

- 데이터베이스 소프트웨어 버전

- 운영체제와 데이터베이스 설정

- 보안과 권한

- 소프트웨어 패키지와 라이브러리

- 관리 스크립트

이들 모두 훌륭하지만 물리적인 리소스 위에 추상적인 계층을 추가하는 것은 그 자체로서 관리해야 할 복잡성을 만들어낸다. 그중 몇 가지를 살펴보자.

하이퍼바이저

하이퍼바이저Hypervisor나 가상 머신 모니터VMM는 소프트웨어, 펌웨어, 하드웨어일 수 있다. 하이퍼바이저는 VM을 생성하고 실행하며 하이퍼바이저가 하나 이상의 VM을 실행하는 컴퓨터를 호스트 머신host machine이라고 하고, 각 VM을 게스트 머신guest machine이라고 한다. 하이퍼바이저는 게스트 운영체제를 가상 운영 플랫폼으로 제공하고 게스트 운영체제의 실행을 관리한다.

동시성

하이퍼바이저 내에서 실행되는 데이터베이스는 베어메탈[bare metal]에 있는 동일한 소프트웨어보다 동시성에 대한 한계점이 낮다. 이러한 가상화된 환경을 설계할 때는 노드 내의 동시성을 최소화하는 수평 확장 접근 방식에 초점을 맞춰야 한다.

스토리지

스토리지의 내구성과 성능은 가상화 환경에서 기대할 수 있는 것이 아니다. VM 페이지 캐시와 물리적 컨트롤러 사이에는 가상 컨트롤러, 하이퍼바이저, 호스트 페이지 캐시가 있다. 이는 I/O 대기시간이 증가함을 의미한다. 쓰기의 경우 하이퍼바이저는 성능을 관리하기 위해 fsync 호출을 무시한다. 이는 크래시가 발생할 때 쓰기 작업이 디스크로 플러시되는 것을 보장할 수 없다는 것을 의미한다.

또한 VM을 10분 이내에 쉽게 스핀업할 수 있더라도 반드시 기존 데이터베이스를 작동시키는 데 필요한 데이터가 생성되는 것은 아니다. 예를 들어 새 복제본을 배포하는 경우 해당 복제본에 대한 데이터를 어딘가에서 부트스트랩해야한다.

가상화 환경의 스토리지를 살펴보면 로컬 스토리지와 영구 블록 스토리지의 두 가지 주요 범주가 있는데, 로컬 스토리지는 임시적이다. 해당 데이터는 VM의 수명이 끝나면 살아남지 못한다. 영구 블록 스토리지는 모든 VM에 할당하고 활용할 수 있다. 가상 시스템이 종료돼도 다른 VM이 해당 스토리지에 연결할 수 있다. 이 외장형 영구 스토리지는 데이터베이스에 이상적이다. 뿐만 아니라 이러한 블록 스토리지는 스냅샷을 통해 데이터를 쉽게 이동할 수 있는 경우가 많다.

이 블록 스토리지는 기존의 물리적 디스크보다 네트워크 의존도가 훨씬 높으며 네트워크의 정체는 즉시 성능 저하로 연결될 수 있다.

활용 사례

이러한 모든 주의 사항과 함께 DBRE는 데이터베이스 인프라를 사용할 계획을 세울 때 가상 및 클라우드 리소스를 신중하게 고려해야 한다. 이러한 인프라를 설계할 때 앞서 언급한 모든 요소를 고려해야 한다. 이는 다음과 같이 요약할 수 있다.

- 내구성 완화는 데이터 손실이 불가피하다는 것이 고려돼야 한다는 것을 의미한다.

- 인스턴스 불안정성은 자동화, 장애 조치failover, 복구 동작이 매우 안정돼야 함을 의미한다.

- 수평적 확장에는 많은 수의 서버를 관리하기 위한 자동화가 필요하다.

- 애플리케이션은 대기시간의 불안정성을 용인tolerate할 수 있어야 한다.

이 모든 것을 염두에 두고 있더라도 데이터베이스를 위한 가상화 및 클라우드 인프라는 엄청난 가치가 있을 수 있다. 사용자가 구축하고 작업할 수 있는 셀프 서비스 플랫폼을 만드는 일은 DBRE가 활용할 수 있는 리소스를 자연스럽게 증가시킨다. 이를 통해 소수의 DBRE만 있어도 지식과 모범 사례를 전파할 수 있다.

또한 신속한 배포를 통해 애플리케이션과 프로토타이핑에 대한 광범위한 테스트가 가능하다. 이는 개발 팀은 배포와 설정을 위해 DBRE에서 병목 현상 없이 훨씬 더 생산성을 높일 수 있다. 또한 이는 개발자가 새로운 애플리케이션을 배포할 때 실패할 가능성이 낮다는 것을 의미한다.

컨테이너

컨테이너는 물리 서버와 호스트 운영체제의 위에 위치한다. 각 컨테이너는 호스트 운영체제의 커널, 바이너리, 라이브러리를 공유한다. 이러한 공유 컴포넌트는 읽기 전용이며 각 컨테이너는 고유한 마운트를 통해 쓰기 작업을 할 수 있다. 컨테이너는 VM보다 훨씬 가볍다. 실제 크기는 메가바이트에 불과하다. VM은 활성화되는 데 10분 정도 걸릴 수 있는 반면 컨테이너는 시작하는 데 몇 초가 걸린다.

그러나 데이터 스토어의 경우 도커^{Docker}가 가진 빠른 시작의 장점이 데이터 연결, 부트스트랩, 데이터 동기화보다 더 중요한 경우가 종종 있다. 게다가 커널 레벨 사용자 지정, IO 과부하, 네트워크 정체로 인해 공유 운영체제와 호스트 모델이 어려운 경우가 있다. 그러나 도커는 빠른 배포와 테스트 그리고 개발 환경을 구현하기 위한 훌륭한 도구며 해당 툴킷에서 DBRE는 여전히 유용한 위치를 찾을 것이다.

서비스형 데이터베이스

점점 더 많은 기업이 가상화 및 클라우드 서비스를 위해 타사 솔루션을 찾고 있다. 6장에서 다룰 셀프 서비스 모델을 사용하면 결국 타사의 관리형 데이터베이스 플랫폼이 된다. 모든 퍼블릭 클라우드 제공업체가 이를 제공하며 가장 유명한 것은 MySQL, PostgreSQL, Aurora, SQL 서버, 오라클을 제공하는 아마존의 관계형 데이터베이스 서비스$^{RDS, Relational Database Service}$다. 이러한 환경은 여러분의 인프라를 배치시킬 완전히 배포된 데이터베이스 환경을 선택할 수 있는 기회가 제공된다.

서비스형 데이터베이스$^{\text{DBaaS, DataBase as a Service}}$는 운영의 일상적인 측면을 자동화하면 귀중한 엔지니어링 리소스의 시간을 절약할 수 있다는 생각으로 인해 상당히 높은 인기를 얻었다. 일반적으로 그 기능은 다음과 같다.

- 배포

- 마스터 장애 조치

- 패치와 업그레이드

- 백업과 복구

- 모니터링

- 아마존 Aurora와 같은 특별히 제작된 고성능

이 모든 것은 시간을 절약해줄 수 있을 뿐만 아니라 소프트웨어 엔지니어^{SWE}에게 데이터베이스 전문가가 필요하지 않다고 생각하게 만들 수도 있다. 이러한 진실에서 멀어질 수는 없다. 추상화된 서비스는 그들이 지닌 또 다른 이슈가 추가되지만 더 중요한 것은 자신이 가진 전문 지식을 가장 큰 가치를 창출할 수 있는 곳에 집중할 수 있다는 것이다.

서비스형 데이터베이스의 과제

가시성 부족은 가장 큰 과제 중 하나다. 운영체제, 네트워크 장치, 하드웨어에 대한 접근이 없으면 많은 중요한 문제를 진단할 수 없다.

현재 많은 모니터링 시스템이 TCP 수준에서 데이터베이스 SQL 데이터를 수집해 규모에 맞게 데이터 수집을 관리하고 있지만 MySQL의 성능 스키마^{performance schema}와 같은 데이터를 내부 스냅샷이나 로그로 다시 떨어져야 한다. 또한 top, dtrace, vmstat와 같은 보증된 추적 및 모니터링 도구를 사용할 수 없다.

내구성 문제는 다른 가상화 환경과 유사하며 복제 및 백업과 같은 중요한 컴포넌트의 수행은 정확한 작업을 위해 종종 공급업체에 의존하는 블랙박스인 경우가 많다.

DBRE와 DBaaS

마케팅의 세계에서는 DBaaS 플랫폼이 값 비싸고 채용과 유지가 어려운 데이터베이스 전문가의 필요성을 없애기 위한 방법으로 판매되는 경우가 많다. DBaaS 플랫폼을 사용하면 운영상 온전한 데이터베이스 인프라를 좀 더 신속하게 도입할 수 있으므로 전문가 채용이나 참여의 필요성이 지연될 수도 있다. 그러나 이는 판매하는 것처럼 전문가의 필요성을 제거하는 것과는 거리가 멀다.

오히려 DBaaS가 잡다한 일과 해결하기 쉬운 이슈를 추상화해버리면 데이터베이스 전문가가 해당 환경에 관심을 갖기도 전에 심각한 문제가 발생할 위험이 있다. 추가로 데이터베이스 엔진을 깊게 이해하는 누군가를 필요로 하는 중요한 결정 사항들이 있다. 해당 결정 사항은 다음과 같다.

- 사용할 데이터베이스 엔진 선택

- 데이터를 모델링하는 방법

- 적절한 데이터 액세스를 위한 프레임워크

- 데이터베이스 보안 수준 결정

- 데이터 관리와 증가 및 용량 계획

따라서 소프트웨어 엔지니어가 DBaaS에 의해 더 많은 권한을 갖게 되더라도 여러분은 DBRE로서 그 어느 때보다도 더 열심히 일해야 한다. 또한 그들이 올바른 선택을 하게끔 돕고 여러분의 전문지식이 DBaaS 배포의 성공과 실패의 차이를 만들어낸다는 점을 그들에게 이해시키고 보증할 수 있게 해야 한다.

DBaaS는 조직에 매우 매력적일 수 있는데, 특히 모든 엔지니어링이 중요한 초반에는 더욱 그렇다. 이러한 환경에서 DBRE로서 클라우드에서 여러분이 가진 환경으로 마이그레이션 경로와 재해 복구 경로를 고려해보는 것이 좋다. 여러분의 DBaaS 솔루션이 여러분과 여러분의 운영 팀이 할 수 있는 모든 것을 적시에 자동화할 수 있으며, 좋든 나쁘든 데이터 스토어에 대한 완전한 제어와 가시성을 제공한다.

정리

5장에서는 물리적, 가상, 컨테이너, 서비스와 함께 작업할 수 있는 다양한 호스트 조합을 살펴봤다. 프로세싱, 메모리, 네트워크, 스토리지 리소스의 영향 및 할당 부족과 잘못된 환경설정이 야기할 수 있는 영향을 살펴봤다.

6장에서는 리스크와 장애를 확장하고 관리하기 위한 적절한 도구와 프로세스를 통해 이러한 데이터베이스 인프라를 관리하는 방법을 살펴본다. 설정 관리, 오케스트레이션, 자동화, 서비스 디스커버리, 관리 등을 다룬다.

인프라 관리

5장에서는 데이터 스토어를 실행할 수 있는 다양한 인프라의 컴포넌트와 패러다임을 살펴봤다. 6장에서는 이러한 환경을 대규모로 관리하는 방법을 살펴본다. 먼저 가장 작은 단위인 개별 호스트의 환경설정 방법과 그 의미를 이해하는 것부터 시작한다. 이 지점에서부터 호스트 배포와 컴포넌트 간의 오케스트레이션^{orchestration}으로 축소한다. 그 후 인프라의 현재 상태에 대한 동적 발견과 그 데이터의 퍼블리싱^{publish}, 즉 서비스 디스커버리^{service discovery}로 더욱 축소해본다. 마지막으로 개발 스택으로 이동해 이러한 대규모의 운영 스택과 유사한 개발 환경을 구축하는 방법을 살펴본다.

비교적 쉽고 안정적으로 수동 관리할 수 있는 서버의 시대는 지나갔다. 오늘날 단지 최소한의 수작업으로 대규모의 복잡한 인프라를 지원할 수 있게 준비해야만 한다. 자동화는 데이터 스토어를 반복적이고 안정적으로 배포할 수 있게 하는 데 매우 중요하다. 애플리케이션의 안정성, 가용성 그리고 새로운 기능을 배포할 때의 속도는 이에 달려 있다. 우리의 목표는 반복적이고 수동적인 프로세스를 제거하고 표준화된 프로세스와 자동화를 통해 쉽게 재생성이 가능한 인프라를 만드는 데 있어야 한다.

이를 가능하게 할 수 있는 적절한 요점은 다음과 같다.

- 운영체제, 데이터베이스 및 관련 패키지와 유틸리티를 포함하는 소프트웨어 설치

- 원하는 동작과 부하를 수용하는 소프트웨어와 운영체제의 환경 구성

- 데이터를 새로운 데이터베이스로 부트스트래핑bootstrapping

- 모니터링 에이전트, 백업 유틸리티, 운영 툴킷 등의 관련 도구 설치

- 적절한 설치와 동작을 위한 인프라 테스트

- 정적 또는 동적 유순도 테스트[1]

모든 내용을 요약하자면 우리의 목표는 데이터베이스 인프라의 어떠한 컴포넌트라도 일관성 있게 구축할 수 있고 재생산할 수 있게 보장하는 것이다. 그리고 이러한 컴포넌트들의 문제 해결troubleshooting 및 테스트를 수행할 수 있도록 과거와 현재 상태 정보를 파악하는 것이다.

분명 이는 높은 수준의 관점이다. 좀 더 자세한 내용을 원한다면 키프 모리스Kief Morris의 『코드로 인프라 관리하기』(한빛 미디어, 2022)를 추천한다. 이 장의 목표는 작성해야 하는 코드를 통해 인프라 관리의 다양한 구성 요소를 설명하는 것이다. 이를 통해 좀 더 쉽게 데이터베이스 신뢰성 엔지니어의 삶으로 가는 길을 제시한다.

버전 관리

이러한 목표를 달성하고자 프로세스에서 필요한 모든 컴포넌트는 버전 관리 시스템VCS, Version Control System을 사용해야 한다. 그 대상으로 다음의 내용이 포함된다.

---

1. 예측 가능한 일반적인 부하와 예측 불가능한 상태의 최대 수용 가능한 데이터의 흐름 정도를 테스트하는 것을 뜻한다.
   – 옮긴이

- 소스코드와 스크립트

- 종속적으로 기능하는 라이브러리와 패키지

- 환경설정 파일과 정보

- 운영체제 이미지와 데이터베이스 바이너리 버전

VCS는 소프트웨어 엔지니어링 워크플로의 핵심이다. 데이터베이스 및 시스템 엔지니어는 소프트웨어 엔지니어[SWE]와 협력해 VCS로 애플리케이션과 인프라를 구축, 배포, 관리한다. 기존의 형태를 예로 들면 데이터베이스 및 시스템 엔지니어는 어떠한 VCS도 사용하지 않는 경우가 많았을 것이다. 그들이 사용했다고 하더라도 인프라 버전과 코드 버전의 매핑이 불가능한 SWE 팀의 VCS와는 별도로 분리됐을 것이다.

인기 있는 VCS 플랫폼의 예를 들면 다음과 같다.

- 깃허브

- Bitbucket

- 깃[Git]

- 마이크로소프트 팀 파운데이션 서버[Team Foundation Server]

- 서브버전[Subversion]

인프라에서 VCS는 모든 것의 단일 공급원[2]이 돼야 한다. 여기에는 데이터베이스 클러스터를 규정하는 데 사용할 스크립트, 환경설정 파일, 정책 파일이 포함된다. 어떤 새로운 것을 추가하거나 무언가 수정이 필요한 경우 VCS를 확인하고 변경 내용을 수행해 VCS로 커밋[commit]하자. 커밋이 완료되면 리뷰하고 테스트해서 궁극적으로는 배포가 진행된다. VCS에 저장하기 전에 어떤 방식으로든 암호

---

2. 마스터 데이터는 하나만 존재하고 나머지는 마스터 데이터를 참조하는 형태다. — 옮긴이

를 마스킹^{masking}해야 한다.

환경설정 정의

데이터베이스 클러스터를 설정하고 구축하는 방법을 정의하려면 일련의 컴포넌트를 활용하게 될 것이다. 파워셸^{PowerShell}, 파이썬^{Python}, 셸 스크립트^{Shell Scripts}, 펄^{Perl} 등과 같은 스크립트로 작업할 수도 있지만 환경설정 관리 애플리케이션은 도메인 고유의 언어^{DSL, Domain-Specific Language}를 사용하게 된다. 다음은 몇 가지 인기 있는 환경설정 관리 애플리케이션이다.

- Chef

- Puppet

- Ansible

- SaltStack

- CFEngine

스크립트를 작성하는 대신 환경설정을 정의해 인프라 전체에서 재사용할 수 있는 해석하기 용이한 컴포넌트를 생성하자. 이는 일관성이 생기고 환경설정 관리에 새로운 컴포넌트를 추가하는 데 필요한 작업량을 감소시키는 경우가 많다.

이러한 애플리케이션은 기본 구성 요소를 갖고 있는데, 이를 Chef에서는 레시피^{recipe}, Puppet은 매니페스트^{manifest}라고 한다. 이들은 쿡북^{cookbook} 및 플레이북^{playbook}으로 나타난다. 이러한 방식은 테스트와 운영 환경, 파일 배포 스키마, 라이브러리, 템플릿 형태의 확장 플러그인 등 다양한 요구에 대한 기본 환경설정을 재정의하는 데 사용되는 속성 값이 있는 레시피가 통합돼 있다. 플레이북의 최종 목적은 MySQL, NTP^{Network Time Protocol} 서버 설치와 같은 인프라의 특정 컴포넌트를 생성하기 위한 코드다.

이 파일들은 그 자체로 상당히 복잡해질 수 있으며 명확한 속성 값을 공유해야 한다. 이는 입력값에 따라 개발, 테스트, 운영 환경 등과 같이 다른 환경에서 동일한 정책으로 실행할 수 있게 매개변수화해야 한다. 이러한 정책과 애플리케이션에서 적용된 내용은 멱등성^{idempotent}이 필요하다.

멱등성

멱등성이란 반복적으로 실행해도 같은 결과를 내는 것이다. 멱등성을 지닌 운영 명령은 원하는 상태를 가지며 현재 상태와 무관하게 컴포넌트를 원하는 상태로 가져온다. 예를 들어 버퍼 캐시의 크기를 세팅하고자 설정 파일을 업데이트를 해야 하는 경우 입력값을 받는 방식으로는 기초적인 에러가 발생하기 쉽다. 대신 설정 파일에 해당 라인을 삽입할 수 있다. 그 라인을 자동으로 삽입할 때 이미 그 라인이 존재한다면 중복 에러가 발생할 것이다. 그러므로 이 작업은 멱등적이지 않다.

대신 해당 입력값이 존재하는지 확인하고자 스크립트를 살펴볼 수 있다. 그 후 라인이 존재하면 해당 라인을 수정하고 존재하지 않을 경우 삽입한다. 이것이 멱등적인 접근 방법이다.

카산드라와 같은 분산 시스템에서 요구하는 환경설정 정의의 예를 섹션별로 쪼개면 다음과 같다.

- 핵심 속성

  - 설치 방법, 위치, 해시, 클러스터 이름과 버전

  - 그룹과 사용자 퍼미션

  - 힙 사이징

  - JVM 튜닝과 설정

  - 디렉터리 구성

  - 서비스 설정

- JMX 설치

- 가상 노드

- JBOD 설치와 구성

- 가비지 컬렉션 동작

- 시드 디스커버리^{seed discovery}

- YAML 설정

- OS 리소스 설정

- 외부 서비스

  - PRIAM

  - JAMM(Java metrics)

  - 로깅

  - 관제 센터

  - 데이터 센터와 랙 구성

이러한 각 컴포넌트는 멱등성과 매개변수화 이외에도 에러 관리와 지속적인 개선을 위해 적절한 전후 테스트를 해야 하고 모니터링과 로깅을 통합해야 한다.

전후 테스트에는 예상한 대로 시작과 끝이 정상적으로 동작하는 상태 유효성 검사가 포함된다. 추가 테스트는 기능 동작이 예상한 대로 동작하는지 여부를 확인하고자 변경 내역이 활성화되거나 비활성화될 수도 있는 기능을 사용하는 데 초점을 맞춘다. 이러한 변경 사항이 필요한지 여부를 결정하기 전에 운영, 성능, 용량, 규모에 대한 테스트가 완료된 것으로 가정한다. 즉, 여기서 이야기하는 테스트는 구현된 내용이 정상 동작하고 기대했던 반응이 나타나는지에 대한 유효성 검사에 초점을 맞출 것이다. 멱등성이 실무에서 사용되는 사례는 세일즈

188

포스^{Salesforce} 개발자 블로그(http://sforce.co/2zxYrjG)에서 확인할 수 있다.

환경설정에서의 구축

자동화와 구축에 대한 서버 사양, 승인된 테스트와 모듈이 정의된 후에는 데이터베이스를 구성하는 데 필요한 모든 것을 소스코드로 갖고 있어야 한다. 이 작업을 수행하기 위한 두 가지 접근 방법이 있는데, 이를 베이킹^{baking}과 프라잉^{frying}이라고 한다. 자세한 내용은 존 윌리스^{John Willis}가 발표한 'DevOps Immutable Delivery'(https://www.nginx.com/blog/devops-and-immutable-delivery/)를 확인해보자.

프라잉은 호스트 배포 시 동적 설정을 포함한다. 호스트가 프로비저닝^{provisioning}되고, 운영체제가 배포되고, 그리고 나서 환경설정이 수행된다. 앞 절에서 언급한 모든 설정 관리 애플리케이션은 프라잉을 통해 인프라를 구축하고 배포할 수 있는 기능을 갖고 있다.

예를 들어 MySQL 갈레라 클러스터^{Galera Cluster}를 프라잉한다면 다음과 같은 내용을 보게 될 것이다.

- 서버 하드웨어 프로비저닝(노드 3개)

- 운영체제 설치

- 셰프 클라이언트와 나이프^{knife}(CLI) 설치, 쿡북^{cookbook} 업로드

- 운영체제 권한과 환경설정을 위한 쿡북 적용

- 기본 패키지 설치 쿡북 적용

- IP, 초기 노드, 패키지 이름을 사용하기 위한 클러스터 노드 레벨의 속성을 위한 데이터백^{Databag} 생성과 업로드

- 노드 역할 적용(예, 갈레라 노드^{Galera Node})

- MySQL/갈레라 바이너리 설치

- MySQL 유틸리티 패키지와 스크립트 설치

- 기본 환경설정

- 테스트 수행

- 서비스 시작과 종료

- 클러스터 생성과 주 노드 설정

- 나머지 노드 설정

- 테스트 수행

- 인프라 서비스로 클러스터 등록

베이킹은 기본 이미지를 만들고 빌드 시간에 해당 이미지의 환경설정을 구성하는 것까지 포함한다. 이렇게 하면 골든 이미지$^{golden\ image}$가 생성되며 이는 동일한 역할을 위해 구축된 모든 호스트의 표준 템플릿이 된다. 그런 다음 스냅샷을 만들어 나중에 사용할 수 있게 저장한다. 아마존의 AMI나 가상 머신 이미지는 이 베이킹 프로세스에서 결과로 생성되는 아티팩트^{artifact}의 예다. 이 시나리오에서는 동적인 부분이 없다.

하시코프^{Hashicorp} 사의 패커^{Packer}라는 도구로 이미지를 만든다. 패커의 흥미로운 점은 동일한 환경설정으로 아마존의 EC2나 VMWare의 이미지와 같은 다른 환경에 대한 이미지를 생성할 수 있다는 것이다. 대부분 설정 관리 유틸리티는 베이킹된 이미지도 만들 수 있다.

환경설정 유지 보수

이상적인 환경에서는 설정 관리 도구를 사용하면 설정 표류^{Configuration drift}[3]를 완화하고 이를 잠재적으로 제거할 수 있다. 설정 표류는 서버를 베이킹이나 프라잉 이후에 배치한 후부터 발생한다. 이러한 컴포넌트의 모든 인스턴스가 동일하게 시작될 수는 있지만 사람들은 불가피하게 로그인하거나, 무언가를 수정하거나, 무언가를 설치하거나, 몇 가지 실험을 수행한 후 흔적을 남기게 된다.

불변의 인프라란 배포된 이후에 무언가에 의해 변형되거나 누군가가 변경하는 것을 허용하지 않는 것이다. 반드시 변경이 필요한 상황이라면 버전 관리를 통해 변경돼야 하고 서비스를 다시 배포해야 한다. 불변의 인프라는 다음과 같은 내용을 제공하기 때문에 충분히 매력적이다.

간이성

변형되는 것을 허용하지 않음으로써 인프라가 뒤죽박죽되는 상태를 극적으로 제한할 수 있다.

예측 가능성

언제든 상태를 파악할 수 있다. 이는 검수와 감지가 빠르고, 트러블슈팅 시 모든 것을 쉽게 재현할 수 있다는 것을 의미한다.

회복 가능성

골든 이미지를 재배포함으로써 쉽게 상태를 재생산할 수 있다. 이는 MTTR^{Mean Time To Recover}을 크게 단축시킬 수 있다. 이러한 이미지는 검증되고 테스트됐기 때문에 언제든지 배포할 준비가 돼 있다.

그러나 불변의 인프라는 상당한 오버헤드를 가질 수 있다. 예를 들어 노드 20개

---

3. 수동 설정으로 인해 시간이 지남에 따라 처음과는 의도한 내용과 환경설정이 달라지는 현상이다. – 옮긴이

의 MySQL 클러스터가 있는데, 매개변수 변경을 원한다면 변경 사항을 적용하고자 클러스터의 모든 노드를 재배포해야만 한다.

절충과 타협의 관점에서 보면 빈번하게 자동화되고 예측 가능한 변형이 있을 수도 있고 해당 변형이 해당 환경에서 허용될 수도 있다. 그러나 수동 변경은 여전히 금지 됐으며 운영 오버헤드를 최소화(http://chadfowler.com/2013/06/23/immutable-deployments.html)하면서 예측 가능성과 회복 가능성의 가치에 무게를 둬야 한다.

환경설정 정의 시행

이러한 정책은 어떻게 시행되고 있는지 다음과 같이 살펴보자.

설정 동기화

이미 논의된 많은 설정 관리 도구는 동기화를 제공한다. 즉, 환경설정이 강제로 표준으로 덮어 써짐에 따라 발생하는 모든 변형은 일정대로 덮어 써짐을 의미한다. 이를 위해서는 동기화된 상태가 아주 완벽해야 하지만 일부 영역이 누락되고 이로 인해 누락된 서버는 동 떨어질 수 있다.

컴포넌트 재배포

적절한 도구를 사용해 컴포넌트의 차이점을 식별할 수 있어야 하고 이를 제거하고자 깔끔하게 재배포할 수 있어야 한다. 지금까지 일부 환경에서는 수동으로 재배포했을지도 모른다. 아니라면 컴포넌트에서 수동으로 로그인하고 일련의 상호작용이 발생한 후에 재배포했을 수도 있다. 이는 일반적으로 배포 후 환경설정을 하는 오버헤드가 제거된 베이킹된 솔루션에서 좀 더 매력적이다.

환경설정 정의와 관리를 사용하면 개별 서버와 인스턴스가 올바르게 구축되고 유지될 수 있게 보증한다. 배포 프로세스에는 더 높은 수준의 추상화가 있으며 이는 서비스 간cross-service 인프라의 정의와 해당 배포의 오케스트레이션[4]이다.

인프라 정의와 오케스트레이션

이제 서버, VM, 클라우드 인스턴스 등 개별적인 호스트의 설정과 배포를 살펴봤으므로 호스트 그룹으로 범위를 넓혀보자. 결국 격리된 상태의 단일 데이터베이스 인스턴스를 관리하는 경우는 거의 없을 것이다. 분산된 데이터 스토어를 항상 사용하고 있다는 가정하에 여러 시스템을 동시에 구축, 배포, 운영할 수 있어야 한다.

인프라 프로비저닝용 오케스트레이션과 관리 도구는 배포 애플리케이션과 통합돼 모든 인프라 환경을 통합한다. 여기에는 가상 자원 및 플랫폼과 같은 호스트를 사용하지 않는 서비스와 환경설정까지 포함된다. 이러한 도구는 이상적으로 데이터 센터와 서비스의 생성을 코드화하는 솔루션을 만들어 이를 개발 및 운영 담당자에게 제공해 인프라를 처음부터 끝까지 구축, 통합, 실행할 수 있게 할 것이다.

인프라 설정을 아카이브 가능한 버전 관리 코드로 추상화함으로써 해당 도구는 설정 관리 애플리케이션과 통합돼 호스트와 애플리케이션의 프로비저닝을 자동화할 수 있다. 이와 동시에 효과적인 작업을 수행하는 데 필요한 서비스와 기본 인프라 자원의 어떠한 설정도 처리할 수 있다.

인프라 설정을 버전 관리가 가능한 코드 형태로 추상화함으로써 이러한 도구는 호스트와 애플리케이션을 자동으로 프로비저닝하고자 설정 관리 애플리케이션과 통합할 수 있다. 동시에 효율적인 자동화 작업이 필요한 주요 인프라 리소스

---

4. 오케스트레이션은 컴퓨터 시스템, 애플리케이션, 인프라, 환경설정, 인프라, 배포, 관리 등이 통합된 솔루션을 의미한다. - 옮긴이

와 서비스의 모든 설정을 처리할 수 있다.

인프라 정의를 논의할 때 흔히 스택이라는 용어를 사용한다. LAMP^{Linux, Apache,} MySQL, PHP 스택 또는 MEAN^{MongoDB, Express.js, Angle.js, Node.js} 스택을 들어봤을 것이다. 이것이 일반적인 솔루션 스택인데, 특정 스택은 특정 애플리케이션과 애플리케이션 그룹에 초점이 맞춰져 있을 수도 있다. 스택은 도구를 활용해 자동화와 오케스트레이션을 목적으로 인프라의 정의를 논의할 때 훨씬 더 구체적인 의미를 갖는다. 바로 이것이 여기서 언급할 정의다.

이러한 스택의 구조는 팀에서 DBRE로서의 책임을 어떻게 가져갈 것인지에 따라 큰 영향을 미친다. 이러한 순열화와 DBRE 역할에게 미치는 영향을 살펴보자.

모놀리식 인프라 정의

이 스택에서 조직이 보유한 모든 애플리케이션과 서비스는 하나의 큰 정의로 함께 정의된다. 즉, 모든 데이터베이스 클러스터는 동일한 파일에 정의된다. 이러한 환경은 일반적으로 많은 애플리케이션과 서비스가 하나 이상의 데이터베이스를 사용한다. 예를 들면 5개 이상 서로 다른 애플리케이션이 동일한 정의라는 명목으로 데이터베이스는 서로 연관돼 있을 수도 있다.

모놀리식 인프라 정의에서 장점은 찾을 수 없어도 단점은 얼마든지 찾을 수 있다. 코드 관점에서 전반적인 오케스트레이션과 인프라를 볼 때 문제를 나열하자면 다음과 같다.

- 정의를 변경하고자 한다면 전체 정의에 대해 테스트가 필요한데, 테스트가 느리고 실패하기 쉽다는 것을 의미한다. 이는 사람들이 불필요한 상태와 취약한 인프라를 만들어 변화를 피하게 되는 원인이 될 것이다.
- 인프라의 변경이 발생하면 상대적으로 컴포넌트를 격리시키는 것보다

전체 인프라 장애로 이어질 가능성이 높다.

- 테스트나 개발 환경을 구축할 때 중심이 되는 작은 부분을 격리해 섹션을 만드는 것이 아닌 모든 인프라 제반 사항을 구축해야 한다.

- 인프라 변경은 인프라 전체 스택을 알고 있는 소규모의 그룹으로 제한된다. 이로 인해 병목이 발생하고 속도가 늦어진다.

테라폼Terraform과 같은 새로운 도구를 도입하고 간략하게 전반적인 인프라를 리버스 엔지니어링함으로써 모놀리식으로 정의된 스택을 찾을 수 있다. 인프라를 정의할 때 수평과 수직 분할 방법을 고려해야 한다. 수평 분할은 하나의 스택에서 다양한 계층을 분리하는 것을 의미하고 수직 분할은 모든 서비스를 하나의 스택으로 묶지 않고 하나의 서비스는 하나의 스택에 있도록 기능적으로 분리하는 것을 의미한다.

수직 분할

그림 6-1과 같이 각 정의를 개별 서비스로 분리해 규모와 복잡도를 감소시킬 수 있다. 이렇게 되면 하나의 정의 파일이었던 것이 각 서비스마다 하나씩 두 개가 될 수 있다. 이는 한 서비스의 변경이 도메인 장애로 이어지는 것을 줄여 준다. 또한 테스트 범위가 절반으로 줄어들어 개발 및 테스트 환경 구성도 그에 맞게 적절히 줄어든다.

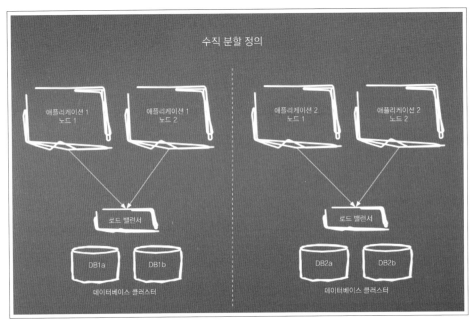

그림 6-1. 수직으로 분할하기

동일한 데이터베이스를 사용하는 애플리케이션이 다수일 경우에는 좀 더 복잡하다. 이 경우 3가지 정의를 만드는 것이 필요하다. 하나는 데이터베이스를 공유하는 정의가 될 것이고 나머지 두 가지는 데이터베이스 계층을 제외하고 개별적으로 서비스를 분리한 정의가 될 것이다. 이는 그림 6-2와 같이 나타낼 수 있다.

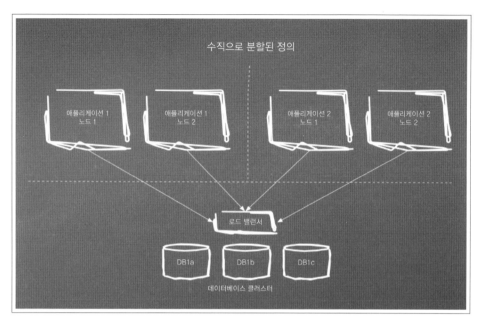

그림 6-2. 공유 데이터베이스를 사용하는 수직으로 분할된 서비스 정의

이제 각 정의는 더 작고 집중돼 있기 때문에 정의 파일 변경에 대한 실패 도메인이 훨씬 더 줄어든다. 그러나 여전히 데이터베이스에 두 개의 애플리케이션이 연결돼 있으므로 데이터베이스 계층에 대한 변경 사항이 서로 다른 애플리케이션 스택과 효과적으로 작동하는지 확인하려면 통합 테스트가 필요하다. 따라서 테스트는 여전히 모든 애플리케이션을 빌드하고 배포해야 한다. 애플리케이션이 분리된다는 것은 인프라 제약 조건에서 애플리케이션을 순차적 또는 개별적으로 구축하고 테스트할 수 있는 유연성을 지니게 된다는 것을 의미한다.

계층 분할(수평적 정의)

서로 분리된 애플리케이션 정의가 돼 있다면 계층별로 정의 파일을 분리할 수 있다. 이를 수평 분할이라고 한다. 이에 따른 표준 웹 애플리케이션에는 웹 서버 스택, 애플리케이션 서버 스택, 데이터베이스 스택이 있다. 여기서 인프라 정의를 분리하는 것의 주된 장점은 도메인 장애가 훨씬 줄었다는 것이다. 데이터베이스 서버의 설정을 변경해야 한다면 웹 서버 구성에 장애가 발생할 가능성을 걱정하지 않아도 된다.

계층을 수직 및 수평 분할을 수행하고 나면 새로운 또 다른 복잡도의 처리가 필요하다는 것을 발견하게 된다. 특히 데이터 공유가 필요한 스택 간의 통신 경로가 필요하다. 데이터베이스 로드 밸런서 가상 IP는 반드시 애플리케이션 서버와 공유해야 하지만 해당 스택은 자체적인 정의가 있다. 이와 같은 동적 인프라에서는 모든 컴포넌트가 커뮤니케이션 및 통합을 위해 다른 컴포넌트와 상태를 효과적으로 공유할 수 있게 하는 서비스 카탈로그가 필요하다.

테스트와 컴플라이언스 승인

코드형 자동화와 인프라를 활용하는 것은 분명 많은 이점을 가져다준다. 아직까지 언급하지 않은 것 중 하나는 테스트와 컴플라이언스Compliance 승인이다. 인프라 이미지가 있으면 ServerSpec과 같은 도구를 활용할 수 있다. ServerSpec은 인프라 이미지용 테스트를 정의하는 설명형 언어다. 이 도구는 테스트 주도 개발TDD, Test-Driven Development을 인프라에 제공할 수 있으며, 이는 인프라와 소프트웨어 엔지니어링을 지속적으로 조절할 수 있는 좋은 기회다.

자동화된 테스트를 위해 ServerSpec과 같은 프레임워크로 컴플라이언스와 보안을 철저히 조사할 수 있으며 이것이 해당 프레임워크의 이상적인 사용 모습이다. 이러한 팀과 함께 데이터베이스 보안과 컴플라이언스에 중점을 둔 테스트 제품군을 만들 수 있다. Inspec은 ServerSpec의 플러그인plug-in으로, 이와 같은 작업을 잘 수행할 수 있는 플러그인이다. 좀 더 자세한 정보는 Chef 블로그(https://blog.chef.io/the-road-to-inspec/)를 확인하자.

서비스 카탈로그

동적 환경이 자동으로 구축, 확장, 소멸되는 상황에서 모든 인프라의 컴포넌트가 사용할 수 있는 현재 상태를 파악할 수 있는 공급원이 있어야 한다. 서비스 디스커버리는 서비스와 로드 밸런서의 특정한 명칭과 포트 번호를 시맨틱 이름으로 매핑시켜주는 추상화된 서비스다. 예를 들어 mysql-replicas는 주된 쓰기 호스트에서 데이터가 복제되고 있는 어떤 MySQL 서버가 포함된 시맨틱 이름이다. 이는 IP 주소와 서버명을 대신해 시맨틱 이름으로 이를 참조하는 방향으로 활용할 수 있다. 해당 카탈로그의 정보는 HTTP나 DNS를 통해 접근한다.

다음은 가장 일반적인 서비스 디스커버리 도구다.

- 주키퍼^{Zookeeper}
- Consul.io
- Etcd
- Build your own

DBRE가 접하게 될 이러한 서버 카탈로그에 대한 수많은 사용 사례가 있다. 그 중 몇 가지를 간단히 살펴보자. 이 장의 후반부에서 더 많은 것을 살펴보겠다.

데이터베이스 장애 조치

쓰기 IP를 카탈로그에 등록함으로써 로드 밸런서를 위한 템플릿을 만들 수 있다. IP가 변경되면 로드 밸런서의 설정은 이를 리빌드^{rebuild}하고 리로드^{reload}한다.

샤딩^{sharding}

쓰기가 가능한 샤드 정보를 애플리케이션 호스트에게 공유한다.

카산드라 시드 노드^{Cassandra Seed Nodes}

부트스트래핑 노드에게 시드 배정 위치를 알려준다.

서비스 카탈로그는 서비스를 통합하고자 서비스 데이터를 저장하는 용도로는 매우 간단할 수 있다. 또는 카탈로그의 데이터가 현재 수행 중인 리소스의 현황을 확인하기 위한 상태 확인을 비롯한 수많은 추가 기능이 포함될 수도 있다. 또한 이러한 카탈로그의 대부분은 키-값^{key-value} 형태로 저장(http://www.cs.uoi.gr/~pitoura/courses/p2p05/papers/galanis03.pdf)할 수 있다.

종합 시나리오

지금까지 많은 내용을 살펴봤고 많은 부분이 고수준의 내용이었다. 지금부터 이러한 개념을 사용해 MySQL을 운영하는 DBRE의 일상생활을 살펴보자. 바라건대 이 시나리오가 도움이 되는 내용이길 바란다. 명확하게 하고자 아마존의 EC2 환경을 사용하고 있는 것으로 가정한다. 여러분은 주 사용자 데이터베이스를 통해 새롭게 MySQL 클러스터를 구성해야 하는 업무를 부여받았다. 해당 클러스터는 샤딩돼 있고 추가 용량을 위한 확장이 필요한 상황이다. 주어진 도구는 다음과 같다.

- MySQL Community 5.6

- MySQL MHA 복제 관리와 장애 극복

- Consul 클러스터 상태 데이터베이스

물론 사용자 데이터베이스를 위한 테라폼 파일과 MySQL 샤딩용 셰프 쿡북은 깃허브에 저장돼 있다. 이를 구축하고자 수동으로 변경하는 작업은 없어야 한다. 새로운 샤드의 용량 분석과 배포를 자동화해야 한다는 사실에 투덜거리겠지만 여러분은 업무를 맡은 지 아직 3개월밖에 되지 않았고 그럴 시간도 없었던 상황이었다.

배포 로그를 확인하고자 마지막으로 MySQL 샤드가 배포된 시간을 확인하고 이후 변경 내역이 없다는 사실을 검증하고자 테라폼과 셰프 코드의 현재 버전을 비교한다. 모든 내용을 확인 후 작업을 시작할 준비가 됐다. 먼저 plan 옵션으로 terraform을 실행해 실행 경로를 확인하고 문제가 발생하지 않는지 검증한다. 아무 문제가 없을 경우 테라폼 명령어를 수행해 샤드를 구축한다.

테라폼은 셰프 프로비저너^{provisioner}를 실행해 최신 shard_id를 얻어 1씩 증가시킨다. 해당 shard_id를 사용해 다음과 같은 내용을 순차적으로 수행한다.

1. MySQL 샤드 호스트를 위한 적절한 아마존 머신 이미지^{AMI, Amazon Machine Images}를 사용해 2개의 가용 영역^{AZ, Availability Zones}에서 3개의 EC2 인스턴스를 띄운다.

2. 이 호스트에서 MySQL의 환경설정을 구성하고 서비스를 시작한다.

3. shard_id의 네임스페이스^{namespace} 기반으로 각 노드를 Consul에 등록한다.

   • 첫 번째 노드는 마스터로 등록되고 다른 노드는 장애 극복을 위해 등록된다.

   • 복제를 시작한다.

4. MySQL MHA 매니저^{Manager}를 사용하고자 적절한 AMI를 이용해 두 개의 AZ에서 두 개의 EC2 인스턴스를 띄운다.

5. shard_id의 네임스페이스를 기반으로 MySQL MHA 매니저를 Consul에 등록한다.

6. Consul에 등록된 노드 데이터를 이용해 MHA의 환경설정을 구성한다.

7. MHA replication 매니저를 수행한다.

8. 장애 조치 테스트를 위한 일련의 작업을 수행한다.

이 과정에는 Consul에 등록된 관리형 MySQL 클러스터인 MHA를 사용할 수 있다. 이는 다음과 같은 작업을 자동으로 수행할 것이다.

- 백업은 Consul 스크립트를 사용해 자동으로 마스터에서 스냅샷을 수행한다.

- 모니터링 에이전트가 AMI 안에 있으므로 운영을 위한 가시성 모니터링 시스템으로 지표와 로그를 보내기 시작한다.

끝으로 여러분이 만족한다면 Consul에서 해당 샤드를 활성화 상태로 표시한다. 이때 프록시 서버는 이를 템플릿에 추가하고 새로 고침을 수행한다. 그러면 애플리케이션 서버는 사용 가능한 상태로 식별되고 적절하게 데이터를 보내는 작업을 수행할 것이다.

개발 환경

개발 환경이나 샌드박스에서 자체적으로 테스트해보는 것은 이와 같은 작업 흐름을 만드는 데 중요하다. 변경 내역을 VCS에 적용하기 전에 서비스에 미치는 영향에 대해 확신을 가져야 한다. 이 장에서 다룬 모든 내용 중에서 우리의 한 가지 목표는 반복 재현성이다. 이는 샌드박스가 최대한 실제 인프라처럼 소프트웨어와 환경설정이 유사해야 함을 의미한다. 즉, 운영체제, 설정 관리, 오케스트레이션이 동일하고 심지어 서비스 카탈로그까지 동일해야 한다.

배포를 다룰 때 패커^{Packer}를 언급한 적이 있다. 다시 말하자면 패커는 동일한 설정으로 다양한 이미지를 생성할 수 있다. 여기에는 여러분의 워크스테이션에서 가상 머신을 위한 이미지에 해당된다. 워크스테이션에서 베이그란트^{Vagrant}와 같은 도구를 사용하면 최신 이미지를 다운로드하거나 VM을 구축할 수 있고 심지어 표준 테스트 제품군을 통해 모든 기능의 정상 동작 여부를 검증할 수 있다.

변경 작업을 마치고 나면 이를 테스트하고 VCS에서 새로운 변경 사항을 다운로드한 후 다시 테스트를 수행한다. 이를 통합과 배포를 위한 준비 작업으로 팀 VCS로 다시 커밋할 수 있다.

정리

코드형 인프라, 자동화, 버전 관리를 사용하는 것은 신뢰성 엔지니어에게 중대한 스킬 세트며 DBRE에게도 예외는 아니다. 이 장에서 설명한 도구와 기술을 이용하면 엔지니어링 팀을 위한 잡일을 제거하고 실수를 감소시키며 셀프 서비스 배포를 만들어낼 수 있다.

7장에서는 인프라의 가장 중요한 구성 요소인 백업과 복구를 자세히 살펴본다. 데이터베이스 계층과 다른 한 가지 핵심적인 차이점은 데이터의 영속성과 가용성의 중요성이다. 대부분의 다른 환경은 빠르고 쉽게 아티팩트로 구축하고 배포할 수 있지만 데이터베이스는 데이터를 안전하게 연결하고 유지 관리를 하고자 대규모의 작업 세트가 필요하다. 이를 수행하기 위한 많은 툴킷^{toolkit}이 있는데, 이는 7장에서 살펴본다.

백업과 복구

5장과 6장에서는 인프라 디자인과 관리에 중점을 뒀다. 이는 현 시점에서 데이터베이스를 실행하는 분산형 인프라를 구축, 배포, 관리하는 방법에 대해 좋은 느낌을 갖게 된다. 여기에는 용량 확장을 위해 새 노드를 신속하게 추가하거나 장애가 발생한 노드를 교체하는 기술이 포함된다. 지금부터는 데이터 백업과 복구라는 매우 중요한 내용을 살펴보자.

현실을 직시하자면 모든 사람은 백업과 복구를 따분하고 지루하게 여긴다. 대부분의 사람은 이를 잡일의 전형적인 형태로 생각한다. 이는 보통 주니어 엔지니어, 외주 인력, 서드파티 업체의 도구로 이관하고 팀에서는 관련된 업무를 맡기꺼려한다. 예를 들어 우리는 예전에 아주 끔찍한 백업 소프트웨어로 작업했다.

하지만 여전히 백업은 운영 툴킷에서 가장 중요한 프로세스 중 하나다. 소중한 데이터를 노드 간, 데이터 센터 간 장기 보관소로 옮기는 것은 비즈니스에서 가장 귀한 물품인 데이터의 끊임없는 움직임이다. 이를 낮은 등급으로 취급하는 것보다는 VIP로 대우할 것을 권장한다. 모든 사람은 복구 대상을 이해해야 할 뿐만 아니라 해당 프로세스의 운영 작업과 모니터링에 상당히 친숙해져야 한다. 많은 데브옵스^{DevOps} 철학은 모든 사람이 코드를 작성해 서비스에 적용할 수 있는 기회를 가져야 한다고 제안한다. 우리는 모든 엔지니어가 중요한 데이터의 복구 프로세스에 적어도 한 번은 참여해야 한다고 생각한다.

우리는 실제 필요를 충족시키기 위한 수단으로 백업 및 아카이브라고 알려진 데이터의 복사본을 생성하고 저장한다. 이게 필요한 이유는 복구 때문이다. 가끔 이러한 복구는 감사자를 위한 환경을 구축하거나 대체 환경을 설정하는 것과 같이 멋지고 여유로운 작업도 있을 수 있다. 그러나 장애가 발생한 노드를 신속하게 교체하거나 기존 클러스터에 용량을 추가하고자 복구 작업이 필요한 경우가 더 빈번하다.

오늘날 분산 환경에서는 백업 및 복구 영역은 새로운 과제에 직면해 있다. 이제 이전과 마찬가지로 대부분의 로컬 데이터 세트는 최대 몇 테라바이트까지 합리적인 크기로 배포된다. 차이점은 그러한 로컬 데이터 세트는 대규모 분산 데이터 세트의 한 부분에 불과하다는 것이다. 노드 복구는 비교적 관리가 용이한 작업이지만 클러스터 전반적인 상태를 유지하는 것이 더욱 어려워진다.

핵심 개념

먼저 백업과 복구에 관련된 핵심 개념을 알아보자. 여러분이 경험이 많은 데이터베이스 엔지니어나 혹은 시스템 엔지니어라면 이는 기초적인 부분일 수 있다. 이 경우 조금 빠르게 넘어가도 된다.

물리적과 논리적

데이터베이스를 물리적으로 백업한다는 것은 데이터가 있는 실제 파일을 백업하게 되는 것이다. 이는 데이터베이스에 특화된 파일 형식이 그대로 유지된다는 것을 의미하고 어떤 데이터베이스 파일이 존재하는지, 데이터베이스 구조는 무엇인지가 정의된 메타데이터가 포함돼 있다. 여러분이 백업한 파일을 다른 데이터베이스의 인스턴스에서 활용할 경우 백업을 이동시키기 위한 메타데이터를 백업하고 저장해야 한다.

논리적 백업은 데이터베이스의 데이터를 추출하는 것인데, 이는 이론적으로 어떠한 시스템으로도 이식이 가능한 형태가 된다. 일반적으로 여전히 일부 메타데이터가 포함돼 있지만 백업을 수행한 시점에 수행된 작업에 초점이 맞춰지게 된다. 예를 들어 비어 있는 데이터베이스를 최신 상태로 만들고자 필요한 모든 insert 문구를 내보내는 것이 있다. 다른 예로는 각 행이 JSON 형식으로 돼 있는 경우다. 이러한 이유로 논리적 백업은 물리적인 파일 복사와 쓰기 작업이 아닌 행 단위로 추출되기 때문에 시간이 많이 소모되는 경향이 있다. 이와 유사하게 복구는 잠금^{locking}이나 redo와 undo 로그 생성 같은 일반적인 데이터베이스의 모든 오버헤드를 포함한다.

이와 같이 이분법적인 또 다른 적절한 예로는 행 기반$^{row-based}$ 복제와 명령문 $^{statement-based}$ 기반 복제의 차이점이 있다. 많은 관계형 데이터베이스에서 명령문 기반 복제는 커밋할 때 데이터 조작 언어$^{DML,\ Data\ Manipulation\ Language}$(예, insert, update, replace, delete) 문장이 로그에 추가되는 것을 의미한다. 해당 명령문은 복제로 전송돼 재생된다. 다른 복제 방법으로는 행 기반 복제와 변경 데이터 캡처$^{CDC,\ Change\ Data\ Capture}$가 있다.

온라인과 오프라인

오프라인 백업이나 콜드^{cold} 백업은 파일을 사용하는 데이터베이스 인스턴스가 종료되는 백업이다. 이를 통해 다른 프로세스가 데이터를 읽고 쓰는 동안 특정 시점 상태를 유지하는 것에 대한 걱정 없이 파일을 빠르게 복사할 수 있다. 이는 이상적인 경우지만 매우 드물게 수행된다. 온라인에서 핫^{hot} 백업은 여전히 모든 파일을 복사하고 있지만 백업을 수행하는 데 소요되는 시간 동안 존재해야 하는 데이터의 일관된 특정 시점의 스냅샷을 작성해야 하는 복잡성이 추가된다. 또한 백업 중에 실시간 트래픽이 데이터베이스에 접근하는 경우 스토리지 계층의 입출력[10] 처리량에 영향을 주지 않게 주의해야 한다. 그러나 트래픽을 조절했음에도 일관성을 유지하기 위한 해당 메커니즘이 애플리케이션에 특별한 이유 없이 상당한 지연을 준다는 것을 확인할 수 있다.

전체, 증분, 차등

어떠한 방식이든지 전체 백업은 전체 로컬 데이터 세트가 완전히 백업된다는 것을 의미한다. 데이터 세트가 작을 경우 이는 사소한 작업이 되지만 10테라바이트의 경우 예측이 불가능한 시간이 소요될 수 있다.

차등 백업은 마지막으로 전체 백업이 수행된 이후의 변경된 데이터만 백업한다. 실제로는 페이지와 같은 데이터베이스 내부 구조로 인해 일반적으로 변경된 데이터보다 더 많은 데이터가 백업된다. 페이지 크기는 16K 또는 64K와 같은 특정 크기이며 많은 데이터 행을 포함하고 있다. 증분 백업은 데이터가 수정된 모든 페이지를 백업한다. 따라서 페이지의 크기가 클수록 단순히 변경된 데이터보다 훨씬 더 많이 백업될 것이다.

증분 백업은 복원할 데이터의 시점을 찾고자 마지막에 백업한 전체 백업과 증분 백업을 사용한다는 점을 제외하면 차등 백업과 유사하다. 다시 말하면 증분 백업을 복원하는 경우 마지막으로 백업한 전체 백업과 하나 이상의 증분 백업을 복구해야 현재 시점까지 복구할 수 있다.

이러한 개념을 염두에 두고 효과적인 백업과 복구 전략을 결정할 때 고려해야 할 다양한 내용을 살펴보자.

복구할 때 고려 사항

먼저 효과적인 전략을 평가할 때는 2장에서 설명한 대로 서비스 수준 목표^{SLO}를 다시 살펴봐야 한다. 특히 가용성과 내구성 지표를 고려할 필요가 있다. 어떤 전략을 선택하든지 미리 정의해둔 가용 시간의 조건 내에서 데이터를 복구할 수 있어야 한다. 그리고 내구성에 필요한 매개변수를 충족할 수 있도록 충분히 빠른 백업이 필요하다. 매일 백업하고 있고 해당 백업 사이의 트랜잭션 로그가 노드 레벨의 스토리지에 남아 있으면 다음 백업하기 전까지 그 트랜잭션은 유실될 수도 있다.

또한 총체적 생태계 관점에서 데이터 세트가 어떻게 역할을 수행하는지 고려해야 한다. 예를 들어 주문 내역은 트랜잭션 내에서 모든 것이 커밋되는 관계형 데이터베이스에 저장될 수 있으며 이로 인해 해당 데이터베이스 내에서 나머지 데이터의 관계로 쉽게 복구될 수 있다. 그러나 주문을 설정한 후에 큐잉^{queuing} 시스템이나 키-값 저장소에 저장된 이벤트를 통해 이후 워크플로가 진행될 수 있다. 이러한 시스템은 결과적 일관성$^{eventually\ consistent}$을 지니거나 임시^{ephemeral} 데이터일 수 있다. 이는 참조나 복구를 위해 관계형 시스템에 의존적이다. 여러분은 복구할 때 이런 워크플로를 어떻게 생각할 것인가?

개발 속도가 빠른 환경에 있는 경우 백업에 저장된 데이터가 복원이 완료된 후 실행 중인 버전이 아닌 다른 버전의 애플리케이션에 의해 작성 및 활용됐음을 확인할 수 있다. 애플리케이션은 지난 데이터와 어떻게 상호작용할 것인가? 바라건대 해당 데이터가 상호작용을 위한 버전 관리가 돼 있었으면 좋겠지만 여러분은 이에 대해 알고 있어야 하고 그러한 만일의 사태에 대비해야 한다. 그렇지 않으면 애플리케이션이 논리적으로 해당 데이터를 손상시킬 수 있고 더 큰 문제를 발생시킬 수도 있다.

이와 같이 예측할 수 없는 변수들은 데이터 복구를 계획할 때 반드시 고려돼야 한다. 3장에서 설명한 것처럼 모든 만일의 사태에 대비할 수 없다. 하지만 매우 중요한 서비스라면 데이터 복구 능력은 데이터베이스 신뢰성 엔지니어^{DBRE}의 가장 중요한 책임이 된다. 따라서 데이터 복구에 대한 계획은 가능한 한 많은 잠재적 이슈를 고려해 광범위하게 이뤄질 수 있어야 한다.

복구 시나리오

이를 염두에 두고 각 요건을 지원할 수 있는 계획을 세울 수 있도록 복구가 필요할 수도 있는 사건 및 운영 유형을 살펴보자. 먼저 이러한 것들을 계획적인 시나리오와 계획되지 않은 시나리오로 분류할 수 있다. 복구를 비상 도구로만 취급하면 해당 도구에 대한 팀의 노출이 비상 상황 및 비상 시뮬레이션에 제한된다. 대신 일상 활동에 복구를 접목시킬 수 있다면 비상시에 더 높은 수준의 친숙함과 성공을 기대할 수 있다. 마찬가지로 복구 전략이 SLO를 지원하는지 여부를 판단할 수 있는 더 많은 데이터가 있을 것이다. 일일 수행 작업이 여러 개일 경우 상한을 포함할 수 있고 계획 목적을 위해 어느 정도의 확실성으로 나타낼수 있는 표본 세트를 얻는 것이 더 쉽다.

계획된 복구 시나리오

일상생활에서 필요한 복구 요건은 무엇인가? 다음은 다양한 사이트에서 경험했던 내용이다.

- 신규 운영 노드와 클러스터 구축

- 다른 환경 구축

- 데이터의 추출, 변환, 적재^{ETL}와 데이터 스토어로 이동하기 위한 파이프라인 프로세스

- 운영 작업 테스트

이러한 작업을 수행할 때는 프로세스를 운영 가시성 스택^{operational visibility stack}에
연결한다.

시간

전반적인 프로세스뿐만 아니라 각 컴포넌트가 수행되기까지 얼마나 걸리는
지? 압축 해제 시간은? 복사하는 시간은? 로그 적용 시간은? 테스트 시간은?

크기

압축 전후의 백업 크기는 얼마나 큰지?

처리량

얼마나 많은 부하를 하드웨어에 줄 수 있는지?

이 데이터를 통해 용량 문제를 사전에 방지해 복구 프로세스의 실행 가능성을
보장할 수 있다.

새로운 프로덕션 노드와 클러스터

여러분의 데이터베이스가 불변의 인프라인지 아닌지 관계없이 필연적으로 복구
절차를 진행하게 되는 정기적인 리빌드 기회가 있다. 데이터베이스는 새로운
노드를 부트스트랩해 클러스터에 참여시키는 데 걸리는 시간 때문에 오토스케
일링^{autoscaling}을 자동화하게 설정하는 경우가 거의 없다. 하지만 이러한 프로세스
를 테스트하고자 정기적으로 새로운 노드를 클러스터에 추가하는 작업을 설정
하지 못할 이유는 없다.

넷플릭스^{Netflix}에서 개발한 도구인 혼돈의 원숭이^{Chaos Monkey}(http://conferences.sigcomm.
org/sigcomm/2015/pdf/papers/p371.pdf)는 임의로 시스템을 종료시켜버리는데, 이

작업은 모니터링, 알람, 문제 있는 서버 선별, 복구 등과 같은 전반적인 프로세스를 테스트하기 위한 방법으로 해당 작업을 수행한다. 아직 이 단계까지 수행하고 있지 않더라도 해당 절차와 관련 있는 모든 것을 검토하고자 정기적인 충분한 간격을 두고 진행해야 하며 이 프로세스를 체크리스트에 포함해 계획함으로써 진행할 수 있다. 이러한 활동을 통해 전체 및 증분 복구를 테스트할 수 있을 뿐만 아니라 복제 스트림과 특정 노드를 서비스에 투입하는 프로세스까지 통합해 테스트할 수 있다.

다른 환경 구축

개발, 통합 테스트, 운영 테스트, 데모용 환경을 구축하는 것은 불가피하다. 이러한 환경 중 일부는 완전한 복구를 필요로 할 것이고 개별 노드 복구와 전체 클러스터 복구를 활용해야 한다. 또 다른 일부는 기능 테스트를 위한 부분 복구 및 사용자의 사생활 보호 목적의 데이터 삭제와 같은 요구 사항도 있을 것이다. 이를 통해 특정 개체의 복구뿐만 아니라 특정 시점 복구도 테스트할 수 있다. 이들 각각은 일반적인 전체 데이터 복구와 매우 다르며 운영자 및 애플리케이션 손상으로부터 복구하는 데 유용하다. 또한 객체 수준 복구와 시점 복구를 할 수 있는 API를 생성하면 이러한 프로세스에 대한 자동화와 숙련화를 용이하게 할 수 있다.

데이터 스토어 다운스트림용 ETL과 파이프라인 프로세스

환경 구축과 마찬가지로 프로덕션 데이터베이스의 데이터를 다운스트림 분석을 위한 파이프라인으로 밀어 넣고 데이터 스토어를 스트리밍streaming하는 프로세스는 시점 복구 및 객체 수준 복구 프로세스와 API를 활용하기에 완벽한 지점이다.

운영 작업 테스트

다양한 테스트 시나리오를 수행하는 과정에서 데이터 복사본이 필요할 것이다. 용량과 부하 테스트 같은 일부 테스트는 전체 데이터 세트가 필요하다. 이는 전체 복구 절차를 활용해볼 수 있는 좋은 기회다. 기능 테스트는 작은 데이터 세트만 필요할 수 있다. 여기서는 시점 복원과 객체 수준 복원을 사용할 수 있는 적절한 기회다.

복구 테스트 자체가 연속적인 운영 작업이 될 수 있다. 일상적인 시나리오에서 복구 프로세스를 활용해보는 것 외에도 복원을 지속적으로 실행되도록 설정해 백업 프로세스 중단으로 인해 발생할 수 있는 문제를 신속하게 인지할 수 있게 자동화된 테스트와 유효성 검사가 수행되게 할 수 있다.

백업을 진행할 때 다음과 같은 테스트에서 사용할 수 있는 많은 데이터를 생성할 수 있다.

- auto increment의 가장 최신 ID

- 객체의 행 개수

- insert만 수행돼 변경이 없는 상태의 데이터 중 일부분의 체크섬

- 스키마 정의 파일의 체크섬

다른 테스트와 마찬가지로 이는 단계적으로 접근해야 한다. 빠르게 성공 또는 실패 결과를 확인할 수 있는 테스트가 있다. 이는 테스트의 첫 번째 단계가 돼야 한다. 예를 들면 메타데이터와 객체 정의에 대한 체크섬 비교, 데이터베이스 인스턴스의 정상적인 구동, 복제 스레드thread로 성공적인 연결을 예로 들 수 있다. 운영 데이터를 체크섬하고 테이블 행 개수를 세는 것과 같은 시간이 오래 걸릴 수도 있는 작업은 나중에 유효성 검증 절차에서 수행돼야 한다.

계획되지 않은 시나리오

일상적으로 계획된 모든 시나리오를 사용할 수 있기 때문에 복구 프로세스는 세밀하게 조정되고 문서화를 잘해야 하며, 숙달돼 있으며 버그와 문제가 없어야 한다. 따라서 계획되지 않는 시나리오는 그렇지 않은 경우와 마찬가지로 거의 두렵지 않다. 팀은 이러한 계획되지 않은 상황에서도 차이를 보이지 말아야 한다. 복구 프로세스가 필요한 상황이 발생할 수 있는 가능성을 논의하기 위한 항목을 나열해 자세히 살펴보자.

- 사용자 오류
- 애플리케이션 오류
- 인프라 서비스 오류
- 운영체제 및 하드웨어 오류
- 하드웨어 장애
- 데이터 센터 장애

사용자 오류

이상적으로 사용자 오류는 드물게 발생한다. 여러분이 엔지니어를 위한 보호 장치를 만들고 있다면 많은 예방책을 추가할 수 있다. 그래도 운영자가 본의 아니게 피해를 주는 경우는 항상 있을 것이다. 예를 들어 데이터베이스 클라이언트에서 update 및 delete 구문을 실행할 때 where 절이 없을 수도 있다. 또는 데이터 삭제 스크립트가 테스트 환경이 아닌 운영 환경에서 수행될 수도 있다. 잘못된 시간이나 호스트에 무언가가 정상적으로 수행되는 경우도 많다. 이 모든 것이 사용자 오류이며 오류는 즉시 식별되고 복구된다. 그러나 이러한 변화가 미치는 영향을 며칠 또는 몇 주 동안 알 수 없어 탐지를 방해하는 경우도 있을 수 있다.

애플리케이션 오류

애플리케이션 오류는 너무 은밀히 발생하기 때문에 지금껏 이야기한 시나리오 중 가장 무섭다. 애플리케이션은 데이터 스토어와의 상호작용 방식을 끊임없이 수정하고 있다. 이러한 애플리케이션 중 대부분은 파일이나 서드파티 업체의 ID와 같은 자산에 대한 참조 무결성과 외부 포인터를 관리하고 있다. 꽤 오랜 시간 동안 눈에 띄지 않게 파괴적으로 데이터가 변형 및 삭제되거나 잘못된 데이터를 추가하는 변경 내역을 발생시키는 방법은 놀라울 정도로 간단하다.

인프라 서비스 오류

6장에서는 인프라 관리 서비스의 마법을 다룬다. 불행히도 이러한 시스템은 파일을 수정하거나 다른 환경을 가리키거나 잘못된 환경설정으로 인해 광범위한 결과를 초래하기 때문에 시스템에 도움이 되는 만큼이나 파괴적일 수 있다.

운영체제 및 하드웨어 오류

운영체제와 하드웨어는 여전히 사람이 구축하는 시스템이다. 그렇기 때문에 문서화되지 않거나 미숙한 환경설정으로 발생하는 버그나 의도하지 않은 결과를 초래할 수 있다. 데이터 복구의 관점에서 보면 이는 OS 캐시, 파일 시스템, 컨트롤러, 궁극적으로는 디스크를 통한 데이터베이스의 데이터 경로와 상당히 관련이 있다. 데이터 손상이나 데이터 손실은 생각보다 훨씬 더 흔히 발생한다. 불행하게도 이러한 메커니즘에서 우리의 신뢰와 의존성은 데이터 무결성을 회의적인 것보다 기대하는 문화를 만들어낸다.

소리 없는 손상

2008년 넷플릭스에 이러한 운영체제와 하드웨어 오류가 영향을 줬다. 디스크 오류 검출과 보정은 오류 보정 코드(ECC)를 활용한다. ECC는 단일 비트 오류를 자동으로 수정하고 이중 비트 오류를 감지한다. 그러므로 ECC는 교정할 수 있는 해밍 거리의 두 배까지 오류를 감지할 수 있다. 따라서 512바이트 섹터의 하드 드라이버에서 46바이트를 처리할 수 있다면 최대 92바이트의 오류를 감지할 수 있다. 수정할 수 없는 것은 수정할 수 없는 것으로 컨트롤러에 보고되고 디스크 컨트롤러는 S.M.A.R.T의 '수정 불가능한 오류' 카운터를 증가시킨다. 92바이트보다 큰 오류는 컨트롤러에 양호한 데이터로 곧바로 전달된다. 이는 백업으로도 전파한다. 멋지지 않은가?

이게 바로 클라우드와 소위 '서버리스(serverless)' 컴퓨팅을 커다란 회의감을 갖고 접근해야 하는 것으로 만드는 것이다. 상세 구현 내역에 접근할 수 없는 경우 데이터 무결성이 최우선순위로 취급되고 있는지 여부를 확신할 수 없다. 너무 자주 무시되거나 심지어 성능에 맞게 조정된다. 아는 것이 없으면 힘도 없다.

ZFS와 같은 파일 시스템을 체크섬하면 각 블록의 체크섬을 검사해 불량 데이터를 탐지할 수 있다. 미러링이나 패리티(parity)를 포함하는 RAID를 사용하는 경우 데이터를 수정하기도 한다.

하드웨어 장애

하드웨어 구성 요소는 고장 나기 마련이며 분산형 시스템에서는 정기적으로 장애가 발생한다. 디스크, 메모리, CPU, 컨트롤러, 네트워크 장치의 정기적인 장애를 경험한다. 이러한 하드웨어 장애는 노드 장애를 발생시키고 해당 시스템을 사용할 수 없게 만드는 노드의 대기시간을 유발할 수 있다. 네트워크 장치와 같은 공유 시스템은 전체 클러스터에 영향을 미쳐서 사용할 수 없게 하거나 네트워크가 분할된 것을 인식하지 못하고 더 작은 클러스터로 쪼개질 수도 있다. 이로 인해 병합과 복구가 필요한 신속하고 엄청난 데이터 분산이 발생할 수 있다.

데이터 센터 장애

가끔 네트워크 수준의 하드웨어 장애는 데이터 센터 장애로 이어질 수 있다. 어떨 때는 스토리지 백플레인^{backplane}의 혼잡함은 2012년, 아마존 웹 서비스(http://bit.ly/2zxSpzR)의 경우처럼 연속적인 장애를 일으킨다. 가끔 허리케인, 지진, 트랙터 트레일러가 데이터 센터의 전체 장애를 발생시키는 조건이 될 수도 있다. 이와 같은 상황을 대비한 복구 전략은 가장 탄탄한 전략으로 테스트해야 할 것이다.

시나리오 범위

복구 작업이 필요할 수 있는 계획되거나 또는 계획되지 않는 시나리오를 열거해 해당 범위를 관점으로 살펴보자. 이는 가장 적절한 대안을 찾는 데 유용할 것이다. 고려해야 할 범위는 다음과 같다.

- 지역Localized 또는 단일 노드

- 클러스터 전역 범위

- 데이터 센터 또는 다중 클러스터

지역 또는 단일 노드 범위에서 복구는 단일 호스트로 제한된다. 아마도 용량 확보나 실패한 노드를 복구하고자 신규 노드를 클러스터에 추가하고 있을지도 모른다. 또는 롤링 업그레이드rolling upgrade를 수행하거나 노드별로 복원을 수행하고 있을 것이다. 이러한 모든 게 지역 범위다.

클러스터 전역 범위에서 복구를 수행해야 하는 요건은 클러스터의 모든 멤버가 대상인 전역이다. 파괴적인 변형이나 데이터 삭제가 발생되면 복제를 통해 모든 노드에게 전파됐을 것이다. 아니면 용량 테스트를 위해 신규 클러스터의 구축이 필요할 수도 있다.

데이터 센터나 다중 클러스터 범위는 물리적인 위치나 지역 내에 있는 모든 데이터의 복구가 필요하다. 이는 공유 스토리지의 장애 때문일 수도 있고 데이터 센터의 치명적인 장애가 되는 재난 때문일 수도 있다. 또는 계획 목적으로 새로운 이중화 사이트를 위한 배포 작업일 수도 있다.

지역 범위 외에도 데이터 세트 범위가 존재한다. 이를 다음과 같이 3가지 타입으로 나열할 수 있다.

- 단일 객체
- 다중 객체
- 데이터베이스 메타데이터

단일 객체 범위에서는 하나의 특정 객체가 일부 또는 모든 데이터를 복구해야 한다. 앞서 설명한 DELETE 구문이 의도했던 것보다 더 많은 데이터를 삭제하는 경우는 단일 객체 범위다. 다중 객체의 경우 특정 데이터베이스에서 하나 이상이거나 혹은 모든 객체가 대상이다. 이는 애플리케이션의 변형, 업그레이드 실패, 샤드 마이그레이션 상황에서 발생할 수 있다. 마지막으로 데이터베이스 메타데이터 범위가 있는데, 이는 데이터베이스에 저장된 데이터는 괜찮지만 계정 데이터, 보안 권한, 운영체제 파일의 매핑 정보 등 데이터베이스를 사용할 수 있게 하는 메타데이터가 손실되는 경우다.

시나리오 영향도

복구가 필요한 시나리오와 열거된 범위를 정의하는 것 외에도 잠재적인 영향도를 정의하는 것도 중요한데, 이는 복구 옵션을 어떤 방법으로 접근할지 결정하는 데 중요하기 때문이다. SLO에 영향을 미치지 않는 데이터 손실에 대해 체계적이고 천천히 접근해 장애 영향도의 증대를 최소화할 수 있다. SLO 위반을 유발하는 좀 더 파괴적인 변경은 장기적인 복구 계획 수립 이전에 먼저 장애 영향도를 구분하고 신속한 서비스 복원을 염두에 두고 접근해야 한다. 해당 접근 방안은 다음과 같이 세 가지로 분류할 수 있다.

- SLO에 영향을 미치고, 애플리케이션 종료 및 대다수의 사용자에게 영향을 미칠 때

- SLO에 위협적이고 일부 사용자에게 영향을 줄 때

- SLO에 위협적이지 않고 일부 기능에 영향을 미칠 때

복구 시나리오, 범위, 영향도와 함께 72가지 다양한 시나리오의 잠재적 조합을 고려해야 한다. 정말 많은 시나리오다. 각자에게 필요한 집중력의 수준을 주기에는 정말 너무 많다. 다행히도 많은 시나리오에서 동일한 복구 접근 방법을 활용할 수 있다. 이러한 중첩이 있음에도 모든 만일의 사태에 대해 완전한 계획을 세울 수 있는 방법은 없다. 따라서 복구에 대한 다중 계층 접근 방식을 구축해야 가능한 광범위한 툴킷을 확보할 수 있다. 다음 절에서는 이 절에서 방금 다룬 정보를 사용해 복구 전략을 정의한다.

복구 전략 구조

'백업 전략'이 아닌 '복구 전략'이라고 말하는 데는 이유가 있다. 데이터 복구는 바로 백업하는 이유다. 백업은 단순히 목적을 위한 수단일 뿐이므로 매개변수 내의 복구라는 실제 요구 사항에 따라 달라진다. "여러분의 데이터베이스는 백업돼 있는가?"라는 간단한 질문은 다음과 같은 대답이 나와야 한다. "네, 복구 시나리오에 따라 다양한 방법으로 백업되고 있습니다." 단순히 '예'라고 한다면 미숙할뿐더러 무책임하고 위험한 잘못된 보안 의식을 조장한다.

효과적인 데이터베이스 복구 전략이란 가장 효과적인 접근 방법으로 다양한 시나리오를 수행할 뿐만 아니라 데이터의 손실과 손상 감지, 복구 테스트 및 복구 유효성 검사까지 포함하는 것을 말한다.

블록 쌓기 1: 탐지

잠재적인 데이터 손실과 손상은 조기에 발견하는 것이 중요하다. 앞서 '계획되지 않는 시나리오'에서 살펴본 사용자와 애플리케이션의 오류에 대한 논의에서 이러한 문제는 식별되기 전까지 며칠, 몇 주 혹은 더 길어질 수 있다는 점에 주목했다. 이는 백업의 필요성을 인식할 때쯤에는 이미 백업할 시기가 지났을 수도 있다는 것을 의미한다. 그러므로 탐지는 모든 엔지니어링 중 반드시 높은 우선순위를 가져야 한다. 데이터 손실과 손상을 조기 탐지하는 시스템을 구축하는 것 외에도 조기 탐지가 실패할 경우 복구할 수 있는 기간을 가능한 한 길게 유지되게 하는 것도 중요하다. 논의한 여러 가지 장애 시나리오를 살펴보고 탐지 및 복구 시간 연장 방법에 대한 실제 접근 방식을 확인해보자.

사용자 오류

데이터 손실을 식별하는 데 걸리는 시간을 단축시키는 데 큰 영향을 줄 수 있는 방법 중 하나는 운영 환경에서 수동 작업과 애드혹ad-hoc 변경 사항을 실행하는 것을 허용하지 않는 것이다. 운영 스크립트를 패키지화하거나 심지어 이를 API 수준의 추상화까지 만들어놓으면 엔지니어는 모든 변경 사항이 가능한 한 안전하게 테스트, 기록, 배포를 적절히 진행할 수 있도록 효과적인 절차를 안내 받을 수 있게 된다.

효과적인 패키지나 API는 다음과 같은 일을 수행할 수 있다.

- 매개변수를 통한 다양한 환경에서의 실행
- 실행 결과를 예측하고 검증할 수 있는 사전 테스트 환경
- 코드 실행을 위한 테스트 제품군
- 변경 내용이 예상했던 것과 동일한지 검증하기 위한 실행 후 유효성 검사

- 동일한 API를 통한 소프트 삭제^{soft-deletion}[1] 또는 간단한 롤백

- 식별과 복구를 위해 수정된 모든 데이터의 ID를 기록

이러한 프로세스의 애드혹 및 수동 구성 요소를 제거함으로써 엔지니어의 문제 해결을 통해 모든 변경 사항을 추적할 수 있는 가능성을 높일 수 있다. 모든 변경 사항은 추적 가능성이 있게 기록될 것이며, 해당 변경 사항은 쉽게 사라지지 않는다. 마지막으로 소프트 스테이징 변형이나 삭제 그리고 데이터를 간편히 롤백할 수 있게 구현함으로써 변경 사항을 식별하고 바로 잡는 데 더 많은 시간을 할애할 수 있다. 이건 보장이 아니다. 결국 수동 프로세스는 매우 잘 기록될 수 있고 사람들은 자동화된 프로세스에서 로깅을 설정하는 것을 잊어버리거나 우회할 수도 있다.

애플리케이션 오류

애플리케이션 오류를 조기에 발견하기 위한 핵심은 데이터 검증이다. 엔지니어가 신규 객체와 속성을 도입할 때 데이터베이스 신뢰성 엔지니어는 애플리케이션 외부에서 다운받을 때 수행할 수 있는 데이터 검증을 위해 그들과 협력해야 한다.

모든 테스트와 마찬가지로 초기 작업은 중요한 데이터 컴포넌트에 대한 빠른 피드백 루프를 제공하는 신속한 테스트에 초점을 맞춰야 한다. 예를 들면 파일에 대한 외부 포인터, 참조 무결성을 맺기 위한 관계 매핑, 개인 식별 정보^{PII} 등이 있을 수 있다. 데이터와 애플리케이션이 증가함에 따라 이러한 검증은 더 많은 비용과 가치를 지니게 된다. 스토리지 엔진이 아닌 엔지니어가 데이터 품질과 무결성에 대한 책임을 갖는 문화를 형성하는 것이 다양한 데이터베이스를 사용할 수 있는 유연성을 지닌다. 또한 사람들이 애플리케이션 기능을 실험하고

---

1. 실제 데이터는 삭제되지 않고 해당 데이터를 사용할 수 없는 상태로 표기만 하는 방식이다. - 옮긴이

민첩하게 대응할 수 있다는 확신을 느낄 수 있게 도와준다. 이러한 검증은 가드레일 역할을 해 모든 사람이 용감하고 더욱 더 자신감을 가질 수 있게 도와준다.

인프라 서비스

복구가 필요한 어떤 절망적인 인프라의 영향도는 운영 가시성 스택을 모니터링해 신속하게 파악해야 한다. 말하자면 좀 더 조용하고 잠재적으로 데이터 손실, 데이터 손상, 가용성에 문제를 야기할 수 있는 몇 가지 변경 사항이 있다. 골든 이미지를 사용해 인프라의 컴포넌트와 정기적으로 비교하는 것은 테스트 이미지에서 이탈하는 것을 빠르게 식별하는 데 도움이 될 수 있다. 마찬가지로 버전 기반 인프라는 이탈하는 인프라를 식별하고 적절한 엔지니어에게 알람을 주는 데 도움이 될 수 있다.

운영체제와 하드웨어 오류

인프라 서비스와 마찬가지로 이러한 문제의 대다수는 로그와 지표 모니터링에 의해 신속하게 감지해야 한다. 일반적이지 않은 특별한 케이스의 경우 조기 감지를 위해 모니터링을 식별하고 추가하고자 약간의 사고와 경험이 필요하다. 이는 디스크 블록의 유효성 검사를 예로 들 수 있다. 모든 파일 시스템이 이 작업을 수행해야 하는 것은 아니며 중요한 데이터로 작업한다면 유효성 검사를 통해 소리 없는 손상^{silent corruption}을 식별할 수 있는 적절한 파일 시스템을 고려해야 한다.

하드웨어와 데이터 센터 장애

인프라 서비스와 마찬가지로 이러한 장애는 4장에서 이미 살펴본 것처럼 모니터링을 통해 쉽게 식별할 수 있어야 한다. 우리가 이미 이것을 했다는 게 대단하지 않은가?

블록 쌓기 2: 스토리지 계층화

효과적인 복구 전략은 여러 스토리지 계층에 존재하는 데이터에 따라 좌우된다. 다양한 스토리지 영역으로 인해 서로 다른 복구 요구 사항을 수용할 수 있으며, 이는 적절한 성능을 보장할 뿐만 아니라 수많은 시나리오에 적합한 비용과 적절한 내구성을 보장한다.

온라인, 고성능 스토리지

대부분의 운영 데이터 스토어가 실행되는 스토리지 풀이다. 처리량이 많고 대기시간이 적어 가격대가 높은 것이 특징이다. 복구 시간이 가장 중요한 경우에는 데이터 스토어의 최신 복사본과 연관된 증분 백업을 이 계층에 저장하는 것이 가장 중요하다. 일반적으로 가장 최근 데이터의 복사본 몇 개만 여기에 두어 가장 흔하고 영향을 미치는 시나리오를 신속하게 복구할 수 있다. 사용 사례로는 장애 발생 후 신규 노드를 운영 서비스로 가져오고자 전체 데이터베이스의 복사본이 필요한 경우다. 또는 추가 용량이 필요한 트래픽의 급격한 증가에 대응하기 위한 경우에도 예를 들 수 있다.

온라인, 저성능 스토리지

이 스토리지 풀은 보통 대기시간에 민감하지 않은 데이터를 위해 사용된다. 낮은 처리량과 대기시간을 지닌 큰 크기와 비용이 저렴한 디스크가 이 스토리지 풀을 구성하고 있다. 이러한 스토리지 풀은 종종 이러한 점 때문에 크기가 훨씬 더 크기 때문에 더 많은 데이터 복사본을 이 계층에 저장할 수 있다. 상대적으로 사용 빈도가 적거나 낮은 영향도, 장시간 수행되는 복구 시나리오에서 이러한 이전 백업을 사용한다. 대표적인 사용 사례로는 조기에 발견된 애플리케이션이나 사용자 오류를 찾아 수정하는 것이다.

오프라인 스토리지

테이프 스토리지 또는 아마존 글래시어Glacier와 같이 오프라인 스토리지의 예로 들 수 있다. 이 스토리지는 사이트를 벗어난 곳에 있고 복구가 가능한 지역으로 가져오고자 보통 운송 수단을 통한 이동이 요구된다. 이는 비즈니스 연속성과 감사성auditory 요구 사항을 지원할 수 있지만 일상적인 복구 시나리오로 사용하진 않는다. 그러나 크기와 비용 때문에 방대한 양의 스토리지를 이용할 수 있어 비즈니스 수명 기간이나 최소한의 법적 컴플라이언스 기간 동안의 모든 데이터를 저장할 수 있다.

오브젝트 스토리지

오브젝트 스토리지는 파일이나 블록이 아닌 객체로서 데이터를 관리하는 스토리지 아키텍처다. 오브젝트 스토리지는 애플리케이션에 제공되는 API, 객체 버전 관리, 복제와 배포를 통한 고수준의 가용성 등과 같은 기존 스토리지 아키텍처에서는 제공하지 않는 기능을 제공한다. 오브젝트 스토리지는 풀 버전과 히스토리를 이용해 대량의 오브젝트를 확장 가능하고 자가 치유self-healing할 수 있게 한다. 이는 일관성을 위해 다른 데이터와의 관계에 의존하지 않고 구조화되지 않는 특정 오브젝트를 쉽게 복구하는 데 이상적일 수 있다. 이는 애플리케이션이나 사용자 오류를 복구할 수 있는 매력적인 기회를 제공한다. 아마존 S3는 저렴하고 확장 가능하며 안정적인 오브젝트 레벨의 스토리지 계층인 전형적인 예다.

이러한 각 계층은 여러 잠재적 시나리오에서 회복성에 대한 포괄적인 전략에 참여한다. 가능한 모든 시나리오를 예측할 수 없다면 이것이 필요한 요구한 사항의 전반에 걸친 수준이다. 다음은 이러한 스토리지 계층을 활용해 회복성을 제공하기 위한 도구를 살펴볼 것이다.

블록 쌓기 3: 다양한 도구 상자

이제는 시나리오를 진행하고 옵션을 평가해 필요한 복구 프로세스를 검토할 차례다. 이 장의 여러 절에서 사용할 수 있는 일련의 도구가 있음을 알고 있다. 좀 더 자세히 살펴보자.

복제는 백업이 아니다

그 어디에서도 데이터를 복구하기 위한 효과적인 백업 방법으로 복제를 이야기하는 곳은 없다. 복제는 어떤 조치도 할 수 없으며 사용자 에러, 애플리케이션 에러와 손상을 전파한다. 복제는 데이터 이동과 동기화를 위해 필요한 도구로 봐야지 복구를 위한 유용한 아티팩트를 생성하기 위한 도구가 아니다. 백업 목적으로 복제를 이야기하는 사람이 있다면 그들에게 곁눈질을 주고 다른 사람에 넘어가자. 이는 RAID가 백업이 아닌 것과 유사하다. 오히려 중복성(redundancy)이라고 할 수 있다.

전체 물리 백업

노드 수준, 클러스터 수준, 데이터 센터 수준 등 각 범위의 수준에서 전체 복원이 필요하다는 것을 알고 있다. 동적인 환경에서 신속하고 이식성을 지닌 전체 복원은 매우 강력하고 필수적이다. 이 시스템은 용량 또는 고장 시 교체 배치를 위해 급속한 노드 구축을 허용한다. 전체 백업은 네트워크를 이용해 전체 데이터를 복사하거나, 특정 호스트나 인스턴스에서 쉽게 연결하고 분리할 수 있는 볼륨을 통해 수행할 수 있다. 이 작업을 위해선 전체 백업이 필요하다.

관계형 데이터베이스의 전체 백업에는 복사할 수 있는 일관된 스냅샷을 얻고자 데이터베이스를 잠글 수 있는 기회 또는 복사 기간 동안 데이터베이스를 종료할 수 있는 기능이 필요하다. 비동기 방식의 복제 환경에서는 복제본을 주 서버와 동기화됐다는 것을 완벽하게 신뢰할 수 없으므로 가능하면 주 서버에서 전체 백업을 수행해야 한다. 데이터베이스, 파일 시스템, 인프라를 통해 스냅샷이 생성되면 해당 스냅샷을 스테이징 스토리지에 복사할 수 있다.

카산드라처럼 쓰기 데이터 스토어를 추가하는 전체 백업은 운영체제 수준에서 하드 링크를 활용하는 스냅샷이 포함된다. 이러한 분산 데이터 스토어의 데이터가 모든 노드에 있는 것은 아니기 때문에 백업은 결국 궁극적 일관성^{eventually} ^{consistent}을 지닌 백업으로 간주된다. 복구를 수행하려면 해당 노드를 클러스터로 다시 가져와야 하며 이 시점에 정기적인 일관성을 맞추는 운영 작업으로 결국 노드를 최신 상태로 만들어야 한다.

고성능 스토리지에서 온라인 전체 백업은 온라인 클러스터로 즉시 교체하기 위한 것이다. 압축을 해제하는 데 많은 시간이 걸리기 때문에 이러한 백업은 보통 압축하지 않는다. 저성능 스토리지에서 온라인 전체 백업은 테스트, 분석, 데이터 포렌식과 같은 다양한 환경을 구축하는 데 사용된다. 압축은 제한된 스토리지 풀에서 전체 백업의 시간을 더 길게 할 수 있는 효과적인 도구다.

증분 물리 백업

앞에서 설명한 것처럼 증분 백업은 마지막 전체 백업과 그 이후의 지점 사이 간격을 이어준다. 물리적 증분 백업은 일반적으로 변경된 데이터가 있는 데이터 블록을 통해 수행된다. 전체 백업은 백업 및 스토리지의 성능에 미치는 영향과 관련해 많은 비용이 들 수 있기 때문에 증분 백업을 사용하면 클러스터에서 사용할 수 있는 이전 버전의 전체 백업을 신속하게 가져올 수 있다.

전체 및 증분 논리 백업

전체 논리 백업은 이식성과 데이터 일부분의 간단한 추출을 제공한다. 노드의 신속한 복구에는 사용하지 않지만 포렌식, 데이터 스토어 간의 데이터 이동, 대규모의 데이터 세트에서 특정된 일부 데이터의 복구 작업 등을 위한 완벽한 도구다.

오브젝트 스토어

논리 백업과 마찬가지로 오브젝트 스토어는 특정 오브젝트를 쉽게 복구할 수 있다. 실제로 오브젝트 스토리지는 이러한 특별한 상황에 최적화돼 있으며 필요 시 프로그래밍적으로 오브젝트를 복구하고자 API로 쉽게 사용할 수 있다.

블록 쌓기 4: 테스트

복구와 같은 필수적인 인프라 프로세스의 경우 테스트가 얼마나 자주 중단되는 지는 놀랍다. 테스트는 백업을 복구에 사용할 수 있는지 확인하는 데 필수적인 프로세스다. 테스트는 보통 월별 또는 분기별과 같이 간헐적으로 실행될 수 있는 주기적인 프로세스로 설정된다. 이 방법은 없는 것보다 낫지만 다음 테스트 진행까지 오랜 시간이 발생하므로 그 동안 손상의 백업이 발생할 수도 있다.

진행 중인 프로세스에 테스트를 수행하는 효과적인 두 가지 방법이 있다. 첫 번째는 일상적인 프로세스에 복구 작업을 추가하는 것이다. 이 방법으로 지속적인 복구 테스트가 가능하고 버그 및 장애를 신속하게 식별할 수 있다. 또한 지속적인 복구를 수행함으로써 복구 작업 시간이 얼마나 소요되는지 그 데이터를 축적할 수 있다. 이는 SLA^{Service-Level Agreements}를 충족시키기 위한 복구 프로세스를 보정하는 데 필수적이다. 복구 작업을 지속적으로 통합하는 일반적인 프로세스의 예는 다음과 같다.

- 통합 환경 구축

- 테스트 환경 구축

- 운영 클러스터에서 정기적인 노드 교체

데이터 스토어를 재구성할 수 있는 충분한 기회가 없는 환경에서는 지속적인 테스트 프로세스를 생성할 수도 있으며, 이 프로세스를 통해 최신 백업의 복구가 지속적인 프로세스인 다음 해당 복원의 성공 여부를 확인할 수 있다. 자동화의 존재 여부와 상관없이 오프사이트 백업 계층에서도 가끔 테스트가 필요하다.

이러한 기초 작업을 통해 다양한 복구 시나리오에 맞는 심도 있는 대응 체계를 구축할 수 있다. 복구 작업에 사용되는 시나리오와 도구를 매핑하면 개발과 리소스에 관한 요구 사항에 대한 평가를 시작할 수 있다.

복구 전략 정의

이 장의 앞부분에서 설명한 것처럼 다양한 실패 시나리오를 준비해야 한다. 이를 위해서는 풍부한 도구 세트와 각 도구의 활용 계획이 필요하다.

온라인, 전체 및 증분 백업과 빠른 스토리지

여러 전략 중 이번 절에서 다루는 부분은 일상적 복구의 기본 재료가 된다. 운영 서비스나 테스트를 위해 신규 노드를 신속하게 구축해야 하는 경우 이 전략을 사용하자.

사용 사례

다음 시나리오가 이번 전략의 주요 사용 사례다.

- 장애 노드 대체
- 신규 노드 추가
- 기능 통합을 위한 테스트 환경 구축
- 운영을 위한 테스트 환경 구축

매일 전체 백업을 실행하는 것이 백업 중 대기시간으로 인해 가능한 한 가장 높은 빈도가 되는 경우가 많다. 일주일치의 가치를 유지하는 것은 어떠한 최신 변경 사항에 빠르게 접근할 수 있게 해주며, 이는 보통 충분하고도 남는다. 즉, 압축되지 않은 7개의 전체 데이터베이스 복사본과 증분 백업에 대한 모든 변경 사항을 추적하는 데 필요한 데이터양을 의미한다. 이를 위한 여유 용량이나 비용이 없는 일부 환경에서는 튜닝을 위해 보존 기간^{retention period}이나 빈도^{frequencey}를 수정할 필요가 있다.

검출

모니터링은 신규 노드로 복구가 필요한 노드나 컴포넌트 장애가 있을 때 이를 알려준다. 가용 용량 계획을 검토하고 예측하는 활동을 하자. 이를 통해 어느 시점에 노드를 더 추가해야 하는지 알 수 있다.

계층형 스토리지

운영 장애는 빠른 복구가 필요하기 때문에 온라인 고성능 스토리지가 필요하다. 마찬가지로 테스트는 빠른 개발 속도를 지원하고자 가능한 한 빨라야 한다.

도구 상자

전체 및 증분 물리 백업은 가장 빠른 복구 옵션을 제공하며 여기에 가장 적합하다. 이러한 백업은 빠른 복구 시간으로 인해 압축되지 않은 상태다.

테스트

통합 테스트가 자주 발생하기 때문에 이와 같은 복구 시나리오는 자주 발생한다. 가상 환경에서는 매일 클러스터에 한 노드를 다시 추가하는 작업은 비슷한 복구 프로세스 작업이 발생한다. 마지막으로 이 프로세스의 중요성이 매우 크기 때문에 지속적인 복구 프로세스가 도입된다.

온라인, 전체 및 증분 백업과 느린 스토리지

다음은 좀 더 비용이 저렴하고 속도가 느리지만 용량은 충분한 스토리지를 살펴 보자.

사용 사례

다음 시나리오가 이번 전략의 주요 사용 사례다.

- 애플리케이션 오류

- 사용자 오류

- 손상 수리

- 운영을 위한 테스트 환경 구축

새로운 기능, 변경 실패, 적절하지 못한 마이그레이션이 발생해 데이터가 손상 되는 등 이와 같은 상황이 발생하면 이를 복구하고자 대량의 데이터에 접근해서 추출할 수 있어야 한다. 그 지점이 바로 이 계층이 필요한 부분이다. 이는 복구 작업의 가장 지저분한 단계일 것이다. 처리해야 할 잠재적인 손상이 너무 많기 때문이다. 복구 작업 중에 코드를 스크립팅해야 하는 경우가 많으며, 이로 인해 효과적인 테스트가 없는 더 많은 버그와 오류가 발생할 수도 있다.

압축을 거쳐 고성능 스토리지에서 저성능 스토리지로 전체 백업을 복사하는 것 이 우리의 전략 중 일부에 대한 전체 백업을 얻는 쉬운 방법이다. 압축 및 저렴 한 스토리지로 인해 예산과 요구 사항에 따라 한 달 또는 그 이상을 유지할 수 있다. 매우 다이내믹한 환경에서는 데이터의 손상과 무결성 이슈를 놓칠 가능성이 훨씬 높기 때문에 더 긴 시간을 고려해야 한다는 것을 의미한다.

검출

데이터 검증은 이 풀에서 복구를 위한 필요성을 식별하기 위한 핵심이다. 검증에 실패하면 엔지니어는 이러한 백업을 사용해 어떤 일이 발생했는지, 언제 발생했는지를 식별하고 운영 서비스에 다시 적용할 정상적인 데이터 추출 작업을 시작할 수 있다.

계층형 스토리지

이번 전략에서는 긴 시간이 필요하기 때문에 온라인 저성능 스토리지가 필요하다. 저렴하고 용량이 많은 스토리지가 핵심이다.

도구 상자

여기서는 전체 및 증분 물리적 백업이 가장 적합하다. 이러한 백업은 복구 시간 요구 사항으로 인해 압축된다. 여기서는 물리적 로그뿐 아니라 복제 로그와 같은 논리적 백업도 활용해 복구의 유연성을 높일 수 있다.

테스트

이 복구는 자주 발생하지 않기 때문에 모든 백업을 유용하고 양호하게 사용하려면 지속적인 자동화된 복구 프로세스가 중요하다. 가끔 데이터베이스의 테이블이나 특정 범위의 데이터와 같은 특정한 복구 시나리오를 실행하는 일명 '게임데이game day'라는 실습으로 복구 프로세스 및 도구에 익숙해지게 유지하는 데 좋은 방법이다.

오프라인 스토리지

가장 비용이 적고 가장 느린 속도로 데이터를 추출할 수 있는 스토리지 계층이다.

사용 사례

다음 시나리오가 이번 전략의 주요 사용 사례다.

- 감사와 컴플라이언스

- 비즈니스 연속성

따라서 해당 솔루션은 실제로 매우 드물지만 아주 중요한 요건에 초점을 맞춘다. 감사 및 컴플라이언스를 위해서는 종종 7년 이상의 이전 데이터가 필요하다. 그러나 이는 시간에 민감하지 않으며 이를 준비하고 나타내는 데 시간이 오래 걸릴 수 있다.

비즈니스 연속성을 유지하려면 재해가 발생할 때 재구축을 할 수 있도록 현재 프로덕션 시스템과 물리적으로 동일한 위치에서 멀리 떨어진 곳에 데이터의 복사본을 둬야 한다. 이는 시간에 민감함에도 융통성을 고려한 단계별 접근 방식으로 복원할 수 있다.

압축 메커니즘을 통해 전체 백업을 저성능 스토리지에서 오프라인 스토리지로 복사하는 것이 전체 백업을 활용하기 위한 쉬운 방법이다. 최대 7년 이상 유지하는 것이 가능할 뿐만 아니라 필요하다.

검출

검출은 이번 전략의 컴포넌트에서 중요한 부분이 아니다.

계층 스토리지

이번 전략에서는 많은 시간이 필요하기 때문에 방대한 크기의 저렴한 스토리지가 필요하다. 주로 테이프 백업이나 아마존 글래시어와 같은 솔루션이 사용된다.

도구 상자

여기서는 전체 백업이 가장 적합하다. 이러한 백업은 역시 복구 시간 이슈 때문에 압축된다.

테스트

여기서의 테스트 전략은 느린 온라인 스토리지 계층과 유사하다.

오브젝트 스토리지

오브젝트 스토리지의 한 가지 예는 아마존의 S3다. 물리적인 접근이 아닌 프로그래밍적인 접근이 가능한 것이 특징이다.

사용 사례

이번 전략에서는 다음 시나리오가 주요한 사용 사례다.

- 애플리케이션 오류

- 사용자 오류

- 손상 수리

사용자 오류와 애플리케이션 오류에서 효과적으로 복구하고자 소프트웨어 엔지니어에게 관리 도구와 애플리케이션에 통합하는 데 오브젝트 스토리지 검사,

배치 및 검색 API를 제공한다. 데이터 버전 관리를 사용하면 이러한 도구 없이도 운영자를 위해 삭제, 예상치 못한 변형, 다른 잠재적인 시간 낭비 작업 등에서 복구하는 작업 정도는 아주 사소한 일이 된다.

검출

데이터 유효성 검증과 사용자 요청이 이 단계의 복구 요구 사항을 확인하기 위한 핵심이다. 유효성 검사가 실패하면 엔지니어는 발생 날짜 범위를 식별하고 프로그래밍을 통한 방법으로 장애에서 복구할 수 있다.

테스트

객체 수준 복구는 애플리케이션의 일부가 되기 때문에 표준 통합 테스트는 해당 작업이 제대로 동작하는지 충분한 테스트를 해야 한다.

이러한 데이터 복구의 4가지 접근 방식을 통해 의도했든 그렇지 않았든 간에 대부분의 시나리오에서 복구를 위한 적합한 포괄적인 전략을 제공할 수 있게 됐다. 복구 서비스 수준의 기대치, 예산, 리소스 등에 따라 세부 조정이 수행될 수 있다. 그러나 전반적으로 탐지, 수치, 추적, 지속적 테스트 등이 구체적이고 효과적인 계획의 단계를 설정했다.

정리

데이터 복구가 필요한 환경에 대해 잠재적 위험을 확실하게 이해하고 이번 장을 끝내야 한다. 이러한 위험은 수가 너무 많고 예측할 수가 없다. 가장 중요한 포인트 중 하나는 모든 일을 대비한 계획은 세울 수 없다는 것이고, 어떤 일이 발생하더라도 이를 대처할 수 있는 종합적인 전략을 세워야 한다는 것이다. 전략 중 일부는 소프트웨어 엔지니어들과 협력해 복구 기능을 애플리케이션 자체에 통합하는 것도 포함된다. 이를 제외한 나머지는 견고한 복구 소프트웨어를 구축하는 것이 필요하다. 그리고 모든 경우에서 이에 도달하고자 지금까지 다뤘던 서비스 수준 관리, 위험 관리, 인프라 관리, 인프라 엔지니어링 등을 활용해야 한다.

8장에서는 릴리스 관리를 살펴본다. 이 책의 남은 부분으로 가면 데이터 복구가 가장 먼저 마음에 남기를 바란다. 모든 애플리케이션과 인프라의 발전은 데이터와 스테이트풀stateful 서비스에 위험을 초래한다. DBRE 세계에서의 주요 지침은 데이터 복구가 가능하다는 것을 보장하는 것이다.

릴리스 관리

인프라 관리의 부담을 자동화하고 완화시킴에 따라 데이터베이스 신뢰성 엔지니어[DBRE]는 업무에서 매우 가치 있는 부분에 더 많은 시간을 할애할 수 있다. 이러한 고부가가치 활동 중 하나는 소프트웨어 엔지니어들과 협력해 애플리케이션 기능을 구축, 테스트, 배포하는 것이다. 전통적으로 데이터베이스 관리자[DBA]는 프로덕션의 게이트 키퍼[gatekeeper]가 될 것이다. 이들은 각 데이터베이스 마이그레이션, 데이터베이스 객체 정의, 데이터베이스에 접근하는 코드를 확인해 정상적으로 수행됐는지 확인하기를 기대한다. 확인이 완료되면 DBA는 적절한 수작업으로 변경을 계획하고 프로덕션에 적용할 것이다.

상당한 양의 배포와 데이터베이스 구조 변경을 경험하는 환경에서는 이것이 반드시 지속 가능한 프로세스일 필요는 없다고 생각하고 있을 수도 있다. 실제로 여러분이 이러한 프로세스의 일부분이라면 DBA가 얼마나 빨리 게이트 키퍼에서 병목 현상으로 전환돼 DBA가 번아웃[burnout]되고 소프트웨어 엔지니어링을 좌절시킬 수 있는지 이미 잘 알고 있을 것이다.

이 장의 목표는 DBRE가 병목 현상 없이 지속적인 통합[CI, Continuous Integration]과 심지어 지속적인 배포[CD, Continuous Deployment]를 활용하는 소프트웨어 엔지니어링 프로세스를 지원하고자 그들의 시간, 기술, 경험을 효과적으로 활용하는 방법을 살펴보는 것이다.

교육과 협업

DBRE가 행동해야 하는 첫 번째 단계 중 하나는 그들이 작업 중인 데이터 스토어에 대해 개발자를 교육하는 것이다. SWE가 데이터 구조, SQL, 전반적인 상호작용 전략에 대해 더 나은 선택을 할 수 있다면 DBRE가 직접적으로 개입해야 하는 필요성이 적을 것이다. SWE 팀에게 데이터베이스 지식을 전달하는 역할을 맡음으로써 동료들의 지속적인 학습 프로세스에 상당한 영향을 미칠 수 있다. 또한 이는 기술 조직의 성공에 중요한 모든 것, 즉 더 나은 관계, 신뢰, 커뮤니케이션 등을 발전시킨다.

명확하게는 DBRE가 소프트웨어 엔지니어링 팀과 멀어지는 관계를 맺으려고 하는 것을 바라지 않는다. 대신 DBRE가 정기적인 의사소통과 전략적인 노력으로 SWE 팀을 더 박식하게 만드는 것을 희망한다. 그러므로 데이터베이스에 대해 일상적인 의사결정을 높은 수준으로 자원에 접근하고 독립적으로 수행할 수 있게 만드는 것이다.

특징적이고 측정 가능하며 실행 가능한 모든 것을 유지해야 한다는 것을 기억하자. 이 과정에서 팀의 성공을 위해 주요 지표를 정의하고 전략과 변화를 구현함으로써 팀에 어떤 도움이 되는지 확인하자. 이 과정에서 고려해야 할 몇 가지 중요한 지표는 다음과 같다.

- DBRE와 협업이 필요한 데이터베이스의 수

- DB 배포의 성공/실패

- 기능 속도$^{feature velocity}$. SWE는 얼마나 빠르게 프로덕션 환경으로 배포할 수 있는가?

- DB 변경으로 인한 다운타임^{downtime}

애자일^{Agile} 방법론과 데브옵스^{DevOps} 문화는 서로 다른 배경, 기술 수준, 전문 지식

등 긴밀한 협업을 위해 사람 간에 교차 기능적^{cross-functional}인 교류를 필요로 한다. 이 프로세스에서 교육과 협업은 큰 부분을 차지하며, 여러분은 DBRE로서 기존 DBA 모드에서 벗어나 기술 조직의 일부로 통합될 수 있는 좋은 기회다.

대외 활동

여러분은 분명히 데이터나 데이터베이스에서 특출난 사람들과 조직의 블로그, 트위터 피드, 소셜 계정 등을 팔로우하고 있을 것이다. 이를 통해 개인이나 팀에서 하고 있는 일의 연관성과 의미 있는 기사, Q&A 세션, 팟캐스트, 프로젝트 등을 찾게 될 것이다. 이를 선별하고 공유하자. 정기적인 뉴스 레터, 포럼^{forum} 또는 채팅 채널을 만들어 관련 정보를 게시하고 토론할 수 있다. 엔지니어링 팀에 여러분과 다른 DBRE가 그들의 성공 사례와 끊임없는 개발에 투자하고 있음을 보여주자.

대화 조성

다음 단계는 소프트웨어 엔지니어와 적극적인 대화와 교류를 만드는 것이다. 여기에서 여러분과 팀은 여러분이 공유한 관련 콘텐츠를 파헤쳐 아이디어를 도출하고 해당 정보를 적용하는 방법을 배우고, 격차를 식별해 서로 협력하며 향후 연구와 실험을 진행한다. 이를 위한 방법은 여러 가지가 있으며 이는 여러분 환경의 학습과 협업 문화에 크게 좌우될 것이다. 다음은 몇 가지 예다.

- 주간 기술 회의

- 간단한 점심 미팅

- 온라인 AMA^{Ask Me Anything}

- 지식 공유 중심의 채팅 채널

마찬가지로 여러분은 공개 업무 시간을 가질 수 있다. 이 시간에는 사람들이 여러분에게 질문을 하고 특정 주제에 대해 의견을 교환하고 함께 무언가를 탐구하도록 독려된다.

도메인 특화 지식

이전 구성 요소는 조직에서 사용 중인 적절한 데이터 스토어 및 아키텍처와 관련된 일반적인 기초와 지식을 제공하지만 여전히 조직의 도메인과 관련된 지식 전달이 필요하다.

아키텍처

우리는 아키텍처의 실제 구축과 배포 프로세스로 연결되지 않는 정적인 문서를 좋아하지 않는다. 환경설정 관리와 오케스트레이션 시스템을 사용하면 항상 최신 상태로 유지되는 많은 문서를 무료로 얻을 수 있다. 메모와 댓글을 쉽게 찾고 차용하고 주석을 달 수 있는 도구를 추가하면 생동감 있는 문서를 생성할 수 있다.

게다가 문맥과 히스토리를 이해하는 능력도 있다. 특정 데이터 스토어, 설정, 토폴로지^{topology}가 만들어지는 이유가 있다. 어떤 아키텍처가 구성돼 있는지? 왜 그렇게 구성돼 있는지? 해당 아키텍처 구성에 대한 문서는 어떻게 찾는지? 마지막으로 현재 상황에 도달하고자 절충과 타협된 것은 무엇인지를 엔지니어가 파악할 수 있게 지원한다.

DBRE는 여러분의 감독 없이 기능 수정 작업을 하면서 매일 무언가 결정하는 엔지니어에게 이러한 지식, 상황, 히스토리를 제공하는 것이 여러분의 일이다. 설계 문서의 지식을 기반으로 구축하면 아키텍처에 대한 문맥과 히스토리를 구축하는 데 필요한 구조가 생성된다. 이러한 문서는 새로운 아키텍처적인 요소가 필요한 전체 프로젝트에 적용하거나 좀 더 작은 규모의 변경 작업이나 하위 프로젝트와 관련될 수 있다. 예를 들어 명령문 기반 복제에서 행 기반 복제로 전환하는 프로세스를 보여주는 설계 문서가 반드시 필요하지만 이벤트 기반 아키텍처를 위해 분산 로그 파일 구축을 지원하기 위한 초기 카프카^{Kafka} 설치와 동일한 요구 사항은 아닐 것이다.

이러한 문서에 대한 템플릿을 작성하고 배포하는 것은 팀의 활동이다. 다음과 같은 특정 정보를 포함하는 것이 중요하다.

실행 요약

기초를 찾는 사람들을 위해

지향과 지양

이 프로젝트에서 기대한 것은 무엇인지? 무엇이 해당 범위를 벗어났는지?

배경

향후 사용자에게 필요한 전후 상황

디자인

고수준에서 매우 상세한 것까지 다이어그램, 샘플 설정, 알고리듬 등을 찾을 수 있어야 한다.

제약 사항

PCI에 대한 컴플라이언스, IaaS 특화된 요구 사항 및 인력 배치와 같은 작업에서 지켜야 할 사항과 대안은 무엇인지?

대안

다른 옵션은 검토했는지? 어떤 방법론을 사용했으며 왜 해당 옵션이 제외됐는지?

출시 세부 정보

어떤 방법으로 출시했는지? 어떤 문제가 발생했으며 어떻게 관리했는지(스크립트, 프로세스, 메모 작성 등)?

보는 바와 같이 이러한 문서는 상당히 커질 가능성이 있다. 일부 프로젝트에서는 괜찮다. 분산 시스템과 다중 계층 서비스는 복잡하고 정보와 전후 상황이 통합된 많은 내용이 있다. 여기서 가장 중요한 목표는 필요 이상으로 많은 시간을 들이지 않고 전후 상황을 엔지니어에게 전달하는 것이다.

데이터 모델

아키텍처와 마찬가지로 데이터 흐름과 물리적인 파이프라인도 저장되고 있는 데이터의 종류에 대한 정보다. 소프트웨어 엔지니어에게 어떤 종류의 데이터가 이미 저장돼 있고 어디서 찾을 수 있는지 알려주면 개발 프로세스에서 상당한 양의 중복 작업과 조사 시간을 없앨 수 있다. 또한 이를 통해 동일한 데이터를 관계형, 키-값, 문서 지향형과 같은 다양한 패러다임으로 표현할 수 있는 방법을 공유할 수도 있다. 게다가 이는 어떤 데이터 스토어가 특정 유형의 데이터에 적합하지 않은지 모범 사례를 제공할 수 있는 기회이기도 하다

모범 사례와 표준

정기적으로 엔지니어가 참여한 활동에 대한 표준을 제공하는 것은 여러분이 창출할 수 있는 가치의 양을 최적화하는 또 다른 효과적인 방법이다. 여러분은 엔지니어를 돕고 의사결정을 하게 만듦으로써 이를 점진적으로 수행할 수 있다. 이에 대한 몇 가지 예는 다음과 같다.

- 데이터 타입 표준화

- 인덱싱

- 메타데이터 속성

- 사용 가능한 데이터 스토어

- 노출되는 지표

- 디자인 패턴

- 마이그레이션과 DB 변경 패턴

이를 함께 작업하는 엔지니어에게 공개함으로써 여러분에게 강제로 부여되는 병목 현상을 일으키지 않고 언제든지 접근 가능한 셀프 서비스 지식 기반 (https://martinfowler.com/articles/evodb.html) 제공이 가능하다.

도구

소프트웨어 엔지니어에게 개발 프로세스를 위한 효과적인 도구를 제공하는 것이 궁극적으로 조력자의 역할이다. 신규 데이터 스토어를 위해 벤치마킹 도구와 스크립트, 데이터 일관성 검토, 템플릿, 환경설정 등을 사용해 이들을 도울 수 있다. 궁극적으로 개발 프로세스의 속도를 높이는 동시에 좀 더 높은 가치를 지닌 것에 노력하기 위한 시간을 확보할 수 있도록 지원하는 것이다.

다음은 몇 가지 훌륭한 도구의 예다.

- Etsy의 Schemanator

- 온라인 스키마 변경online schema change과 같은 Percona의 툴킷

- SQL 튜닝과 최적화 제품군

- ServeralNines의 클러스터 구성자Cluster Configurator

- 변경 예정 템플릿과 패턴 예제 확인

- 마이그레이션 스크립트와 패턴 예제 확인

- 간편한 테스트, 시각화, 분석을 위한 벤치마크 제품군

소프트웨어 엔지니어링 팀을 고객으로 대하고 운영 환경 개발에 동등하게 훈련하자. 그들의 업무에 적용할 수 있는 방법의 최소한 실행 가능한 도구를 제공하고 일관성 있게 인터뷰하고 모니터링하자. 그리고 그들의 성공, 실패, 고충, 희망 사항을 측정하자. 이는 어떤 도구가 그들에게 가장 큰 이점을 제공하는지 안내할 것이다.

협업

여러분이 정기적으로 교육하고 도구를 만들고 엔지니어들에게 권한을 준다면 자연스럽게 좋은 관계를 형성할 수 있을 것이다. 이는 그들을 지속적인 협업으로 이끌 수 있기 때문에 매우 중요하다. 모든 소프트웨어 엔지니어는 DBRE 팀에 연락해 정보를 요청하거나 작업 중에 협업할 기회를 요청할 수 있어야 한다. 이는 소프트웨어 엔지니어^{SWE} 입장에서 DBRE 팀이 어떻게 일하고 무엇을 원하는지 배울 수 있고, DBRE 팀은 소프트웨어 개발 프로세스에 대해 더 많이 배울 수 있기 때문에 양방향으로 큰 가치를 제공한다.

DBRE는 엔지니어에게 사전에 연락해 이를 좀 더 발전시킬 수 있다. 분명히 DB 개발과 리팩토링^{refactoring}에 많은 의존성과 관련된 이야기가 있을 것이다. 여기서 DBRE는 성공과 효율성을 보장하고자 그들의 노력에 집중해야 한다. 해당 이야기에서 협업을 하거나 해당 팀의 일원이 될 수 있게 요청하자. 마찬가지로 메인라인으로 커밋되는 마이그레이션을 지켜보는 것은 DBRE 팀이 검토해야 하는 지점을 선별하는 데 도움이 될 것이다.

말할 필요도 없이 DBRE가 지하 깊은 곳에서 그리고 코드가 만들어지는 곳에서 멀리 떨어진 곳에서 분리되지 않게 하는 것이 이러한 공동 작업이 실제로 이뤄질 수 있게 보장하는 데 도움이 될 것이다. DBRE와 SWE를 서로의 프로젝트나

작업 안에서 교환해보는 것으로 이를 가능하게 한다.

이번 절에서는 개발 프로세스에서 소프트웨어 엔지니어가 최대한 자급자족할 수 있게 도울 수 있는 방법를 살펴봤다. 개발 팀이 성장함에 따라 효과적인 교육, 표준, 도구를 활용해 여러분 팀의 직접적인 개입 없이 올바른 결정을 내릴 수 있게 해야 한다. 동시에 향후 변경 사항과 솔루션에 검토를 요청해야 하는 시기를 엔지니어에게 교육하고 이로 인해 여러분은 적절한 시기에 지원할 수 있게 된다.

다음으로 DBRE로서 배포 파이프라인의 다양한 구성 요소를 효과적으로 지원하는 방법을 살펴본다. 지속적인 배포^{CD}가 전혀 새로운 개념은 아니지만 조직은 데이터베이스를 해당 프로세스에 통합하고자 고군분투해왔다. 다음 각 절에서는 데이터베이스 계층을 전체 배포 주기로 효과적으로 도입하는 방법을 설명한다.

통합

데이터베이스 변경 사항의 빈번한 통합을 통해 변경 사항 세트를 더 작고 관리하기 쉽게 할 수 있으며, 가능한 한 빨리 변경 사항의 문제점을 식별해 더 빠른 피드백 루프^{feedback loop}를 생성할 수 있다. 많은 조직에서 체크인된 모든 변경 사항을 자동으로 통합할 수 있게 지속적인 통합^{CI}을 위해 노력하고 있다. CI가 지닌 가치 중 중요한 부분은 데이터베이스가 애플리케이션 대한 모든 기대치를 충족하고 있음을 입증하는 자동화된 테스트다. 해당 테스트는 코드가 커밋될 때마다 적용된다.

소프트웨어 개발 생명주기 동안 데이터베이스 코드나 구성 요소가 변경되면 새로운 빌드가 발생되고 통합과 테스트가 이어져야 한다. 여러분과 소프트웨어 엔지니어링 팀은 데이터베이스의 작업 정의를 수립해야 할 책임이 있다. 통합은 소프트웨어 엔지니어가 데이터 모델을 리팩터링하고, 새 데이터 세트를 적용하고, 데이터베이스를 쿼리하는 새롭고 흥미로운 방법을 찾는 동안 데이터베이스가 정상 작동 상태를 유지하는지 계속 확인한다.

데이터베이스 계층에서 CI를 수행하는 것은 매우 어려운 일이다. 데이터베이스 객체를 활용하는 모든 애플리케이션의 기능적 측면 외에도 가용성, 일관성, 대기시간, 보안과 같은 운영 요구 사항이 있다. 객체 변경은 함수, 트리거, 뷰와 같은 저장된 코드에 영향을 미칠 수 있으며, 심지어 애플리케이션의 다른 부분에서 유입되는 쿼리까지 영향을 미칠 수 있다. 또한 데이터베이스에서 이벤트와 같은 고급 기능은 더 많은 취약점을 발생시킬 수 있다.

기능 테스트 외에도 데이터 무결성과 관련된 수많은 잠재적인 에지 케이스[edge case][1]가 있다. 때로는 제약 조건으로 무결성을 강화할 수 있지만 해당 규칙을 반드시 테스트해봐야 한다. 더욱 더 우려되는 것은 제약 조건이 없는 환경이다.

전제 조건

데이터베이스 레벨에서 CI를 수립하고자 충족해야 할 5가지 요구 사항이 있다. 하나씩 살펴보자.

버전 관리 시스템

인프라 코드 및 설정과 마찬가지로 모든 데이터베이스 마이그레이션은 나머지 애플리케이션과 동일한 버전 관리 시스템[VCS, Version Control System]에 체크인돼야 한다. 최신 데이터베이스 설정 변경이 어떻게 예기치 못한 방법으로 애플리케이션 구축을 방해하고 중단시킬 수 있는지 이해하려면 최신 설정을 기반으로 이를 구축할 수 있는 능력이 매우 중요하다.

---

1. 어떤 알고리듬이 처리하는 데이터 값의 범위가 극단적으로 최솟값이나 최댓값일 때 발생하는 문제 - 옮긴이

설정이 중복될 위험이 있으므로 모든 내용은 코드로 관리돼야 한다. 이는 다음과 같은 내용이 포함된다.

- DB 객체 마이그레이션

- 트리거

- 프로시저와 함수

- 뷰

- 설정

- 기능 확인을 위한 샘플 데이터 세트

- 데이터 정리 스크립트

이는 CI 외에 많은 유용한 것도 제공한다.

- 한곳에서 모든 관련 정보를 쉽게 찾을 수 있다.

- 자동 배포에 필요한 모든 자동화된 빌드를 지원한다(6장 참고).

- 데이터베이스의 모든 히스토리와 버전을 찾을 수 있으므로 복구, 포렌식, 트러블슈팅에 도움이 된다.

- 적어도 이상적인 환경에서는 애플리케이션과 데이터베이스 버전이 동기화된다는 것을 알 수 있다.

이미 수행 중인 상태의 인프라 변경을 코드로 검증하는 방식으로 통합 작업을 지속한다면 소프트웨어 엔지니어는 최신 데이터베이스 버전을 개발 환경에 적용해볼 수도 있다.

데이터베이스 구축 자동화

6장에서 설명한 설정 관리와 자동화 기술을 활용하고 있다면 통합을 위해 데이터베이스를 자동으로 구축할 수 있어야 한다. 여기에는 최신 데이터 정의 언어 DDL 스크립트 적용과 테스트를 위한 대표 데이터 세트를 적재하는 작업이 포함된다. 이는 여러분이 예상했던 것보다 더 어려울 수 있는데, 고객 데이터를 노출하는 컴플라이언스 이슈가 발생하지 않게 프로덕션 데이터를 정리하거나 제거해야 할 수도 있기 때문이다.

테스트 데이터

빈 데이터베이스는 항상 매우 잘 수행된다. 데이터가 적은 데이터 세트도 마찬가지다. 여러분은 세 가지 다른 데이터 세트가 필요할 것이다. 첫 번째는 조회할 테이블에 대한 모든 메타데이터다. 여기에서 고객 유형, 위치, 워크플로, 상세 정보를 위한 ID를 찾을 수 있다. 이러한 데이터 세트는 보통 양이 적고 애플리케이션의 올바른 수행을 위해 매우 중요하다.

다음은 고객 및 주문과 같은 기능 작업을 위한 데이터 세트가 필요하다. 이는 일반적으로 좀 더 본격적인 테스트 작업을 시작하기 전에 통합 작업의 성공 여부를 초반에 빠르게 테스트해보는 목적으로 충분하다.

마지막으로 프로덕션 부하와 같은 상황에 무슨 일이 발생하는지 이해하는 데 도움이 되는 대량의 데이터 세트가 필요하다. 이는 일반적으로 프로덕션 데이터 세트로 구축하는데, 고객 데이터를 노출하거나 실수로 수천 명의 사용자에게 이메일을 보내거나 다른 예상하지 못한 고객과의 법적 이슈를 예방하고자 민감한 정보는 삭제해야 한다.

메타데이터 및 테스트 데이터 세트는 빌드의 일부로서 버전 관리, 체크인, 적용 돼야 한다. 대량의 데이터 세트는 프로덕션 환경에서 제공되는 경우가 많으며 애플리케이션 계층과 영속성persistence 계층 사이에 동기화가 이뤄지도록 데이터를 복원하고 정리하는 데 필요한 스크립트를 버전 관리하고 체크인해야 한다.

데이터베이스 마이그레이션과 패키징

이 모든 것은 데이터베이스를 증분으로 변경하는 마이그레이션 작업이라는 상황을 전제 조건으로 한다. 테이블 변경, 메타데이터 추가, 신규 칼럼 패밀리^{column family} 추가 등과 같은 작업이 체크인되면 일련번호가 부여된다. 이는 모든 변경 사항이 순차적으로 적용되기 때문에 가장 최근에 적용된 마이그레이션을 기반으로 버전 번호를 갖게 된다.

전통적으로 DBA는 개발자로부터 변경 내역을 얻거나 개발과 프로덕션 간에 스키마 디프^{schema diff}를 수행해 릴리스에 필요한 변경 사항을 적용하기 위한 정보를 얻었다. 이와 같은 방식의 장점은 잠재적으로 매우 영향력이 큰 대규모의 변경 사항을 DB 전문가가 매우 신중하게 관리할 수 있다는 것이다. 이렇게 하면 비용이 많이 드는 마이그레이션 작업 중에 발생할 수 있는 다운타임과 영향을 최소화할 수 있다.

하지만 이 전통적인 접근 방식의 부정적인 측면은 어떤 변경 사항에 어떤 기능에 매핑되는지 확인하는 것이 어려울 수 있다는 것이다. 롤백이 필요할 경우 특정 기능과 연관돼 데이터베이스에서 변경된 부분을 식별하기가 어려울 수 있다. 마찬가지로 데이터베이스 변경이 실패하면 해당 변경을 기다리는 모든 기능이 지연될 것이고 프로덕션으로 접근을 위해 기다리는 시간에 영향을 미칠 것이다.

점진적 접근 방식은 빠른 출시 일정, 점진적이고 작은 변화, 명확한 가시성, 빠른 피드백 루프 등 신속한 접근 방식에서 우리가 원하는 모든 것을 가능하게 한다. 그러나 이는 SWE가 안전한 마이그레이션을 생성하는 방법과 언제 DBRE 팀이 이를 지원해야 하는지 더 잘 알고 있어야 함을 의미한다. 게다가 마이그레이션이 충돌할 수 있는 위험이 있다.

두 명의 SWE가 동일한 객체를 수정하는 경우 마이그레이션이 연속적으로 실행돼 한 번이 아닌 두 번의 변경이 발생할 수 있다. 해당 객체가 많은 데이터를 갖는 경우 마이그레이션 시간이 크게 늘어날 수 있다. 이와 같은 경우 트레이드 오프trade off가 발생할 수 있다는 사실을 인지하고, SWE는 서로에게 영향을 미칠 수 있다는 사실을 알아야 한다.

CI 서버와 테스트 프레임워크

여러분의 소프트웨어 통합이 이미 이것들을 활용하고 있다고 가정하자. 우수한 CI 시스템은 통합에 필요한 모든 기능을 제공한다. 테스트 프레임워크는 코드로 컴포넌트를 테스트하는 것뿐만 아니라 시스템 수준의 테스트도 제공한다.

시스템 수준에서는 윈도우 Pester나 리눅스용 Robot과 같은 프레임워크를 사용할 수 있다. 또한 분산 스토리지에서 데이터 일관성과 안전성을 검증하기 위한 용도로 특별히 구축된 분산 시스템 테스트 프레임워크인 Jepsen(http://jepsen.io/)을 활용할 수 있다.

이러한 전제 조건을 통해 회사의 CI 플랫폼을 사용해 데이터베이스 마이그레이션 작업을 시작할 수 있다. 이름에서 알 수 있듯이 지속적인 통합은 데이터베이스 변경이 커밋될 때마다 통합이 자동으로 수행됨을 의미한다. 이를 달성하고 엔지니어링 팀에서 그들의 변경 사항이 애플리케이션의 기능과 서비스 수준의 기대치에 부정적인 영향을 미치지 않는다는 확신을 가지려면 테스트는 핵심 도구가 된다.

테스트

지금까지는 모든 엔지니어가 VCS에서 데이터베이스 변경 내용을 확인하게 했다. CI 서버는 애플리케이션 릴리스와 동기화되고 자동화된 데이터베이스 빌드를 수행할 수 있고 여러분은 테스트 프레임워크도 갖고 있다. 그다음은 통합이 제대로 작동하는지, 다음 단계인 배포에서 어떤 영향을 미칠지 검증해야 한다.

불행하게도 이 작업이 어렵다는 것을 말하려 한다. 데이터베이스 변경은 엄청난 양의 코드와 기능에 영향을 미치는 것으로 악명이 높다. 그러나 이 작업을 좀 더 쉽게 할 수 있는 애플리케이션을 구축하는 방법이 있다.

테스트 친화적인 개발 예제

개발 프로세스를 설계할 때 다양한 선택을 통해 테스트를 좀 더 쉽게 할 수 있다. 두 가지의 예를 살펴보자.

추상화와 캡슐화

SWE에서 떠나 데이터베이스 접근을 추상화할 수 있는 다양한 방법이 있다. 이렇게 하는 이유는 데이터베이스 접근 코드를 중앙 집중화함으로써 신규 객체를 생성하고 접근할 수 있도록 쉽게 이해할 수 있는 표준화된 방법을 생성할 수 있다. 또한 데이터베이스를 변경하고자 코드베이스 전체에서 코드를 찾을 필요가 없음을 의미한다. 따라서 테스트와 통합을 엄청나게 단순화한다. 이러한 추상화를 수행하는 몇 가지 방법은 다음과 같다.

- 데이터 접근 객체^{DAO, Data Access Objects}
- API 또는 웹 서비스
- 저장 프로시저
- 위 항목을 사용하기 위한 프레임워크

이를 통해 여러분의 통합 작업은 먼저 데이터 접근 및 업데이트와 관련된 기본 요소를 테스트하는 데 집중해서 해당 변경 사항이 이들 기능에 영향을 미쳤는지 확인할 수 있다. 다른 테스트와 마찬가지로 영향력이 크고 빠른 실행 테스트를 먼저 수행하기를 원하고 중앙 집중식 데이터 접근 코드를 사용하면 이 작업을 훨씬 쉽게 수행할 수 있다.

효율화

가끔 select *를 사용하거나 작업할 객체의 전체 행을 검색하는 엔지니어를 발견할 수 있다. 이는 '미래의 증명future proof'을 위해 수행되거나 필요한 데이터가 뭐든지 간에 모두 얻을 수 있도록 보장한다. 그들은 객체에 속성이 추가되면 자동으로 검색되게 하고 싶을 것이다. 이는 위험하며 '미래의 증명'과 마찬가지로 소모적이고 변경되는 동안 애플리케이션을 위험에 빠트린다. select *는 모든 칼럼을 검색할 것이고 코드에서 이를 처리할 준비가 되지 않을 경우 중단될 것이다. 검색된 모든 데이터는 네트워크를 통해 전송돼야 하므로 여러 행을 검색하고 TCP 패킷을 과도하게 채우기 시작하는 경우 더 많은 대역폭이 필요하다. 검색하려는 내용 중 무엇이 필요한지 선택하는 것이 중요하다. 여러분은 적절한 시기에 객체 접근 코드를 수정할 수 있으며 그것을 수행할 준비가 돼야 할 것이다.

사후 커밋 테스트

사후 커밋post-commit 테스트의 목적은 변경 사항이 성공적으로 적용되고 애플리케이션이 손상되지 않았는지 검증하는 것이다. 또한 보안과 컴플라이언스에 대한 영향 분석과 규칙 기반 검증이 이 수준에서 발생할 수 있다. 코드가 커밋된 후 빌드 서버는 즉시 통합 데이터 스토어를 빌드하고 변경 사항을 적용하고 충분히 빠르게 일련의 테스트를 시작해야 한다. 그에 따라 엔지니어에게 피드백 루프가 가능한 한 지연 없이 전달돼야 한다. 즉, 모든 데이터 접근 객체에서 적절한 기능을 수행하고자 필요한 모든 필수 메타데이터, 사용자 계정, 테스트 데이터가 포함하는 체크인된 최소한의 데이터 세트를 사용해 신속하게 데이터베이스를 구축하는 것을 의미한다. 이를 통해 엔지니어가 해당 빌드를 손상시켰는지 신속하게 확인할 수 있다. 신규 조직에서는 대부분의 작업을 수동으로 진행할 수도 있다. 이후 규칙이 적용되면 도구와 자동화를 적용해 이러한 프로세스를 더 빠르고 탄탄하게 수행할 수 있다.

사전 빌드

변경 사항을 적용하기 전에 영향 분석과 컴플라이언스를 위해 수립된 규칙에 대해 다음 유효성 검사를 수행할 수 있다.

- SQL이 올바르게 작성됐는지 검증

- 변경 사항에 영향을 받을 수 있는 행의 수 검증

- 신규 칼럼에 대한 인덱스 생성 검증

- 데이터가 존재하는 테이블의 신규 칼럼에 default가 적용되진 않았는지 검증

- 저장된 코드와 참조 제약 조건에 대한 영향 검증

- 중요한 데이터베이스 객체와 속성이 업데이트되고 있는지 검토

- 컴플라이언스 유지에 필요한 규칙이 위배되고 있는지 검토

빌드

빌드가 실행되면 SQL 검증이 다시 발생한다. 이 경우 규칙 기반 분석이 아닌 변경 사항의 실제 적용을 기반으로 한다.

사후 빌드

변경 사항이 빌드에 적용된 후 기능 테스트를 실행해볼 수 있다. 또한 변경 사항으로 인해 발생한 영향과 규칙 위반 내용에 대한 분석을 보여주는 보고서를 만들 수도 있다.

전체 데이터 세트 테스트

애플리케이션이 전체 프로덕션 데이터 세트를 실행한 후 서비스가 더 이상 서비스 수준으로서의 기대치를 충족하지 못할 가능성이 있다고 가정하자. 이는 적절한 부하를 통해 프로덕션 데이터 세트에 테스트 작업을 수행해야 함을 의미한다. 이를 수행하려면 더 많은 준비와 리소스가 필요하므로 표준 커밋 통합 테스트를 피해서 테스트 일정을 잡아야 한다. 통합과 코드 푸시push의 빈도에 따라, 주간이나 일간 일정이 이와 같은 테스트로 가정 적합하다는 것을 알 수 있다.

이러한 광범위한 테스트를 위한 수행 단계는 다양하지만 일반적인 계획은 다음과 같다.

- 데이터 스토어와 애플리케이션 인스턴스 프로비저닝
- 코드 배포
- 전체 데이터 세트 복구
- 데이터 익명화
- 지표 수집 연결
- 데이터 스토어에 변경 사항 적용
- 빠른 기능 테스트 진행
- 동시성을 증가시키는 부하 테스트 수행

- 인스턴스 해제와 삭제

- 사후 분석

이와 같은 테스트에서 여러분이 살펴보고 싶은 내용은 다음과 같을 것이다.

- 소규모 데이터 세트에서 이전 테스트와 비교해 변화된 대기시간

- 대기시간이나 리소스 사용률에 영향을 미칠 수 있는 옵티마이저가 변경한 데이터베이스 접근 경로

- 잠재적인 성능이나 기능적인 영향도를 나타내는 데이터베이스 지표(잠금, 에러, 리소스 대기 등)

- 이전에 실행된 작업의 리소스 사용률 변화

중앙 집중식 데이터 스토어에 쿼리를 등록하고 이전 플랜 변경 내역을 비교하는 것과 같은 일부 분석은 자동화할 수 있다. 지표 분석과 같은 일부 내용은 변경 사항의 통과 여부를 판단하는 데 있어 효과적인 검토를 수행하고자 운영자가 필요할 수 있다.

문제가 발견되거나 자동화되지 않은 경우 DBRE는 마지막 테스트가 수행된 후 적용된 변경 사항을 검토해 분석에 필요한 변경 사항을 좁혀 나갈 수 있다. 이렇게 하면 특정 커밋된 변경 사항이 즉시 플래그되지는 않지만 훨씬 빠른 식별이 가능하다.

애플리케이션에서 빠르고 느린 분석 외에도 빠르게 진화하는 데이터 스토어에서 주기적으로 수행해야 하는 추가 테스트가 있다. 이러한 테스트를 통해 진화하는 데이터베이스는 생태계 전체를 아우르는 좋은 구성원이 될 수 있다. 이는 바로 다운스트림^{downstream} 테스트와 운영 테스트다.

다운스트림 테스트

다운스트림 테스트는 데이터 파이프라인과 데이터 스토어의 사용자가 마이그레이션 작업의 일부로 적용된 변경 사항에 의해 부정적인 영향을 받지 않게 하는데 사용한다. 전체 데이터 세트와 마찬가지로 다운스트림 테스트는 커밋 프로세스와 다른 일정으로 수행하는 것이 가장 좋다. 다음은 다운스트림 테스트의 몇가지 예다.

- 데이터베이스의 데이터에 의해 수행된 이벤트 워크플로 검증

- 분석 데이터 스토어로 데이터 추출, 변환, 적재 검증

- 데이터베이스와 직접 연결되는 배치와 예약 작업 검증

- 작업 시간이 크게 증가하지 않아 배포 또는 다운스트림 프로세스가 배포돼야 하는 특정 시간에 영향을 미칠 가능성 여부 검증

전체 데이터 세트 테스트와 마찬가지로 이러한 테스트는 보통 훨씬 더 광범위하며 더 큰 데이터 세트가 필요하다. 이를 비동기적이지만 정기적으로 실행함으로써 테스트에서 플래그가 지정된 다운스트림 프로세스에 영향을 미친 잠재적인 변경 사항을 좀 더 쉽게 식별할 수 있다. 테스트 실패 시 프로덕션으로 푸시하는 것을 중지할 수 있으며, 규칙 위반 시 DBRE는 티켓을 자동으로 큐에 넣을 수 있다.

운영 테스트

데이터 세트가 증가하고 스키마가 진화함에 따라 운영 프로세스는 더 오래 실행되며 잠재적으로 실패할 가능성이 있다. 프로세스 테스트에는 다음 내용이 포함된다.

- 백업과 복구 프로세스

- 장애 조치와 클러스터 프로세스

- 인프라 설정과 오케스트레이션

- 보안 테스트

- 용량 테스트

이러한 테스트는 실행하기 전에 모든 보류와 커밋된 변경 사항을 적용해 프로덕션 데이터 세트에서 정기적으로 자동화된 빌드를 수행해야 한다. 실패한 테스트는 변경 사항을 프로덕션으로 푸시하기 전에 검증하고 해결해야 하는 문제가 있음을 빌드 서버에 알린다. 데이터베이스 변경 사항이 이러한 프로세스에 영향을 미치는 경우는 드물지만 서비스 수준에서 그 영향도는 심각할 수 있으므로 높은 수준의 관심이 필요하다.

지속적이고 경량의 빌드와 테스트, 전략적으로 의도된 집중 테스트를 조합하면 DBRE 팀의 직접적인 개입 없이 데이터베이스 변경을 안전하게 프로덕션 환경으로 도입할 수 있을 것이다. 이는 신뢰성 엔지니어링, 소프트웨어 엔지니어링, 운영과 관리 등에서 좀 더 높은 신뢰도로 발전시킬 수 있다.

이러한 통합 프로세스는 프로세스, 지식 공유, 자동화를 통해 소프트웨어 엔지니어에게 권한을 부여해 DBRE의 병목 현상 없이 높은 가치를 제공하는 DBRE의 완벽한 사례다. 다음 절에서는 이 장에서 가장 큰 주제인 배포에 대해 설명할 것이다. 데이터베이스 변경이 안전하다는 것을 인식하는 것이 첫 번째 단계이지만 이러한 변경을 프로덕션 환경으로 안전하게 가져오는 것도 중요하다.

배포

통합에 대해 앞 절에서는 데이터베이스 마이그레이션의 개념과 몇 가지 장단점을 다뤘다. 이것이 얼마나 중요한지 알기에 SWE가 설정 환경을 쉽고 점진적으로 안전하게 수정할 수 있도록 데이터 마이그레이션 과정을 나눠볼 것이다. 아니면 적어도 가능한 한 안전한 방법으로라도 분류해볼 것이다.

이상적인 세계에서 우리의 목표는 데이터베이스 변경 사항을 프로덕션에 효과적으로 도입하고자 DBRE의 분석과 관리가 필요한 시기를 SWE가 인식할 수 있게 하는 것이다. 또한 이러한 엔지니어들에게 대부분의 변경 사항을 안전하고 신뢰성 있게 프로덕션에 도입할 수 있는 셀프 서비스self-service 도구를 제공할 수 있을 것이다. 마지막으로 제한적인 유지 보수 기간이 아닌 언제든지 변경 사항을 프로덕션에 적용할 수 있는 권한을 제공할 것이다. 이와 같은 방법에서 합리적인 접근 방법이 무엇인지 다음 절에서 살펴보자.

마이그레이션과 버전 관리

앞서 '전제 조건'에서 설명한 것처럼 데이터베이스에 적용되는 각 변경 세트는 버전 번호를 부여받아야 한다. 이는 일반적으로 변경 세트가 적용된 후 데이터베이스에 저장되는 정수의 순차적인 증가를 통해 수행된다. 이렇게 하면 배포 시스템에서 쉽게 데이터베이스를 확인해 현재 버전을 찾을 수 있다. 이를 통해 코드를 푸시할 때 애플리케이션의 변경 사항을 쉽게 확인할 수 있다. 데이터베이스에서 456 버전의 코드가 검증됐고 현재 데이터베이스는 455 버전이라면 배포 팀은 코드를 푸시하기 전 456 버전에 대한 변경 세트를 적용해야 한다는 것을 알 수 있다.

이제 SWE는 456 버전의 변경 세트를 코드베이스에 커밋했으며 장애 없이 성공적으로 통합을 완료했다. 다음은 무엇을 해야 할까?

영향도 분석

'사후 커밋 테스트' 절에서 영향 분석을 살펴봤다. 데이터베이스에 저장된 코드가 유효하지 않거나 보안성 위반과 같이 무언가 영향을 미치는 것은 통과할 수 없는 단계다. SWE는 돌아가서 이러한 영향이 완화될 때까지 변경 사항을 수정해야 한다.

이 절에서는 데이터베이스 마이그레이션 수행이 프로덕션 데이터베이스 서버에 미치는 영향을 설명한다. 데이터베이스 변경 사항은 다양한 방식으로 프로덕션 서비스에 영향을 미칠 수 있다.

객체 잠금

많은 변경 사항으로 인해 테이블이나 테이블 그룹에 쓰기, 읽기 혹은 두 작업 모두 접근할 수 없게 될 수도 있다. 이러한 경우 객체에 접근이 불가능한 시간을 추정하고 허용 가능 여부를 결정해야 한다. 허용 가능한 잠금은 실제로 서비스 수준 목표^{SLO}와 비즈니스 요구 사항의 일부이므로 주관적이다. 이러한 객체에 대한 이전 변경은 변경 사항을 실행하는 데 걸린 시간 전후로 특정 지표로 기록할 수 있다. 이는 데이터 세트 크기와 수행 활동이 늘어남에 따라 객체에 변경 사항이 적용되는 시간이 늘어나더라도 서비스에 영향을 미치는 시간을 결정하는 객관적인 데이터로 활용할 수 있다.

해당 시간을 수용할 수 없는 경우 DBRE는 배포 팀과 협력해 수용 가능한 지점까지 시간을 단축할지 또는 변경 사항이 성공적으로 완료될 때까지 트래픽을 리다이렉션할지를 결정해야 한다.

리소스 포화점

변경 사항은 상당한 양의 IO를 사용할 수 있기 때문에 데이터 스토어를 사용하는 다른 모든 트랜잭션의 대기시간을 증가시킬 수 있다. 이로 인해 서비스 수준 목표를 위반할 수 있으며 결국 애플리케이션을 사용이 불가능한 상태 및 다른 리소스도 포화 상태가 되는 지점까지 백업하는 프로세스를 발생시킨다. 이는 손쉽게 연쇄 장애를 발생시킬 수 있다.

데이터 무결성 이슈

이러한 변화의 일환으로 제약 조건이 완화되거나 지연될 수 있는 이행 기간 transitional period이 자주 발생한다. 유사하게 잠금과 무효성invalidation으로 인해 SWE 가 예상했던 방식으로 데이터가 저장되지 않을 수 있다.

복제 지연

데이터베이스 변경으로 인해 내부 작업이 증가하고 복제가 지연될 수 있다. 이는 복제본의 유용성usefulness에도 영향을 미치고 심지어 장애 조치까지 위험해질 수 있다.

DBRE로서 우리가 이를 사전에 식별하고 회피할 수 있게 SWE를 도와야 하는 것은 바로 이러한 영향 때문이다.

마이그레이션 패턴

영향 분석 후 SWE는 마이그레이션을 배포하는 적절한 방안을 결정할 수 있어야 한다. 많은 마이그레이션의 경우 많은 증분 변경과 광범위한 검토 작업을 수행할 이유가 없다. 새로운 객체, 데이터 삽입, 기타 작업 등은 프로덕션으로 쉽게 푸시할 수 있다.

그러나 데이터가 시스템에 저장된 후 기존 데이터를 변경 또는 제거해 해당 데이터와 연관 있는 객체를 수정 또는 삭제하면 앞서 설명한 대로 여러분의 마이그레이션이 서비스 수준에 영향을 미칠 수 있는 계기가 생긴다. 이 시점이 바로 SWE가 DBRE를 호출해야 할 시점이다. 다행히도 여러분이 계획할 수 있는 변경 사항이 비교적 한정돼 있다. 이러한 마이그레이션을 계획하고 실행하고자 SWE와 함께 작업할 때 적용할 데이터베이스 변경 사항의 패턴 저장소를 구축할 수 있다. 어떤 상황에서든지 이러한 일이 자주 귀찮게 발생한다면 이를 자동화할 수 있다.

예를 들어 규칙 기반 분석과 테스트 결과를 활용해 통합과 테스트에서 배포 단계를 설정할 수 있다. 이를 통해 마이그레이션을 배포해도 안전한지 여부를 결정할 수 있다. 플래그가 지정된 일부 작업에는 다음 내용이 포함된다.

- WHERE 절 없는 update와 delete

- 영향을 받는 행 수가 N개보다 큼

- 확실한 데이터 세트 크기가 있는 테이블 변경

- 너무 바빠서 실시간으로 변경할 수 없는 메타데이터에 저장된 테이블에 변경

- default 값이 있는 신규 칼럼

- create/alter 구문에서 BLOB[Binary Large OBject] 파일과 같은 특정 데이터 타입

- 인덱스가 없는 외래키

- 특별히 예민한 테이블에서의 작업

프로덕션에서 모든 사람을 위해 안전을 보장하고자 더 많은 플래그와 보호 장치를 배치할수록 모든 팀에서 더 많은 신뢰도를 얻을 수 있다. 이로 인해 개발 속도가 빨라진다. 이제 456 버전의 변경 세트를 체크인한 대담한 SWE가 영향을 미칠 것으로 간주돼 그의 변경 사항에 플래그가 지정됐다고 가정해보자. 이 시점에서 해당 작업이 이미 적용됐고 문서화돼 있다면 그는 마이그레이션 패턴을 사용할 수 있을 것이다. 그렇지 않으면 DBRE 팀과 협력해 하나 만들어야 한다.

패턴: 잠금을 발생시키는 작업

칼럼을 추가하는 작업은 대부분의 데이터베이스 환경에서 매우 일반적인 작업이다. DBMS에 따라 이러한 작업은 테이블을 잠그지 않고도 빠르고 간단하게

수행할 수 있다. 일부 DBMS에서는 테이블 재생성이 필요할 수도 있다. 칼럼을 추가할 때 default 값을 입력하고 싶을 때도 있을 것이다. 이는 명백하게 중대한 영향을 미치는데, 변경 사항을 완료하고 잠금을 해제하기 전에 해당 default 값을 테이블에 존재하는 모든 행에 입력해야 하기 때문이다.

잠금을 발생시키는 작업을 피하는 한 가지 방법은 코드를 활용하는 것이다. 예를 들면 다음과 같다.

- 빈 칼럼 추가

- 회귀 테스트 수행

- 배치문으로 수행하지 않고 행이 업데이트가 필요한 시점에 select 문장에서 조건^{condition} 코드 사용

- 해당 속성이 완전히 채워져서 조건 코드를 삭제해도 될 때를 알려주는 감시자 설정

일부 작업의 경우 객체 잠금이 불가피하다. 이 경우 엔지니어에게 자동 또는 수동 패턴을 제공해야 한다. 이는 트리거와 테이블 이름 변경 작업으로 온라인 변경을 수행하는 도구가 될 수 있다. 또는 프록시와 장애 조치를 활용하는 롤링 마이그레이션일 수도 있는데, 이를 통해 서비스를 중단한 노드별로 순차적으로 변경 사항을 적용할 수 있다.

가벼운 것과 더 많은 단계가 있는 것, 두 가지 프로세스를 갖는 것은 매력적이다. 이렇게 하면 중요한 변경 사항에 대해서만 복잡한 패턴을 적용할 수 있다. 하지만 이는 여러분을 하나의 프로세스에 너무 많이 의존하게 하고 다른 프로세스는 덜 숙련된 상태가 돼 버그를 유발할 수도 있을 것이다. 잠금을 유발하는 모든 작업에 가장 효과적으로 작업할 수 있는 프로세스를 준수하는 것이 가장 좋다.

패턴: 높은 리소스를 발생시키는 작업

실행되는 작업에 따라 활용할 수 있는 다양한 패턴이 있다.

데이터 수정의 경우 일괄 배치 작업으로 업데이트를 수행해 스로틀링^{throttling}하는 것은 대량 작업을 수행할 때 엔지니어가 선택할 수 있는 간단한 패턴이다. 대규모 환경에서는 사용자 로그인 시 지연 업데이트를 수행하거나 행을 쿼리하고자 코드를 활용하는 것이 더 합리적인 경우가 많다.

데이터 삭제의 경우 SWE에게 코드에서 소프트 삭제^{soft delete}를 적용할 수 있게 권장할 수 있다. 소프트 삭제는 행을 삭제 가능으로 표기하는데, 이는 애플리케이션 쿼리에서 필터링해 원하는 대로 삭제할 수 있다. 그럼 비동기 방식으로 삭제 작업의 수행을 조절할 수 있게 된다. 대량 업데이트와 마찬가지로 대규모 데이터 세트의 경우 이와 같은 작업이 불가능할 수 있다. 날짜 또는 ID 그룹과 같이 특정 범위에서 주기적으로 삭제 작업이 수행되는 경우 파티셔닝 기능을 사용해 이를 수행할 수 있다. 파티션을 삭제하는 작업은 언두^{undo} I/O를 발생시키지 않기 때문에 리소스 낭비를 줄일 수 있다.

테이블 변경과 같은 DDL 작업으로 인해 대기시간이 영향을 받을 수 있는 충분한 I/O가 발생되는 경우 데이터 용량 한계에 도달할 수 있는 위험 신호로 간주해야 한다. 이상적으로는 데이터 스토어에 더 많은 용량을 추가하는 작업을 수행하는 것이다. 그러나 이것이 가능하지 않거나 지연될 경우 이러한 DDL 작업은 적절한 패턴을 적용해 차단 작업으로 처리할 수 있다.

패턴: 롤링 마이그레이션

앞 절에서 설명했듯이 엔지니어에게 클러스터의 각 노드에 점진적으로 변경 사항을 적용할 수 있는 권한을 제공하는 것이 좋다. 각 노드를 통해 변경 사항을 롤링^{rolling}으로 적용하기 때문에 이를 롤링 업그레이드^{rolling upgrade}라고 한다. 이 작업은 클러스터가 임의의 노드에서 쓰기 작업이 가능한지, 아니면 오직 하나의 노드에서만 쓰기 작업이 가능한지에 따라 다소 다르게 수행된다.

Galera와 같은 쓰기 애니웨어 클러스터^{write anywhere cluster}[2]의 경우 서비스 디렉터리 또는 프록시 설정에서 노드를 제거해 하나의 노드를 서비스에서 제외할 수 있다. 해당 노드에서 트래픽을 드레이닝^{draining}하고 나면 변경 사항을 적용할 수 있다. 그런 다음 해당 노드를 적절한 설정이나 디렉터리로 다시 도입해 서비스 상태로 전환된다.

쓰기 리더 클러스터^{write leader cluster}[3]에서는 쓰기 애니웨어 클러스터와 같이 복제 체인의 팔로워^{follower}를 개별적으로 서비스에서 제외한다. 그러나 마스터를 제외한 모든 노드에 대해 이 작업을 수행한 후에는 변경 세트가 이미 적용된 노드로 장애 조치를 해야 한다.

분명히 이 두 가지 선택에는 많은 오케스트레이션이 필요하다. 어떤 작업에 비용이 많이 들고 롤링 업그레이드가 필요한지를 이해하는 것은 데이터 스토어를 선택하는 중요한 부분이다. 또한 이는 많은 사람이 영향이 적은 스키마 진화를 허용하는 데이터베이스 솔루션을 모색하고 있는 이유이기도 하다.

마이그레이션 테스트

분명해 보일지라도 변경 세트의 구현 세부 정보가 수정되는 경우 수정된 마이그레이션은 프로덕션을 포함한 통합 후 환경에 배포하기 전에 반드시 커밋돼야 하고 완전히 통합돼야 한다는 점을 필수로 인식해야 한다.

롤백 테스트

마이그레이션과 영향도를 테스트하는 것 외에도 DBRE 및 지원 팀은 마이그레

---

2. 모든 노드에서 쓰기가 가능한 클러스터 - 옮긴이
3. 쓰기 작업은 하나의 노드만 가능하고 나머지 노드는 복제가 되는 클러스터 - 옮긴이

이션과 배포의 실패와 변경 세트의 일부 또는 전체의 롤백^{rollback}을 고려해야 한다. 데이터베이스 변경 스크립트는 마이그레이션과 동시에 체크인해야 한다. 테이블 생성과 같은 일부 마이그레이션은 기본값을 자동 생성할 수도 있지만 반드시 생성될 데이터에 대한 설명이 있어야 한다. 따라서 단순히 객체를 삭제해 되돌리기를 권장하지 않는다. 테이블 이름을 변경하는 작업으로 이미 기록돼 복구해야 하는 데이터의 경우에도 접근할 수 있다.

또한 마이그레이션 패턴을 사용하면 롤백을 쉽게 정의할 수 있다. 효과적인 롤백 스크립트의 부족함은 통합 및 배포 프로세스의 주요 요인이 될 수 있다. 해당 스크립트가 작동하는지 확인하고자 다음과 같은 배포 및 테스트 패턴을 사용할 수 있다.

- 변경 세트 적용
- 빠른 통합 테스트
- 롤백 변경 세트 적용
- 빠른 통합 테스트
- 변경 세트 적용
- 빠른 통합 테스트
- 장기적이고 주기적인 테스트

복구 테스트와 마찬가지로 대책 마련을 위한 테스트는 매우 중요하며 이를 모든 빌드 및 배포 프로세스에 통합해야 한다.

수동과 자동화

마이그레이션 패턴을 사용하는 또 다른 장점은 마이그레이션 패턴이 DBRE 팀의 검토 및 실행을 기다리는 대신 자동 승인과 배포를 허용할 수 있다는 것이다.

또한 이는 특정 패턴은 자동으로 DBRE에게 공지해 자동화된 프로세스 범위 외의 작업을 수행할 수 있음을 의미한다.

특히 중요한 데이터를 처리할 때 자동화로의 전환을 서두를 이유가 없다. 커뮤니티에서의 모범 사례는 자주 실행되는 모든 것이 가능하면 자동화돼야 한다고 주장하지만 이는 자동 수행이 실패할 경우 미치는 영향으로 인해 해당 주장이 조금은 완화된다. 충분히 테스트돼 신뢰할 수 있는 대비책, 신속하고 숙련된 복구 프로세스 그리고 성숙한 엔지니어가 있는 환경을 구축했다면 마이그레이션 패턴을 취해 이러한 변경 사항의 적용을 자동화해볼 수 있다. 하지만 표준화 모델, 푸시 버튼 방식의 배포와 대비책, 가드 레일/플래그로 이동하는 것만으로도 우리의 목표를 향한 상당한 진전이 된다.

정리

8장에서는 DBRE 팀이 소프트웨어의 개발 단계에서 개발, 통합, 테스트, 배포를 활용해 소프트웨어 엔지니어링 팀에게 엄청난 가치를 제공하는 방법을 설명했다. 그중 얼마나 많은 부분이 DBRE 팀, 운영 팀, SWE 팀 간의 협업과 긴밀한 관계에 달려 있는지는 아무리 강조해도 지나치지 않는다. 이와 같은 상황에서 DBRE로서 여러분은 교사, 외교관, 협상가, 학생이 돼야 한다. 여러분이 교육과 상호 관계에 더 많이 투자할수록 이 절에서 공유한 지식을 적용하는 것으로 더 많은 보상이 지급될 것이다.

릴리스 관리 이후 자연스럽게 진행되는 것은 보안이다. 여러분의 데이터는 인프라에서 가장 중요한 공격 매개체 중 하나다. 모든 변경 사항과 기능은 잠재적으로 취약점을 발생시키며 이는 계획되고 완화돼야 한다. 9장에서는 보안 계획과 프로세스에 가치를 부여하는 방법을 설명한다.

9장

보안

보안 기능은 언제나 데이터베이스 관리자 업무의 중요한 부분이었다. 복구와 마찬가지로 조직에서 중요한 자산에 대한 보안이 무엇보다도 중요하며 보안 사고와 공격은 점점 더 빈번하게 발생하고 있다. 수십, 수백만의 사용자 프로필, 신용카드, 이메일이 정기적으로 도난 및 재판매 당하는 주요 사례를 알아보려면 뉴스를 보기만 해도 알 수 있다.

사일로silo 환경에서 데이터베이스 관리자DBA는 고립된 상태를 견고하게 하는 데이터베이스 보안 통제에만 집중했고 보안은 다른 사람의 일이라고 인식했다. 그러나 조직의 데이터 관리자로서 데이터베이스 신뢰성 엔지니어DBRE는 해당 작업을 좀 더 전반적인 접근 방식을 취해야 한다.

이미 8장에서 지속적인 배포CD의 파이프라인, 클라우드 환경, 코드형 인프라를 살펴봤다. 각 영역은 잠재적인 절도범과 파괴자가 데이터를 얻을 수 있는 새로운 공격 매개체임을 나타낸다. 이 장에서는 DBRE가 오늘날의 조직과 인프라가 일치하도록 데이터베이스 보안을 위한 패러다임을 수립한다. 그런 다음 해당 기술에 접근해 잠재적인 공격 매개체와 이를 완화하기 위한 방법과 전략, DBRE가 지원할 수 있는 전체론적인 모델을 살펴볼 것이다.

보안의 목적

7장에서 설명했듯이 보안은 데이터 복구와 동일한 수준으로 매우 중요한 역할을 지닌다. 데이터에 따라 도난 당한 데이터는 손상된 데이터만큼이나 심각하다. 그러나 복구가 단순히 긴급 복구 작업 외에 광범위한 사용 사례를 포함하는 기능인 것처럼 보안에도 여러 가지 기능이 있다.

침입자로부터 데이터 보호

이는 전형적인 사용 사례다. 대부분의 경우 저장할 수 있는 모든 데이터에는 정상적인 사용을 벗어나서 해당 데이터에 액세스하려는 사람이 존재할 가능성이 있다. 내부나 외부 모드 각 개인은 데이터베이스에 액세스해 고객 데이터를 재판매하거나, 경쟁 상대의 기밀을 확보하거나, 아니면 단순하게 획득한 데이터를 사용해 피해를 입히기를 원할 수 있다. 이를 공격하기 위한 매개체는 다음과 같다.

- 온라인 데이터베이스의 데이터

- 데이터 스토어 간 이동하는 데이터

- 백업과 아카이브의 데이터

- 데이터 스토어에서 애플리케이션과 클라이언트로 이동하는 데이터

- 애플리케이션 서버의 메모리에 있는 데이터

- 인터넷을 통해 애플리케이션에서 사용자에게 전달되는 데이터

방금 언급했듯이 모든 침입자가 외부에 있는 것은 아니다. 이미 시스템에 대한 지식과 인증된 액세스 권한을 갖고 있을 수 있는 내부 사용자는 인터넷에서 상상 속의 부기맨^{bogeymen}보다 훨씬 더 위험하다. DBRE는 정보보안가, 운영자, 소프

트웨어 엔지니어^{SWE} 등 누구든지 관계없이 협력해 적절하게 데이터를 읽고, 복제하고, 이동할 수 있도록 보장한다.

의도적 피해에서 보호

간혹 악의적인 행위자는 순전히 조직을 해치려는 의도로 접근한다. 데이터 손상, 데이터 조작, 데이터베이스 종료 등 더 이상 액세스할 수 없을 때까지 모든 IT 리소스를 사용하는 것은 모두 조직의 데이터베이스와 데이터를 손상시킬 수 있는 방법이다. 이러한 공격은 서비스 거부^{DoS} 공격, 데이터베이스를 종료하는 버그 악용, 데이터나 스토리지를 조작할 수 있는 액세스의 형태를 취할 수 있다. 이러한 공격의 장점은 보통 백업으로 복구할 수 있다는 것이다. 그러나 백업을 손상시키는 것은 보통 온라인 스토어를 손상시키는 것보다 더 쉽다.

사고에 의한 피해에서 보호

흔히 보안을 악의적 행위자로부터 보호하는 기능으로 생각한다. 하지만 누군가의 실수로 잘못된 환경, 스키마, 객체, 행 등으로 의도치 않게 피해를 입히지 않게 보장하는 것도 중요하다. 울타리를 쳐서 외부인을 차단하고 사람들이 의도하지 않은 지역에서 이탈하고 있음을 알 수 있게 도와준다. 데이터를 침입자에게서 보호할 때 내부자가 외부의 침입자보다 더 위험하듯이 우발적인 파손과 방해 행위자는 보통 빠르게 재앙을 야기하는 도구와 자격증명을 제공한다.

노출에서의 데이터 보호

의식적이든 무의식이든 관계없이 위험은 여전히 존재한다. 복잡하고 분산돼 있는 분리된^{decoupled} 시스템에서는 버그나 잘못 부여된 자격증명이 로그, 고객의 브라우저, 이메일을 통해 민감한 데이터가 평문으로 노출되기 쉽다. 또는 권한

이 없는 사람이 다른 사람의 계정에 로그인하는 것을 허용하기도 한다. 이와 같은 노출은 데이터를 보호해야 하는 조직의 능력에 대한 신뢰를 빠르고 합법적으로 무너뜨릴 수 있다.

컴플라이언스와 감사 표준

조직은 고객과 개인을 보호하는 데 도움이 되는 수많은 표준과 법률에 대해 철저한 조사를 받고 있다. 이러한 표준에 대해 조직을 교육하고 이를 준수하는지 확인하는 것이 보안의 역할이다. 이는 감사할 일이 아니며 새로운 기능과 확장에 초점을 맞추려는 사람들을 좌절시키는 일이다. 하지만 조직이 스스로 폐쇄되거나 막대한 벌금이 부과되는 것을 원하지 않는다면 이는 필수다.

함수형 데이터베이스 보안

이 책 전반적으로 크로스펑셔널cross-functional 관계의 개념과 데이터베이스 신뢰성에 대한 접근 방식을 강력하게 강조해왔다. DBRE는 조직의 나머지 부분에 있어 중재자, 전문가, 교육자가 돼줬다. 개발 팀이 기하급수적으로 성장함에 따라 이것이 확장을 위한 유일한 방법이다. 정보보안 전문가는 보통 조직에서 가장 인원이 부족한 직책 중 하나이기 때문에 DBRE 및 정보보안IS 팀은 지속적인 개발과 변화에 직면해 회사 데이터를 효과적으로 보호하기 위한 어려운 과제가 부여된다.

이것이 바로 8장에서 설명한 내용으로, 셀프 서비스, 교육, 체리 피킹cherry picking[1] 방법을 통해 안전하고 효과적이며 신속한 개발을 가능하게 하는 데 중점을 둔다. 개발자는 보안의 최전선이기도 하며 우리가 설명하는 접근 방식도 이와 유

---

1. 유리하거나 좋은 것만 보여주려는 태도 − 옮긴이

사한 추진력으로 이뤄질 것이다. 보안은 출시 시점에 컴플라이언스 시트의 추가 정보나 체크 사항이 아닌 애플리케이션 및 인프라의 개발 프로세스에서 제일 앞단에 가장 먼저 통합돼야 한다.

이는 책 전반적으로 논의한 것과 동일한 도구(http://bit.ly/2zw896p)를 사용해 수행하면 된다. 이제 이것들을 검토해보자.

교육과 협업

이는 8장에서 자세히 설명했으므로 여기에서는 다음 세 가지의 접근 방법으로 요약할 것이다.

- 대화 강화

- 도메인별 지식 기반 구축

- 페어링pairing과 리뷰를 통한 협업

이를 통해 여러분은 SWE에게 조직의 데이터 스토어를 향한 공격에 대한 자체 방어 기능을 좀 더 효과적이고 안전하게 개발하는 방법을 가르칠 수 있다. 이는 애플리케이션의 성능과 효율성을 높이고 구현과 잘못된 설계로 인한 서비스의 다운타임과 품질 저하를 줄이며, 개발 팀의 속도를 증가시킨다. 마찬가지로 데이터베이스 보안을 교육하고자 이러한 끊임없고 끈질긴 노력을 기울여야 한다. 여기에는 다음의 내용이 포함된다.

- 안전한 데이터베이스 액세스 설정과 제어

- 암호화, 세분화된 액세스 제어, 데이터 관리와 같은 보안 기능의 효과적 인 사용

- 데이터베이스에서 어떤 데이터가 노출돼 악의적이거나 유해한 활동에

도움이 되는지 여부(예, 계측, 로그, 원격 분석 등에 의한 데이터)

- 새로운 CVE가 출시될 때 업데이트를 포함해 다른 계층에서 관리해야 하는 데이터베이스 특화된 취약점 파악

CVE

CVE는 Common Vulnerabilities and Exposures의 약자다(https://cve.mitre.org/). 또한 SQL 인젝션(injection) 취약점과 같은 흥미로운 주제를 기반으로 사용자가 정의 피드를 생성할 수 있다. 이는 새로 발견된 취약점이나 기존 취약점에 대한 업데이트를 유지할 수 있는 훌륭한 리소스다.

지속적인 교육과 협업을 통해 데이터베이스 보안은 조직 내에서 정기적으로 논의되는 주제이며, 이는 탐색하고 비평하며 연구된다.

셀프 서비스

개발 팀의 규모와 업무 속도에 따라 확장할 수 있는 엄격하고 성숙한 보안 프로세스로 발전시키기 위한 다음 단계는 데이터베이스 보안에 대한 셀프 서비스 접근 방식을 만드는 것이다. 여러분은 절대 모든 기능, 신규 서비스, 신규 데이터 스토어를 혼자서 검토할 수는 없을 것이다. 대신 백로그backlog가 증가함에 따라 끊임없이 요청을 차단하고 있는 자신을 발견할 수 있을 것이다. 정보보안 팀과 협력해서 엔지니어가 확인하고 바로 사용할 수 있는 재사용이 가능한 인증된 보안 패턴을 만드는 작업은 확장 가능한 보안 프로세스를 가능하게 한다.

5장에서 설명했듯이 코드형 인프라를 사용하면 실무 환경으로 생성하고 출시되는 모든 데이터 스토어에게 검증된 배포를 진행할 수 있다. 즉, 다음과 같은 취약점을 완화하고자 이러한 표준을 구축하고, 취약점을 조사하고, 여러분의 플랫폼에서 플레이북playbook을 수정하고 업데이트하는 데 많은 시간이 소비된다.

- 승인된 소프트웨어 빌드 번호

- 데이터 스토어를 생성할 때 함께 제공되는 기본 계정과 암호 제거

- 불필요한 포트 잠금

- 데이터 스토어 진입점을 줄이고자 효과적으로 제한된 액세스 목록 설정

- 파일 시스템이나 네트워크를 통해 악용할 수 있는 기능과 설정 제거

- 보안 소켓 계층^{SSL, Secure Sockets Layer} 통신을 위한 키 설치과 설정

- 암호 정책 확인과 시행 스크립트

- 모든 액세스를 검토하고 변조에서 보호할 수 있도록 보안 감사와 로그 전달 설정

이 모든 사항을 확인하고 신규 데이터 스토어를 배포하는 사람들이 사용할 수 있도록 최적의 표준을 선정해 이러한 인프라를 사전에 승인할 수 있다. DBRE와 정보보안 팀은 이와 같은 알려진 설치의 취약점을 검토하고 보고하는 데 시간을 낭비할 필요가 없다.

인프라 셀프 서비스 외에도 로깅, 인증, 암호 해싱, 암호화와 같은 코드 라이브러리도 모두 검증해 사용 가능하게 할 수 있다. 여기에는 클라이언트 소프트웨어도 포함된다.

고유한 데이터베이스 클라이언트 구축

인프라를 위한 셀프 서비스와 마찬가지로 셀프 서비스 클라이언트와 라이브러리를 제공하는 것도 효과적인 완화 기법이다. 벤더(vendor)에서 제공하는 클라이언트는 사용자가 알지 못하는 기능을 이미 갖고 있는 경우가 많으므로 향후 무의식적으로 취약점에 노출된다. 이러한 클라이언트는 이전 버전과의 호환성을 보장하고자 이전 프로토콜을 사용하는 경우가 많다. 여러분이 직접 만들어 제공하면 알려지지 않은 요인의 위험을 줄이고 데이터베이스 계층의 핵심 부분인 액세스 계층을 제어할 수 있다.

통합과 테스트

통합과 테스트 프로세스는 수정 비용이 기하급수적으로 증가하는 개발 프로세스의 마지막 단계가 아니라 초기 단계에서 취약점을 발견할 수 있게 아주 좋은 기회를 제공한다. 또는 통합과 테스트 서버를 소유한 침입자가 모든 테스트를 우회하고 악성코드를 아주 쉽게 주입할 수 있다는 점에서 악용 위험이 높은 기회를 나타낸다.

통합 중에 보안에서 승인된 표준 테스트를 적용해 취약점이 도입되지 않았는지 자동으로 검증할 수 있다. 여기에는 다음 내용이 포함될 수 있지만 이에 국한되지 않는다.

- 데이터베이스 액세스 기능에서 SQL 인젝션 취약성
- 평문 통신, 평문 자격증명 스토리지, 관리자 통신을 비롯한 일반적인 결함에 대한 인증 계층 검증
- 버퍼 오버플로^{buffer overflow}와 같은 악용을 위한 저장된 신규 코드 검증

항상 실행되는 즉각적인 커밋 후 테스트 외에도 좀 더 집약적인 테스트를 정기적인 일정에 따라 비동기적으로 실행할 수 있다. 여기에는 애플리케이션 수준에서의 침투 테스트뿐만 아니라 인증 여부와 관계없이 악용될 수 있는 취약점에 대한 네트워크에서의 엄격한 테스트도 포함된다. 이는 데이터베이스나 운영체제에 대한 액세스가 허용됨을 의미한다.

운영 가시성

보안 기능의 모든 출력을 표준 로깅과 원격 로깅으로 통합하는 것이 매우 중요하다. 이러한 데이터는 애플리케이션 계층, 데이터베이스 계층, OS 계층을 포함한 모든 곳에서 제공된다. 이는 이미 4장에서 상세하게 다뤘다.

애플리케이션 계층 계측

데이터베이스에 전송된 모든 실패와 성공 SQL문을 추적하는 것은 SQL 인젝션 공격을 식별하는 데 매우 중요하다. SQL 구문 오류는 선행 지표가 될 수 있다. 이는 누군가 또는 무언가가 계획되지 않은 SQL을 애플리케이션을 통해 데이터베이스로 전달하려고 시도하고 있음을 알려준다. 수행 중이거나 테스트된 애플리케이션의 구문 오류는 매우 드물어야 한다. 마찬가지로 SQL 인젝션 패턴을 살펴보면 공격이 진행 중임을 나타내는 문자열을 보여준다. 여기에는 UNION 및 LOAD_FILE 구문이 포함되는데, 자세한 내용은 향후 '취약점과 악용' 절에서 설명한다.

또한 감사 데이터는 개인 식별 정보^{PII, Personally Identifiable Information}이나 중요한 데이터를 중심으로 수집돼야 한다. 메타데이터를 사용해 API의 엔드포인트에 PIIsk 중요한 영향을 미치는 데이터의 여부에 따라 플래그를 지정하면 암호, 이메일, 신용카드, 문서와 같은 데이터에 접근, 변경, 삭제 작업을 할 때 세부적인 데이터를 수집할 수 있다. 데이터베이스 계층에서도 감사가 수행되지만 이 애플리케이션 수준의 감사는 적절한 직원에게 애플리케이션 코드가 우연히 또는 의도적으로 남용되고 있는지 확인할 수 있는 액세스 권한을 쉽게 제공할 수 있다.

데이터베이스 계층 측정

데이터베이스 계층에서는 모든 활동을 기록해야 하고 이를 분석하고자 운영 가시성 스택에 푸시해야 한다. 다음은 검토해야 할 몇 가지 활동이다.

설정 변경

이는 파일이나 메모리에서 발생할 수 있다. 설정 파일 변경으로 인해 시스템이 완전히 악용될 수 있다.

데이터베이스 사용자 변경

권한이나 암호 변경 및 신규 사용자는 모두 코드로 검증되고 통합돼 해당 마이그레이션에 대해 검사해야 한다. 그렇지 않으면 이러한 변경으로 인해 의도적인 보안 허점이 발생할 수 있다.

모든 데이터의 select, insert, update, delete 구문

데이터베이스 수준의 감사는 애플리케이션 수준 감사를 보완하는 훌륭한 기능을 제공한다. 과도한 쿼리 및 수정, 예상되지 않은 사용자로부터 발생하는 쿼리 및 예상치 못한 큰 결과 집합은 모두 문제를 나타낼 수 있다.

신규 데이터베이스 객체, 특히 저장된 코드^{stored code}

새로운 기능이나 수정된 기능, 프로시저, 트리거, 뷰, 사용자 정의 기능^{UDF}은 모두 공격 징후일 수 있으므로 데이터베이스 마이그레이션과 관련이 있어야 한다.

로그인 성공과 실패

모든 데이터베이스는 예상되는 트래픽 패턴이 있어야 한다. 애플리케이션 사용자는 특정 호스트 그룹에서 오며, 일반적으로는 아무도 데이터베이스에 직접 로그인해서는 안 된다. 일부 환경에서는 애플리케이션 서버, 프록시, 기타 승인된 클라이언트에서 발생하지 않는 로그인이 있는 경우 심지어 데이터 스토어를 의심해야 할 수도 있다.

패치와 바이너리 변경

핫 패치^{hot patch}는 OS 액세스 권한을 받은 사용자로부터 발생할 수 있다. 이는 네트워크 버퍼 오버플로나 기타 악용을 통해 발생할 수 있다. 이러한 변경은 백도어와 잠재적인 악성코드를 생성할 수도 있다.

OS 계층 측정

데이터베이스와 마찬가지로 운영체제도 주의 깊게 모니터링하고 기록해야 한다. 여기에는 다음 내용이 포함된다.

설정 변경

데이터베이스 변경과 동일

신규 소프트웨어, 스크립트, 파일

신규 및 수정된 소프트웨어, 스크립트, 파일은 거의 항상 임시 디렉터리, 로그 디렉터리, 새 파일에 대한 기타 예상 랜딩 영역 외부의 잘못된 신호다. 이를 정기적으로 골든 이미지와 비교하면 악성 활동을 찾아낼 수 있다.

로그인 성공과 실패

데이터베이스 로그인과 동일

패치와 바이너리 변경

데이터베이스 변경 동일

비교 및 이상 탐지를 위한 효과적인 도구와 결합된 포괄적인 데이터 수집은 보안을 통과한 악의적인 활동을 식별하는 데 매우 중요하다. 모든 사람을 차단하는 것만큼 종합적이고 최신으로 업데이트된 보안 전략은 존재하지 않는다. 그렇기 때문에 효과적인 가시성을 위해 DBRE 팀은 운영 팀, 정보보안 팀, SWE 팀과 밀접하게 협력해 이러한 계측을 보장해야 한다.

취약점과 악용

확장 가능한 보안 기능을 구축하는 데 도움이 되는 DBRE의 주요 업무를 높은 수준에서 언급해왔다. 이 절 전반적으로는 매우 높은 수준에서 다양한 잠재적 위협을 살펴봤다. 이번 절에서는 DBRE가 조직 훈련 및 교육, 셀프 서비스 설정 구축, 응답을 위한 모니터, 템플릿, 플레이북 설정 등과 관련해 고려해야 할 잠재적 취약성을 살펴본다.

위협을 모델링할 때 이를 분류하고 우선순위를 지정하는 것이 중요하다. 여러분의 다른 모든 작업의 우선순위와 균형을 맞추며 우선순위를 지정하는 것이 중요하다. 이를 위해 이미 체계화된 접근 방식이 있다. 예를 들어 마이크로소프트는 분류를 위해서는 STRIDE, 우선순위를 위해서는 DREAD를 사용한다.

STRIDE

STRIDE는 기존에 사용된 악용 사례의 종류(또는 공격자의 동기)에 따라 알려진 위협의 특징을 나타낸 분류 스키마다. STRIDE의 약자(http://bit.ly/2zxfqCJ)는 다음 내용의 각 범주에서 첫 번째 문자로 구성된다.

ID 스푸핑^{Spoofing identity}

> ID 스푸핑은 사용자가 접근 통제를 우회하고자 다른 ID를 허용한다. 대부분의 다중 사용자 애플리케이션은 결국 싱글 사용자로 데이터베이스에 접근하기 때문에 이는 상당한 위험이 따른다.

데이터 변조^{Tampering with data}

> 사용자는 애플리케이션 POST 활동을 통해 데이터를 변경할 수 있는데, 이는 스푸핑되거나 가명 신원^{assumed identity} 상태일 경우에도 동일하다. 관리자 성격의 활동에 대한 데이터 유효성 검사와 API는 이를 방지하는 데 매우 중요하다.

거부^{Repudiation}

적절한 수준의 감사가 없으면 고객과 내부 사용자는 자신이 수행한 활동에 이의를 제기할 수 있다. 이러한 분쟁으로 인한 재정적 손실, 감사 실패, 악의적인 활동을 찾지 못할 수 있다.

정보 노출^{Information disclosure}

고객 및 개인 정보는 대중, 경쟁자, 악의적인 구매자에게 공개될 수 있다. 여기에는 우발적인 공개도 포함될 수 있다.

서비스 거부^{Denial of Service}

애플리케이션 및 특정 인프라 구성 요소도 서비스 거부의 대상이 된다. 이는 비용이 많이 드는 작업이나 단순히 전 세계에 분산된 대량의 활동에서 비롯될 수 있다.

권한 상승^{Elevation of privilege}

사용자는 잠재적으로 더 높은 수준의 권한을 가진 역할로 승격될 수 있다. 가장 높은 권한을 지닌 애플리케이션 사용자는 서버에서 루트^{root} 액세스 권한을 얻을 수 있다.

DREAD

DREAD 분류를 사용하면 평가된 각 위협이 제시하는 위험에 따라 위험 분석과 우선순위를 지정할 수 있다. 여기에 표시된 DREAD 알고리듬(http://bit.ly/2zjZfrL)은 위험 값을 계산하는 데 사용되며, 이는 5개 범주의 평균이다.

손상 가능성^{Damage potential}

위협 악용이 발생하면 얼마나 많은 피해가 발생하는지?

- 0 = 없음

- 5 = 개별 사용자 데이터가 손상되거나 영향을 받음

- 10 = 전체 시스템이나 데이터 파괴

재현성^{Reproducibility}

위협 악용을 재현하는 것이 얼마나 쉬운지?

- 0 = 애플리케이션 관리자에게도 매우 어렵거나 불가능

- 5 = 한두 단계 필요, 인증된 사용자가 필요할 수 있음

- 10 = 인증 없이 웹 브라우저와 주소 표시줄만으로 충분

악용 가능성^{Exploitability}

이 위협을 악용하려면 무엇이 필요한지?

- 0 = 사용자 정의 또는 고급 공격 도구를 사용하는 고급 프로그래밍 및 네트워킹 지식

- 5 = 인터넷에 악성코드가 존재하거나 사용 가능한 공격 도구를 사용해 쉽게 악용됨

- 10 = 웹 브라우저만 필요

영향 받는 사용자^{Affected user}

얼마나 많은 사용자가 영향을 받는지?

- 0 = 없음

- 5 = 일부 사용자

- 10 = 모든 사용자

발견 가능성^{Discoverability}

이 위협을 발견하는 것이 얼마나 쉬운지?

- 0 = 매우 어렵거나 불가능, 소스코드나 관리자 권한의 액세스가 필요

- 5 = 추정하거나 네트워크 트레이스^{trace}를 모니터링해 파악 가능

- 9 = 이와 같은 장애에 대한 세부 정보는 이미 공개 도메인에 있으며 검색 엔진을 사용해 쉽게 검색할 수 있음

- 10 = 정보가 웹 브라우저 주소 표시줄이나 양식에 표시됨

잠재적인 각 공격 매개체를 살펴보는 동안 이와 같은 분류를 활용해 여러분의 에너지와 리소스를 어디에 집중시킬지 결정할 수 있다.

기본 예방책

이 절에서는 다양한 데이터 스토어의 예와 함께 가능한 여러 가지 예방 조치를 설명한다. 여기에는 '전략' 절에서 상세히 다룰 일반적인 완화 기술이 포함된다. 좀 더 일반적이고 여러 범주에 적용할 수 있는 몇 가지 완화 기술이 있다. 여기에는 다음과 같은 내용이 포함된다.

설정

데이터베이스에서 불필요한 기능과 설정을 모두 제거하자. 많은 데이터베이스 시스템에서 풍부한 기능을 제공하는 반면 대부분의 애플리케이션은 이러한 기능의 작은 부분조차도 사용하지 않을 때도 있다. 이러한 기능을 종료하는 것으로 공격 매개체를 줄일 수 있다.

패치

데이터베이스 취약점을 지속적으로 스캔하면 적용해야 할 정기적인 보안

패치를 제공받자. 이러한 정보를 최신 상태로 유지하면 악용될 위험이 줄어든다.

불필요한 사용자 제거

기본 사용자와 암호는 이미 잘 알려져 있으며 심각한 위험을 초래한다.

네트워크 및 호스트 액세스

방화벽과 보안 그룹을 사용해 데이터베이스에 액세스할 수 있는 호스트 그룹과 포트를 최소화하자. 마찬가지로 모든 사용자가 시스템에 액세스할 수 있는 기능을 최소화하고자 역할과 권한을 제한해 사용하는 것이 최우선 과제다.

기본값(default)의 위험

이 글을 작성하는 동안 공용 IP로 서비스하는 몽고DB 및 일래스틱서치 데이터베이스에 대해 큰 충격을 줬던, 그러나 예방이 가능했던 보안 공격이 있었다. 2015년에 쇼단(Shodan)은 기본 연결 가능한 IP가 0.0.0.0이고 인증이 활성화되지 않은 30,000개 이상의 몽고DB 인스턴스가 공개적으로 액세스 가능했다는 기사(https://blog.shodan.io/its-the-data-stupid/)를 작성했다. 이는 해당 서버의 초기 버전에서 아무도 기본값에 주의를 기울이지 않았기 때문에 595.2TB가 넘는 데이터가 노출된 것이다.

앞으로 다음 내용을 다룰 것이다.

- 서비스 거부

- SQL 인젝션

- 네트워크 및 인증 프로토콜

서비스 거부

서비스 거부^{DoS, Denial of Service} 공격은 리소스가 포화돼 실제 사용자의 요청을 이행할 수 없는 너무 많은 요청을 발생시켜 서비스나 애플리케이션을 사용할 수 없

게 만들고자 설계된 공격 제품군이다. 이는 보통 요청과 함께 네트워크를 플러
딩^{flooding}하는 클라이언트의 분산 네트워크를 통해 네트워크 대역폭을 소진하는
형태를 취한다. 이러한 공격이 취할 수 있는 다른 범주는 데이터베이스와 같은
특정 서버나 클러스터의 리소스를 고갈시키는 것이다. CPU, 메모리, 디스크를
모두 사용하는 것으로 중요한 서버가 응답하지 않게 돼 사실상 연관된 모든 서
비스가 중단될 수 있다.

이러한 공격은 일반적으로 데이터를 손상시키거나 훔치지 않는다는 점에서 파
괴적이지 않다. 일반적인 방해, 반경쟁적인 행동 또는 다른 공격이 발생하는 동
안 정보보안 팀 및 운영 팀의 주의를 분산시키기 위한 수단으로써 서비스를 중
단하게 설계됐다.

대규모 네트워크 플러딩 공격이 일반적이므로 대부분의 방어 기술은 이러한 공
격에 초점을 맞춘다. 더 취약한 서비스 구성 요소의 스택에서 위로 올라가고자
그들에게 더 적은 리소스를 갖고 린치핀^{lynchpin}으로의 역할을 한다. 안타깝게도
여기서 데이터베이스는 완벽한 공격 대상이므로 DB-DoS^{DataBase Denial of Service}가
탄생했다. 데이터베이스 로직은 최소한의 노력만으로 기하급수적인 트래픽 수
준으로 실행되게 해서 정상적인 트래픽 상승과 크게 다르지 않은 방식으로 리소
스를 포화시킬 수 있다.

다음 내용은 완화시켜야 할 DB-DoS 공격이 잠재적으로 미치는 영향이다.

- 애플리케이션 서버의 리소스가 고갈될 때까지 사용자 커넥션 소진

- 쿼리 최적화 중에 구문 분석, 해시, 검사가 필요한 매우 다양한 쿼리를
  사용해 옵티마이저 방해

- 예산 책정된 서비스가 종료될 때까지 리소스 자동 확장

- 캐시에서 유효한 데이터를 제거해 광범위한 디스크 I/O 발생

- 메모리 사용량 증가로 잠재적으로 스와핑^{swapping} 발생

- 모든 디스크 공간을 소비하는 테이블 증가와 로그

- 대용량의 쓰기로 인한 과도한 복제 지연

- 파일 디스크립터[descriptor], 프로세스, 공유 메모리를 포함한 OS 리소스 고갈

이들은 여러 가지 다른 전략을 사용해 쉽게 진행할 수 있다. 가장 쉬운 방법은 애플리케이션 기능 자체를 사용하는 것이다. 다음은 몇 가지 예다.

- 대형 장바구니 구축

- 입력이 없거나 광범위한 입력으로 검색

- 느리게 반환되는 API 호출은 쿼리가 최적화되거나 인덱싱되지 않아 반복 호출의 대상이 될 수 있음을 어뷰저[abuser]에게 알림

- 많은 수의 조인과 스캔을 유발할 수 있는 형태의 입력으로 UNION 추가 (이것은 SQL 인젝션 기술이기도 함)

- 대규모 결과 집합의 정렬 작업

- 포럼 애플리케이션에 대규모의 게시물 또는 소셜 애플리케이션에서 무수히 많은 친구와 같은 에지 케이스 생성

어뷰징하는 애플리케이션 기능과 마찬가지로 사용 중인 데이터베이스를 식별할 수 있는 지식이 풍부한 공격자는 가끔 데이터베이스를 종료하는 방법까지 찾을 수 있다. 예를 들어 잘못된 방법으로 로그인해 사용자를 잠그거나, 캐시를 지울 수 있는 SQL 삽입을 통해 관리자 명령을 실행하거나, 정상적이지 않은 XML을 전송해 파서[parser]에서 오버플로가 발생하게 할 수 있다.

완화

이미 설명한 표준 완화 기술 외에도 DB-DoS를 완화하는 가장 효과적인 접근 방식은 과도한 트래픽과 성장 문제를 극복하는 데 사용되는 기술과 매우 유사하다. 정상적인 또는 비정상적인 트래픽에서 발생하는 이러한 갑작스런 리소스 사용의 급증에서 살아남을 수 있는 기능을 지원하는 3가지 방안이 있다. 여기에 자동화된 확장 기능은 포함되지 않는다. 하드웨어, 소프트웨어, 예산으로 인해 수용할 수 있는 리소스는 항상 상한선이 있으며 어떤 DB-DoS로 인해 해당 지점에 이르게 될 수도 있다.

리소스 관리와 부하 차단

시간이 지남에 따라 기술 팀은 애플리케이션의 일반적인 작업 부하의 특성을 이해하기 시작할 것이다. 그러면 부하의 급증을 효과적으로 처리할 수 있는 도구를 구축할 수 있어야 한다고 가정한다. DBRE로서 여러분의 책임은 SWE가 이러한 작업 부하를 이해하고 작업의 우선순위를 정해 리스크를 효과적으로 줄일 수 있게 교육하고 지원하는 것이다. 이와 같은 도구에는 다음의 내용이 포함될 수 있다.

클라이언트 측 조절기^{throttling}

로봇이 엔드포인트에 반복적으로 도달하게 만드는 대신 요청^{request}을 제출^{sumitting}하고 다시 제출^{resumitting}하는 사이의 시간을 조절하면 급증하는 트래픽을 효과적으로 중지하거나 늦출 수 있다. 기본 카운터, 기하급수적 저하, 재시도 호출 비율을 통해 이를 수행하거나 애플리케이션으로부터 반환되는 서비스 수준의 쿼터^{quota}가 초과되는 것과 연관된 데이터와 결합해 이 작업을 수행할 수 있다.

서비스 품질

중요도에 따라 애플리케이션으로 가는 트래픽을 분류할 수도 있다. 검색과 같이 악용될 수 있는 값 비싼 쿼리를 덜 중요하다고 표시하면 애플리케이션이 서비스 품질의 쿼터를 강제할 수 있어 DB-DoS를 더욱 어렵게 만들 수 있다.

결과 저하

비용이 많이 드는 쿼리 및 원격 프로시저 호출RPC, Remote Procedure Calls의 경우 두 가지의 실행 경로를 만들 수 있다. 정상적인 부하의 경우 전체 실행 경로는 괜찮지만 DB-Dos 중에 생성되는 것과 같이 과부하가 걸리는 동안 검색된 행이나 쿼리된 샤드 수를 줄이려고 할 수 있다.

쿼리 킬러와 지나친 수작업의 접근 방법

좀 더 포괄적으로 코드 기반의 접근 방식을 수행할 능력이 없다면 무차별 대입을 사용해야 할 수도 있다. 오래 실행되는 쿼리를 종료하거나 데이터베이스 계층에 성능 프로파일을 배치해 쿼리가 사용할 수 있는 리소스 수를 줄이는 것은 충분히 효과적이다. 이는 코드 수준에서 완화하기 어려운 제어 부족과 잠재적으로 잘못된 사용자 경험을 희생하는 것이다.

데이터베이스 액세스와 작업 부하의 지속적인 개선

데이터베이스 계층에서 가장 많은 비용이 발생하는 쿼리를 정리하는 데 DBRE와 SWE의 리소스를 대부분 사용하고 있다면 이는 DB-DoS일 가능성이 있다. 이러한 쿼리는 보통 일반적인 작업 부하의 패턴이 아닐 수 있으므로 데이터베이스 계층에서 리소스의 총 소비량을 기준으로 튜닝하는 방법론에서는 무시될 수 있다. 이러한 특이값이 자주 호출되지 않는 경우 무시하기 쉽다. 그러나 영리한 탐정은 그것을 찾아내고 이용할 수 있다. 즉, 이는 우수한 성능의 프로세스는 실행 빈도에 관계없이 가장 비용이 많이 드는 쿼리를 이상적인 방법으로 찾아야 한다는 것을 의미한다.

로깅과 모니터링

앞서 언급한 노력에 관계없이 지속적인 행위자는 여전히 데이터베이스에 영향을 미칠 수 있다. 엔드포인트에 의해 실행된 호출 내역을 효과적으로 모니터링하려면 심각한 급증 현상을 식별하고, 이를 제한하거나 종료시키기 위한 유관 부서에게 이를 공개할 수 있어야 한다. 마찬가지로 상한이 없는 쿼리나 활동이 있는 경우 'in 절', 메모리 구조, 영구 또는 임시 테이블, 유사한 구조에서 항목 수를 모니터링하면 잠재적인 문제를 식별하는 데 도움이 될 수 있다.

공격에는 절도 또는 파손 외에도 파괴적인 형태를 포함할 수 있다는 것을 기억하는 것이 중요하다. DB-DoS 공격은 보안 기능을 계획할 때 쉽게 잊힐 수 있다. 이제 추가로 고려해야 할 다음 위협을 살펴보자.

SQL 인젝션

SQL 인젝션은 데이터베이스의 SQL 코드가 애플리케이션 입력에 의해 삽입되는 악용 사례의 한 종류다. 이는 보안을 우회하고 애플리케이션의 예상 입력과 관련이 없는 데이터베이스 내에서 코드를 실행하고자 수행된다. SQL 인젝션은 버퍼 오버플로를 유발하는 버그를 악용하는 데 사용할 수 있다. 버퍼 오버플로는 데이터베이스를 종료하거나, DbDoS를 수행하거나, 데이터베이스 및 OS 수준에서 사용자에게 상승된 권한을 제공할 수 있다. 이 페이지(https://cve.mitre.org/cgi-bin/cvename.cgi?name=CVE-2002-0624)에서 찾을 수 있다.

SQL 인젝션을 활용하는 또 다른 공격 매개체는 데이터베이스 자체에 있는 저장 코드stored code다. 저장 프로시저와 같은 저장 코드는 종종 상승된 권한으로 임의의 문을 실행할 수 있다. 이는 내부 사용자나 자격증명 추측이나 스니핑을 통해 액세스 권한을 얻은 사용자가 이 취약점을 악용할 수 있다.

또한 SQL 인젝션은 UNION문을 활용해 원래 형식의 쿼리 대상 테이블과 동일한 수의 열을 가진 다른 테이블에서 데이터 세트를 가져오는 데 사용될 수 있다. 예를 들어 검색 양식이 5개의 열이 있는 테이블을 쿼리하는 경우 양식에 삽입된 union을 사용하면 5개의 열이 있는 다른 테이블에 결과 세트를 추가할 수 있다. 버그를 악용하지 않고도 데이터를 효율적으로 악용할 수 있다.

완화

애플리케이션 계층에서 SQL 인젝션 완화 기능은 소프트웨어 엔지니어링 팀의 교육에서 시작된다. 코딩할 때 소프트웨어 엔지니어는 동적 쿼리를 피하고 악의적인 SQL을 사용한 입력이 쿼리를 수정하지 못하게 이를 방지해야 한다.

프리페어드 스테이트먼트

첫 번째 단계는 엔지니어가 프리페어드 스테이트먼트prepared statements의 일부 변형을 사용하는 것이다. 프리페어드 스테이트먼트는 매개변수화된 구문이라고도 한다. 프리페어드 스테이트먼트에서 쿼리의 구조는 사전에 미리 정의돼 있다. 그런 다음 양식의 입력 내용은 쿼리를 실행하는 데 사용되는 변수에 바인딩된다. 이와 반대는 런타임runtime에 동적으로 SQL을 정의하고 빌드하는 것이다. 나쁜 공격자가 쿼리 로직을 수정할 수 없기 때문에 프리페어드 스테이트먼트가 더 안전하다. SQL 인젝션이 발생하면 SQL은 실행을 위한 별도의 SQL 구문이 아니라 비교, 정렬, 필터링을 위한 문자열로 간주된다.

예제 9-1. 자바에서의 프리페어드 스테이트먼트의 사용 예

```
String hostname = request.getParameter("hostName");
```

```
String query = "SELECT ip, os FROM servers WHERE host_name = ? ";

PreparedStatement pstmt = connection.prepareStatement( query );
pstmt.setString( 1, hostName );
ResultSet results = pstmt.executeQuery( );
```

입력 유효성 검사

프리페어드 스테이트먼트가 여러분을 보호할 수 없을 때가 있다. 동적 테이블 이름이나 정렬 순서에 대한 입력은 사전에 준비할 수 없다. 이를 위해서는 보호해야 할 입력 유효성 검사가 필요하다. 이 경우 애플리케이션은 검증된 테이블 이름 목록이나 Desc 및 Asc를 확인해 쿼리를 안전하게 실행할 수 있는지 확인한다. 또한 유효성 검사를 우편번호가 5개의 정수이고 문자열에 공백이 없고, 길이가 구체적이거나 범위 내에 있는지 확인하고자 수행할 수도 있다.

피해 감소

예방 조치로 애플리케이션 입력을 보호할 수 없는 경우 SQL 인젝션의 영향을 줄이고자 애플리케이션 외부에서 수행할 수 있는 다른 완화 조치가 있다. SQL 인젝션이 발생하지 않는다고 보장할 수 없으므로 심층적인 방어 체계를 구축하는 것이 가장 좋다. 여기에는 악용 가능한 버그 수를 줄이기 위한 데이터베이스 바이너리 패치가 포함된다. 애플리케이션에서 사용하는 데이터베이스 사용자로부터 불필요한 저장 코드와 불필요한 권한을 제거하는 것도 매우 중요하다. 게다가 각 애플리케이션에 자체 데이터베이스 사용자를 제공하면 도용된 계정으로 인해 발생할 수 있는 피해를 줄일 수 있다.

모니터링

거의 모든 다른 오작동이나 기능 장애와 마찬가지로 해당 데이터의 계측 및 모니터링은 완화에 중요하다. 또한 SQL 인젝션을 나타내는 unions, semicolons, 기타 문자열에 대해 로깅, 덤프 분석, 스택 추적, 쿼리 로그 패턴 일치 등을 기록하고 분석하는 것이 중요하다.

SQL 인젝션은 예방하기 매우 쉽지만 데이터베이스를 악용하는 가장 일반적인 방법 중 하나다. 정보보안 팀 및 DBRE에 의해 승인된 공유 라이브러리뿐만 아니라 일관되고 지속적인 교육 및 협업 플랫폼은 안전성과 속도를 보장하고자 규모가 커지고 있는 소프트웨어 엔지니어링 팀에게 필수 요소다.

네트워크와 인증 프로토콜

악의적인 공격자가 사용할 수 있는 다양한 통신 프로토콜을 통해 데이터베이스 서버를 공격하는 방법에는 여러 가지가 있다. 네트워크 프로토콜에 버그가 있는 경우 이를 악용하는 사용자는 서버에 직접 액세스할 수 있는 가능성이 있다. 이는 TCP 포트 1433의 세션 설정 코드의 버그였던 'hello' 버그(CAN-2002-1123)를 통해 수행됐다. 네트워크를 통한 인증, OS 및 데이터베이스 액세스, 권한 상승 이후에 발생할 수 있는 익스플로잇도 있다. 마찬가지로 데이터베이스 프로토콜에는 취약점이 가득할 수 있다. 심지어 일부 서버에는 실제로 암호화되지 않은 통신이 허용돼 있어 자격증명을 도용당할 수도 있을 것이다. 이와 다른 경우에는 사용자가 실제 자격증명 없이 인증 신호를 보낼 수 있는 버그도 있을 것이다.

이 절의 시작 부분에서 설명한 완화 기술은 모두 여러분의 데이터베이스 인프라의 공격 매개체를 감소시키는 데 매우 중요하다. 이러한 기술을 사용하고 엔지니어링 조직의 인증 프로토콜과 데이터베이스 기능에 대한 심층적인 이해를 기반으로 하면 여러분의 설정은 최대한 안전하게 유지할 수 있다.

이제 잠재적인 공격 매개체와 이를 완화하기 위한 전략에 대한 개요를 제공했으므로 침입, 권한 상승, 데이터베이스 및 서버에 대한 전체 액세스 권한 획득과 같은 경우를 위한 데이터 보호에 대해 알아보자. 여기서 자연스럽게 다음으로 살펴봐야 할 주제는 암호화다.

데이터 암호화

악의적인 사람, 무의식적으로 무단 침입하는 사람, 심지어 주변 사람까지도 불필요하게 데이터에 액세스할 수 있는 경우가 많다.

여러분은 이미 알려진 모든 네트워크 및 OS 경로를 차단하고 모든 사용자에 대한 액세스 및 권한을 최소화했으며, 알려진 모든 버그를 패치했고 악용될 수 있는 알려진 모든 애플리케이션 취약점을 차단했다. 하지만 여전히 불가피한 상황에 대비해야 한다.

암호화는 상호 간 합의된 키이나 시크릿secret을 사용해 데이터를 변환하는 프로세스다. 이론적으로 해당 키를 가진 사람만이 암호화된 데이터를 사용 가능한 형식으로 다시 변환할 수 있어야 한다. 암호화는 일반적으로 데이터를 도난 당하고 악의적인 공격자의 손에 들어간 이후에도 데이터 보호를 위한 마지막 방어 수단이 된다.

이 절에서는 다음과 같은 3가지 다른 계층에서의 암호화를 설명한다.

- 전송 중인 데이터
- 데이터베이스 클라이언트 내의 유휴 데이터
- 파일 시스템의 유휴 데이터

이들 각각은 암호화를 통해 보호할 수 있는 잠재적인 공격 매개체다. 그리고 이러한 암호화 방법은 다양한 형태의 오버헤드와 비용을 초래하므로 대부분의 조직에서는 심사숙고와 트레이드오프 비용을 생각해야 한다.

이러한 각 계층에서는 데이터의 다른 차원, 즉 데이터 타입을 고려해야 한다. 데이터는 민감하거나 그렇지 않은 것으로 간주할 수 있으며, 데이터의 민감도는 다음의 절에서 설명하는 범주로 분류할 수 있다. 이러한 종류의 데이터를 저장하고 관리하는 경우 DBRE 팀은 정보보안 팀 및 SWE 팀과 긴밀하게 협력해야 한다. 그러므로 모든 당사자가 의무와 표준을 이해하고 규정 준수를 위해 셀프 서비스 플랫폼, 라이브러리, 모니터링 등을 구축하고 있는지 확인해야 한다. 데이터는 다양한 형태로 제공되며 여러분이 관리할 수 있는 좀 더 일반적인 형태의 규정된 데이터를 검토할 것이다.

재무 데이터

여기에는 인증과 식별에 사용할 수 있는 계정 번호와 계정 관련 데이터가 포함된다. 또한 신용 점수, 재무 보고서, 잔액 등과 같은 개인 또는 조직의 재무 상태를 보여주는 거래 내역과 데이터까지 포함된다. 미국의 금융 데이터만 하더라도 신용카드 데이터에 대한 PCI DSS 요구 사항, GLBA, SOX/J-SOX, NCUA, 데이터 개인 정보 보호 및 데이터 상주 법률, 애국법[Patriot Act]을 비롯한 수많은 법률, 기관, 표준의 규제를 받는다. 다른 나라에서도 비슷한 기관을 찾을 수 있다.

개인 건강 데이터

환자와 환자의 건강에 대한 정보는 이 범주에서 다룬다. 여기에는 환자의 건강, 치료 및 절차, 보험 정보에 관한 데이터뿐만 아니라 사회보장번호, 이름, 연락처 정보와 같은 개인 식별 정보가 포함된다. 미국의 건강 데이터는 1996년 건강 보험 양도 및 책임법[HIPAA, Health Insurance Portability And Accountability]에 의해 주로 규제된다.

사생활 개인 데이터

이를 개인 식별 정보[PII, Personlly Identifiable Information]라고 한다. 여기에는 사회보장번호, 주소, 전화번호, 이메일 등이 포함된다. 이 정보는 신원 도용, 괴롭힘, 원치 않는 연락 등에 사용될 수 있다. 1974년의 개인 정보 보호법은 이 데이터에 대해 현재 시행 중인 미국 표준의 근간이 됐다.

군사 및 정부 데이터

정부 운영이나 직원과 관련된 모든 데이터는 매우 민감한 것으로 간주된다. 군사 작전과 인원에 관한 정보는 더 그렇다. 이를 지원하고 저장하는 모든 조직에는 매우 엄격한 절차가 있다.

기밀/민감한 비즈니스 데이터

여기에는 비즈니스 경쟁력을 보호하고자 비밀로 유지해야 하는 모든 데이터가 포함된다. 지적 재산[IP, Intellectual Property], 영업 비밀, 재무 현황, 성과 및 활동 보고, 고객, 판매 정보 등이 이에 해당된다.

암호화 및 보호와 관련해 적절한 선택을 하려면 개별 데이터 스토어에 저장되는 데이터의 특성을 이해하는 것이 중요하다. 그렇기 때문에 조직의 협업과 교육이 수행되는 것이 매우 중요하다. 그렇지 않으면 빠르게 변화하는 조직에서 무의식적으로 엔지니어는 보안 장치가 없는 데이터 스토어에 중요한 데이터를 저장하기 쉬워지게 된다.

또한 항상 적용돼야 하는 몇 가지 기본적인 기준이 있다. 심지어 이것들을 언급하는 것에 당혹감을 느끼지만 앞서 언급한 몽고DB 사례와 디폴트는 이러한 상기 사항들이 얼마나 중요한지를 말해준다. 여기에는 다음의 내용이 포함된다.

- 데이터베이스에 직접적으로 통신하는 웹 관리자 인터페이스는 항상 SSL을 사용하거나 보안 프록시 서비스를 사용해야 한다. 두 가지 모두 참조하고자 SSL을 사용한다. TLS^{Transport Layer Security}는 SSL 3.0의 후속 버전이며 대부분의 사람은 둘 다 SSL로 언급한다. TLS 1.0은 취약점(http://bit.ly/2zxqT5t)이 있으므로 사용하기 부적절한 것으로 고려해야 한다.

- 서버에 연결하려면 SSH2 또는 원격 데스크 프로토콜^{RDP, Remote Desk Protocol}을 사용해야 한다.

- 데이터베이스에 대한 관리자 연결은 별도의 관리 네트워크를 사용해야 하며 데이터베이스에서 이를 허용하는 경우 TLS 1.1 또는 1.2를 사용해야 한다.

- 각 SSL 프로토콜은 적절하고 강력히 암호화된 암호를 사용해야 한다. 암호화된 세션의 강도는 서버와 클라이언트 간에 합의된 암호에서 비롯된다.

자, 이제 제일 먼저 전송 데이터의 암호화를 살펴보자.

전송 데이터

데이터는 반드시 네트워크를 통해 이동한다. 이는 데이터를 보호하려는 DBRE에게 불가피하고 슬픈 사실이다. 이는 마치 현금은 반드시 무장된 트럭으로 옮겨져야 하고 귀중품도 배달을 위해 반드시 운송돼야 하는 것처럼 데이터도 반드시 전송돼야 하는 것과 같다. 이는 매우 취약한 시간이며 전송 프로세스의 위치에 따라 취약성이 커진다. 이를 '비행 중인 데이터^{Data in flight}'라고도 한다.

더 자세히 설명하기 전에 암호 스위트^{cipher suite}**2**의 다양한 구성 요소와 모범 사례에 대한 이해가 필요하다.

---

2. TLS 및 SSL을 사용해 암호 통신을 하는 데 사용되는 알고리듬의 집합 - 옮긴이

암호 스위트의 해부

각 데이터베이스 서버는 협의된 암호 스위트를 통해 클라이언트와 통신한다. 데이터가 필요한 수준에서 보호되게 하려면 암호 스위트가 특정 데이터베이스에서 구현된 의미를 이해하는 것이 중요하다. 정보보안 팀에서 이에 대한 표준을 설정해야 하지만 그렇지 않고 여러분이 이를 결정해야 한다면 특정 데이터베이스에서 구현된 의미를 이해해야 한다. 다음은 암호 스위트의 예다.

ECDHE-ECDSA-AES128-GCM-SHA256

스위트의 첫 번째 파트인 **ECDHE**는 키 교환 알고리듬이다. 이는 임시 키[ephemeral key]를 사용한 키 교환의 타원 곡선 버전[elliptic curve version]을 사용한다. 여기에서 다른 값은 **RSA, DH, DHE** 등이 있다. 임시 키 교환은 디피-헬만[Diffie-Hellman]의 논문 (https://www-ee.stanford.edu/~hellman/publications/24.pdf)을 기반으로 하며 초기 TLS 핸드셰이크[handshake] 동안 세션별로 임시 키를 사용한다. 이는 서버의 장기 서명 키[long-term signing key]가 손상돼도 이전 세션의 기밀성이 손상되지 않는 PFS[Perfect Forward Secrecy]를 제공한다. 서버가 임시 키를 사용할 때 해당 서버는 장기 키[long-term key]로 임시 키에 서명한다(장기 키는 인증서에서 사용할 수 있는 일반적인 키다)[3]. DHE는 EDHE보다 강력하며 선호된다.

다음 부분인 ECDDSA는 키 교환 매개변수에 서명하는 데 사용되는 서명 알고리듬이다. 여기서는 서명 엔트로피 소스에 따라 매우 약할 수 있는 DSA 또는 DSS보다 RSA가 선호된다.

다음으로 AES128은 스위트의 암호를 나타낸다. 이 경우 128비트 키를 사용하는 AES[Advanced Encryption Standard]다. 이 경우 인증된 암호화를 제공하는 GCM[Galois/Counter Mode]이라고 하는 암호에 대한 운영 모드가 뒤따른다. GCM은 AES, Camellia, Aria

---

3. Transport Layer Protection Cheat Sheet, http://bit.ly/owasp-cheat-sheet

만 지원하므로 이상적이다. AES의 경우 미국국립표준기술원^{NIST, National Institute of} Standards and Technology는 각각 블록 크기가 128비트지만 키 길이가 다른 128비트, 192비트, 256비트인 3개의 멤버를 표준으로 채택했다.

마지막으로 SHA-256은 키 메시지 인증 코드^{MAC, Message Authentication Code} 함수를 나타 내며 SHA-256은 인증기관에서 인증서 및 인증서 해지 목록^{CRL, Certificates Revocation} ^{Lists}을 서명하고자 사용하는 해시된 MAC^{HMAC} 함수다. 마스터 암호를 만들려면 이 알고리듬을 사용하는데, 메시지 수신자는 이를 사용해 내용이 올바른지 확인 한다.

송신자는 완성된 메시지를 보내고 수신자는 완성된 메시지를 수신하고 유효성 검사 후 연결하면 애플리케이션 데이터를 주고받을 수 있다. SHA2는 이 알고리 듬을 구현하는 데 적합한데, 여기에는 SHA224, SHA256, SHA384, SHA512와 같 은 4가지 종류의 해시 함수가 포함된다.

데이터베이스의 SSL 구현 내용을 평가할 때 암호화 목록을 이해하는 것이 중요 하다. 이 목록은 클라이언트와 서버에서 모두 사용할 수 있는 일치하는 암호를 찾을 때까지 암호가 검색되는 순서를 보여준다.

통신 암호화의 요구 사항을 평가할 때는 앞에서 설명한 데이터 타입뿐만 아니라 전송 경로와 임계치도 고려해야 한다. 특히 다음의 내용을 고려하자.

- 네트워크 내부 통신
- 네트워크 외부 통신

이러한 각 전송 영역에는 고려 사항과 합의된 일련의 가정이 필요하다. 이러한 각 가정은 일련의 요구 사항을 생성하고, 각 요구 사항은 구현의 요구 사항이 된다.

네트워크 내부 통신

네트워크 계층에서 보안 서브넷 내부 통신은 일반적으로 보안이 설정된 것으로 간주되므로 대부분의 규정에서는 통신 채널(네트워크 연결 자체)을 추가로 더 보호할 것을 요구하지 않는다. 즉, 서버와 다른 상호 네트워크 통신 간에 데이터 및 복제를 요청하거나 보내는 애플리케이션 서버는 보안 네트워크에서 암호화된 통신을 설정할 필요가 없다. 이는 데이터베이스가 수행할 작업의 대부분이고 암호화는 CPU 집약적이기 때문에 좋다. 이미 말했듯이 데이터베이스가 민감한 데이터를 저장하는 경우에는 여전히 어떻게든 암호화는 필요하다. 이는 데이터가 데이터베이스 자체에 저장되는 시점에 애플리케이션 계층에서 수행하는 것이 이상적이다. 향후 미사용 데이터를 설명할 때 이에 대해 더 살펴볼 것이다.

데이터베이스의 민감한 데이터를 보호할 수 없는 경우 그게 레거시^{lecagy}한 이유든지 다른 제약 사항이 있든지 간에 조직은 데이터베이스에 연결되는 모든 것에 암호화된 통신이 요구된다는 것을 고려해야 한다.

네트워크 외부 통신

조직에서 소유하고 관리하는 두 네트워크를 연결하거나 네트워크와 인터넷 사이를 연결하는 경우 중요하거나 그렇지 않은 데이터를 전송할 때도 IPSec 또는 SSL을 사용하는 가상 사설망^{VPN, Virtual Private Network}을 사용해야 한다.

마찬가지로 인터넷 클라이언트는 대부분의 통신에서 SSL/TLS로 로드 밸런서와 통신해야 한다. 이는 클라이언트와 로드 밸런서에 CPU 오버헤드가 추가되지만 클라이언트와 사용자 간에 평문으로 데이터를 전송하는 경우는 비교적 드물다.

SSL의 필요성을 이해하면서 이를 실현하기 위한 아키텍처를 살펴보자.

안전한 데이터 연결 설정

최신 데이터베이스 시스템은 일반적으로 다양한 수준의 SSL을 지원한다. 하지만 Redis와 같은 예외는 있으며 데이터 스토어가 요구 사항에 맞는지 확인할 때 이를 확인하는 것이 중요하다. 암호화되지 않은 민감한 데이터는 캐시되지 않아야 한다.

SSL 오버헤드는 지속적인 신화에 비해 일반적으로 상당히 미미하다는 점을 짚고 넘어갈 필요가 있다. 대부분의 컴퓨팅 오버헤드는 커넥션을 초기화할 때 완료되며, 드물게 2% 정도의 CPU 오버헤드가 초과되거나 5밀리초의 대기시간 증가가 있을 뿐이다(http://bit.ly/2zykkiT). AES와 같은 일부 암호는 대부분의 최신 CPU에 명령어가 내장돼 있어 소프트웨어 기반 암호에 비해 속도가 상당히 빨라진다.

연결 보안에는 적용할 수 있는 계층화된 접근 방식이 있다.

기본 연결 암호화. 가장 기본적인 수준은 먼저 모든 연결에 대해 보안 통신을 요구하도록 데이터베이스 서버를 설정한다. 이 구성을 사용하면 인증기관^{CA} 인증서가 생성된다. 이 인증서는 서버 공개 키 인증서와 서버 개인 키에 서명하는 데 사용된다. 클라이언트에서 동일한 인증서를 사용해 클라이언트 공개 키 인증서와 개인 키를 생성할 수도 있다. 클라이언트가 키를 저장하고 서버를 적절하게 설정하면 모든 연결이 암호화된 것으로 간주된다.

모범 사례와 상식은 사람들이 쉽게 도용하고 사용할 수 있는 곳에 키를 저장해서는 안 된다는 것이다. 즉, 동적 설정을 사용하면 키를 클라이언트의 파일 시스템에 저장하지 않고 애플리케이션의 메모리에 직접 불러올 수 있다. 하지만 더 좋은 방법이 있다.

안전하게 저장된 시크릿 키. SSL을 통한 연결 보안이 중요한 첫 번째 단계지만 여전히 취약점이 있다. 결국 공격자가 클라이언트 호스트에 액세스가 가능하면 해당 키를 사용하는 연결을 사용해 데이터에 쿼리할 수 있다. Hashicorp의 Vault, 아마존의 KMS^{Key Management Service} 또는 기타 여러 솔루션과 같은 키 관리 인프라 보안 서비스를 사용하면 데이터에 액세스하는 것과 키 스토리지 및 관리를 분리할 수 있다.

또한 사용자 이름, 암호, IP, 포트와 같이 데이터베이스에 액세스하는 데 사용되는 기타 정보를 이러한 서비스 중 일부에 원격으로 저장할 수 있으므로 자격증명을 누군가가 이를 획득해 애플리케이션 외부에서도 사용할 수 있는 파일 시스템에 저장되지 않도록 보장한다.

동적으로 구축된 데이터베이스 사용자. 이전 두 단계를 기반으로 하는 자연스러운 진화는 Vault와 같은 동일한 보안 비밀 서비스를 사용해 데이터 스토어 내에서 임시 사용자 계정을 동적으로 생성하는 것이다. 이를 통해 애플리케이션 호스트는 그 순간에 생성될 사용자 계정을 등록하고 요청할 수 있다. 읽기 전용과 같은 역할을 사용하면 다양한 권한이 자동으로 적용될 수 있으며 이러한 사용자는 제한된 수명을 가지므로 잠재적으로 도용될 수 있는 모든 액세스가 제한된 시간 동안에만 지속된다. 또한 이제 사용자를 특정 애플리케이션 호스트에 매핑할 수 있다. 이를 통해 서버 풀에 대해 공유된 사용자 이름을 사용하는 환경에서 도전 과제였던 쿼리와 액세스를 감사할 수 있다.

SSL과 VPN 기술을 조합하면 모든 통신 경로는 저장되는 데이터의 필요에 따라 암호화할 수 있어야 한다. 또한 비밀 키 관리 서비스를 활용하면 OS 권한을 충분히 가진 모든 사용자가 읽고 남용할 수 있는 파일 시스템에 저장된 설정 파일과 키를 통한 공격 매개체를 줄일 수 있다. 이것이 바로 비행 중 데이터를 보호하는 개념이다. 이제 미사용 데이터를 검토하는 것으로 넘어가보자. 우리는 데이터베이스 자체의 데이터로 시작한다.

데이터베이스 데이터

'사용 중인 데이터^{Data in Use}'라고도 하는 데이터베이스의 데이터는 애플리케이션, 분석가, 사용자 프로세스에서 반드시 액세스할 수 있어야 한다. 즉, 모든 암호화 솔루션은 데이터에 악의적으로 액세스하려는 사람이 데이터에 액세스하는 것을 방지하면서 인증된 사용자의 데이터 액세스를 허용해야 한다. 사용자가 데이터 베이스를 인증하는 데 성공하는 경우 일반적으로 적절한 데이터베이스 읽기 권한이 있는 모든 데이터를 읽을 수 있다.

잠재적인 공격자는 다음 세 가지 범주 중 하나로 분류할 수 있다.

- 침입자
- 내부자
- 관리자

침입자는 데이터베이스나 서버에 액세스해 귀중한 정보를 추출한다. 내부자는 데이터베이스나 OS에서 권한이 있는 신뢰할 수 있는 그룹에 속하며 부여된 권한을 초과하는 정보를 얻으려고 시도한다. 관리자는 데이터베이스와 OS 수준에서 관리 수준의 권한을 갖고 있으며 이를 중요한 정보를 얻는 데 활용한다.

이 절의 시작 부분에 나열된 대부분의 데이터에는 적절한 사용자만 읽을 수 있도록 추가 암호화가 필요하다. 이제 사용 가능한 옵션과 해당 기능 그리고 잠재적인 단점을 알아보자. 또한 암호화 표준과 모범 사례는 앞에서 설명한 대로 SSL 암호화에서와 동일하게 적용된다.

애플리케이션 수준의 보안

이 접근 방식에서 특정 테이블이나 칼럼은 위협 모델링 중에 암호화가 필요한 것으로 식별된다. 암호화 라이브러리를 활용하는 해당 애플리케이션은 데이터를 저장하고자 애플리케이션에 제출하기 전에 데이터를 암호화한다. 그런 다음 다른 문자열이나 이진 데이터처럼 데이터가 제출된다. 유사한 방법으로 데이터가 검색되며 애플리케이션은 데이터를 사용하기 전에 해독해야 한다는 것을 알고 있다. 이 암호화와 복호화는 Bouncy Castle 및 OpenSSL과 같은 라이브러리를 사용해 수행할 수 있다.

애플리케이션 수준에서 라이브러리를 사용하면 데이터베이스 이식성이 제공된다. 백엔드^{backend}가 변경되더라도 이전과 마찬가지로 암호화와 복호화를 수행할 수 있다. 또한 암호화 라이브러리를 제어할 수 있다. 정보보안 팀은 누구나 사용할 수 있도록 이러한 공유 라이브러리를 버전 관리 시스템에 배치할 수 있으며, 조직 전체에서 승인되고 사용되기 때문에 해당 코드의 컴플라이언스 감사가 더 이상 필요 없다. 마지막으로 이 방법을 사용하면 선택적인 암호화가 가능하며 다른 열과 테이블은 암호화되지 않은 상태로 두고 리포팅, 인덱싱, 쿼리를 더 쉽게 하게 한다.

이 접근 방식의 주요 단점은 데이터베이스의 모든 데이터에 적용되는 포괄적인 접근 방식이 아니라는 것이다. 따라서 새로운 데이터가 모델링돼 애플리케이션에 도입되면 개발자는 이 새로운 데이터에 암호화가 필요한지 고려한 다음 실제로 구현해야 한다. 이 접근 방식을 사용하려면 데이터 파이프라인의 다른 모든 클라이언트도 복호화 라이브러리를 사용해야 한다.

애플리케이션 수준의 암호화는 개발 속도에 가장 큰 유연성을 제공한다.

데이터베이스 플러그인 암호화

플러그인 암호화는 데이터베이스 자체에 설치된 암호화 패키지를 활용한다. 이 방법은 애플리케이션과 무관하므로 사용자 정의 코딩이 덜 필요하다. 플러그인에 따라 열 수준의 선택적 암호화와 액세스 제어 기능, 액세스 감사 기능까지 제공한다.

사용자가 잠재적으로 취약점을 악용하고 해당 키를 사용해 데이터를 읽는 데 필요한 것보다 더 많은 액세스 권한을 얻을 수 있기 때문에 일반적으로 하나의 키로 데이터베이스를 완전히 암호화하는 것은 권장되지 않는다. 예를 들어 암호화 키 액세스 권한이 있는 내부 사용자는 보안 그룹을 벗어난 상위 사용자에 대한 액세스 권한과 데이터에 액세스할 수 있다. 서로 다른 키를 사용해 서로 다른 보안 그룹의 테이블을 암호화하면 사용자는 해당 보안 그룹 내의 객체만 복호화할 수 있다. 즉, 사용할 플러그인은 선택적인 암호화 및 액세스 제어 기능을 갖추고 있어야 효과적이다.

애플리케이션 수준의 암호화와 달리 이렇게 하면 데이터베이스 간에 이식성 문제가 발생한다. 따라서 스타트업이나 요구 사항이 자주 변경되는 환경에서 작업하는 경우 이 솔루션은 너무 유연하지 않을 수 있다.

투명한 데이터베이스 암호화

데이터베이스를 통한 모든 통신을 암호화/복호화하는 몇 가지 보안 어플라이언스가 있다. 이는 데이터가 암호화됐는지 확인하는 것을 더 쉽게 할 수 있는 비교적 쉬운 접근 방식이지만 모든 데이터에 대해 암호화에 대한 오버헤드를 적용한다. 하지만 보편성 및 저수준의 접근 방식은 이러한 오버헤드를 최소화한다.

쿼리 성능 고려 사항

데이터 암호화는 비교적 쉬운 작업이지만 해당 데이터를 쿼리하면 성능이 저하될 수 있으며 스키마 및 쿼리 디자인에 영향을 준다. 열이나 테이블 수준의 데이터 암호화는 범위 쿼리나 문자열 검색이 쉽지 않다. 따라서 쿼리할 때 데이터를 필터링하고 정렬하는 방법을 고려해야 한다.

대부분의 암호화 기능은 순서를 유지하지 않으므로 암호화된 데이터의 범위를 인덱싱하는 데 가장 많이 쓰는 B-트리 인덱스를 사용할 수 없다. 성능을 좋은 방법으로 필터링하고자 암호화되지 않은 필드를 사용할 수 있다. 예를 들어 날짜 범위 필터를 사용해 암호화된 값을 스캔^{scan}해야 하는 데이터 세트를 줄일 수 있다.

암호화된 데이터에 쿼리하는 것을 좀 더 효율적으로 지원하고자 스키마에 암호화된 필드에 키가 있는 해시 메시지 인증 코드^{HMAC, Hash Message Authentication Code}를 저장하고 해시 함수에 대한 키를 사용할 수 있다. 검색 중인 데이터에서 HMAC를 포함하는 암호화된 필드에 쿼리된 이후에는 쿼리에서 평문을 공개하지 않는다. 이를 통해 데이터베이스는 쿼리에서 평문으로 내용을 노출하지 않고 데이터베이스의 암호화된 데이터에 대해 쿼리를 수행할 수 있다. 또한 HMAC를 생성하는 데 필요한 데이터가 없는 사용자가 데이터베이스의 데이터를 조작하지 못하게 보호한다(http://bit.ly/2zzUoUe).

이러한 해시된 필드에 인덱스를 사용하면 일정한 성능을 얻을 수 있지만 인덱스 값의 빈도나 카디널리티에 대한 정보가 표시된다. 마찬가지로 악의적인 행위자는 인덱스 내 위치로 암호화된 데이터베이스 값에 대한 정보를 추론하거나 해시의 다른 발생 값을 조사할 수도 있다. 장기간 액세스하면 시간 경과에 따른 변화를 관찰하고 분석해 데이터에 대한 정보를 얻을 수 있다. 예를 들어 데이터가 삽입된 후 지식이 풍부한 사용자는 이벤트 및 인덱스의 위치에 따라 잠재적인 값을 추론할 수 있다.

따라서 데이터 값에 따라 잠재적으로 난독화 기술을 추가해 관찰자가 해시를 기반으로 링크나 값을 추론할 수 있는 가능성, 다른 해시와의 관계, 새로운 삽입 값을 줄일 수 있다. 여기에는 모든 삽입에 더미 데이터를 추가하거나, 원자 삽입^{atomic insert}에 대한 증분 관찰을 허용하지 않는 배치 삽입이 포함될 수 있다.

이는 성능 및 보안에서의 스키마 고려 사항에 대한 매우 높은 수준의 개요지만, 데이터베이스 암호화를 계획 단계에서 사소한 문제로 간주되지 않도록 이를 완화하기 위한 몇 가지 샘플 접근 방식과 우려를 제기하는 것이 중요하다.

데이터베이스에 저장된 데이터는 여전히 궁극적으로는 파일 시스템으로 저장된다. 이와 동일하게 로그, 데이터 덤프, 백업은 모두 데이터를 보호할 때 고려해야 하는 파일 시스템에 위치한다. 따라서 이제 파일 시스템 수준에서 저장 데이터의 암호화를 살펴보자.

파일 시스템 데이터

전송 중인 데이터와 사용 중인 데이터의 암호화를 통해 상당한 수준의 보호를 살펴봤다. 그러나 디스크, 테이프, 기타 미디어media에서 직접 데이터에 액세스할 수 있는 기회가 여전히 있다. 다른 모든 완화 기술과 마찬가지로 이에 대한 여러 가지 접근 방식이 있다. 솔루션을 고려할 때 저장되는 데이터의 양, CPU, 읽기와 쓰기의 대기시간에 미치는 영향과 데이터에 액세스해야 하는 빈도를 고려하는 것이 중요하다.

공격자는 파일 시스템의 데이터에 대해 직접 또는 간접 공격 전략을 사용할 수 있다. 직접 스토리지 공격에서 악의적인 사용자는 데이터베이스 소프트웨어 외부에서 직접 데이터베이스 파일에 액세스한다. 여기에는 스토리지 장치를 물리적으로 제거하거나 백업 인프라에서 데이터를 가져와서 네트워크를 통해 서버에서 데이터 파일을 복사하는 것이 포함된다. 간접 공격을 통한 악의적인 사용자는 데이터베이스에서 사용하는 파일에서 스키마 정보, 로그 데이터, 메타데이터를 얻을 수 있다.

표준 네트워크 및 액세스 제어 전략 외에도 파일 시스템 데이터를 암호화해 해당 단계를 우회하는 사람이 있어도 우리의 데이터에 액세스할 수 없게 해야 한다. 스토리지 암호화를 고려할 때 고려해야 할 여러 계층이 있는데, 이들은 파일 시스템에 있는 데이터다.

파일 시스템에서의 데이터 암호화

데이터가 파일 시스템에 저장되면 자동으로 암호화할 수 있다. 여기에는 '데이터베이스 데이터'에서 설명한 것과 유사한 고려 사항이 있다. 이는 일반적으로 가져 오기^{importing}를 위한 백업이나 데이터 파일과 같은 파일 시스템에 업로드되는 데이터에 적용된다. 이 계층에서 암호화를 진행하면 중요한 파일의 암호화 상태를 항상 알 수 있다.

또한 이 데이터는 여러 저장 장치에 분산하고자 청크^{chunk}로 분할할 수 있다. 이는 하나의 스토리지 장치에 액세스하는 사람이 전체 데이터 세트를 얻지 못하게 방지하므로 민감한 데이터 백업과 대용량 데이터 덤프에 적합한 옵션이다. 또한 이러한 청크 분할은 읽기 및 쓰기 작업의 병렬 작업을 가능하게 하고 더 빠른 복구를 허용한다. 트레이드오프는 일반적으로 이러한 스토리지 게이트웨이의 개발과 유지 보수를 위한 시간이다.

파일 시스템 암호화

대부분의 데이터 스토어는 메타데이터, 로그, 데이터 스토리지를 위한 자체적인 파일을 생성하기 때문에 파일 시스템 계층에서 암호화할 시스템이 있어야 한다. 스택 암호화 파일 시스템이 있는 파일 시스템 위에서 이를 수행할 수 있고 내장된 암호화 메커니즘을 통해 파일 시스템에서 직접 수행할 수도 있다. 또는 파일 시스템 밑단인 블록 레이어에서도 이를 수행할 수 있다.

암호화된 파일 시스템을 기존 파일 시스템 위에 쌓으면 그 아래에 있는 모든 파일 시스템을 사용할 수 있다. 이는 전체 볼륨을 암호화하는 대신 특정 디렉터리에만 사용할 수 있으므로 매우 유연한 옵션이다. 리눅스 기반의 예로는 eCryptfs 및 EncF가 있다. 이를 위해서는 키를 수동으로 제공하거나 키 관리 인터페이스^{KMI, Key Management Interface}를 통해 제공해야 한다. ZFS 및 BTRFS와 같은 많은 파일 시스템에도 암호화 옵션이 있지만 암호화되지 않은 메타데이터를 노출하는지 확인하는 것이 중요하다.

블록 수준의 암호화 시스템은 파일 시스템 밑단에서 작동해 한 번에 하나의 디스크 블록을 암호화한다. 리눅스에서는 Loop-AES, dm-crypt, Vera 등의 옵션을 사용할 수 있다. 이들 각각은 커널 공간의 장치 드라이버를 사용해 파일 시스템 계층 아래에서 작동한다. 이러한 도구는 데이터가 저장된 디렉터리에 관계없이 볼륨에 기록된 모든 데이터를 암호화할 때 유용하다.

이러한 모든 솔루션에는 보안 요구 사항을 고려해야 하므로 이는 성능에 영향을 미친다. 로그, 메타데이터, 기타 유사한 파일을 암호화된 파일 시스템에 저장하는 것이 좋다. 그러나 데이터베이스 자체적으로 액세스되는 데이터 파일은 어떨까? 많은 사용자는 주요 데이터의 애플리케이션 수준이나 열 수준의 암호화는 데이터베이스 내에서 필요시 암호화를 할 수 있다는 것을 알고 있다. 이렇게 하면 데이터베이스 파일 자체는 성능상의 이유로 암호화되지 않은 상태로 유지할 수 있다. 이 솔루션을 로그, 메타데이터 파일, 기타 시스템 수준의 파일 시스템 암호화와 결합하면 성능이 저하되지 않는 효과적인 다계층 솔루션이 생성된다.

장비 수준의 암호화

복호화 기능이 내장된 스토리지 매체를 활용할 수도 있다. 이로 인해 스토리지 비용이 증가하고 알려진 취약점이 많다는 점을 생각해보면 가치가 있을지 의문이다. 하지만 여기서의 요점은 이 계층이 데이터 보안에 대해 심층적인 방어 접근 방식을 분명히 추가한다는 것이다.

광범위한 논의 수준에서 알 수 있듯이 데이터 암호화는 설계, 구현, 감사를 위한 상당한 엔지니어링 순환에 그 가치가 있다. 이 절에서는 전송 중인 데이터, 데이터베이스의 데이터, 파일 시스템에 저장된 데이터의 암호화를 통한 보안에 대해 설명했다. 데이터 암호화는 액세스 제어, 코드 강화, 정기적인 패치가 실패할 때 보호할 수 있는 최후의 방어선이다. 이것의 중요성을 인식하는 것은 보안의 모든 계층이 취약하며 합리적인 보호를 만들고자 모든 수준에서 데이터 보호를 고려해야 한다는 인식이기도 하다. 암호화 작업을 계속 진행할 때 어떤 수준이든 관계없이 항상 다음 체크리스트를 고려해야 한다.

- 모든 데이터가 중요도에 따라 분류됐는지?

- 암호 스위트에 대한 표준이 있으며 규정 준수 여부를 감사하는지?

- 취약점과 악용 사례에 대한 새로운 보고서를 추적하고 고려하고 있는지?

- SWE, SRE, Ops, DBRE의 신입 직원이 중앙 집중식 라이브러리와 암호화 표준을 인지하고 있는지?

- 교체, 제거, 테스트와 같은 프로세스를 포함해 키가 효과적으로 관리되고 있는지?

- 로그, 백업, 중요 테이블, 데이터베이스 연결 등 주요 구성 요소에 대해 정기적이고 자동화된 침투 테스트를 수행하고 있는지?

모든 자동 및 수동 테스트와 마찬가지로 모든 것을 테스트할 수는 없다는 것을 인식하는 것이 중요하다. 바로 이 점이 높은 위험성과 쉬운 악용 가능성에 중점을 두고 지속적인 테스트와 개선 과정에서 선택과 집중, 우선순위 지정, 엄격한 피드백을 허용하는 이유다.

정리

이제 데이터베이스 보안의 미묘한 차이의 계층뿐만 아니라 조직에서 효과적인 보안 챔피언이 되는 방법도 더 깊이 이해할 수 있을 것이다. 이 책의 많은 부분과 마찬가지로 DBRE는 이 기능에 대해 전적으로 책임을 지는 것은 아니다.

DBA의 사고방식은 DBRE의 사고방식이 필요한 빠른 속도의 동적 환경에서는 전혀 효과가 없다. 대신 셀프 서비스 플랫폼, 공유 라이브러리, 팀 프로세스 작성에 대한 자신만의 깊이 있는 지식을 제공하고자 이 장에 언급된 모든 그룹과 적극적으로 협력해야 한다.

여기에서는 앞의 8개 장에서와 같이 운영뿐만 아니라 DBRE로서 여러분을 의지하는 다른 기술 조직의 효과적인 협업과 지원을 위한 견고한 기반을 구축하고자 노력했다. 이제 우리는 광범위한 데이터베이스 영속성 옵션을 이해하고 탄력적이고 확장 가능하며, 성능이 뛰어난 데이터 저장과 검색을 제공하고자 핵심 기술을 구현하는 방법을 이해하는 데 중점을 둘 것이다. 다음 장에서는 지금까지 펼쳐놓은 기본에 대해 다시 언급할 것이다.

10장

데이터 스토리지, 인덱싱, 복제

데이터 스토어에 대한 준비 과정으로 이 책의 대부분은 운영에 대해 이야기한다. 모든 데이터 스토어가 서로 공통점을 갖고 있는 가장 중요한 점은 그들이 데이터를 저장한다는 것이다. 10장에서는 싱글 노드에서 데이터 스토리지를 구성하는 방법, 대규모 데이터 세트를 파티셔닝하는 방법, 노드 간 서로 데이터를 복제하는 방법을 설명한다. 꽤 중요한 장이 될 것이다.

이 책의 범위는 주로 신뢰성과 운영에 중점을 두고 있으므로 스토리지와 액세스 패턴을 이해할 수 있게 할 것이다. 따라서 인프라 선택을 용이하게 하고 성능 측면에서의 특성을 이해할 수 있게 만들고, 또한 데이터베이스 신뢰성 엔지니어 DBRE로서 엔지니어링 팀이 서비스에 적합한 데이터 스토어를 선택하는 데 필요한 정보에 대한 확신을 들게 만들 것이다. 이에 대해 좀 더 상세하고 미묘한 차이를 검토하고자 마틴 클레프만Martin Kleppmann의 저서인 『데이터 중심 애플리케이션 설계』(위키북스, 2018)를 강력히 추천한다.

데이터 구조 스토리지

데이터베이스는 전통적으로 테이블과 인덱스의 조합으로 데이터를 저장했다. 테이블은 주요 스토리지 메커니즘이며 인덱스는 액세스 시간을 개선하고자 정렬된 데이터가 최적화된 부분 집합이다. 이제 데이터 스토어가 급증함에 따라 이는 크게 발전했다. 스토리지에서 데이터를 쓰고 읽는 방법을 이해하는 것은 여러분의 스토리지 하위 시스템과 데이터베이스를 구성하고 최적화하는 데 매우 중요하다.

데이터베이스가 데이터를 저장하는 방법을 이해할 때 원시 데이터raw data가 저장되는 방법뿐만 아니라 어떻게 검색되는지 아는 것이 정말 필요하다. 대규모 데이터 세트에서 합리적인 수준의 대기시간으로 특정 데이터의 부분 집합에 액세스하려면 해당 데이터의 검색 속도를 높이고자 인덱스라고 하는 특별한 스토리지 구조가 필요한 경우가 많을 것이다. 따라서 스토리지를 살펴볼 때 데이터를 디스크와 인덱스에 저장하기 위한 스토리지 및 입출력I/O 요구 사항뿐만 아니라 데이터 검색을 위한 I/O 요구 사항까지 고려해야 한다.

데이터베이스 행 스토리지

대부분의 데이터는 좀 더 전통적인 관계형 시스템에 적용된다. 먼저 좀 더 널리 사용되는 몇 가지 스토리지 옵션을 살펴볼 것이다. 관계형 데이터베이스에서 데이터는 디스크의 특정 바이트 수에 해당하는 블록block이나 페이지page라는 컨테이너에 저장된다. 데이터베이스마다 블록이나 페이지라는 용어를 사용할 것이다. 이 책에서는 두 가지 모두를 지칭하고자 블록을 사용한다. 블록은 레코드 저장을 위한 가장 세분화된 단위다. 오라클 데이터베이스는 데이터 블록에 데이터를 저장한다. 페이지는 디스크의 블록과 마찬가지로 블록이라고 하는 고정 크기다. 블록은 데이터에 액세스하고자 읽거나 쓸 수 있는 가장 작은 크기다. 즉, 한 행이 1K이고 블록 크기가 16K이면 16K의 읽기 작업이 수행된다. 데이터베이스 블록 크기가 파일 시스템 블록 크기보다 작으면 여러 페이지가 필요한 작업에 I/O를 낭비하게 된다. 이는 그림 10-1과 같이 시각화할 수 있다.

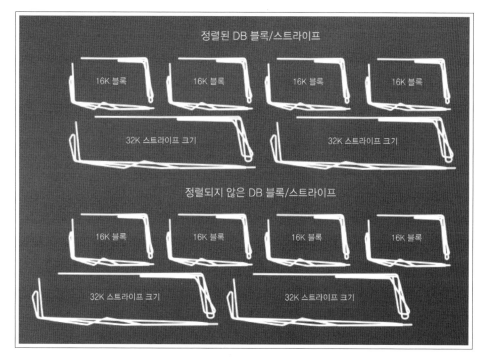

그림 10-1. 정렬 또는 정렬되지 않은 블록/스트라이프 구성

블록은 일반적으로 헤더header와 트레일러trailer 또는 푸터footer 형태로 일부 메타데이터를 저장해야 한다. 여기에는 디스크 주소 정보, 블록이 속한 객체에 대한 정보, 해당 블록 내에서 발생한 행row과 활동에 대한 정보가 포함된다. 오라클 11g R2부터 블록 오버헤드는 총 84 ~ 107바이트다. MySQL 5.7부터 InnoDB는 헤더와 트레일러에서 46바이트를 사용한다. 또한 각 데이터 행에는 열column에 대한 정보, 행이 분산돼 있는 다른 블록에 대한 링크, 행에 대한 고유 식별자를 포함한 자체 메타데이터가 필요하다(Cole, Jeremy, "The physical structure of records in InnoDB", https://blog.jcole.us/2013/01/10/the-physical-structure-of-records-in-innodb/).

데이터 블록은 보통 익스텐트extent라고 하는 더 큰 컨테이너로 구성된다. 효율성을 이유로, 익스텐트는 보통 테이블 스페이스 내에서 새 블록이 필요할 때의 할당 단위다. 테이블 스페이스는 일반적으로 필요에 따라 디스크에 배치할 수 있는 하나 이상의 물리적 파일에 매핑되는 가장 큰 데이터 구조다. 물리적 디스크에 직접 매핑된 시스템에서는 테이블 스페이스 파일을 여러 디스크에 배치해 I/O 경합을 줄일 수 있다. 이 책에서 중점을 두는 패러다임에서는 이러한 I/O 큐레이션이 필수 조건이 아니다. 스트라이프와 미러링된 스트라이프의 크고 포괄적인 RAID 구조에서는 마이크로튜닝에 많은 시간을 소비하지 않고도 I/O를 극대화할 수 있다. 그렇지 않으면 빠른 복구 및 장애 극복이 가능하다고 가정할 때 단순한 볼륨이나 임시ephemeral 스토리지에 초점을 맞추면 관리가 간편해지고 오버헤드가 최소화된다.

B-트리 구조

대부분의 데이터베이스는 B-트리라고 하는 이진트리 형식으로 데이터를 구조화한다. B-트리는 데이터를 정렬된 상태로 유지하면서 자체 균형을 맞추는 데이터 구조다. B-트리는 데이터 블록을 읽고 쓰는 데 최적화돼 있으며, 이는 B-트리가 일반적으로 데이터베이스와 파일 시스템에서 발견되는 이유다.

B-트리 테이블이나 인덱스는 뒤집어진 나무로 상상해볼 수 있다. 키가 만들어진 인덱스의 시작점인 루트 페이지가 있다. 키는 하나 이상의 열로 구성된다. 대부분의 관계형 데이터베이스 테이블은 명시적 또는 암시적으로 정의할 수 있는 기본키에 저장된다. 예를 들어 기본키는 정수integer일 수 있다. 애플리케이션이 특정 ID나 ID 범위에 매핑되는 데이터를 찾고 있다면 이 키를 사용해 해당 ID를 찾는다. 기본키인 B-트리 외에도 다른 열이나 열 집합의 보조 인덱스를 정의할 수 있다. 오리지널 B-트리와 달리 이러한 인덱스는 전체 행이 아닌 인덱싱된 데이터만 저장한다. 이는 이러한 인덱스가 훨씬 더 작고 메모리에 훨씬 더 쉽게 들어갈 수 있음을 의미한다.

B-트리는 트리를 탐색할 때 두 개 이상의 자식 페이지에서 원하는 데이터를 얻을 수 있기 때문에 트리라고 한다. 방금 설명한 것처럼 페이지에는 데이터와 메타데이터 행이 포함된다. 이 메타데이터에는 자식 페이지child page라고 하는 그 아래 페이지에 대한 포인터가 포함돼 있다. 루트 페이지 하위에는 자식들children이라고 하는 두 개 이상의 페이지가 있다. 자식 페이지(또는 노드)는 내부 노드가 되거나 리프leaf 노드가 될 수 있다. 내부 노드는 피벗 키와 자식 포인터를 저장하고 인덱스를 통해 읽기를 한 노드나 다른 노드로 전달하는 데 사용된다. 리프 노드에는 키 데이터가 포함하고 있다. 이 구조는 단순히 몇 개의 레벨만 거치면 검색을 할 수 있는 자체 균형 트리를 생성해 필요한 행에 대한 포인터를 찾는 데 약간의 디스크 탐색disk seek만 하면 된다. 필요한 데이터가 키 자체에 있는 경우 행에 접근하고자 포인터를 따라갈 필요도 없다.

이진트리 쓰기. B-트리에 데이터를 삽입할 때 검색을 통해 정확한 리프 노드를 찾게 된다. 노드는 이를 압축하지 않고 추가 삽입을 위한 새로운 공간을 생성한다. 노드에 공간이 있으면 데이터는 순서대로 삽입된다. 노드가 가득 차면 분할이 발생하는데, 이때 새로운 중앙값median이 결정되고 신규 노드가 생성된다. 그런 다음 레코드가 이에 따라 재배포된다. 그러면 이 중앙값에 대한 데이터가 상위 노드에 삽입돼 루트 노드까지 추가 분할이 발생할 수 있다. 마찬가지로 업데이트와 삭제도 검색을 통해 정확한 리프 노드를 찾는 것으로 시작된다. 업데이트로 인해 노드가 오버플로overflow되는 지점까지 데이터 크기가 증가하면 분할이 발생할 수 있다. 또한 삭제는 리밸런싱을 발생시킬 수도 있다.

새 데이터베이스에서는 주로 순차적인 쓰기와 읽기가 발생한다. 이는 쓰기와 읽기의 대기시간이 짧지만 데이터베이스 크기가 증가하면 분할로 인해 랜덤 I/O가 발생한다. 이에 따라 읽기와 쓰기의 대기시간이 길어진다. 이것이 바로 우리가 장기적인 성능 특징이 드러난다는 것을 보장하고자 테스트를 진행하면서 현실에 맞는 데이터 세트를 주장해야 하는 이유다.

단일 행^{single-row} 쓰기는 최소한 페이지를 완전히 다시 작성해야 한다. 분할이 있는 경우 작성해야 하는 페이지가 많을 수 있다. 이 복잡한 작업에는 원자성이 필요하지만 크래시가 발생하면 페이지 손상과 고아^{orphaned} 현상이 발생할 가능성이 있다. 데이터 스토어를 평가할 때 이를 방지하고자 어떤 메커니즘이 있는지 이해하는 것이 중요하다. 이러한 메커니즘의 예는 다음과 같다.

- 디스크에 기록하는 복잡한 쓰기 작업이 발생하기 전에 해당 작업을 로그에 기록하는 로그 선행 기록^{WAL, Write Ahead Logs}

- 재구성^{reconstruction}을 위한 이벤트 로그

- 변경된 데이터의 이전과 이후의 이미지가 있는 리두 로그^{redo log}

이 모든 것을 염두에 두고 기본 스토리지에 대한 데이터베이스를 구성할 때 중요한 변수는 데이터베이스 블록 크기다. 데이터베이스 블록 크기를 기본 디스크 블록 크기에 맞추는 것의 중요성을 설명했지만 그것만으로는 충분하지 않다. 예를 들어 SSD^{Solid-State Drive}를 사용하는 경우 작은 블록 크기가 B-트리를 순회하는 동안 훨씬 더 나은 성능을 제공함을 알 수 있다. SSD는 HDD의 성능과 비교해 더 큰 블록의 경우 30 ~ 40%의 대기시간 페널티를 경험할 수 있다. B-트리 구조에서는 읽기 및 쓰기가 필요하므로 이런 점을 고려해야 한다.

다음은 B-트리의 속성과 장점을 요약한 것이다.

- 범위 기반 쿼리^{range-based query}를 위한 뛰어난 성능

- 단일 행 룩업^{lookup}에 가장 이상적 모델은 아님

- 키는 효율적인 키 룩업^{key lookup}과 범위 스캔^{range scan}을 위해 정렬된 상태로 존재

- 대규모 데이터 세트의 페이지 읽기를 최소화 하는 구조

- 각 페이지에 키를 압축하지 않음으로써 삭제와 삽입이 효율적이며 가끔 분할과 병합이 필요

- 전체 구조가 메모리에 맞을 경우 훨씬 더 나은 성능이 발휘됨

데이터를 인덱싱할 때 다른 옵션도 있다. 가장 많이 사용하는 것은 해시 인덱스^{hash index}다.

앞서 언급했듯이 B-트리는 관계형 데이터베이스에서 상당히 흔하게 볼 수 있다. 이러한 환경에서 작업했다면 이미 경험한 적이 있을 것이다. 그러나 데이터 스토리지 대한 다른 옵션이 존재하며 이는 실험 단계에서 성숙 단계로 이동하고 있다. 다음은 추가 전용 로그 구조^{append-only log structures}(http://bit.ly/2zyttIz)를 살펴보자.

문자로 정렬된 테이블과 구조화된 로그 머지 트리

BigTable, 카산드라, RocksDB(MyRocks를 통한 MySQL과 몽고DB에서 사용 가능), LevelDB는 모두 기본 스토리지에 대해 SST^{Sorted-String Tables}를 사용하는 데이터베이스의 예다. SSTable와 Memtable이라는 용어는 원래 발표 이후 다양한 데이터베이스 관리 시스템^{DBMS}에 영감을 불어 넣어 온 「구글의 BigTable」(https://research.google.com/archive/bigtable-osdi06.pdf)이라는 논문에 처음 등장했다.

SST 스토리지 엔진에는 여러 개의 파일이 있으며 각각 내부에 정렬된 키-값이 있다. 앞서 설명한 블록 스토리지와 달리 블록이나 행 수준에서 메타데이터 오버헤드가 필요하지 않다. 키와 해당 값은 DBMS에 대해 불투명하며 임의의 BLOB^{Binary Large Object}으로 저장된다. 이는 정렬돼 저장되기 때문에 순차적으로 읽을 수 있으며 정렬된 키에 의한 인덱스로 처리된다.

SST 스토리지 엔진에는 인메모리 테이블^{in-memory table}, 배치 플러싱^{batch flushing}, 정기적 압축^{periodic compaction}이 조합된 알고리듬이 존재한다. 이 알고리듬을 로그 구조

병합LSM, Log-Structured Merge 트리 아키텍처라고 한다(그림 10-2 참고). 이는 패트릭 오닐 Patrick O'Neill의 논문 「The Log-Structured Merge-Tree(LSM-Tree)」(https://archive. org/details/pdfy-sQSrc9Cp0A42IBnG)에서 기술했다.

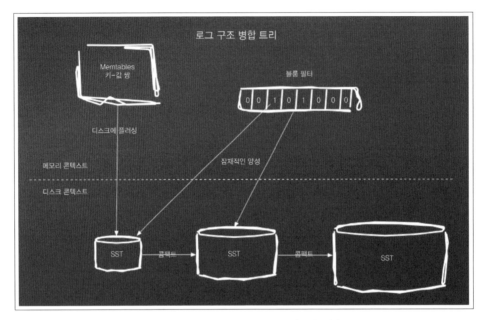

그림 10-2. 로그 구조 병합 트리 구조와 블룸 필터

LSM을 사용하면 메모리에 저장된 데이터를 주기적으로 플러시해 SST에 기록된 다. 데이터는 플러시, 정렬, 디스크에 기록된 후에는 변경할 수 없다. 키-값이 매핑되면 아이템을 추가하거나 제거할 수 없다. 이는 빠른 액세스를 위해 SST를 메모리에 매핑할 수 있으므로 읽기 전용 데이터 세트에 효과적이다. SST가 메모리에 완전히 들어가지 않더라도 랜덤 읽기는 최소한의 디스크 탐색을 필요로 한다.

빠른 쓰기를 지원하려면 더 많은 것이 필요하다. 디스크에 쓰는 것과는 반대로 포인터만 변경하기 때문에 메모리의 데이터 세트에서 쓰기 작업은 대수롭지 않은 일이다. 인메모리 테이블은 쓰기를 사용하고 균형을 유지할 수 있는데, 이를

memtable이라고 한다. 또한 memtable 디스크의 최신 SST로 돌아가기 전에 읽기의 첫 번째 쿼리 포인트로 동작할 수 있으며, 데이터가 발견될 때까지 그다음으로 가장 오래된 쿼리 포인트로 동작할 수 있다. 시간, 트랜잭션 수, 크기와 같은 특정 임곗값에 도달하면 memtable은 정렬되고 디스크로 플러시될 것이다.

SST에 이미 저장된 데이터를 삭제하면 논리적인 삭제 작업은 반드시 기록된다. 이를 톰스톤^{tombstone}이라고 한다. 정기적으로 SST가 병합돼 톰스톤을 제거하고 공간을 절약한다. 이 병합 및 압축 프로세스는 I/O 집약적일 수 있으며 보통 실제 워킹 세트^{working set}보다 훨씬 더 많은 가용 공간을 필요로 한다. 운영 팀이 이러한 새로운 용량 모델에 익숙해질 때까지 서비스 수준 목표^{SLO, Service-Level Objectives}의 가용성에 영향을 미칠 수 있다.

장애 시나리오에서 반드시 가정해야 하는 데이터 손실 가능성이 있다. memtable이 디스크로 플러시될 때까지 이들은 크래시에 취약하다. 당연히 SST 스토리지 엔진에는 이벤트 로그, 리두 로그, 로그 선행 기록이 포함되는 B-트리와 같은 유사한 솔루션이 있다.

블룸 필터

존재하지 않는 레코드 키를 찾기 위해 memtable과 수많은 SSTable을 검색해야 하는 것은 비용이 많이 들고 느릴 것이라고 생각할 수 있다. 이를 지원하고자 상세히 구현된 것이 블룸 필터^{bloom filters}다. 블룸 필터는 주어진 세트(여기서는 SSTable)에서 레코드 키가 있는지 여부를 평가하는 데 사용할 수 있는 데이터 구조다.

카산드라와 같은 데이터 스토어는 블룸 필터를 사용해 요청된 레코드 키가 포함될 수 있는 SSTable을 평가한다. 빠른 속도를 위해 설계됐으므로 거짓 양성^{false positive}이 존재할 수 있다. 그러나 전반적인 효과는 읽기 I/O의 상당한 감소다. 반대로 블룸 필터에서 해당 레코드 키가 SSTable에 존재하지 않는다고 말한다면 이는 확실한 것이다. 블룸 필터는 memtable을 디스크로 플러시할 때 업데이트 된다. 필터에 할당할 수 있는 메모리가 많을수록 거짓 양성이 발생할 가능성이 적어진다.

구현

스토리지 엔진으로 LSM 구조와 SSTable을 활용하는 데이터 스토어는 다음과 같다.

- 아파치 카산드라^{Apache Cassandra}
- 구글 Bigtable
- HBase
- LevelDB
- 루씬^{Lucene}
- Riak
- RocksDB
- WiredTiger

세부 구현 내용은 데이터 스토어마다 다양하지만 이러한 스토리지 엔진의 확산 과 성숙도가 높아짐에 따라 대규모 데이터 세트를 이해하려고 작업하는 모든 팀을 위해 중요한 스토리지 형태로 나타나게 됐다.

데이터 스토리지 구조를 검토하고 나열하는 동안 장애가 발생할 때 데이터 내구 성을 위해 중요한 것으로 로그를 여러 번 언급했다. 이는 7장에서 설명했다. 또 한 분산 데이터 스토어에서 데이터를 복제하는 데에도 매우 중요하다. 이제부터 해당 로그와 복제에서의 사용 방법을 자세히 살펴보자.

인덱싱

이미 가장 보편적인 인덱스 구조 중 하나인 B-트리를 살펴봤다. SST도 기본적으로 인덱스 형태를 지닌다. 데이터베이스 세계에서 찾을 수 있는 몇 가지 다른 인덱스 구조도 있다.

해시 인덱스

가장 간단한 인덱스 구현 중 하나는 해시 맵$^{hash\ map}$이다. 해시 맵은 키에 적용된 해시 함수의 결과가 포함돼 있는 버킷^{bucket}의 모임이다. 이 해시는 레코드를 찾을 수 있는 위치를 가리키고 있다. 해시 맵은 범위 스캔이 엄청나게 비용이 많이 발생하기 때문에 싱글 키 조회에서만 사용할 수 있다. 또한 성능을 보장하려면 해시는 메모리에서 사용하기 적합해야 한다. 이러한 주의 사항과 함께 해시 맵은 실행 가능한 특정 상황에서 탁월한 액세스를 제공한다.

비트맵 인덱스

비트맵 인덱스는 데이터를 비트 배열로 저장한다. 인덱스를 탐색할 때 비트맵에서 비트 단위의 논리 연산이 수행된다. B-트리에서 인덱스는 자주 반복되지 않는 값에 대해 최상의 성능을 발휘한다. 이를 높은 카디널리티^{cardinality}라고 한다. 비트맵 인덱스의 경우 인덱스되는 값이 적을 때 훨씬 더 나은 성능을 발휘한다.

B-트리 순열

전통적으로 B-트리 인덱스의 순열이 존재한다. 이는 다음과 같은 매우 특별한 사례를 위해 설계됐다.

함수 기반

인덱스에 적용된 함수의 결과를 기반으로 하는 인덱스다.

역인덱스

역정렬을 허용하고자 해당 값의 끝에서 처음까지의 값을 인덱싱하는 것이다.

클러스터형 인덱스

I/O 액세스를 최적화하고자 테이블 레코드를 인덱스된 순서로 물리적으로 저장해야 한다. 클러스터형 인덱스의 리프 노드는 데이터 페이지를 포함한다.

공간 인덱스

공간 데이터를 인덱싱하기 위한 여러 가지 메커니즘이 있다. 일반적인 인덱스 타입은 공간 쿼리를 효율적으로 처리할 수 없다.

검색 인덱스

이 인덱스를 사용하면 열 내에 있는 데이터의 부분 집합을 검색할 수 있다. 대부분의 인덱스는 인덱싱된 값 내에서 검색할 수 없다. 그러나 이를 위해 설계된 일부 인덱스가 있으며 일래스틱서치와 같은 데이터 스토어가 이 작업을 위해 만들어졌다.

각 데이터 스토어에는 보통 해당 데이터 스토어 내에서 일반적인 사용 사례를 최적화하고자 사용할 수 있는 일종의 특수한 인덱스가 있다. 인덱스는 데이터의 부분 집합에 대해 신속한 액세스를 위해 매우 중요하다. 최신 데이터 스토어를 평가할 때 하나 이상의 인덱스를 생성할 수 있는 기능이나 인덱싱할 수 있는 최대 열의 개수, 심지어 백그라운드로 인덱스를 유지 보수할 수 있는 방법과 같은 인덱스의 제약 사항을 이해하는 것이 매우 중요하다.

로그와 데이터베이스

로그는 데이터베이스 시스템의 내구성을 유지하기 위한 방법으로 시작됐다. 그리고 가용성과 확장성을 위해 주 서버에서 복제 서버로 데이터를 복제하는 데 사용되는 메커니즘으로 발전했다. 결국 이러한 로그를 사용해 서로 다른 데이터베이스 엔진 간에 변환 계층^{transformation layer} 사이에서 데이터를 마이그레이션하기 위한 서비스가 만들어졌다. 그런 다음 구독 서비스가 다운스트림 서비스를 위해 조심스럽게 작업의 조각들을 수행하는 데 사용할 수 있는 이벤트가 되는 풀 메시징 시스템^{full imessaging system}으로 로그가 발전했다.

로그에 대한 사용 사례는 매우 많은데, 이 장에서는 특히 복제에 초점을 맞추고자 한다. 지금까지 데이터를 로컬 서버에 저장하고 인덱싱하는 방법을 살펴봤으므로 이제 해당 데이터를 다른 서버에 배포하는 방법을 살펴볼 것이다.

데이터 복제

이 책 전반에 걸쳐 주로 여러분이 분산 데이터 스토어에서 작업할 것이라는 가정하에 설명해왔다. 즉, 한 노드에 써진 데이터를 노드 간에 이동할 수 있는 방법이 있어야 한다. 이 주제에 관한 책 『Replication Techniques in Distributed Systems』(Advances in Database Systems, 1996)이 있으므로 이론적인 것보다는 잘 알려져 있고 활용된 예에 초점을 맞출 것이다. DBRE로서 여러분을 위한 우리의 목표는 여러분과 여러분이 지원하는 엔지니어가 복제 방법을 살펴볼 수 있게 되고 동작 방식을 이해할 수 있게 하는 것이다. 복제 옵션과 관련된 장단점, 패턴, 안티패턴을 아는 것은 DBRE, 아키텍트, 소프트웨어 엔지니어, 운영 담당자가 그들의 작업을 잘 수행하는 데 매우 중요하다.

초기 열거에 사용할 수 있는 복제 아키텍처에는 몇 가지 높은 수준에서 봤을 때 차이가 있다. 여기서 복제를 설명할 때 리더^{leader}는 애플리케이션에서 쓰기를 취하는 노드로, 팔로워^{follower}는 복제된 이벤트를 수신해 자체 데이터 세트에 적용하는 노드로 언급한다. 마지막으로 읽기 사용자^{reader}는 데이터를 읽어가는 애플리케이션 노드다.

단일 리더^{single-leader}

데이터는 항상 한 명의 특정 리더에게 전송된다.

멀티리더^{multi-leader}

리더 역할을 가진 노드가 여러 개 있을 수 있으며 각 리더는 클러스터 전체에서 데이터를 유지해야 한다.

리더 없음

모든 노드에서 쓰기를 수행할 수 있어야 한다.

이제 가장 간단한 복제 방법인 단일 리더를 시작으로 구축해 나갈 것이다.

단일 리더

제목에서 알 수 있듯이 이 복제 모델에서는 모든 쓰기가 단일 리더를 향하게 되고 여기서부터 복제가 시작된다. 따라서 리더로 지정된 N개의 노드 중 하나의 노드가 있고 나머지는 복제본이다. 데이터는 리더에서부터 흘러나온다. 이 방법은 간단한 구성으로 널리 사용되며 다음과 같은 몇 가지를 보장한다.

- 모든 쓰기가 한 노드에서 발생하므로 일관성 충돌이 없다.
- 모든 작업이 결정적^{deterministic}이라고 가정하면 각 노드에서 동일한 결과가 생성되는 것을 보장할 수 있다.

여기에는 하나의 리더가 자체적으로 복제본을 갖고 있는 릴레이 복제본으로 복제하는 것과 같은 순열이 존재한다. 그럼에도 이 아키텍처의 핵심 속성인 쓰기 작업을 수행하는 리더는 한 명이다. 단일 리더에서 복제에 대한 몇 가지 다른 접근 방식이 있다.

각 접근 방식은 일정 수준의 일관성, 대기시간, 가용성에 대해 트레이드오프가 발생한다. 따라서 애플리케이션의 기능과 이들이 어떻게 데이터베이스 클러스터를 사용하는지에 따라 적절한 선택은 달라질 것이다.

복제 모델

단일 리더 방식으로 데이터를 복제할 때 사용할 수 있는 세 가지 모델이 있다.

비동기식^{asynchronous}

내구성보다 대기시간을 최적화

동기식^{synchronous}

대기시간보다 내구성을 최적화

세미 동기식^{semi-synchronous}

대기시간과 내구성을 절충

비동기식 복제 모델에서 트랜잭션은 리더의 로그에 기록된 다음 커밋되고 디스크에 플러시된다. 별도의 프로세스가 해당 로그를 가능한 한 빨리 팔로워에게 전달한다. 비동기식 복제 모델에서는 리더에서 커밋된 것과 팔로워에서 커밋된 것 사이에 항상 약간의 지연이 있다. 또한 한 팔로워의 커밋 지점이 다른 팔로워와 동일하다는 보장은 없다. 실제로는 커밋 지점 사이의 시간 간격이 인지하지 못할 정도로 너무 작을 수 있다. 리더와 팔로워 사이에 몇 초, 몇 분, 몇 시간의 간격이 있는 비동기식 복제를 사용해 클러스터를 쉽게 찾을 수 있다.

동기식 복제 모델에서 리더의 로그에 기록된 트랜잭션은 네트워크를 통해 즉시 팔로워에게 전달된다. 리더는 팔로워에서 해당 쓰기가 기록됐음을 확인할 때까지 트랜잭션을 커밋하지 않을 것이다. 이렇게 되면 클러스터의 모든 노드가 동일한 커밋 지점에 있게 된다. 즉, 읽기 사용자는 어떤 노드에서 오든지 간에 일관되며, 현재 리더에 장애가 있을 경우 데이터 손실 위험 없이 모든 노드가 리더로 승격될 수 있다. 반면에 네트워크 대기시간이나 품질 저하된 노드 모두 리더의 트랜잭션에 쓰기 지연을 유발할 수 있다.

동기식 복제는 특히 노드가 많을 경우 대기시간에 상당한 영향을 미칠 수 있으므로 세미 동기식 복제를 절충안으로 배치할 수 있다. 이 알고리듬에서는 리더가 쓰기를 기록했음을 확인할 수 있는 단 하나의 노드만 필요하다. 이는 하나 이상의 노드가 성능이 저하된 상태에서 작동할 때 대기시간에 미치는 영향의 위험을 줄이면서 동시에 클러스터에 있는 두 개 이상의 노드가 동일한 커밋 지점을 갖는 것을 보장한다. 이 모드에서는 리더에서 읽기 사용자가 읽기 작업을 수행한 경우 클러스터의 모든 노드가 동일한 데이터를 반환한다는 보장이 더 이상 없다. 하지만 클러스터에 있는 적어도 한 노드는 데이터 손실 없이 리더로 승격할 수 있음을 보장한다.

복제 로그 형식

단일 리더 복제를 수행하려면 트랜잭션 로그를 사용해야 한다. 이러한 로그를 구현하기 위한 방법으로 여러 가지 접근 방식이 있다. 각 방식에는 장점과 트레이드오프가 발생하는 부분이 있으며, 많은 데이터 스토어가 가장 적합한 것을 선택할 수 있도록 한 가지 방식 이상이 구현돼 있을 것이다. 다음의 내용을 살펴보자.

구문 기반 로그^{Statement-based logs}. 구문 기반 복제에서는 쓰기를 실행하는 데 사용되는 실제 SQL이나 데이터 쓰기 구문이 기록되고 리더에서 팔로워로 전달된다. 이는 전체 구문이 각 팔로워에서 실행됨을 의미한다.

장점

- 하나의 구문으로 수백 또는 수천 개의 레코드를 실행할 수 있다. 이는 복제하기에는 많은 데이터지만 일반적으로 구문은 이보다 훨씬 작다. 이는 네트워크 대역폭이 부족한 데이터 센터 간 복제가 필요할 때 최적일 수 있다.

- 이 방식은 이식성이 매우 뛰어나다. 대부분의 SQL문은 다른 버전의 데이터베이스에서도 동일한 결과를 가져온다. 이를 통해 리더를 업그레이드하기 전에 팔로워를 업그레이드할 수 있다. 이는 프로덕션 환경에서 업그레이드를 하기 위한 고가용성 접근 방식에서는 매우 중요한 부분이다. 이전 버전과의 호환성이 없는 복제는 전체 클러스터를 업그레이드하는 동안 상당한 다운타임이 필요할 수 있다.

- 로그 파일은 전체 구문을 포함하고 있으므로 감사 및 데이터 통합을 위해 사용할 수도 있다.

단점

- 구문을 작성할 내용을 결정하고자 선택된 데이터 세트에서 집계 및 계산 기능을 사용하는 경우 상당한 처리 시간이 필요할 수 있다. 이 구문을 실행하면 단순히 디스크의 레코드나 비트를 변경하는 것보다 훨씬 오래 걸릴 수 있다. 이로 인해 직렬화된 적용 프로세스에서 복제 지연이 발생할 수 있다.

- 일부 구문은 결정적이지 않을 수 있으며 다른 노드에서 실행되는 경우 데이터 세트에 다른 결과를 생성할 수 있다.

MySQL의 구문 기반 복제의 예는 다음과 같다.

결정론적 트랜잭션

결정론적deterministic 구문의 결과를 처리하는 것이 시간에 의존적이지 않고 외부 요인의 영향을 받을 수 없음을 의미한다. 구문이 동일한 데이터 세트에서 동일한 순서로 실행된다면 어떤 노드에서 수행되는지에 관계없이 동일한 결과를 생성해야 한다. 비결정론적nondeterministic 구문의 예로는 now(), sysdate()와 같은 현지 시간 함수의 사용이나 rand()에 의한 정렬과 같은 무작위 정렬을 사용하는 것을 예로 들 수 있다.

마찬가지로 사용자 정의 함수user-defined function, 저장 프로시저stored procedure, 트리거trigger와 같은 저장 코드stored code로 인해 구문이 비결정론적 상태가 돼 구문 기반 복제에 안정하지 않을 수 있다.

로그 선행 기입. 리두 로그라고도 하는 로그 선행 기입WAL, Write-Ahead Log에는 일련의 이벤트가 포함되며 각 이벤트는 트랜잭션이나 쓰기 작업에 매핑돼 있다. 로그에는 트랜잭션을 디스크에 적용하는 데 필요한 모든 바이트가 있다. 이 방법을 사용하는 PostgreSQL과 같은 시스템에서는 동일한 로그가 팔로워에게 직접 전송돼 디스크에 적용된다.

장점

- 이미 구문 분석과 실행이 발생했기 때문에 매우 빠르다. 남은 것은 변경 사항을 디스크에 적용하는 것뿐이다.
- 비결정론적 SQL의 영향을 받을 위험이 없다.

단점

- 쓰기 비중이 높은 환경에서는 상당한 대역폭을 사용할 수 있다.
- 해당 형식이 데이터베이스 스토리지 엔진과 밀접하게 관련돼 있으므로

이식성이 현저히 떨어진다. 이로 인해 다운타임을 최소화할 수 있는 롤링 업그레이드를 수행하기가 어려울 수 있다.

- 감사^{audit}할 수 없다.

WAL은 보통 내구성 구축을 위해 동일한 로그를 사용하고 복제를 위한 로그 전달 프로세스에서 쉽게 접할 수 있다. 이 점이 바로 우리에게 제공하는 이 형식의 효율성이지만 이식성과 유연성이 부족하다.

행 기반 복제^{Row-based replication}. 행 기반 복제(논리적 복제라고도 함)에서 쓰기 작업은 개별적인 테이블 행이 변경되는 방식을 표시하는 이벤트로, 리더의 복제 로그에 기록된다. 새로운 데이터가 있는 열이 표시되고 업데이트된 정보가 있는 열은 전후 이미지를 표시하며 행 삭제도 표시된다. 복제본은 원래 구문을 실행할 필요 없이 해당 데이터를 이용해 직접 행을 수정한다.

장점

- 비결정론적 SQL의 영향을 받을 위험이 없다.

- 이전 두 알고리듬의 속도에 대한 절충안이다. 물리적으로의 논리적 변환은 여전히 필요하지만 전체 구문을 실행할 필요는 없다.

- 이전 두 알고리듬 간의 이식성에 대한 절충안이다. 사람이 읽을 수는 없지만 통합^{integration}과 검사^{inspection}에 사용할 수 있다.

단점

- 쓰기 비중이 높은 환경에서 상당한 대역폭을 사용할 수 있다.

- 감사할 수 없다.

이 방법을 변경 데이터 캡처^{CDC, Change Data Capture}라고 한다. SQL 서버와 MySQL에 존재하며 데이터 웨어하우스 환경에서도 사용된다.

블록 수준 복제[Block-level replication]. 지금까지 네이티브[native] 데이터베이스 메커니즘을 사용하는 복제 방법을 살펴봤다. 대조적으로 블록 장치 복제[block-device replication]는 문제에 대해 외부에서 접근하는 방식이다. 이에 대해 널리 사용 중인 구현 방식은 리눅스용 DRBD[Distributed Replicated Block Device]다. DRBD는 블록 장치 위의 계층에서 동작하며 쓰기 작업을 로컬 블록 장치뿐만 아니라 다른 노드의 복제된 블록 장치에도 전파한다.

블록 수준 복제는 동기식이며 복제된 쓰기 작업에서 상당한 오버헤드를 제거한다. 그러나 보조[secondary] 노드에는 데이터베이스 인스턴스를 실행할 수 없다. 따라서 장애 극복[failover]이 발생하면 데이터베이스 인스턴스를 시작해야 한다. 데이터베이스를 완전히 종료하지 않고 이전 마스터에서 장애가 발생한 경우 이 인스턴스는 동일한 노드에서 인스턴스가 다시 시작된 것처럼 복구를 수행해야 한다.

따라서 블록 수준 복제의 경우 대기시간이 매우 짧은 동기식 복제가 가능하지만 복제본을 확장하거나 워크로드 배포에 사용할 수는 없다. 다행히도 블록 수준 복제와 같은 외부 복제 방법을 사용하면 구문 기반 복제 및 행 기반 복제와 같은 기본 복제와 결합할 수 있다. 이는 비동기식 복제가 갖는 유연함과 함께 데이터 손실 없는 복제의 조합을 제공할 수 있다.

기타 복제 방법. 데이터베이스 로그와 결합되지 않는 다른 복제 방법이 있다. 서비스 간에 데이터를 이동하는 데 사용되는 추출[extraction], 변환[transform], 적재[load](ETL) 작업은 보통 ID나 타임스탬프와 같은 새 행이나 변경된 행의 표시기[indicator]를 찾는다. 이러한 표시기를 사용해 다른 곳에서 적재하기 위한 데이터를 가져온다.

테이블에 있는 트리거도 외부 프로세스에 연결할 수 있도록 변경 사항이 있는 테이블을 로드할 수도 있다. 이러한 트리거는 단순히 변경 ID를 나열하거나 행 기반 복제 접근 방식과 마찬가지로 전체 변경 데이터 캡처 정보를 제공할 수 있다.

복제를 위한 옵션을 평가할 때 원본과 대상 데이터 스토어 그리고 두 데이터 스토어 사이에 존재하는 인프라에 따라 여러 옵션을 조합해야 한다. 복제 사용에 대한 다음 절에서 자세히 설명할 것이다.

단일 리더 복제 사용

데이터 스토어가 성숙한 시점에서 복제는 옵션이 아니라 요구 사항인 경우가 더 많다. 그러나 아키텍처와 환경설정에 영향을 줄 수 있는 복제를 구현해야 하는 이유는 여전히 많다. 단일 리더 아키텍처에서 이들 대부분은 가용성, 확장성, 지역성, 이식성으로 열거할 수 있다.

가용성. 데이터베이스 리더가 장애일 경우 애플리케이션 트래픽을 처리하기 위한 가장 빠른 복구 옵션을 원한다는 것은 말할 필요도 없다. 최신 상태로 데이터 전체 사본의 라이브 데이터베이스를 보유하고 있는 것이 복구한 후에 장애 지점으로 롤 포워드^{roll forward}해야 하는 백업보다 훨씬 낫다. 즉, 복제에 대한 선택을 할 때 MTTR^{Mean Time To Recover}과 데이터 손실 요구 사항을 최우선으로 고려해야 한다. 동기식 및 세미 동기식 복제는 낮은 MTTR와 함께 데이터 손실이 없는 최상의 옵션을 제공하지만 대기시간에 영향을 미친다. 비동기식 복제 환경에서 리더의 장애 극복 시 손실될 수 있는 데이터의 복구를 허용하고자 데이터 스토어에 추가로 쓸 수 있는 메시징 시스템과 같은 외부 지원 없이 복제 하나만 갖고 낮은 MTTR, 낮은 대기시간, 데이터 무손실의 삼박자를 모두 만족하는 것은 불가능하다.

확장성. 단일 리더는 쓰기 I/O에 대한 한계점을 만들지만 팔로워는 유입되는 읽기 사용자의 수에 따라 확장할 수 있다. 상대적으로 적은 양의 쓰기가 발생하는 읽기 집약적인 애플리케이션의 경우 클러스터 내의 여러 복제본은 더 많은 수용력을 만들어낼 수 있는 기회가 된다. 복제의 오버헤드는 선형 확장이 되지 않기 때문에 이 수용력은 제한돼 있다. 그럼에도 이는 여전히 확장성을 증가시키는 기회가 된다. 확장성을 지원하려면 복제본의 데이터가 비즈니스 요구 사항을 충족할 수 있을 만큼 충분히 최신 상태이어야 한다. 일부 조직의 경우 비동기식 복제 시스템의 복제 지연이 허용되기도 한다. 하지만 쓰기 대기시간에 관계없이 동기식 복제가 절대적으로 필요한 조직도 있다.

지역성. 또한 복제는 대기시간을 최소화하고자 소비자에게 더 가까운 다양한 위치에 데이터 세트를 보관하는 방법이다. 여러 국가나 여러 해안에 걸쳐 고객이 있는 경우 장거리 쿼리가 미치는 영향이 클 수 있다. 대규모 데이터 세트는 자체적로는 이식성이 좋지 않지만 변경 사항의 증분^{incremental}을 적용하면 해당 데이터 세트가 최신 상태로 유지된다. 앞서 언급했듯이 대역폭이 부족한 네트워크를 통한 장거리 복제의 경우 압축 작업이 행 기반 복제나 WAL 항목을 관리하기에 충분하지 않으면 보통 구문 기반 복제가 필요하다. 최신 네트워크와 압축 작업은 가끔 이를 완화시키기도 한다. 또한 세미 동기식과 동기식 알고리듬은 장거리의 대기시간에서는 일반적으로 실현될 가능성이 없으므로 비동기식 복제를 선택하게 된다.

이식성. 다른 데이터 스토어에는 리더에 존재하는 데이터에 대한 많은 기회가 있다. 복제 로그를 사용해 데이터 파이프라인의 소비자를 위한 이벤트로 데이터 웨어하우스에 푸시하거나 좀 더 적절한 쿼리나 인덱스 패턴을 사용해 다른 데이터 저장소로 변환할 수 있다. 가용성과 확장성을 위해 배치된 복제본과 동일한 복제 스트림을 사용하면 리더에서 스트리밍하는 데이터 세트가 동일함을 보장한다. 즉, 쿼리 기반 ETL 및 트리거 기반 접근 방식과 같은 더 많은 사용자 지정 솔루션은 복제 로그에서 나오는 전체 트랜잭션 스트림^{stream} 대신 적절한 데이터 부분 집합을 필터링한다. 또한 이러한 작업은 데이터의 신선도 요구 사항에 상당한 여유가 있기 때문에 다른 접근 방식보다 대기시간에 영향을 덜 주는 선택을 할 수 있다.

이러한 요구 사항을 기반으로 여러분과 여러분의 엔지니어링 팀은 복제를 위해 하나 이상의 항목을 선택할 수 있어야 한다. 어떤 선택을 하든 복제 환경에서 발생할 수 있는 다양한 도전 과제가 있다.

단일 리더 복제의 도전 과제

복제 환경에는 다양한 도전 과제가 있다. 단일 리더가 복제 환경 중 가장 간단한 환경이지만 절대 단순함이나 사용 편의성을 가리키는 것은 아니다. 이 절에서는 이러한 당면 과제 중 가장 일반적인 경우를 살펴본다.

복제본 구축하기. 대규모 데이터 세트에서는 여러분 데이터의 이식성이 크게 저하될 수 있다. 이는 7장에서 검토했다. 데이터 세트가 증가하면 MTTR도 증가하므로 더 많은 수의 복제본이 필요하거나 MTTR을 허용 가능한 수준으로 유지할 수 있는 새로운 백업 전략이 필요할 수 있다. 다른 옵션은 하나의 데이터 세트를 여러 개의 작은 데이터 세트로 분할해 하나의 서버 그룹에서 데이터 세트의 크기를 줄이는 것이다. 이를 샤딩이라 하고 12장에서 자세히 설명한다.

복제본 동기화 유지하기. 복제본을 만드는 것은 복제 환경의 첫 번째 단계일 뿐이다. 비동기식 복제를 사용하는 동안 해당 복제본을 따라 잡는 것은 데이터 세트를 자주 또는 대규모로 변경하는 환경에서 자체적인 도전 과제임이 드러난다. '복제 로그 형식' 절에서 설명한 것처럼 변경 내용은 기록돼야 하고 로그를 전달해 변경 내용을 적용해야 한다.

설계상 관계형 데이터베이스는 일반적으로 복제본과 리더 간 데이터 세트의 일관성을 보장하고자 엄격하게 준수해야 하는 선형화된 일련의 트랜잭션으로 쓰기를 변환한다. 이는 일반적으로 한 번에 하나의 변경 사항을 복제본에 적용하는 직렬화된 프로세스의 필요성을 의미한다. 복제본의 이러한 직렬화된 적용 프로세스는 다음과 같은 여러 가지 이유로 인해 리더를 따라잡을 수 없거나 따라잡지 못하는 경우가 많다.

- 리더에 비해 동시성과 병렬성이 부족하다. I/O 리소스는 보통 복제본에

서 낭비되는 경우가 많다.

- 읽기 트래픽이 일반적이지 않은 경우 트랜잭션에서 읽어야 할 블록이 복제본의 메모리에 없다.

- 쓰기는 리더에 분산하고 읽기는 복제본으로 분산하는 경우 읽기 트래픽의 동시성은 복제본에서의 쓰기 작업 대기시간에 영향을 미칠 수 있다.

이유에 관계없이 최종 결과를 보통 복제 지연$^{replica\ lag}$이라고 한다. 일부 환경에서 복제 지연은 SLO 내에서 자체적으로 해결되는 드물고 일시적인 문제일 수 있다. 다른 환경에서는 이러한 문제가 만연해져 복제본을 원래 용도로 사용할 수 없게 될 수도 있다. 이런 경우 데이터 스토어의 워크로드가 너무 커져 한 가지 이상의 기술을 통해 분산돼야 한다는 징후를 나타낸다. 이러한 기술은 12장에서 자세히 설명하지만 간단히 언급하면 다음과 같다.

단기

현재 워크로드가 클러스터에서 수용할 수 있도록 클러스터의 수용 능력을 늘린다.

중기

데이터베이스의 기능을 자체 클러스터로 분할해 클러스터 내에서 수용할 수 있는 워크로드 경계를 보장한다. 이를 기능적 파티셔닝$^{functional\ partitioning}$이나 샤딩^{sharding}이라고 한다.

장기

워크로드의 한계 지점을 유지할 수 있도록 데이터 세트를 여러 클러스터로 분할해 클러스터의 수용 능력에 맞게 한다. 이를 데이터 세트 파티셔닝$^{dataset\ partitioning}$이나 샤딩이라고 한다.

장기

스토리지, 일관성, 내구성의 요구 사항이 여러분의 워크로드와 SLO에 더 적합하고 동일한 확장 문제가 없는 데이터베이스 관리 시스템을 선택한다.

앞의 설명에서 볼 수 있듯이 이러한 옵션 중 어느 것도 지속적인 성장에는 도움이 되지 않는다. 즉, 이는 워크로드에 따라 선형적으로 확장되지 않는다. 기능적 파티셔닝의 용량 증가와 같은 일부분은 데이터 세트 파티셔닝과 같은 다른 것보다 런웨이^{runway}가 짧다. 그러나 데이터 세트 파티셔닝도 결국 해결할 수 있는 범위의 한계를 발견하게 된다. 즉, 솔루션을 쓸모없게 만드는 수익 감소 지점까지 한계치가 도달하지 않도록 다른 것들을 평가해야 한다.

장기적인 솔루션을 구축하는 동안 복제 지연이 발생하고 영향을 완화해야 하는 경우에 사용할 수 있는 몇 가지 단기 전략이 있다.

- 디스크 IO를 줄이고자 액티브^{active} 복제본 데이터 세트를 메모리에 사전 로드
- 쓰기 대기시간을 줄이고자 복제본의 내구성 완화
- 스키마를 교차하는 트랜잭션이 없는 경우 스키마를 기반으로 한 복제 병렬화

이들은 모두 겨우 한숨만 돌릴 수 있는 단기 전략이지만 모두 취약성, 높은 유지보수 비용, 잠재적인 데이터 이슈 측면에서 트레이드오프가 있다. 따라서 매우 신중하고 절실히 필요한 경우에만 꼼꼼히 살펴봐야 한다.

단일 리더 장애 극복. 복제의 가장 큰 가치 중 하나는 장애가 발생하거나 원래 리더에서 트래픽을 이동해야 하는 경우 리더로 사용할 수 있는 다른 데이터 세트의 존재다. 그러나 이는 단순한 작업이 아니며 여러 단계가 발생한다. 계획된 장애 극복에서는 다음과 같은 단계가 있다.

- 새 리더로 승격하려는 복제본 식별

- 토폴로지에 따라 후보 리더에서 복제를 시작할 모든 복제본을 이동하고자 클러스터가 수행될 수 있도록 사전 환경설정

- 비동기식 복제를 사용하는 경우 후보 리더가 따라 잡을 수 있도록 애플리케이션 트래픽을 일시 중지

- 새 복제본을 가리킬 수 있도록 모든 애플리케이션 클라이언트의 재설정

명확하게 계획된 장애 극복 작업에서 특정 단계를 효과적으로 스크립팅하고 자동화한 경우 이 모든 것이 매우 사소한 것처럼 보일 수 있다. 그러나 장애 시나리오가 발생하는 동안 이러한 장애 극복에만 의존하면 많은 문제가 발생할 수 있다. 계획되지 않은 장애 조치는 다음과 같다.

1. 리더 데이터베이스 인스턴스가 응답하지 않음

2. 모니터링 상태 체크heartbeat 프로세스가 데이터베이스 리더에 연결을 시도

3. 30초 동안 중단된 후 상태 체크 기능은 장애 조치 알고리듬을 수행시킴

4. 장애 조치 알고리듬은 다음을 수행

   - 최신 커밋 시점을 지닌 복제본을 프로모션 대상 후보로 식별

   - 로그 스트림의 적절한 지점에 있는 다른 복제본을 프로모션 후보에 재연결

   - 클러스터 복제본이 따라 잡을 때까지 모니터링

   - 파일이나 서비스를 통해 애플리케이션 설정을 재구성하고 푸시

   - 새 복제본을 재구축하는 작업 즉시 수행

이 안에는 수많은 변곡점이 있다. 이에 대해서는 12장에서 자세히 설명한다. 이러한 도전 과제들이 존재함에도 복제는 데이터베이스에서 가장 일반적으로 구현되는 기능 중 하나이고 데이터베이스 인프라에서 상당히 중요한 부분이다. 이는 여러분의 신뢰성 있는 인프라를 위해 반드시 통합돼야 한다.

단일 리더 복제 모니터링

복제를 효과적으로 관리하려면 효과적인 모니터링과 운영 가시성이 필요하다. 복제본이 조직의 SLO를 지원하는 데 효과적인지를 확인하기 위해 수집되고 제시돼야 하는 많은 지표가 존재한다. 모니터링해야 할 중요한 부분은 다음과 같다.

- 복제 지연
- 쓰기에 영향을 미치는 대기시간
- 복제 가용성
- 복제 일관성
- 운영 프로세스

이는 4장에서 어느 정도 다뤘지만 다시 언급할 만한 가치가 있다.

복제 지연과 대기시간. 복제 흐름을 이해하려면 복제 작업을 수행하는 데 걸리는 상대적 시간을 이해해야 한다. 비동기식 환경에서 이는 마스터에서 발생하는 작업과 해당 쓰기 작업이 복제본에 적용된 시간 사이에 경과된 시간을 이해하는 것을 의미한다. 이 시간은 초마다 크게 다를 수 있지만 데이터는 매우 중요하다. 이를 측정할 수 있는 방법에는 여러 가지가 있다.

모든 분산 시스템과 마찬가지로 이러한 측정은 로컬 시스템 시간에 어느 정도 의존한다. 시스템 시계나 NTP^{Network Time Protocol}가 서로 상이하면 정보가 왜곡될 수 있다. 단순히 시스템 두 대의 로컬 시간을 의존해 이들이 동기화됐다고 추정할 방법이 없다. 비동기식 복제에 의존하는 대부분의 분산 데이터베이스의 경우이는 문제가 되지 않는다. 이때 시간은 매우 근접할 것이고 이것만으로 충분하다. 그러나 이러한 상황에서도 시간이 각 노드에서 매우 상대적인 개념이라는 사실을 기억하면 골치 아픈 문제를 포렌식forensic하는 데 도움이 될 수 있다.

리더에 삽입한 후 복제본에 삽입하는 데 걸리는 시간을 측정하는 일반적인 방법 중 하나는 상태 체크 데이터 행을 삽입한 다음 복제본에서 해당 시간이 나타나는 시점을 측정하는 것이다. 예를 들어 12:00:00에 데이터를 삽입하고 정기적으로 복제본을 폴링해 해당 값을 수신하지 않은 경우 복제가 중단된 것으로 간주할 수 있다. 12:01:00에 쿼리하고 11:59:00에 대한 데이터는 존재하지만 12:00:00 이상은 존재하지 않는 경우 복제가 12:01:00에 1초 뒤처진 것이다. 결국 이 행은 커밋될 것이고 다음 행을 사용해 현재 데이터베이스에서 얼마나 떨어져 있는지측정할 수 있다.

세미 동기식이나 완전 동기식 복제의 경우 이러한 설정이 쓰기에 미치는 영향을 알고 싶을 것이다. 이는 전반적인 대기시간 지표의 일부로 측정될 수 있다. 그러나 이는 네트워크를 통해 동기식 쓰기 비용이 발생하기 때문에 리더에서 복제본까지 네트워크 홉network hop이 걸리는 시간도 측정해야 한다.

다음은 수집되고 있는지 반드시 확인해야 하는 중요한 지표다.

- 비동기식 복제에서 리더에서 복제본까지의 대기시간

- 리더와 복제본 간의 네트워크 지연

- 동기식 복제에서 쓰기 대기시간이 미치는 영향

이러한 지표는 모든 서비스에서 매우 중요하다. 프록시proxy 인프라는 어떤 데이터베이스의 복제본이 프로덕션 읽기 트래픽을 수용할 만큼 충분히 따라 잡았는지 검증하고자 복제 지연 정보를 사용할 수 있다. 노드를 서비스에서 제외할

336

수 있는 프록시 계층은 지난 시점 읽기^{stale read}가 발생하지 않도록 보장할 뿐만 아니라 읽기 트래픽을 지원해야 하는 부담 없이 뒤처져 있는 복제본이 마스터를 따라 잡을 수 있게 한다. 물론 이 알고리듬은 모든 복제본이 지연되는 경우 발생하는 상황을 고려해야 한다. 리더로부터 서비스 받는지? 복제본이 충분히 따라 잡을 때까지 프론트엔드에서 부하를 처리할 것인지? 해당 시스템을 읽기 전용 모드로 전환할 것인지? 계획돼 있다면 이 모든 것은 잠재적으로 효과적인 옵션이다.

또한 엔지니어는 복제 지연과 대기시간 정보를 사용해 데이터 일관성 문제, 성능 저하, 복제 지연으로 인해 발생할 수 있는 기타 불만 사항을 해결할 수 있다.

이제 다음 지표 세트인 가용성과 수용성을 살펴보자.

복제 가용성과 수용력. 복제 계수^{replication factor}를 기반으로 동기식으로 데이터를 분산하는 카산드라와 같은 데이터 스토어로 작업하는 경우 쿼럼^{quorum} 읽기를 충족하는 데 사용할 수 있는 복사본 수를 모니터링해서 알고 있어야 한다. 예를 들어 복제 계수가 3인 클러스터가 있다고 가정하자. 즉, 쓰기가 3개의 노드에 복제돼야 함을 의미한다. 우리의 애플리케이션은 이 데이터가 있는 노드의 2/3가 쿼리 중에 결과를 반환할 수 있어야 한다. 즉, 두 번의 오류가 발생하면 더 이상 애플리케이션 쿼리를 충족할 수 없다. 복제본 가용성을 모니터링하면 해당 장애가 발생할 위험이 있을 때 사전에 알 수 있다.

마찬가지로 복제 계수와 쿼럼 요구 사항이 없는 환경에서도 데이터베이스 클러스터는 SLO를 충족하고자 사용할 수 있는 노드 수를 고려해 설계됐다. 클러스터 크기가 이러한 예상과 어떻게 일치하는지 모니터링하는 것이 중요하다.

마지막으로 복제가 완전히 중단된 시기를 인지하는 것이 중요하다. 상태 체크를 사용해 복제 지연을 모니터링하면 복제가 지연되고 있음을 알 수 있지만 문제가 발생해 복제 스트림이 중단됐음을 알려주지는 않는다. 복제가 중단되는 데는 여러 가지 이유가 있다.

- 네트워크 파티션
- 구문 기반 복제에서 데이터 조작 언어[DML, Data Manipulation Language] 수행 불가능
  - 스키마 불일치
  - 제약 조건을 위반하는 데이터 세트 드리프트[dataset drift]를 유발하는 비결정적 SQL
  - 실수로 복제본에 전파된 데이터 세트 드리프트를 유발하는 쓰기
- 권한/보안 변경
- 복제본의 스토리지 공간 부족
- 복제본 손상

다음은 수집해야 할 지표의 예다.

- 사용 가능한 데이터의 실제 사본 수와 예상 사본 수 비교
- 복제본의 복구가 필요한 복제 손상
- 리더와 복제본 간의 네트워크 지표
- 데이터베이스 스키마와 사용자/권한에 대한 변경 로그
- 복제 로그에서 사용 중인 스토리지 양에 대한 지표
- 복제 오류 및 손상과 같은 문제에 대해 자세한 정보를 제공하는 데이터베이스 로그

이 정보를 통해 자동화는 프로비저닝이 부족한 경우 복제본 가용성 지표를 사용해 새 복제본을 배포할 수 있다. 또한 운영자는 파손의 근본 원인을 좀 더 신속하게 식별해서 복제본을 수리해야 하는지, 단순히 교체해야 하는지, 해결이 필요한 시스템적 문제가 있는지 여부를 결정할 수 있다.

복제 일관성. 앞서 설명했듯이 리더와 복제본 간에 데이터 세트가 일관되지 않게 만들 수 있는 시나리오가 발생할 수 있다. 가끔 이로 인해 적용 단계에서 복제 이벤트가 실패하면 복제 중단을 통해 알람이 표시될 것이다. 더 심각한 것은 오랫동안 감지하지 못한 데이터의 조용한 손상이다.

7장에서 비즈니스 규칙과 제약 조건으로 데이터 세트의 일관성을 유지하기 위한 검증 파이프라인의 중요성을 설명한 것을 기억할 것이다. 복제본 간에 데이터가 동일한지 확인하고자 유사한 파이프라인을 활용할 수 있다. 일관성을 위한 데이터 검증 파이프라인과 마찬가지로 이는 리소스 측면에서 단순하거나 저렴하지 않은 경우가 많다. 즉, 검토할 데이터 객체와 빈도를 선택적으로 결정해야 한다.

SST나 B-트리 구조의 삽입 전용 테이블과 같은 추가 전용$^{append-only}$ 데이터는 기본키이나 날짜 범위를 기반으로 행 집합에 체크섬을 만들고 복제본 간에 이러한 체크섬을 비교할 수 있으므로 관리하기가 더 쉽다. 이를 자주 실행해 리더에서 뒤처지지 않는 한 해당 데이터의 일관성을 비교적 확신할 수 있다.

변형을 허용하는 데이터의 경우 이는 좀 더 어려울 수 있다. 한 가지 접근 방식은 애플리케이션에서 트랜잭션이 완료된 후 데이터에 대해 데이터베이스 수준의 해시 함수를 실행하고 저장하는 것이다. 복제 스트림에 통합될 때 데이터가 적절하게 복제된 경우 해시는 각 복제본에 동일한 값을 생성할 것이다. 그렇지 않으면 해시는 달라진다. 최근 트랜잭션의 해시를 비교하는 비동기식 작업은 차이가 있는지 여부를 알려줄 수 있다.

복제 일관성을 모니터링하는 몇 가지 방법이 있다. 소프트웨어 엔지니어^{SWE}가 사용할 패턴을 만들 뿐만 아니라 데이터 객체의 분류 시스템을 만들어서 테이블에 검증 파이프라인의 배치가 필요한지 여부를 결정하는 데 도움이 된다. 그리고 귀중한 리소스를 너무 많이 사용하지 않게 하는 데 도움이 될 것이다. 여러분이 저장하고 있는 데이터 타입에 따라 샘플링하거나 최근 시간 간격을 수행하는 것도 효과적일 수 있다(토드 앤더슨^{Todd Anderson}, "Replication, Consistency, and Practicality: Are These Mutually Exclusive?", https://www.eng.tau.ac.il/~yash/sigmod98.ps).

운영 프로세스. 마지막으로 복제에 중요한 운영 프로세스를 수행하는 데 필요한 시간과 리소스를 모니터링하는 것이 중요하다. 시간이 지남에 따라 데이터 세트와 동시성이 증가함에 따라 이러한 프로세스는 여러 차원에 걸쳐 더 많은 부담을 줄 수 있다. 특정 임곗값을 초과할 경우 복제를 최신 상태로 유지하거나 트래픽을 지원하고자 언제든지 적절한 수의 복제본을 온라인으로 유지할 수 있는 위험에 처할 수 있다. 이러한 지표 중 일부는 다음과 같다.

- 데이터 세트 크기

- 백업 기간

- 복제본 복구 기간

- 백업과 복구 중에 사용되는 네트워크 처리량

- 복구 후 동기화 시간

- 백업 중 프로덕션 노드에 미치는 영향

백업, 복구, 동기화가 발생할 때마다 적절한 지표와 함께 이벤트를 보내면 여러분의 데이터 세트와 동시성으로 인해 운영 프로세스를 사용할 수 없게 되는 시기를 평가하고 예측하기 위한 보고서를 생성할 수 있다. 또한 데이터 세트 크기나 동시성의 변화에 따라, 리소스 사용 기간이나 소비량이 어떻게 변할 수 있는지에 대한 몇 가지 기본적으로 예측되는 평가를 활용할 수 있다.

예측 자동화 외에도 정기적인 검토와 테스트를 통해 운영자는 운영 프로세스가 더 이상 확장되지 않는 시기를 평가할 수 있다. 이를 통해 더 많은 용량을 프로비저닝하거나, 시스템 또는 프로세스를 재설계하거나, 데이터 세트 배포를 리밸런스해 가용성과 대기시간의 SLO를 지원하는 효과적인 유효 시간을 유지할 수 있다.

데이터 복제와 관련해 측정하고자 하는 다른 수치나 지표가 있을 수밖에 없지만 이는 복제가 효과적으로 작동하고 여러분이 설계한 SLO를 지원하는지 확인하는 데 적합한 작업 세트다.

단일 리더 복제는 상대적으로 간단하므로 가장 일반적인 복제 구현이다. 그러나 이 접근 방식으로 가용성 및 지역성의 요구 사항이 충족되지 않을 때가 있다. 둘 이상의 리더에서 데이터베이스 클러스터에 쓰기를 허용함으로써 리더 장애 조치의 효과를 줄일 수 있으며 리더를 다른 구역^{zone}과 지역^{region}에 배치해 성능을 향상시킬 수 있다. 이제 이 요구 사항의 접근 방식과 도전 과제를 검토해보자.

멀티리더 복제

단일 리더의 복제 패러다임에서 벗어나기 위한 두 가지 접근 방식이 있다. 첫 번째 방법은 다방향^{multi-directional} 복제 또는 기존의 멀티리더^{multileader}라고 할 수 있는 방법이다. 이 접근 방식에서 리더 역할의 개념은 여전히 존재하며 리더는 쓰기를 가져와 복제본과 다른 리더에 전파하도록 설계된다. 일반적으로 서로 다른 데이터 센터에 두 리더가 분산돼 있을 것이다. 두 번째 접근 방식은 어디에서나 쓰기^{write-anywhere}다. 즉, 데이터베이스 클러스터의 모든 노드가 언제든지 효과적으로 읽고 쓰기를 수행할 수 있다. 그런 다음 쓰기는 다른 모든 노드로 전파된다.

여기서 시도한 솔루션에 관계없이 충돌 해결 계층을 추가해야 하므로 최종 결과는 더 복잡하다. 모든 쓰기가 하나의 리더로 이동하는 경우 다른 노드로 이동하는 쓰기 충돌 가능성이 없다는 전제를 갖고 작업한다. 반면 여러 노드에 대한 쓰기를 허용하면 충돌이 발생할 가능성이 있다. 이를 적절하게 계획해야 하므로 애플리케이션 복잡성이 증가한다.

멀티리더 사용 사례

멀티리더 복제의 최종 결과가 복잡할 경우 어떤 요구 사항이 해당 비용과 위험을 감수할 가치가 있는지 다음 내용을 살펴보자.

가용성. 단일 리더 비동기식 복제 환경에서 리더에 장애 조치가 발생하면 시스템의 설계 방식에 따라 일반적으로 짧게는 30초에서 길게는 30분, 또는 몇 시간씩 이상 애플리케이션에 영향을 미친다. 이는 복제 일관성 검사, 크래시 복구 등 기타 여러 단계가 필요하기 때문이다.

경우에 따라서는 이러한 서비스 중단이 허용되지 않을 수 있으며 장애 조치를 좀 더 투명하게 허용하도록 만들 수 있게 애플리케이션을 변경할 수 있는 리소스나 능력이 없는 경우도 있다. 이 경우 노드 간에 쓰기 부하를 분산하는 능력을 필연적으로 지니고 있을 가치가 있다(또는 복잡성의 가치가 잠재적으로 커진다).

지역성. 비즈니스에서는 글로벌로 분산된 고객에게 짧은 대기시간을 보장하고자 두 개의 다른 지역에서 액티브 사이트^{active site}를 실행해야 할 수 있다. 읽기 집약적인 애플리케이션에서는 장거리 네트워크를 통한 단일 리더 복제를 통해 이 작업을 수행할 수 있다. 그러나 애플리케이션이 쓰기 집약적인 경우 그러한 장거리 네트워크를 통해 쓰기를 전송하는 대기시간이 너무 클 수 있다. 이 경우 각 데이터 센터에 리더를 배치하고 갈등 해결을 관리하는 것이 최선의 방법이다.

재해 복구. 지역성 및 가용성과 마찬가지로 애플리케이션이 너무 중요해 데이터 센터 계층에서 흔하지 않게 장애가 발생하는 경우 가용성을 보장하고자 데이터 센터 간에 애플리케이션을 분리해야 하는 경우가 있다. 단일 리더 복제 환경에서도 이 목표를 달성할 수 있지만 앞서 설명한 것처럼 보조 지역이 읽기 전용으로 사용되거나 다중화^{redundancy}를 위해 사용되는 경우에만 가능하다. 그러나 전체 데이터 센터를 사용하지 않고 가동할 수 있는 기업은 거의 없기 때문에 두 데이터 센터가 트래픽을 적극적으로 처리하고 고객을 지원할 수 있도록 멀티리더 복제를 선택하는 경우가 많다.

클라우드 서비스에서 실행되는 인프라의 비율이 높거나 글로벌로 분산하는 요구 사항이 있는 경우 앞서 언급한 이유 중 하나로 인해 결국 멀티리더 복제를 평가해야 하는 것은 거의 필연적이라 할 수 있다. 가끔 멀티리더 복제의 물리적 구현은 자체 구축하거나 서드파티의 소프트웨어를 사용해 지원할 수 있다. 도전 과제는 앞으로 발생하게 될 피할 수 없는 충돌을 관리하는 데 있다.

기존의 다방면 복제의 충돌 해결 방안

기존의 다방면 복제는 단일 리더와 가장 유사하다. 기본적으로 두 개 이상의 리더에게 쓰기를 허용할 때 양방향으로 쓰기를 푸시한다. 이러한 방법은 문제가 없는 것처럼 보이며 앞서 설명했던 모든 사례를 충족한다. 그러나 여러 데이터 센터가 통합되고 네트워크 연결이 느린 환경에서 실행 가능한 유일한 접근 방식으로 비동기식 복제를 사용하는 경우 문제가 발생할 수 있다. 복제 대기시간이나 분할된 네트워크에서는 데이터베이스의 저장된 상태에 의존하는 애플리케이션은 지난 상태를 사용하게 될 것이다. 복제 지연이나 네트워크 파티션 복구 시 서로 다른 버전의 상태로 써진 쓰기 문제는 반드시 해결해야 한다. 그렇다면 여러분과 SWE는 멀티리더 복제 아키텍처에서 쓰기 충돌 문제를 어떻게 관리할 것인가? 매우 신중하게 대부분의 문제와 마찬가지로 몇 가지 접근 방식으로 이 문제를 해결할 수 있다.

충돌 제거. 저항이 가장 적은 방법은 항상 회피하는 것이다. 단순히 충돌이 없는 방식으로 쓰기나 직접 트래픽을 수행할 수 있는 경우가 있다. 다음은 몇 가지 예다.

- 각 리더에게 특정 리더에서만 생성할 수 있는 기본키의 부분 집합을 제

공한다. 이는 삽입과 추가 전용 애플리케이션에 적합하다. 간단히 말하자면 하나의 리더가 홀수로 증가하는 키를 쓰고 다른 리더는 짝수로 증가하는 키를 쓰는 것처럼 보일 수 있다.

- 특정 고객이 항상 특정 리더에게 라우팅되는 선호도 접근affinity approach 방식으로, 지역, 유니크 ID나 다양한 방법으로 이 작업을 수행할 수 있다.

- 장애 조치 목적으로만 보조 리더를 사용해 한 번에 하나의 리더에만 효과적으로 기록하고 사용 편의성을 위해 멀티리더 토폴로지는 유지한다.

- 애플리케이션 계층에서 데이터를 샤딩해 각 지역마다 전체 애플리케이션 스택을 분산해 액티브-액티브 교차 지역 복제의 요구 사항을 제거한다.

물론 이러한 방식으로 구성한다고 해서 항상 효과가 있다는 것을 의미하지 않는다. 설정 오류, 로드 밸런서 오류, 휴먼 오류human error 모두 가능하며, 복제를 멈추게 하거나 데이터가 손상될 수도 있다. 따라서 드물더라도 돌발적인 충돌에 대비해야 한다. 그리고 앞서 설명했듯이 오류가 적을수록 더 위험한 상태일 수도 있다.

최종 쓰기 적용last write wins. 쓰기 충돌이 발생할 가능성을 피할 수 없을 때는 이러한 충돌이 발생했을 경우 관리할 방법을 결정해야 한다. 데이터 스토어에서 자체적으로 제공되는 흔한 알고리듬 중 하나는 최종 쓰기 적용LWW, Last Write Wins이다. LWW에서 두 개의 쓰기 작업이 충돌하면 최신 타임스탬프를 가진 쓰기 작업이 적용된다. 이는 매우 간단해 보이지만 타임스탬프와 관련된 다양한 이슈가 있다.

타임스탬프의 달콤하고 사소한 거짓말

대부분 서버의 시계는 gettimeofday()에 의존하는 wall clock time[1]을 사용한다. 이 데이터는 하드웨어와 NTP를 통해 제공된다. 시간은 다음과 같은 여러 가지 이유로 전진하지 않고 뒤처질 수 있다.

---

1. 컴퓨터가 작업을 수행하는 데 실제로 소요된 총 시간 - 옮긴이

- 하드웨어 이슈
- 가상화 이슈
- NTP가 활성화되지 않았거나 업스트림 서버가 잘못됨
- 윤초(Leap seconds)

윤초는 다소 무섭다. POSIX 일수는 길이가 86,400초로 정의된다. 그러나 실제로는 하루가 항상 86,400초는 아니다. 윤초는 초를 건너뛰거나 두 번 계산해 요일을 유지하도록 예약된다. 이로 인해 엄청난 문제가 발생할 수 있으며 구글은 시간을 단일 원자(monotomic) 상태로 유지하고자 시간을 하루에 걸쳐 분산시킨다(http://bit.ly/2zzUTO6).

LWW가 비교적 안전할 때가 있다. 쓰기 작업 시점에는 데이터의 올바른 상태를 알고 있기 때문에 변경 불가능한 쓰기를 수행할 수 있다면 LWW를 사용하면 된다. 그러나 트랜잭션에서 읽은 상태에 의존해 쓰기를 수행하는 경우 네트워크 파티션의 상황에서는 데이터 손실 위험이 매우 높다.

카산드라와 Riak은 LWW가 구현된 데이터 저장소의 예다. 실제로 다이나모 Dynamo 논문(http://bit.ly/2zyOVwP)에서 LWW는 업데이트 충돌을 처리하고자 설명된 두 가지 옵션 중 하나다.

사용자 정의 옵션. 타임스탬프에 의존하는 기본 알고리듬이 가진 제약 사항 때문에 더 많은 사용자 정의 옵션을 고려해야 한다. 많은 리플리케이터replicator는 쓰기 후 충돌이 감지될 때 사용자 지정 코드가 실행되도록 허용한다. 쓰기 충돌을 자동으로 해결하는 데 필요한 논리는 상당히 광범위할 수 있으며 그렇다고 하더라도 실수할 가능성이 있다.

모든 변경을 기록하고 복제할 수 있는 낙관적 복제optimistic replication를 사용하면 백그라운드 프로세스, 애플리케이션, 심지어 사용자까지 이러한 충돌을 해결하고자 수행할 작업을 결정할 수 있다. 이는 데이터 객체에서 버전을 선택하는 것처럼 간단할 수 있다. 또는 데이터를 완전히 병합할 수 있다.

충돌 없는 복제 데이터 타입. 충돌 해결을 위한 사용자 정의 코드의 로직이 복잡하기 때문에 많은 조직이 업무와 위험에 대해 주저할 수 있다. 그러나 타임스탬프

나 네트워크 이슈가 있을 수 있는 여러 복제본의 쓰기를 효과적으로 관리하고자 만들어진 데이터 구조 클래스가 있다. 이를 CRDT^{Conflict free, Replicated DataType}라고 한다. CRDT는 충돌 없이 항상 병합되거나 해결될 수 있기 때문에 강력하고 궁극적 일관성을 제공한다. CRDT는 Riak에서 효과적으로 구현돼 있고 대규모 온라인 채팅과 온라인 베팅 시스템 구현에 활용된다.

여기서 우리가 확인할 수 있듯이 멀티리더 환경에서 충돌 해결은 틀림없이 발생할 수 있지만 단순한 문제는 아니다. 분산 시스템과 관련된 복잡성은 매우 현실적이며 상당한 엔지니어링 시간과 노력이 필요하다. 게다가 여러분이 조직에서 가장 효과적으로 작업하고 있는 데이터 스토어에서는 이러한 접근 방식의 성숙도 있는 구현을 적용하지 못할 수 있다. 따라서 멀티리더 복제라는 환상의 나라에 들어가기 전에는 매우 조심해야 한다.

어디에서나 쓰기 가능한 복제. 기존의 다방향 복제에 대한 대체 가능한 패러다임이 있다. 어디에서나 쓰기 가능한 접근 방식에는 리더가 없다. 모든 노드는 읽기나 쓰기를 수행할 수 있다. Riak, 카산드라, Voldemort와 같은 다이나모 기반의 시스템은 이러한 복제 접근 방식의 예다. 이러한 시스템에는 다음과 같은 특정한 속성이 있다.

- 궁극적 일관성

- 읽기 및 쓰기 쿼럼

- 슬로피 쿼럼^{sloppy quorum}

- 안티엔트로피^{anti entropy}

이를 구현하는 방식은 각 시스템마다 다르지만 애플리케이션에서 정렬되지 않은 쓰기를 허용하는 동안은 리더 없는 복제의 접근 방식 형태를 가진다. 일반적으로 이러한 시스템의 동작을 사용자의 요구에 더 잘 맞추고자 수정할 수 있도록 튜닝이 가능하지만 정렬되지 않은 쓰기의 존재는 필연적이다.

궁극적 일관성. '궁극적 일관성'이라는 문구는 보통 NoSQL로 알려진 데이터 스토어 클래스와 관련해 광고된다. 분산 시스템 환경에서 서버이나 네트워크 이슈는 장애로 이어질 것이다. 이러한 시스템은 지속적인 가용성을 허용하고자 분산되지만 데이터 일관성을 희생한다. 몇 분, 몇 시간 심지어는 며칠 동안 노드가 다운되면 노드 내에 저장된 데이터는 쉽게 분산된다(Vogels, Werner, "Eventually Consistent", practice, http://stanford.io/2zxRXBu)

시스템이 복구되면 앞 절에서 설명한 다음과 같은 충돌 해결에 대한 방법을 사용해 해결할 것이다.

- 타임스탬프나 벡터 시계를 통한 LWW(로버트 발도니[Baldoni, Roberto]와 미셸 레이닐[Raynal, Michel], "Fundamentals of Distributed Computing: A Practical Tour of Vector Clock Systems", Distributed Systems Online, http://bit.ly/2zylMll)

- 사용자 정의 코드

- 충돌 없는 복제 데이터 타입

데이터가 언제나 모든 노드에서 일관된다는 보장은 없지만 해당 데이터는 결국 수렴된다. 데이터 스토어를 구축할 때 장애 시 쿼럼을 제공하고자 얼마나 많은 데이터 복제본을 만들 것인지 설정하게 된다.

그렇긴 하지만 궁극적 일관성은 여전히 효과가 있다는 것이 증명돼야 한다. 데이터 손실 가능성은 적용된 충돌 해결 기술과 해당 애플리케이션의 결과에 대한 착오와 버그를 통해 무수히 많이 존재한다. 조셉[Jepsen]은 분산 데이터 스토어에서 데이터 무결성을 효과적으로 테스트하는 방법을 보여주는 훌륭한 테스트 도구다. 다음 내용에서 추가적인 자료를 찾을 수 있다.

- 조셉의 '분산 시스템 안전 연구(https://jepsen.io/)'

- 마틴 파울러[Martin Fowler]의 '궁극적 일관성(http://bit.ly/2zxs6JS)'

- 피터 베일리스[Peter Bailis]와 알리 고시[Ali Ghodsi]의 '오늘날의 궁극적 일관성 : 한계와 확장 그리고 그 이후(http://queue.acm.org/detail.cfm?id=2462076)'

읽기와 쓰기 쿼럼. 어디에서나 쓰기 가능한 복제의 핵심 요소 중 하나는 일관성을 유지하고자 데이터를 제공하거나 수용하고자 사용할 수 있어야 하는 노드 수를 파악하는 것이다. 클라이언트나 데이터베이스 수준에는 일반적으로 쿼럼을 정의할 수 있는 기능이 있다. 역사적으로 쿼럼은 해당 그룹의 업무를 수행하는 데 필요한 최소한의 멤버 수다. 분산 시스템의 경우 이는 데이터 일관성을 보장하는 데 필요한 최소한의 읽기나 쓰기 노드 수를 의미한다.

예를 들어 3개의 노드로 구성된 클러스터에서 하나의 노드는 장애를 허용할 수 있다. 즉, 읽기와 쓰기에 2개의 쿼럼이 필요한 것을 의미한다. 쿼럼에 대한 결정을 내릴 때 쉬운 공식이 있다. N은 클러스터의 노드 수다. R은 사용 가능한 읽기 노드 수이고 W는 쓰기 노드 수다. $R + W$가 N보다 크면 쓰기 후 최소한 하나의 양호한 읽기를 보장하는 유효한 쿼럼이 있다.

예로 든 3개의 노드에서 2 + 2 > 3인 경우 최소 2명의 읽기와 2명의 쓰기가 필요함을 의미한다. 2개의 노드를 잃는 경우 1 + 1이나 2만 있는데, 이는 3 미만이다. 따라서 쿼럼이 없으며 클러스터는 읽기 작업에서 데이터를 반환하지 않아야 한다. 두 개의 노드를 읽을 때 해당 애플리케이션이 두 개의 다른 결과(한 노드에 데이터가 누락되거나 상이한 데이터를 수신)를 받게 되는 경우 정의된 충돌 해결 방법이 적용돼 복구가 수행된다. 이를 읽기 보수[read repair]라고 한다.

쿼럼과 분산 시스템의 모든 이론과 실제를 이해하는 데에는 훨씬 더 많은 것이 있다. 더 많은 정보를 얻으려면 다음 내용을 살펴보자.

- The Load, Capacity, and Availability of Quorum System(http://bit.ly/2xjZNRZ)

- Quorum Systems: With Applications to Storage and Consensus

슬로피 쿼럼^{sloppy quorum}. 노드가 가동됐지만 쿼럼을 충족하는 데 필요한 데이터가 없는 경우가 있다. $N1$, $N2$, $N3$은 쓰기를 수행하게 설정되고, $N2$, $N3$은 다운됐지만 $N1$, $N4$, $N5$가 가용할 수 있는 상황일 것이다. 이 시점에서 시스템은 노드가 클러스터에 다시 도입되고 쿼럼이 재개될 때까지 해당 데이터에 대한 쓰기 허용을 중지해야 한다. 그러나 쓰기를 계속 받는 것이 더 중요한 경우 쓰기에 대해 슬로피 쿼럼을 허용할 수 있다. 이는 다른 노드가 쿼럼을 충족하고자 쓰기 수신을 시작할 수 있음을 의미한다. $N2$ 또는 $N3$이 클러스터로 다시 돌아오면 힌트 전달^{hinted hand-off} 라는 프로세스를 통해 해당 데이터를 다시 클러스터로 전파할 수 있다.

쿼럼은 일관성과 가용성 사이에서 트레이드오프가 발생한다. 데이터 스토어가 실제로 쿼럼을 수행하는 방법을 이해하는 것이 전적으로 매우 중요하다. 언제 슬로피 쿼럼이 허용되는지 그리고 어떤 쿼럼이 강력한 일관성으로 이어질 수 있는지를 이해해야 한다. 문서는 오해의 소지가 있으므로 구현된 실제 상황을 테스트하는 것도 업무의 일부다.

안티엔트로피^{anti-entropy}. 궁극적 일관성을 유지하는 또 다른 도구는 안티엔트로피다. 읽기 보수와 힌트 전달 사이에 다이나모 기반 데이터 스토어는 궁극적 일관성을 매우 효과적으로 유지할 수 있다. 그러나 데이터를 자주 읽지 않으면 불일치가 매우 오래 지속될 수 있다. 이로 인해 향후 장애 조치가 발생하면 애플리케이션이 오래된 데이터를 읽어갈 위험이 있다. 따라서 이러한 메커니즘 외부에서 데이터를 동기화하는 메커니즘이 필요하다. 이 과정을 안티엔트로피라고 한다.

안티엔트로피의 예는 Riak, 카산드라, Voldemort에서 구현된 머클 트리^{Merkle tree}다. 머클 트리는 균형 잡힌 객체 해시 트리다. 계층적 트리를 구축함으로써 안티엔트로피 백그라운드 프로세스는 노드 간에 서로 다른 값을 빠르게 식별하고 이를 복구할 수 있다. 이러한 해시 트리는 쓰기 시 수정되며 일관성 없는 데이터가 누락될 위험을 최소화하고자 정기적으로 삭제하고 재생성된다.

안티엔트로피는 콜드 데이터나 자주 액세스하지 않는 많은 데이터를 저장하는 데이터 스토어에서 매우 중요하다. 이는 힌트 전달과 읽기 보수를 보완하는 좋은 도구다. 이러한 데이터 스토어에 안티엔트로피를 적용하면 분산 데이터 스토어에 가능한 한 많은 일관성을 제공하는 데 도움이 될 것이다.

이러한 시스템의 구현 세부 사항에는 상당한 차이가 있지만 레시피는 앞에서 설명한 구성 요소로 요약된다. 애플리케이션이 정렬되지 않은 쓰기와 과거 데이터 읽기^{stale read}를 허용할 수 있다고 가정하면 리더 없는 복제 시스템은 뛰어난 장애 복원력^{fault tolerance}과 확장성을 제공할 수 있다.

복제된 데이터 스토어에 가장 일반적인 세 가지 접근 방식을 검토한 후에는 여러분과 여러분이 지원하는 팀이 여러 시스템에 걸쳐 데이터를 배포하는 데 사용되는 접근 방식을 확실히 이해하고 있어야 한다. 이를 통해 여러분 팀의 경험, 편의성, 가용성, 확장성, 성능, 데이터 지역성 등을 기반으로 조직의 요구 사항을 충족하는 시스템을 설계할 수 있다.

정리

10장에서는 데이터 스토리지에 관해 집중했다. 데이터를 디스크에 저장하는 방법부터 클러스터와 데이터 센터에 데이터를 저장하는 방법에 이르기까지 스토리지를 살펴봤다. 이는 데이터베이스 아키텍처의 기초이며 높은 수준의 지식으로 무장하고 데이터 스토어의 속성을 더욱 깊이 분석해 여러분과 여러분의 팀이 조직의 요구 사항에 맞춰 적합한 아키텍처를 선택할 수 있도록 지원한다.

11장

데이터 스토어 필드 가이드

기술적으로 데이터 스토어란 데이터 저장, 수정, 접근이 가능한 관련 소프트웨어와 구조의 데이터 스토리지를 의미한다. 그러나 우리는 특히 오늘날의 조직에서 이러한 목적을 달성하고자 사용하는 데이터 저장소를 언급하고 있으며, 이는 많은 수준의 동시성에서 많은 양의 데이터에 접근하는 많은 유저가 동반된다.

필드 가이드field guide는 전통적으로 자연에서 동식물이나 다른 오브젝트를 식별하기 위해 독자가 휴대하는 것이다. 필드에서 수행되는 이 기능은 사용자가 유사한 다양한 오브젝트를 구별할 수 있게 도와준다. 11장의 목표는 다양한 데이터 스토어의 특성을 이해하는 데 도움을 주는 것이다. 이러한 정보를 바탕으로 해당 데이터 스토어에 대한 모범 사례를 이해하고 적절한 관리와 지원을 받으며 세상 속으로 나갈 수 있기를 바란다.

이 장에서는 데이터를 쓰고 사용하는 애플리케이션 개발자와 관련된 데이터 스토어의 속성과 범주를 정의하는 것으로 시작한다. 그런 다음 데이터 스토어의 설계자와 운영자가 더 큰 관심을 가질 수 있는 범주를 상세히 알아본다. 데이터 스토어를 개발, 설계, 운영하는 사람이라면 누구나 해당 데이터 스토어의 모든 속성을 알고 있어야 한다고 생각하지만 사람들은 대개 특정 직무의 역할에 따라 이러한 것들을 평가한다는 것을 알고 있다. 현재 사용 중인 데이터 스토어는 매우 다양하기 때문에 종합적으로 모든 것을 다루는 게 여기서의 목표는 아니다. 다만 여러분에게 좋은 샘플링을 익히고 여러분의 필요와 목적에 따라 추가 조사를 수행할 수 있도록 도구를 제공하고자 한다.

데이터 스토어의 개념적 속성

데이터 스토어를 분류하는 방법에는 여러 가지가 있다. 이는 여러분의 작업이 데이터 스토어와 어떻게 상호작용할 수 있는지에 따라 달라진다.

- 여러분이 데이터를 쿼리, 저장, 수정하는 애플리케이션의 기능을 구축하는지?
- 여러분이 의사결정을 위해 데이터를 쿼리하고 분석하는지?
- 여러분이 데이터베이스를 실행할 시스템을 설계하는지?
- 여러분이 데이터베이스를 관리, 튜닝, 모니터링하는지?

각 역할에는 데이터베이스와 데이터에 대한 각자의 뷰를 가진다.

API를 노출하는 ORM과 서버리스^{serverless} 아키텍처의 세계에서는 데이터 스토어를 사용하는 소비자로부터 데이터 스토어를 추상화하려는 움직임이 있었다. 우리는 이에 동의하지 않는다. 여러분이 선택하는 데이터 스토어의 각 속성과 그 의미를 이해하는 것은 여러분의 작업을 잘 수행하는 데 매우 중요하다. 공짜 점심과 같은 것은 존재하지 않기에 각각의 매력적인 기능에는 트레이드오프나 주의 사항이 따를 것이다. 해당 데이터 스토어로 작업하는 팀에게 이 문제에 대한 충분한 교육을 제공하는 것이 중요하다.

데이터 모델

대부분의 소프트웨어 엔지니어^{SWE}에게 데이터 모델은 가장 중요한 범주 중 하나다. 어떻게 데이터가 구조화되고 관계가 관리되는지 아는 것은 그 위에 애플리케이션을 구축하는 데 매우 중요하다. 데이터베이스 변경과 마이그레이션을 관리하는 방법도 매우 중요한 영향을 미치는데, 이는 모델마다 이러한 변경 사항을 매우 다르게 관리하는 경우가 많기 때문이다.

이 절에서는 일반적으로 관계형, 키-값, 문서, 내비게이션(또는 그래프) 모델 이렇게 네 가지의 데이터 모델이 있다. 각각의 용도, 한계, 특이점이 있다. 관계형 모델은 역사적으로 가장 널리 알려져 왔다. 수많은 서비스의 프로덕션에서 상당한 세월을 함께 해왔기 때문에 이는 가장 잘 이해되고, 가장 안정적이고, 가장 덜 위험한 것으로 여겨진다.

관계형 모델

관계형 모델은 IBM에서 내부 보고서로 1년 먼저 발표하고 난 이후 1970년에 「A Relational Model of Data for Large Shared Data Banks」(https://en.wikipedia.org/wiki/Edgar_F._Codd#cite_note-relationalmodel-4)이라는 논문에서 코드[E.F. Codd]가 최초 제안한 이후 지금까지 사용되고 있다. 이 가이드의 목적은 전체 배경 지식을 제공하는 것이 아니라 현재 직면하고 있는 시스템을 이해하는 데 도움이 되는 데 있으므로, 우리는 현대 조직의 관계형 시스템에 중점을 둘 것이다.

관계형 데이터베이스 모델의 기본 전제는 데이터의 핵심 식별자인 유니크 키를 기반으로 데이터가 일종의 관계로 표현된다는 것이다. 관계형 모델은 관계, 카디널리티, 값, 특정 속성의 존재 여부를 위한 요구 사항에 대한 제약 조건을 사용해 테이블 간에 데이터의 일관성을 생성한다. 관계형 모델은 정규화돼 있고 다양한 수준의 엄격함을 포함하는데, 이를 정규화[normalization]라고 한다. 현실은 이러한 이론적인 요구 사항 중 많은 것이 성능과 동시성이 작용함에 의해 좌우된다는 것이다.[1]

---

1. 코드(Codd), E. F., 「The relational model for database management: version 2」, https://dl.acm.org/doi/book/10.5555/77708, ACM Digital Library

잘 알려진 관계형 데이터베이스에는 오라클, MySQL, PostgreSQL, DB2, SQL 서버, 사이베이스Sybase가 있다. 대안으로는 구글 Spanner, 아마존 RedShift, NuoDB, Firebird 등이 있다. 이러한 대체 시스템의 대부분은 NewSQL로 분류된다. 이들은 일관성 보장을 유지하면서 동시성과 확장의 장벽을 일부 해소하고자 하는 관계형 데이터베이스 관리 시스템의 하위 분류로 간주된다. 이 문제는 이후에 좀 더 자세히 설명할 것이다.

관계형 모델은 데이터 검색을 위해 매우 잘 알려진 접근 방식을 제공한다. 조인, 일대다(1:N), 다대다(N:M) 관계를 지원함으로써 개발자는 데이터 모델을 정의하는 방식에 있어 높은 수준의 유연성을 갖게 된다. 또한 테이블, 관계, 속성의 추가, 수정, 삭제를 수행하려면 많은 양의 조정과 이동 부분이 필요할 수 있기 때문에 스키마 변경에 훨씬 더 어려운 접근법으로 이어질 수 있다. 이는 8장에서 설명한 것처럼 비용이 많이 들고 위험한 변화를 초래할 수 있다.

많은 소프트웨어 팀은 관계형 모델을 소프트웨어 계층에서 정의된 객체 모델에 매핑해 작업을 용이하게 하고자 객체 관계 관리ORM, Obejct Relational Management 계층을 사용하기로 선택한다. 이러한 ORM은 개발자의 속도를 높이기 위한 훌륭한 도구가 될 수 있지만 데이터베이스 신뢰성 엔지니어DBRE 팀에게는 여러 가지 방법으로 문제가 될 수 있다.

ORM

ORM은 지난 10년 동안 크게 성숙해 왔으며 DBRE로서 예전처럼 ORM를 경계할 필요가 없다. 하지만 여전히 고려해야 할 몇 가지 문제가 있다.

- ORM은 읽기와 쓰기를 테이블로 묶는다. 이는 전체 작업 부하에 영향을 미치기 때문에 워크로드의 한 부분에 대한 여러 가지 최적화가 더 어려워진다.

- ORM은 필요 이상으로 훨씬 오래 트랜잭션을 보유할 수 있으며 스냅샷이 과도하게 유지되기 때문에 한정된 리소스에 상당한 영향을 미칠 수 있다.

- ORM은 불필요한 쿼리를 엄청나게 생성할 수 있다.

- ORM은 복잡하고 성능이 낮은 쿼리를 생성할 수 있다.

이러한 명백한 이슈 외에도 더 큰 문제 중 하나는, ORM은 데이터베이스를 추상화해 이를 위해 일하는 데이터베이스 관리자[DBA]의 물리적인 수를 초과해 조직을 확장하고자 필요한 협업을 제거한다는 것이다. ORM을 사용하면 제약 조건을 무시하고 논리를 난독화해 DBRE가 데이터 스토어와 애플리케이션의 상호작용을 이해하는 데 장애가 된다.[2]

이러한 모든 것이 많은 소프트웨어 엔지니어와 아키텍트에게 관계형 시스템을 유연성이 없고 개발자 속도에 대한 임피던스로 생각하게 한다. 그러나 이는 정확하지 않다. 이 장의 뒷부분에서 더 정확한 장단점을 제시하고 이러한 목록에서 널리 퍼져 있는 일부 환상도 깨트린다.

키-값 모델

키-값 모델은 데이터를 딕셔너리[dictionary]나 해시[hash]로 저장한다. 딕셔너리는 테이블과 유사하며 많은 객체가 포함돼 있다. 각 객체는 그 안에 원하는 만큼 속성[attribute]과 필드[field]를 저장할 수 있다. 관계형 데이터베이스와 마찬가지로 이러한 레코드는 키로 고유하게 식별된다. 관계형 데이터베이스와 다른 점은 이러한 키를 기반으로 객체 간 매핑을 만들 수 있는 방법이 없다는 것이다.

---

2. 크리스토퍼 아일랜드(Ireland, Christopher) 등 「A Classification of Object-Relational Impedance Mismatch」, IEEE Xplore, https://ieeexplore.ieee.org/document/5071809

키-값 데이터 스토어는 객체를 블롭^{blob} 데이터로 본다. 이는 본래 갖고 있는 데이터를 인식하지 못하므로 각 객체는 서로 다른 필드, 중첩된 객체, 무한한 다양성을 가질 수 있다. 이러한 다양성은 규칙이 공통 스토리지 계층에서는 적용되지 않기 때문에 일관성이 깨질 가능성이 내재된 비용이 발생한다. 마찬가지로 데이터 타입과 인덱스의 효율성은 사용할 수 없다. 반면에 다양한 데이터 타입, 제약 조건, 관계를 관리하는 데 내재된 많은 오버헤드가 사라졌다. 애플리케이션에 이러한 기능이 필요하지 않으면 효율성을 실현할 수 있다.

키-값 스토어의 예는 매우 다양할 수 있다. 그중 한 가지 예가 다이나모다. 2007년 아마존은 고가용성 분산 데이터 스토어를 구축하기 위한 기술로 다이나모 논문을 발표했다. 모든 속성을 살펴보고 나서 다이나모를 자세히 설명할 것이다. 다이나모를 기반으로 한 시스템은 Aerospike(http://www.vldb.org/pvldb/vol9/p1389-srinivasan.pdf), 카산드라(https://www.cs.cornell.edu/projects/ladis2009/papers/lakshman-ladis2009.pdf), Riak(http://www.erlang-factory.com/upload/presentations/294/MasterlessDistributedComputingwithRiakCore-RKlophaus.pdf), Voldemort(https://cs.stanford.edu/people/rsumbaly/files/voldemort.pdf) 등이 있다. 다른 키-값 시스템은 Redis, 오라클 NoSQL 데이터베이스, Tokyo Cabinet 등이 있다.

문서 모델

문서 모델은 기술적으로 키-값 모델의 부분 집합이다. 문서 모델과의 차이점은 데이터베이스가 문서 구조에 대한 메타데이터를 유지 관리한다는 것이다. 이를 통해 데이터 타입 최적화, 보조 인덱싱, 기타 최적화가 가능하다. 문서 스토어는 테이블이 아닌 객체에 대한 모든 정보를 함께 저장한다. 이렇게 하면 선언하는 건 쉽지만 훨씬 더 많은 리소스를 소비하는 조인^{join} 대신 한 번의 호출에서 모든 데이터를 검색할 수 있다. 또한 일반적으로 ORM 계층의 필요성을 제거한다.

반면 이는 필요한 객체에 대한 다른 뷰가 있는 경우 문서 스토어는 본질적으로 비정규화가 필요함을 의미한다. 이로 인해 일관성 이슈가 발생할 수 있다. 또한 스키마가 더 이상 자체 문서화된 시스템으로 존재하지 않기 때문에 데이터 거버넌스를 강화하고자 외부 도구가 필요하게 된다.[3]

데이터 거버넌스(data governance)

데이터 거버넌스는 조직이 저장하고 사용하는 데이터의 가용성, 무결성, 보안을 관리하는 것이다. 새로운 데이터 속성의 도입은 신중하게 고려되고 문서화돼야 한다. 데이터 스토리지에 JSON을 사용한다면 새로운 데이터 속성을 너무 쉽게 그리고 뜻하지 않게 생성될 수 있다.

내비게이션 모델

내비게이션 모델은 계층과 네트워크 데이터베이스에서 시작됐다. 오늘날 내비게이션 모델을 언급할 때 거의 항상 그래프 데이터 모델을 이야기한다. 그래프 데이터베이스는 노드, 에지edge, 속성을 사용해 데이터와 객체 간의 연결을 표현하고 저장한다. 노드는 특정 객체에 대한 데이터를 보유하고 에지는 다른 객체와의 관계이며 속성은 추가할 노드에 대한 추가적인 데이터를 허용한다. 관계는 데이터의 일부로 직접 저장되기 때문에 링크를 쉽게 따라갈 수 있다. 보통 전체 그래프를 한 번의 호출로 검색할 수 있다.

그래프 저장소는 문서 저장소와 마찬가지로 객체지향 애플리케이션의 구조에 더 직접적으로 매핑되는 경우가 많다. 또한 조인의 필요성을 제거하고 데이터 모델 진화 측면에서 더 많은 유연성을 확보할 수 있다. 물론 이는 그래프에 적합한 쿼리에 이상적인 데이터에 대해서만 작동한다. 기존 쿼리는 성능이 훨씬 떨어질 수 있다.[4]

---

3. 할리 베라(Vera, Harley) 등, 「Data Modeling for NoSQL Document-Oriented Databases」, http://ceur-ws.org/Vol-1478/paper17.pdf

4. 마이클 스톤브레이커(Stonebraker, Micheal)와 제럴드 헬드(Held, Gerald), 「Networks, Hierarchies and Relations in Data Base Management Systems」, http://bit.ly/2zxrbcq

이러한 각 모델은 애플리케이션의 부분 집합으로 각자의 위치를 갖고 있다. 우리는 해당 옵션과 트레이드오프 부분을 요약할 것이다. 먼저, 트랜잭션의 지원과 구현 속성을 살펴보자.

트랜잭션

데이터 스토어가 트랜잭션을 어떻게 처리하는지도 이해하고 고려해야 할 매우 중요한 속성이다. 트랜잭션은 실질적으로 분할이 불가능한 대상으로 여겨지는 데이터베이스 내의 논리적 작업 단위다. 데이터 스토어 내에서 일관성을 유지하려면 트랜잭션 내의 작업은 모두 실행되거나 롤백돼야 한다.

트랜잭션의 모든 측면이 커밋되거나 롤백될 것이라는 점을 신뢰할 수 있는 상태가 되면 데이터베이스 기반 애플리케이션의 오류 처리 로직이 크게 간소화된다. 해당 트랜잭션 모델의 이러한 보장을 통해 개발자는 상당한 개발자 주기와 리소스를 낭비할 수 있는 실패와 동시성의 특정 측면을 무시할 수 있게 된다.

기존의 관계형 데이터 스토어를 주로 사용했다면 트랜잭션의 존재를 당연하게 여길 수 있다. 이는 거의 모든 데이터 스토어가 1975년 IBM에서 소개한 ACID 모델을 기반으로 구축됐기 때문이다. 모든 읽기와 쓰기는 트랜잭션으로 간주되며, 이를 달성하고자 데이터베이스 동시성의 기본 아키텍처를 활용한다.

ACID

ACID 데이터베이스는 ACID라는 약자를 생성해 합치게 되면 보장하는 게 있다. 해당 보장이란 원자성[Atomicity], 일관성[Consistency], 격리성[Isolation], 내구성[Durability]이다. 1983년에 안드레아스 로이터[Andreas Reuter]와 테오 하이어더[Theo Härder]는 격리성을 제외하고 원자성, 일관성, 내구성을 열거한 짐 그레이[Jim Gray](https://en.wikipedia.org/wiki/Jim_Gray_(computer_scientist))의 작업에 기반을 둔 약자를 만들었다(https://

en.wikipedia.org/wiki/ACID#cite_note-2). 이 네 가지 속성은 트랜잭션 패러다임의 주요한 보장을 설명하고 있는데, 이는 데이터베이스 시스템 개발의 많은 측면에서 영향을 미쳤다.

이러한 개념을 정의하고 구현하는 방법을 이해하는 것이 데이터 스토어로 작업할 때 정말 중요한데, 이는 상당한 모호성과 다양성이 존재할 수 있기 때문이다. 이를 염두에 두고 각 속성을 고려해 현업에서 발견되는 변화를 이해할 필요가 있다.[5]

원자성

원자성은 전체 트랜잭션이 데이터 스토어에 커밋돼 써지거나 전체 트랜잭션이 롤백되는 것을 보장한다. 원자적 데이터베이스에서는 부분 쓰기나 롤백과 같은 것은 없다. 이러한 맥락으로 원자성이란 소프트웨어 공학에서 말하는 원자 연산을 의미하는 것이 아니다. 이 용어는 이전과 이후의 결과만이 아니라 진행 중[in progress]인 작업을 보는 동시 프로세스로부터 격리를 보장하는 것을 의미한다.

트랜잭션이 실패하고 롤백이 필요한 이유는 여러 가지가 있다. 클라이언트 프로세스가 중간에 트랜잭션을 종료하거나 네트워크 오류로 인해 커넥션이 종료될 수 있다. 마찬가지로 데이터베이스 장애, 서버 장애, 기타 수많은 작업에서도 부분적으로 완료된 트랜잭션을 롤백해야 할 수 있다.

PostgreSQL은 **pg_log**를 사용해 이를 구현한다. 트랜잭션은 **pg_log**에 써지고 진행 중[in progress], 커밋[committed] 또는 중단[aborted] 상태로 제공된다. 클라이언트가 트랜잭션을 포기하거나 롤백하면 중단[aborted]된 것으로 표시된다. 또한 백엔드 프로세스는 주기적으로 트랜잭션을 중단된 것으로 표시하는데, 이때는 백엔드가 매핑할 게 없는 경우다.

---

5. 마르코 비에이라(Vieira, Marco) 등, 「Timely ACID Transactions in DBMS」, http://bit.ly/2zyR2Rh

기본 디스크 페이지 쓰기가 원자적인 경우에만 원자적 쓰기를 고려할 수 있다는 점에 유의하자. 섹터 쓰기의 원자성에 대해 상당한 의견 차이가 있다. 대부분의 최신 디스크는 디스크 오류 중에도 섹터 쓰기 기능을 지원한다. 그러나 물리적인 드라이브와 디스크에 플러시되는 실제 쓰기 사이의 추상화 계층에 따라 여전히 많은 데이터 손실 기회가 있다.

일관성

일관성 보장은 모든 트랜잭션이 데이터베이스를 하나의 유효한 상태에서 다른 상태로 가져올 것이라는 보장이다. 쓰기 작업 중인 트랜잭션은 정의된 규칙을 위반할 수 없다고 가정한다. 기술적으로 일관성은 데이터베이스가 아닌 애플리케이션 수준에서 정의된다. 그러나 기존 데이터베이스는 이러한 일관성을 강화할 수 있는 개발자 도구를 제공한다. 이러한 도구는 효과적이며 제약 조건과 트리거가 포함된다. 제약 조건에는 not null, 고유성을 지닌 제약 조건, 데이터 타입과 길이, 심지어 특정 필드에서 허용되는 특정 값이 있는 외래키를 포함할 수 있다.

일관성이 데이터베이스와 소프트웨어 범위의 다른 곳에서 사용된다는 것은 흥미롭고 당황스럽다. CAP 정리는 일관성이라는 용어를 사용하지만 매우 다른 방식으로 사용한다. 마찬가지로 해싱hashing과 복제를 다룰 때 이 용어를 보게 될 것이다.

격리성

격리성은 트랜잭션을 동시에 실행하면 해당 트랜잭션을 순차적으로 실행할 때와 동일한 상태가 된다는 약속이다. ACID 데이터베이스는 쓰기 잠금, 읽기 잠금, 스냅샷이 포함되는 기술을 조합해 이를 수행한다. 이를 총칭해서 동시성 제어concurrency control라고 한다. 실제로 데이터베이스에서 다른 동작을 발생시키는 다양한 유형의 동시성 제어가 있다. 더 엄격한 버전은 동시 트랜잭션의 성능에 상당한 영향을 미칠 수 있는 반면 더 완화된 버전은 더 적은 격리 비용으로 더 나은 성능을 만들어낼 수도 있다.[6]

ANSI/ISO SQL 표준은 4가지의 가능한 수준의 트랜잭션 격리성을 정의한다. 각 수준은 동일한 거래에 대해 다른 결과를 제공할 수도 있다. 해당 수준은 각 격리 수준에서 허용되거나 그렇지 않는 3가지 발생 가능성을 정의한다.

Dirty read

dirty read는 어떤 클라이언트에서 다른 트랜잭션으로 기록 중인 커밋되지 않은 데이터를 읽을 가능성이 있다는 것이다.

Nonrepeatable read

nonrepeatable read는 한 트랜잭션의 흐름 내에서 동일한 읽기를 두 번 수행할 경우 데이터베이스 내에서 동시에 발생하는 다른 트랜잭션의 활동에 따라 다른 결과를 가져올 가능성이 있다.

Phantom read

phantom read는 한 트랜잭션의 흐름 내에서 동일한 읽기를 두 번 수행할 경우 두 번째로 반환된 데이터는 첫 번째 데이터와 다른 경우다. 이는 nonrepeatable read와 차이가 있는데, phantom read에서는 이미 쿼리한 데이터는 변경되지 않지만 이전보다 더 많은 데이터가 쿼리에 의해 반환되기 때문이다.

이러한 현상을 방지하고자 사용되는 4가지 격리 수준이 있다.

Read Uncommitted

가장 낮은 격리 수준이다. 여기서는 dirty read, dirty write, nonrepeatable

---

6. 아툴 아드야(Adya, Atul) 등, 「Generalized Isolation Level Definitions」, http://pmg.csail.mit.edu/papers/icde00.pdf

read, phantom read 모두 허용된다.

Read Committed

이 격리 수준의 목표는 dirty read와 dirty write를 방지하는 것이다. 즉, 커밋되지 않은 데이터를 읽거나 오버라이트^{overwrite} 할 수 없어야 한다. 일부 데이터베이스는 select 데이터에서 획득한 쓰기 잠금을 통해 dirty write를 방지한다. 쓰기 잠금은 데이터가 커밋될 때까지 유지되고 읽기 잠금은 select 이후 해제된다. dirty read는 일반적으로 트랜잭션에서 쓰고 있는 데이터의 두 복사본을 유지하는 것에서 발생된다. 하나는 다른 트랜잭션에서 읽기에 사용하기 위한 더 이전 시점에 커밋된 데이터이고 다른 하나는 해당 데이터가 쓰여졌지만 아직 커밋되지 않는 데이터다.

그러나 read committed 격리 수준에서도 여전히 nonrepeatable read를 경험할 수 있다. 커밋되지 않은 데이터를 한 번 읽은 다음 커밋한 후 다시 읽으면 여러분의 트랜잭션 내에서 서로 다른 값을 볼 수가 있을 것이다.

Repeatable reads

read committed 격리 수준을 달성하고 nonrepeatable read를 방지하려면 추가적인 제어를 구현해야 한다. 데이터베이스가 동시성 제어를 관리하고자 잠금을 사용하는 경우 클라이언트는 해당 트랜잭션이 끝날 때까지 읽기 및 쓰기 잠금을 유지해야 한다. 그러나 이는 범위^{range} 잠금을 유지하지 않으므로 phantom read가 발생할 수 있다. 짐작하겠지만 이러한 잠금 기반의 접근 방식은 무거운 작업을 동반하고 높은 동시성 시스템에서 상당한 성능 영향을 미칠 수 있다.

이를 수행하는 다른 방법은 스냅샷 격리^{snapshot isolation}를 사용하는 것이다. 스냅샷 격리에서 트랜잭션이 시작된 후 클라이언트는 현재 시간을 기준으로 데이터베이스 이미지를 볼 수 있을 것이다. 추가 쓰기 작업은 스냅샷에 표시되지 않으므로 장기간 실행되는 쿼리에 일관성을 지닌 repeatable read가 허용된다. 스냅샷 격리는 쓰기 잠금을 사용해 읽기 잠금은 사용하지 않는다. 목표는 읽기가 쓰기를 차단하지 않게 하는 것이고 그 반대의 경우에도 동일하다. 이는 두 개 이상의 복사본이 필요하기 때문에 멀티버전 동시성 제어MVCC, MultiVersion Concurrency Control라고 한다.

repeatable read 스냅샷 격리 수준에서 write skew가 여전히 발생할 수 있다. write skew는 업데이트할 칼럼을 읽은 두 개의 다른 쓰기로부터 한 행에 있는 동일한 칼럼이나 칼럼들에게 두 개의 쓰기를 허용할 수 있다. 이 결과 행row이 두 트랜잭션의 데이터를 가질 수 있다.

Serializable

가장 높은 격리 수준이며 앞서 언급한 모든 현상을 피하기 위한 것이다. repeatable read와 같이 잠금이 동시성 제어의 중점을 두고 있다면 읽기 및 쓰기 잠금은 트랜잭션 기간 동안 유지된다. 그러나 추가적인 내용이 존재하는데, 잠금 전략을 2단계 잠금2PL, 2-Phase Locking이라고 한다.

2PL에서 잠금은 공유shared 또는 배타적exclusive일 수 있다. 다중 읽기에서는 공유 잠금을 가질 수 있다. 그러나 쓰기를 위해 배타적 잠금을 얻으려면 커밋 이후 모든 공유 읽기 잠금은 해제돼야 한다. 마찬가지로 쓰기가 발생하고 있다면 읽기를 위한 공유 잠금을 획득할 수 없다. 이 모드에서는 동시성이 높은 환경에서 트랜잭션이 잠금 대기 상태로 고착되는 것이 매우 일반적일 수 있다. 이를 교착 상태deadlock라고 한다. 또한 **WHERE**절에서 범위를 사용하는 쿼리에 대해서도 범위 잠금을 획득해야 한다. 그렇지 않을 경우 phantom read가 발생한다.

2PL은 트랜잭션의 대기시간에 상당한 영향을 미칠 수 있다. 많은 트랜잭션이 대기 중인 경우 시스템 전체의 대기시간이 크게 증가할 수 있다. 따라서 많은 시스템이 실제로 serializability를 수행하지 않고 repeatable read를 고수한다.

비잠금 기반 접근 방식은 스냅샷 격리를 기반으로 구축되며 이를 시리얼 스냅샷 격리$^{SSI, Serial Snapshot Isolation}$라고 한다. 이 접근 방식은 낙관적인 직렬화로, 데이터베이스는 직렬화 이슈(대부분은 쓰기 충돌)를 야기하고자 어떤 활동이 발생했는지 확인하고자 커밋될 때까지 대기한다. 이렇게 하면 동시성 위반이 거의 없는 시스템에서 대기시간을 크게 줄일 수 있다. 하지만 규칙적으로 발생한다면 지속적인 롤백과 재시도 횟수가 상당히 커질 수 있다.

각 격리 수준은 하위 격리 수준에서 금지된 행동은 허용하지 않는다는 점에서 하위 격리 수준보다 더 강력하기 때문에 해당 표준은 DBMS에게 요청된 것보다 더 강력한 격리 수준에서 트랜잭션을 실행할 수 있도록 허용한다(예, 'Read Committed' 트랜잭션은 실제로 'Repeatable Read' 격리 수준에서 수행될 수 있다).

격리 수준의 가변성

앞서 언급했듯이 ANSI 격리성 표준을 구현하는 데 있어 데이터 스토어 사이에는 상당한 차이가 있다.

- **PostgreSQL:** read committed, repeatable read, serializable의 격리 수준이 있다. serializable에서는 SSI를 사용한다.

- **오라클:** read committed, serializable만 존재한다. 여기서 serializable은 실제로 repeatable read에 가깝다.

- **MySQL InnoDB:** read committed, repeatable read, serializable의 격리 수준이 있다. serializable에서는 2PL을 사용하지만 lost update를 감지하지는 않는다(Baron Schwartz의 블로그 기사 <If Eventual Consistency Seems Hard, Wait Till You Try MVCC>, http://bit.ly/2zyNy1m).

격리성^{isolation}, 격리 이상$^{isolation anomaly}$, 격리 구현$^{isolation implementation}$의 일부분만 살펴봤다. 이 장의 마지막에서 좀 더 상세한 내역을 위해 추천할 것이다.

내구성

내구성은 트랜잭션이 커밋되는 즉시 해당 상태를 유지하는 것을 보장한다. 정전, 데이터베이스 장애, 하드웨어 장애, 기타 어떤 이슈와 상관없이 해당 트랜잭션은 내구성을 유지한다. 분명한 것은 기본 하드웨어가 이와 같은 내구성을 지원할 것이라고 데이터베이스는 보장할 수 없다는 것이다. 5장에서 설명한 것처럼 실제는 매우 다를 때에도 데이터베이스는 디스크에 동기화됐다고 믿을 수 있는 많은 기회가 있다.

내구성은 원자성을 만족하고자 필요하므로 원자성과 밀접한 관계가 있다. 많은 데이터베이스는 모든 쓰기를 디스크로 푸시push하기 전에 캡처하고자 미리 쓰기 로그WAL, Write-Ahead Log를 수행한다. 이 로그는 트랜잭션을 실행 취소undo하고 다시 적용redo하는 데 사용된다. 장애가 발생해 시스템을 다시 시작하는 경우 데이터베이스는 시스템에서 이 로그를 확인해 트랜잭션을 실행 취소, 완료, 무시할지 여부를 결정할 수 있다.

격리 수준과 마찬가지로 성능을 충분히 수용하고자 내구성을 완화해야 하는 경우가 있다. 진정한 내구성을 위해서라면 커밋할 때마다 디스크에 플러시해야 한다. 이는 엄청나게 많은 비용이 발생할 수 있으며 모든 트랜잭션과 쓰기에 필요한 것은 아니다. 예를 들어 MySQL에서는 모든 커밋이 아닌 주기적으로 수행되도록 Innodb 로그 플러시를 조정할 수 있다. 마찬가지로 복제 로그에 대해서도 이 작업을 수행할 수 있다.[7]

여기서 상당히 높은 상위 개념에 머물렀지만 트랜잭션을 지원하는 시스템에서 얼마나 많은 세부 사항이 숨겨져 있고 당연한 것으로 생각되는 부분이 있는지 분명해야 한다. 조직 내의 DBRE로서 자신뿐만 아니라 개발 조직을 위해서라도 해당 격리 구현에 익숙해지는 것이 중요하다. 보통 이러한 구현의 세부 사항은 문서

---

7. 러셀 시어스(Sears, Russell)와 에릭 브루어(Brewer, Eric), 「Segment-Based Recovery: Write-ahead loggin revisited」, http://www.vldb.org/pvldb/vol2/vldb09-583.pdf

에서 쉽게 알 수 없으며 Jepsen(https://github.com/jepsen-io/jepsen) 및 Hermitage (https://github.com/ept/hermitage)와 같은 도구를 통한 추가 테스트를 통해 이 디스커버리^{discovery} 프로세스를 지원할 수 있다.

마찬가지로 이 지식은 내구성을 완화하거나 약한 격리 수준을 사용할 수 있는 옵션이 있을 때 적절한 구성을 선택하는 데 도움이 될 수 있다. 또는 데이터베이스의 기본값이 애플리케이션의 요구 사항을 만족시키지 못하는 지점을 아는 것도 마찬가지로 중요할 수 있다.

BASE

엔지니어들이 전통적인 관계형 시스템에 대한 대안을 모색함에 따라 BASE라는 용어가 ACID와는 대조적으로 사용되기 시작했다. BASE는 기본적 가용성^{Basically available}, 소프트 스테이트^{Soft state}, 궁극적 일관성^{Eventual consistency}을 나타낸다. 이는 분산돼 있으며 상당히 비전통적인 복제와 동기화 기능을 갖는 비트랜잭션 시스템에 중점을 둔다. ACID 시스템과 다르게 시스템이 작동하고 트래픽을 받는 동안에는 명확한 상태가 나타나지 않을 수 있다. 마찬가지로 트랜잭션에 대한 동시성 제어가 필요하지 않으면 원자성, 격리성, 일관성을 희생시키면서 쓰기 처리량과 동시성이 극적으로 증가할 수 있다.[8]

데이터 스토어에 사용할 수 있는 데이터 모델과 트랜잭션 모델을 살펴보면서 개발자와 가장 관련 있는 개념적인 속성을 살펴봤다. 그럼에도 데이터베이스 선택뿐만 아니라 데이터베이스 주변의 전반적인 운영 생태계와 인프라를 평가할 때 고려해야 할 수많은 다른 속성이 있다(표 11-1 참고).

---

8. 찰스 로(Roe, Charles), 「The Question of Database Transaction Processing: An ACID, Base, NoSQL Primer」, https://docplayer.net/44949385-The-question-of-database-transaction-processing-an-acid-base-nosql-primer.html

표 11-1. 데이터 스토어의 개념적인 속성

속성	MySQL	카산드라	몽고DB	Neo4J
데이터 모델	Relational	Key-Value	Document	Navigational
모델 성숙도	Mature	2008	2007	2010
오브젝트 관계	Foreign keys	None	DBRefs	Core to model
원자성	Supported	Partition level	Document level	Object level
일관성(노드)	Supported	Unsupported	Unsupported	Strong consistency
일관성(클러스터)	Replication based	Eventual(tunable)	Eventual	XA transaction support
독립성	MVCC	Serializable option	Read-uncommitted	Read committed
영속성	For DML, not DDL	Supported, tunable	Supported, tunable	Supported, WAL

현재 많은 부분이 지나치게 단순화됐으며 이러한 요청의 효과가 테스트돼 지원하는 각 특정의 기능에 대한 신뢰할 수 있는 회의론은 애플리케이션의 데이터 스토어를 평가할 때 상황을 명확히 하는 데 도움이 될 것이다. 이러한 경고에도 여러분의 애플리케이션을 위해 적절한 선택을 결정하는 데 도움이 되는 몇 가지 분명한 차이점이 있다. 다음 단계에서는 전체 그림을 가져오기 위한 데이터 스토어의 내부 속성을 평가하는 것이다.

데이터 스토어의 내부 속성

데이터 스토어를 설명하고 분류하는 방법에는 여러 가지가 있다. 데이터 모델과 트랜잭션 구조는 애플리케이션 아키텍처와 로직에 직접적인 영향을 미치는 속성이다. 따라서 속도와 유연성을 추구하는 개발자들의 큰 관심사가 되는 경향이 있다. 이러한 데이터베이스의 내부 아키텍처적인 구현은 블랙박스이거나 적어도 화려한 마케팅 브로셔의 수단일 뿐이다. 그럼에도 장기적으로 적절한 데이터 스토어를 선택하는 것은 여전히 중요하다.

스토리지

10장에서 스토리지를 자세히 살펴봤다. 각 데이터 스토어에는 사용할 수 있는 디스크에 데이터를 저장하기 위한 옵션이 하나 이상 있다. 이는 보통 스토리지 엔진의 형태로 제공된다. 해당 스토리지 엔진은 데이터 읽기와 쓰기, 잠금, 데이터에 대한 동시 접근을 관리한다. 그리고 B-트리 인덱스, 로그 구조 병합[LSM, Log Structured Merge] 트리, 블룸 필터와 같은 데이터 구조를 관리하는 데 필요한 모든 프로세스를 관리한다.

MySQL과 몽고DB와 같은 일부 데이터베이스는 여러 스토리지 엔진 옵션을 제공한다. 예를 들어 몽고DB에서는 MMap의 MMap, WiredTige, LSM 트리를 기반으로 하는 LSM 구조나 RocksDB를 사용할 수 있다. 스토리지 엔진 구현은 매우 다르지만 일반적으로 해당 속성은 다음과 같이 분류할 수 있다.

- 쓰기 성능
- 읽기 성능
- 쓰기의 내구성
- 스토리지 크기

이러한 속성을 기반으로 스토리지 엔진을 평가하면 데이터 스토어를 선택하는데 도움이 된다. 읽기와 쓰기 성능과 내구성 사이에는 보통 트레이드오프가 있다. 스토리지 엔진의 내구성을 효과적으로 높이고자 구현할 수 있는 기능도 있다. 물론 이러한 것들을 이해하고 내구성에 대해 요구되는 진실성을 벤치마킹하고 테스트하는 것이 가장 중요하다.

유비쿼터스 CAP 정리

사람들이 이러한 속성을 논의할 때 에릭 브루어^{Eric Brewer}의 CAP 정리(http://bit.ly/2zxuOiw)를 참고한다(그림 11-1). CAP 정리에 따르면 모든 네트워크로 연결된 공유 데이터 시스템은 일관성, 가용성, 네트워크 파티션 허용 중 최대 2개의 속성을 가질 수 있으며 이를 보장한다. ACID의 용어와 마찬가지로 이러한 용어는 지나치게 일반화돼 있다. 각각은 사실 별개가 아니며 실질적으로는 연속체이다. 많은 사람이 시스템을 CP 또는 AP라고 부르는데, 이는 두 가지 특정 속성을 포함하게 설계돼 다른 속성을 상쇄한다는 것을 의미한다. 그러나 이러한 시스템을 자세히 살펴보면 가용성이나 일관성 중 일부만 달성된 특정 속성에 대한 구현이 불완전하다는 것을 알 수 있다.[9]

CAP은 설계자가 일관성과 가용성 사이의 트레이드오프를 이해하는 데 도움이 된다. 분산 시스템에서 네트워크 파티션은 불가피하다. 네트워크는 본질적으로 신뢰할 수 없다. 이 경우 파티션의 한쪽에 있는 노드의 상태 업데이트를 허용하면 필연적으로 일관성을 잃게 될 것이다. 일관성을 선호하는 경우 파티션의 한쪽은 사용할 수 없는 상태가 된다. 이러한 속성이 잠재적으로 포함하는 내용이 무엇인지 이해하고자 각 용어를 더 자세히 살펴보자.

---

9. 마틴 클레이프만(Martin Kleppmann)의 기사 〈Please stop calling databases CP or AP〉, http://bit.ly/2zxUA6k

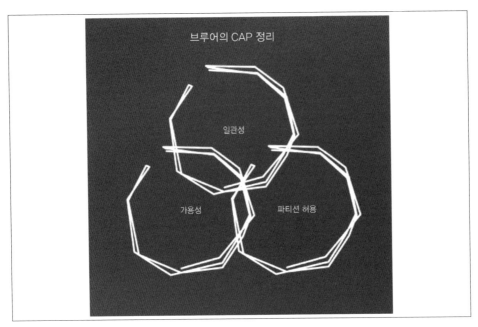

그림 11-1. 브루어의 CAP 정리: 일관성, 가용성, 파티션 허용

일관성

'트랜잭션' 절에서 일관성을 설명했음을 기억하자. 이는 ACID의 C다. 성가시게 도 ACID 일관성은 CAP 일관성과 동일하지 않다. ACID에서 일관성은 트랜잭션 이 모든 데이터베이스 규칙과 제약 조건을 유지되는 것을 의미한다. CAP에서 일관성은 선형성^{linearizability}을 의미한다. 선형성은 분산 데이터베이스의 객체에 대한 일련의 작업이 실시간 순서로 발생하도록 보장한다. 작업은 읽기와 쓰기가 가능하기 때문에 이러한 작업이 시스템의 나머지 사용자에게 발생할 때 나타나 야 한다. 선형성은 실시간으로 순차적 일관성을 보장한다.[10]

CAP 일관성치럼 ACID 일관성은 네트워크 파티션에서 유지될 수 없다. 이는 ACID 기반 트랜잭션 데이터 스토어는 네트워크 파티션에서 가용성을 희생해야

---

10. 피터 베일리스(Peter Bailis)의 기사 〈Linearizability versus Serializability〉, http://bit.ly/2v08Ymd

만 일관성을 보장할 수 있음을 의미한다.[11] BASE 시스템은 다른 이유보다도 가용성을 희생하지 않고도 네트워크 파티션을 허용할 수 있게 개발됐다.

가용성

CAP 정리의 가용성 측면은 요청을 처리하는 능력을 나타낸다. 일반적으로 대부분의 분산 시스템은 일관성과 가용성을 제공할 수 있다. 그러나 노드의 부분 집합이 다른 노드의 부분 집합에서 분리되는 네트워크 파티션된 상황에서 일관성을 희생을 감수하고 가용성이 유지되도록 결정을 해야 한다. 이전에 가용성에 대해 둘 중 하나가 아닌 연속체로 언급한 내용을 반영해보면 시간이 지남에 따라 100% 가용성을 유지할 수 있는 시스템은 없다.

파티션 허용

네트워크 파티션은 네트워크 인프라의 두 부분 집합 간의 통신을 중단시키는 연결성의 일시적 또는 영구적 중단이다. 실제로 이는 보통 두 개의 작은 클러스터를 생성할 것이다. 이러한 각 클러스터는 쓰기를 지속하게 허용하는 마지막 클러스터라고 믿을 수 있다. 이로 인해 두 개의 서로 다른 데이터 세트가 생성되며 이를 스플릿 브레인split brain이라고 한다.

CAP 정리는 사람들이 분산 데이터 스토어의 일관성과 가용성 사이의 트레이드오프를 이해할 수 있게 돕고자 발표됐다. 실제로 네트워크 파티션은 데이터 스토어의 생명주기에서 약간의 시간을 포함한다. 일관성과 가용성은 함께 제공될 수 있으며 그렇게 제공돼야 한다. 그러나 파티션이 발생하는 경우 시스템은 일관성과 가용성을 복원하고자 감지, 관리, 복구할 수 있어야 한다.

CAP 정리가 대기시간이나 성능을 전혀 고려하지 않는다는 점에 주목할 필요가

---

11. 에릭 브루어(Eric Brewer)의 포스트 〈CAP Twelve Years Later: How the 'Rules' Have Changed〉, http://bit.ly/2psQjuC

있다. 대기시간은 가용성만큼 중요할 수 있으며, 대기시간이 나쁜 것도 일관성 이슈를 발생시킬 가능성이 있다. 대기시간이 길어지면 시스템이 네트워크 파티션과 관련된 장애 상태로 전환되게 하는 경계를 넘어설 수 있다. 일관성 및 가용성보다 더 명시적으로 만들어지는 대기시간과 관련해 트레이드오프가 있다. 사실 BASE 시스템과 NoSQL 운동이 일어난 또 다른 중요한 이유는 확장할 때 성능 향상에 대한 요구 사항 때문이었다.

CAP 정리에 익숙해졌으므로 이제 데이터베이스 분류에 어떤 영향을 미칠 수 있는지 살펴보자. CP 대 AP의 개념으로 시작할 수도 있지만 이미 이러한 접근 방식의 지나친 단순화를 살펴봤다. 오히려 분산 시스템이 어떻게 일관성과 가용성을 모두 유지하는지 살펴보자.

일관성과 대기시간의 트레이드오프

분산 시스템에서 모든 노드가 작성된 순서대로 모든 트랜잭션을 볼 경우 시스템은 강력한 일관성$^{strongly\ consistent}$을 지닌다고 한다. 즉, 시스템은 선형성이 있다고 할 수 있다. CAP 정리는 특히 분산 데이터 스토어가 네트워크 파티션 이벤트에서 일관성이나 가용성을 어떻게 선호하는지 설명한다. 그러나 데이터 스토어의 생명 주기 전체에 걸쳐 일관성이 요구되므로 CAP 패러다임만으로는 확인할 수 없다.[12]

누구나 강력한 일관성 분산 데이터 스토어를 원하지만 실질적으로 이로 인한 대기시간과 가용성에 대한 영향을 기꺼이 받아들이는 사람은 거의 없다. 따라서 트레이드오프가 발생한다. 이 절에서는 생성된 트레이드오프를 평가하고 이러한 트레이드오프가 클러스터의 전반적인 일관성에 어떤 영향을 미치는지 평가한다. 이를 통해 데이터 스토어를 명확하게 평가해 요구 사항을 충족하는지 확인할 수 있다.

---

12. 다니엘 아바디(Daniel Abadi) 표지 특집, 〈Consistency Tradeoffs in Modern Distributed Database System Design〉, http:// bit.ly/2zxYLiH

분산 데이터 스토어의 노드에 데이터를 쓸 때 가용성 보장을 충족하고자 데이터를 복제해야 한다. 앞에서 살펴본 것처럼 다음과 같은 몇 가지 방법으로 데이터를 복제할 수 있다.

- 한 번에 모든 노드에게 동기식으로 쓰기를 전송한다.

- 프라이머리 역할인 하나의 노드에 쓰기를 전송한다. 복제는 비동기식, 세미동기식, 동기식으로 발생한다.

- 해당 트랜잭션에 대해서만 프라이머리 역할을 하는 어떤 노드에 쓰기를 전송한다. 복제는 비동기식, 세미동기식, 동기식으로 발생한다.

클러스터의 노드에 쓸 때 Paxos와 같은 효과적인 쓰기 순서를 지정할 수 있는 코디네이터 프로세스가 없으면 일관성이 깨질 수 있다. 이는 본질적으로 트랜잭션에 더 많은 대기시간을 부과한다. 이는 대기시간에 미치는 영향을 상쇄하면서 강력한 일관성을 유지하는 한 가지 방법이다. 반대로 대기시간이 주문보다 더 중요하다면 이 상황에서는 일관성이 희생될 수 있다. 이것이 주문-대기시간 ordering-latency의 트레이드오프다.

다른 노드로 전파해야 하는 어떤 노드로 쓰기를 보낼 때 셧다운shutdown 및 크래시crash가 발생하거나 타임아웃timeout까지 이어질 수 있는 수용 불가능한 양의 부하 발생으로 프라이머리 노드가 쓰기를 수용하지 못할 가능성이 있다. 재시도하거나 대기하는 것은 대기시간만 늘어난다. 그러나 타임아웃 후 다른 노드에 쓰기를 보내도록 로드 밸런서나 프록시를 구성할 수 있다. 하지만 오리지널 트랜잭션이 처리됐지만 커밋되지 않은 경우 충돌이 발생할 수 있기 때문에 다른 노드로 가는 쓰기는 일관성 문제를 일으킬 수 있다. 다시 시도 횟수나 타임아웃 시간을 늘리면 일관성은 유지하지만 대기시간과 가용성에 영향을 미친다. 이것이 프라이머리 타임아웃 재시도primary timeout retry 트레이드오프다.

노드에서 읽기가 발생하고 있을 때 마찬가지로 타임아웃이나 이용 불가능 현상이 발생할 수 있다. 비동기식으로 복제된 환경의 다른 노드에 읽기를 보내면 지연 읽기 때문에 일관성 문제가 발생할 수 있다. 타임아웃과 재시도 횟수를 늘리면 비일관성 결과의 위험이 감소하지만 대기시간이 늘어난다. 이는 읽기 타임아웃 재시도^{reader timeout retry} 트레이드오프다.

정렬된 프로세서를 통하든 복제를 통하든지 간에 모든 노드에 동기화 방식으로 쓰기를 하면 다른 노드로 전달되는 모든 트랜잭션의 오버헤드로 인해 추가 대기시간이 발생한다. 이러한 노드가 혼잡한 네트워크에 있거나 네트워크를 통해 통신하는 경우 해당 대기시간은 매우 높을 수 있다. 이것이 동기식 복제 대기시간^{synchronous replication-latency} 트레이드오프다. 이 트레이드오프의 타협점은 세미 동기화 복제^{semi-synchronous replication} 방식이다. 이렇게 하면 복제에 영향을 미칠 수 있는 노드와 네트워크 연결 수를 줄임으로써 잠재적으로 대기시간에 미치는 영향을 줄어든다. 그러나 대기시간을 늘리면 데이터 손실 위험이 증가하고 가용성과 트레이드오프가 있기 때문에 세미 동기화 복제는 타협점이다. 이는 세미 동기화 가용성 대기시간^{semi-synchronous availability-latency}의 트레이드오프다.

이들 각각은 일관성을 높이거나 대기시간을 줄이고자 시스템을 튜닝할 수 있는 기회를 보여준다. 이러한 트레이드오프는 시스템이 네트워크 파티션 외부에서 작동하고 요청을 처리하는 경우에 매우 중요하다.

가용성

일관성 및 대기시간과의 관계와 마찬가지로 우리에겐 가용성이 있다. CAP 정리에서와 같이 네트워크 파티션 측면에서 가용성이 존재한다. 그러나 노드 수준, 다중 노드, 전체 클러스터 장애 발생 시에도 가용성이 있다. 분산 시스템의 가용성을 말할 때 단순한 가용성이 아니라 yield와 harvest를 참고하는 것이 유용하다는 것을 알게 됐다. Yield(http://mauricio.github.io/pwl-harvest-yield/#/20)는 여러분의 질문에 대한 답변을 얻을 수 있는 능력을 말한다. Harvest는 데이터 세트의 완전성을 나타낸다. 단순히 시스템의 가동 여부를 고려하지 않고 어떤 접근 방식이 최선인지, 즉 yield나 harvest를 줄이는 방안이다. 줄이거나 고장 발생 시 수확량을 줄이는 방법을 평가할 수 있다. 단순히 시스템의 가동 여부를 고려하는 대신 어떤 접근 방식이 가장 좋은지 평가할 수 있다. 즉, 이는 장애에도 불구하고 yield나 harvest를 줄이는 것이다.

분산 시스템에서 스스로에게 되물어야 할 첫 번째 질문은 yield를 유지하고자 harvest를 줄이는 것이 허용되는지 여부다. 예를 들어 여러분의 전체 노드 중 25%가 다운된 경우 쿼리에서 데이터의 75%를 제공하는 것이 허용되는가? 이는 많은 양의 검색 결과를 제공하는 경우 허용될 수도 있다. 그렇다면 이는 많은 부분의 장애를 허용해 카산드라 링^{cassandra ring}의 복제 계수^{replication factor}를 줄일 수 있다는 의미다. 마찬가지로 harvest를 100%에 가깝게 유지돼야 한다면 더 많은 데이터 복제본을 배포해야 한다. 이는 더 많은 복제본 개수뿐만 아니라 해당 복제본이 존재해야 하는 더 많은 가용성 영역^{Availability zone}을 의미한다.

또한 애플리케이션을 자체 하위 애플리케이션으로 분해할 때에도 이를 확인할 수 있다. 기능적으로 파티셔닝된 서비스거나 마이크로서비스에서 이러한 문제를 볼 수 있는 경우 하나의 시스템 장애는 나머지 시스템으로부터 격리될 수 있다. 이는 보통 프로그래밍 작업이 필요하지만 동시에 yield를 유지하고자 harvest를 줄이는 예다.

스토리지 메커니즘과 여러분의 데이터 스토어가 일관성, 가용성, 대기시간의 트레이드오프를 수행하는 방법을 이해하면 이미 다뤘던 개념적 속성을 보완하는 데이터 스토어에 대한 상세한 이해를 얻을 수 있다. 애플리케이션의 성능과 기능을 담당하는 엔지니어와 아키텍트는 개념적 속성에 가장 큰 관심을 갖고 있다. 운영 및 데이터베이스 엔지니어는 보통 내부 속성이 비즈니스에서 설정한 서비스 수준 목표^{SLO, Service Level Objectives}를 충족하는지 확인하는 데 중점을 둔다(표 11-2).

표 11-2. 데이터 스토어 내부 속성 요약

속성	MySQL	카산드라	몽고DB	Neo4J
스토리지 엔진	Plugins, B-tree primarily	LSM only	Plugins, B-tree, or LSM	Native graph storage
분산된 일관성	Focused on consistency	Eventual, secondary to availability	Focused on consistency	Focused on consistency
분산된 가용성	Secondary to consistency	Focused on availability	Secondary to consistency	Secondary to consistency
대기시간	Tunable based on durability	Optimized for writes	Tunable for consistency	Optimized for reads

정리

이 필드 가이드가 야생의 데이터 스토어에 대한 좋은 속성 목록과 그 안의 다양성을 제공했기를 바란다. 이는 새로운 애플리케이션을 고려하고 있거나, 기존 애플리케이션을 학습하거나, 개발자 팀에서 최신의 멋진 데이터 스토어에 대한 평가를 요청받을 때 유용하다. 이제 스토리지에서 데이터 스토어로 사다리를 타고 올라왔으므로 이제 데이터 아키텍처와 파이프라인으로 이동해보자.

12장

데이터 아키텍처 표본

지금까지는 스토리지 엔진과 개별 데이터 스토어를 살펴봤다. 이제 이러한 데이터 스토어가 다중 시스템 아키텍처에 어떻게 적절하게 구성할 수 있는지 살펴볼 수 있도록 시야를 넓혀보자. 단 하나의 데이터 스토어만 포함하는 아키텍처는 거의 없다. 현실에서는 데이터를 저장하는 여러 가지 방법, 다양한 데이터 소비자, 생산자가 있을 것이다. 12장에서는 데이터 스토어를 지원하는 데 자주 사용되는 아키텍처 구성 요소의 유용한 표본을 소개하고, 이러한 구성 요소가 해결하려고 시도하는 몇 가지 데이터 기반^{data-driven} 아키텍처를 소개한다.

이것이 충분하지는 않겠지만 생태계에 대한 탁월한 개요를 제공해 무엇을 찾아야 하는지 알려줄 것이다. 12장에서는 이러한 구성 요소의 효과적인 사용 방법뿐만 아니라 데이터 서비스에 긍정적인 영향과 부정적인 영향을 미칠 수 있는 방법을 이해하는 데 도움이 될 것이다.

아키텍처 구성 요소

이러한 각 구성 요소는 DBRE의 일상적인 업무 범위에 속한다. 데이터 생태계의 모든 구성 요소를 무시할 수 있는 시대는 지나갔다. 이러한 각 구성 요소는 전체 데이터 서비스 가용성, 무결성, 일관성에 결정적인 영향을 미친다. 서비스와 운영 프로세스를 설계할 때 이를 무시할 수 있는 방법은 없다.

프론트엔드 데이터 스토어

프론트엔드 데이터베이스는 이 책 전반에 걸쳐 설명한 많은 것의 기본이다. 애플리케이션 사용자는 일반적으로 데이터 접근 계층을 통해 이러한 데이터 스토어의 데이터를 쿼리, 삽입, 수정한다. 역사적으로 많은 애플리케이션은 이러한 데이터베이스가 항상 사용 가능한 것처럼 작동하도록 설계됐다. 즉, 이러한 프론트엔드 데이터 스토어가 다운되거나 너무 바빠서 고객 경험에 영향을 미칠 만큼 느릴 때마다 애플리케이션을 사용할 수 없게 된다.

과거에는 이러한 시스템을 OLTP^{OnLine Transactional Processing} 시스템이라고 불렀다. 빠른 트랜잭션이 많은 것이 특징이며, 따라서 매우 빠른 쿼리, 높은 동시성에서의 데이터 무결성, 동시에 처리할 수 있는 트랜잭션 수에 따라 확장되도록 설계됐다.

모든 데이터는 이를 사용하는 서비스를 지원하는 데 필요한 모든 세부 정보와 함께 실시간으로 제공된다. 각 사용자나 트랜잭션은 데이터의 작은 부분 집합을 찾는다. 즉, 쿼리 패턴은 큰 집합 내에서 작은 특정 데이터 세트를 찾고 접근하는 데 초점을 맞추는 경향이 있다. 이를 위해 효과적인 인덱싱^{indexing}, 격리^{isolation}, 동시성^{concurrency}이 매우 중요하므로 관계형 시스템에서 이를 수행하는 이유다.

프론트엔드 데이터 스토어는 데이터가 주로 사용자 자신에 의해 채워지는 것이 특징이다. 또한 OLAP^{OnLine Analytics Processing}이라고 하는 주로 분석을 위한 사용자 대상 데이터 스토어가 있다. 이는 '다운스트림 분석' 절에서 설명한다.

이미 이러한 데이터 스토어의 대부분이 사용하는 다양한 속성, 즉 스토리지 구조, 데이터 모델, ACID/BASE 패러다임, 가용성, 일관성과 대기시간의 트레이드오프를 설명했다. 또한 전반적인 운영성과 이들이 생태계의 나머지 부분과 어떻게 통합되는지 고려해야 한다. 필요한 일반적인 속성은 다음과 같다.

- 짧은 대기시간의 쓰기와 쿼리

- 고가용성

- 낮은 평균 복구 시간^{MTTR}

- 애플리케이션 트래픽에 따른 확장 능력

- 애플리케이션과 운영 서비스의 쉬운 통합

상상할 수 있듯이 이는 모든 아키텍처에 대한 매우 어려운 과제다. 이러한 요구 사항은 우리가 검토할 인프라의 다른 구성 요소의 도움 없이는 거의 충족할 수 없다.

데이터 접근 계층

애플리케이션은 프레젠테이션과 비즈니스 논리 계층으로 구분되는 경우가 많다. 비즈니스 로직 계층 내에는 데이터 접근 계층^{DAL, Data Access Layer}이 있다. 이 계층은 애플리케이션의 읽기와 쓰기 구성 요소에 사용되는 영구 데이터 스토어에 대한 간소화된 접근을 제공한다. 이는 흔히 저장 프로시저나 쿼리를 참조하는 속성과 메서드가 있는 객체의 집합으로 나타낸다. 이러한 추상화는 소프트웨어 엔지니어^{SWE}로부터 데이터 스토어의 복잡성을 숨긴다.

데이터 접근 객체^{DAO, Data Access Objects}의 사용이 DAL의 예다. DAO는 애플리케이션 호출을 데이터베이스에 매핑해 데이터베이스에 인터페이스를 제공한다. 이 영속성 논리를 자체적으로 유지함으로써 SWE는 데이터 접근을 개별적으로 테스트할 수 있게 된다. 마찬가지로 데이터베이스 대신 스텁^{stub}을 제공할 수 있으며 애플리케이션도 여전히 테스트할 수 있다. 이 접근 방식에 대한 일반적인 생각은 JDBC^{Java DataBase Connectivity} 또는 다른 동일한 코드에서 훨씬 더 많은 코딩이 필요하다는 것이다. 그럼에도 데이터베이스에 더 가깝게 유지하는 것이 특정 방법으로 성능을 달성해야 할 때 효과적으로 코딩할 수 있다. 다른 부정적인 측면은 개발자가 스키마를 더 잘 이해할 필요가 있다는 것이다. 이것이 긍정적인 것이며 더 많은 개발자가 스키마를 이해할수록 관련된 모든 사람에게 더 좋다.

DAL의 또 다른 예는 ORM^{Object-Relational Mapper}이다. 분명히 밝혔듯이 우리는 여러 가지 이유로 ORM을 좋아하지 않는다. 하지만 몇 가지 장점은 있다. ORM은 캐싱과 감사를 포함한 많은 기능을 제공할 수 있다. SWE 팀이 무엇을 사용하고 있으며 어떤 유연성이나 제약 조건이 데이터 접근 코딩과 최적화에 도입됐는지 이해하는 것이 중요하다.

데이터베이스 프록시

데이터베이스 프록시 계층은 애플리케이션 서버와 프론트엔드 데이터 스토어 사이에 있다. 일부 프록시는 네트워킹 전송 계층의 4계층(L4)에 있으며 해당 계층에서 사용할 수 있는 정보를 사용해 애플리케이션 서버에서 데이터베이스 서버로 요청을 배포하는 방법을 결정한다. 여기에는 소스와 목적지 IP 주소, 포트가 패킷 헤더에 포함된다. L4 기능을 사용하면 특정 알고리듬에 따라 트래픽을 분산할 수 있지만 로드나 복제 지연과 같은 다른 요소는 고려할 수 없다.

4계층과 7계층

여기서 계층에 대해 설명할 때는 개방형 시스템 간 상호 접속(OSI, Open Systems Interconnection) 모델의 계층을 설명하는 것이다. 이 모델은 네트워킹 표준을 정의한다.

7계층(L7) 프록시는 네트워킹 전송 계층의 가장 높은 수준에서 작동한다. 이는 애플리케이션 또는 HTTP 계층이라고도 한다. L7에서 프록시는 TCP 패킷에서 훨씬 더 많은 데이터에 접근할 수 있다. L7 프록시는 데이터베이스 프로토콜과 프로토콜 라우팅을 이해할 수 있으며 다양하게 커스텀마이징^{customizing}할 수 있다. 이 기능 중 일부는 다음과 같다.

- 상태 확인과 정상 서버로 리다이렉션^{redirection}

- 읽기를 복제본으로 보내기 위한 읽기와 쓰기 분할

- 코드에서 튜닝할 수 없는 쿼리를 최적화하기 위한 쿼리 재작성

- 쿼리 결과 캐싱과 반환

- 지연되지 않은 복제본으로 트래픽 리다이렉션

- 쿼리에 대한 지표 생성

- 쿼리 유형이나 호스트에 방화벽 필터링 수행

물론 이 모든 기능에는 비용이 발생한다. 이 경우 트레이드오프는 대기시간이다. 따라서 L4와 L7 프록시를 결정하는 것은 기능 및 대기시간에 대한 팀의 요구 사항에 따라 달라진다. 프록시는 다른 계층에서 문제를 수정해 기술 부채^{techinical debt}의 영향을 완화하는 데 도움이 될 수 있다. 그러나 이로 인해 기술적 부채가 더 오랜 기간 동안 무시될 수 있으며, 애플리케이션이 발전할수록 다른 데이터 스토어로의 이식성을 떨어지게 만든다.

가용성

프록시 서버의 주요 기능 중 하나는 노드 장애 시 트래픽을 리다이렉션하는 기능이다. 복제본 역할을 하는 노드의 경우 프록시는 상태 확인을 실행하고 노드를 서비스에서 제외할 수 있다. 주^{primary} 또는 쓰기 노드 실패의 경우 해당 노드가 하나만 존재한다면 프록시는 안전한 장애 조치가 발생하도록 트래픽을 중지할 수 있다. 어느 쪽이든 효과적으로 프록시 계층을 사용하면 장애 시 MTTR을 크게 줄일 수 있다. 여기서는 장애를 허용하게 프록시 계층을 설정했다고 가정

한다. 그렇지 않으면 새로운 장애 지점이 생길 것이다.

데이터 무결성

프록시가 단순히 트래픽을 전달하는 경우 데이터 무결성에 거의 영향을 미치지 않는다. 그러나 이를 개선하고 영향을 미칠 수 있는 몇 가지 기회가 있다. 비동기식 복제 환경에서 L7 프록시는 복제가 지연된 어떠한 복제본이라도 서비스에서 제외할 수 있다. 이렇게 하면 오래된 데이터가 애플리케이션에 반환될 가능성이 줄어든다.

반면 프록시가 대기시간을 줄이고 데이터베이스 노드의 용량을 늘리고자 데이터를 캐싱하는 경우 데이터를 쓴 후 효과적으로 검증하지 않으면 오래된 데이터가 해당 캐시에서 반환될 가능성이 있다. 이 점은 다른 캐싱 문제와 함께 '캐싱' 절에서 설명할 것이다.

확장성

좋은 프록시 계층은 확장성을 크게 향상시킬 수 있다. 여러 복제본으로 읽기를 분산하는 것을 포함해 확장 패턴에 대해서는 이미 설명했다. 프록시가 없으면 가장 기본적인 부하 분산은 수행할 수 있어도 부하나 지연을 인식하지 못하므로 유용하지 않다. 하지만 프록시를 사용해 읽기를 분산하는 것만으로도 읽기가 많은 워크로드workload에 매우 효과적인 접근 방식이다. 이때 비즈니스가 이러한 모든 복제본에 대해 지불할 수 있는 충분한 돈을 벌고 이를 관리하기 위한 효과적인 자동화를 갖추고 있다고 가정한다.

프록시 계층의 확장성을 향상시킬 수 있는 또 다른 영역은 부하 차단이다. 많은 데이터베이스 서버는 많은 수의 동시 연결로 어려움을 겪는다. 프록시 계층은 연결 큐의 역할을 해 많은 수의 연결을 잡아두면서 데이터베이스에서 작업하기 위한 특정 개수의 연결만 허용한다. 동시성의 대기시간 증가 때문에 비상식적인 것처럼 보일 수 있지만 연결과 작업을 제한함으로써 처리량을 증가시킬 수 있다.

대기시간

트랜잭션 흐름에 다른 계층을 추가할 때는 대기시간을 고려해야 한다. L4 프록시는 최소한의 대기시간을 추가하지만 L7은 훨씬 더 많이 발생한다. 반면 대기시간을 개선해 이를 떨쳐낼 수 있는 방법이 있다. 이러한 개선 활동에는 정기적으로 실행되는 쿼리 캐싱, 과도하게 부하를 받는 서버 방지, 비효율적인 쿼리 재작성이 포함된다. 트레이드오프는 애플리케이션에 따라 크게 달라지며 이러한 결정을 내리는 것은 아키텍처와 엔지니어의 몫이다. 대부분의 트레이드오프와 마찬가지로 반드시 필요한 경우가 아니라면 풍부한 기능보다 단순함을 권장한다. 단순함과 낮은 대기시간은 여러분의 조직에 매우 중요한 요소다.

지금까지 데이터 접근과 애플리케이션에서 데이터베이스로 가는 데 도움이 되는 프록시 계층을 살펴봤으므로 이제 데이터베이스에서 다운스트림으로 작동하는 애플리케이션을 살펴보자. 이들은 프론트엔드인 데이터 스토어로부터 데이터를 소비, 처리, 변환해서 대개 가치를 만들어내는 시스템이다.

이벤트와 메시지 시스템

데이터는 독립된 상태로 존재하지 않는다. 트랜잭션은 주 데이터 스토어에서 발생하기 때문에 트랜잭션을 등록한 후 수행해야 하는 작업은 얼마든지 있다. 즉, 이러한 트랜잭션은 이벤트로 수행된다. 트랜잭션 이후 취해야 할 조치의 몇 가지 예는 다음과 같다.

- 데이터는 다운스트림으로 분석과 웨어하우스에 넣어야 한다
- 주문은 반드시 성공해야 한다.

- 사기 탐지^{fraud detection}는 트랜잭션을 검토해야 한다.

- 데이터는 캐시나 CDN^{Content Delivery Network}에 업로드돼야 한다.

- 개인화 옵션은 재보정하고 게시해야 한다.

이는 트랜잭션 후 수행될 수 있는 가능한 작업의 몇 가지 예시일 뿐이다. 이벤트 및 메시지 시스템은 데이터 스토어의 데이터를 소비하고 다운스트림 프로세스에서 해당 이벤트를 처리하도록 게시할 수 있게 설계됐다. 메시징 및 이벤트 소프트웨어는 비동기 메시지를 통해 애플리케이션 간에 통신 공유를 가능하게 한다. 이러한 시스템은 데이터 스토어에서 감지한 내용을 기반으로 메시지를 생성한다. 그러면 이러한 메시지는 이를 구독하는 다른 애플리케이션에 의해 소비된다.

이 기능을 수행하는 다양한 애플리케이션 그룹이 있다. 이 글을 쓰는 시점에 현재 가장 인기 있는 것은 분산 로그로 작동하는 아파치 카프카^{Apache Kafka}다. 카프카는 생산자^{producer}, 소비자^{consumer}, 토픽^{topic} 수준에서 상당한 수평적 확장이 가능하다. 다른 시스템으로는 래빗MQ^{RabbitMQ}, 아마존 키네시스^{Kinesis}, 액티브MQ^{ActiveMQ}가 있다. 가장 간단한 형태로 이는 추출, 변환, 적재^{ETL} 작업을 수행하거나 또는 데이터 스토어의 신규 데이터를 지속적 또는 주기적으로 폴링^{polling}하는 작업에 사용된다.

가용성

이벤트 시스템은 데이터 스토어의 가용성에 긍정적인 영향을 미칠 수 있다. 특히 데이터 스토어 외부에서 해당 이벤트를 푸시하고 처리함으로써 데이터 스토어에서 하나의 작업 활동을 제거하는 것이다. 이는 핵심 서비스의 가용성에 잠재적으로 영향을 미칠 수 있는 리소스 사용률과 동시성을 감소시킨다. 또한 운영 환경에 대한 방해를 걱정할 필요가 없기 때문에 사용률이 최대치인 상황에도 이벤트 처리는 발생할 수 있음을 의미한다.

데이터 무결성

시스템 간에 데이터를 이동할 때 가장 큰 위험 중 하나는 데이터 손상 및 손실 위험이다. 데이터 소스와 해당 데이터의 소비자가 많은 분산 메시지 버스[bus]에서 데이터 유효성 검사는 어려운 과제다. 손실하면 안 되는 데이터의 경우 소비자는 일종의 복사본을 다른 버스에 다시 작성해야 한다. 그런 다음 감사[audit] 소비자는 해당 메시지를 읽어서 원본과 비교할 수 있다. '복구' 절에서 설명한 데이터 검증 파이프라인과 마찬가지로 이는 코딩과 리소스 측면에서 많은 작업이 예상된다. 하지만 손실을 감당할 수 없는 데이터는 절대적으로 필요하다. 물론 일부 손실을 허용하는 데이터의 표본을 추출할 수 있다. 손실이 감지되면 다운스트림 프로세스에 특정 메시지를 다시 처리해야 한다고 알리는 방안이 있어야 한다. 어떻게 이를 발생하는지는 소비자에 따라 다를 것이다.

마찬가지로 이벤트나 메시지에 대한 스토리지 메커니즘이 해당 메시지의 수명 동안 영속성을 유지할 수 있을 만큼 내구성이 있는지 확인하는 것이 중요하다. 데이터 손실이 있을 경우 데이터 무결성 문제가 발생한다. 이와 반대는 중복인데, 데이터가 복제돼 있는 경우 이벤트는 다시 처리될 것이다. 멱등성의 처리를 보장할 수 없고 이로 인해 해당 이벤트가 재수행되면 동일한 결과가 다시 수행될 수 있는 경우 적절한 중복 관리를 위해 인덱싱이 가능한 데이터 스토어를 사용하는 것이 더 나을 수 있다.

확장성

방금 '가용성' 절에서 설명한 것처럼 이벤트와 이에 대한 후속 처리를 프론트엔드 데이터 스토어에서 제거하는 것으로 데이터베이스의 전체 부하를 줄일 수 있다. 이것이 확장으로 가는 단계로 확장 패턴에서 설명한 작업 부하 파티셔닝이다. 직교[orthogonal]성 작업 부하의 결합도를 낮춤으로써 다양한 형태의 부하 간 섭을 제거한다.

대기시간

프론트엔드 데이터 스토어에서 이벤트 처리를 제거하는 것은 프론트엔드 애플리케이션의 대기시간을 줄일 수 있는 잠재적 충돌을 확실히 줄일 수 있다. 그러나 프론트엔드 데이터 스토어에서 이벤트 처리 시스템으로 이벤트를 가져오는데 걸리는 시간은 이러한 이벤트 처리를 위한 추가 대기시간이다. 이 프로세스의 비동기식 특성은 애플리케이션이 처리 지연을 허용할 수 있도록 구축돼야 한다는 것을 의미한다.

지금까지 데이터 스토어에 접근하는 방법과 프론트엔드 데이터 스토어와 다운스트림 소비자 사이의 데이터를 연결하는 방법을 살펴봤으므로 이제 이러한 다운스트림 소비자 중 몇 가지를 살펴보자.

캐시와 메모리 스토어

이미 메모리에 비해 디스크 접근이 얼마나 느린지 설명했다. 이것이 데이터 스토어의 모든 데이터 세트를 디스크에서 읽는 대신 버퍼 캐시와 같은 메모리 구조에 맞추려고 노력하는 이유다. 그러나 대부분의 환경에서는 데이터 세트를 메모리에 보관하는 예산이 없다. 데이터 스토어의 캐시에 비해 너무 큰 데이터의 경우 캐싱 시스템과 인메모리 데이터 스토어를 고려하는 것이 좋다.

캐싱 시스템과 인메모리 데이터 스토어는 기본 측면에서 상당히 유사하다. 이들은 디스크가 아닌 RAM에 데이터를 저장하는 기능을 하며 읽기를 위한 빠른 접근을 제공한다. 데이터가 자주 변경되지 않고 인메모리 스토리지의 일시적인 특성을 견딜 수 있는 경우 이 방법이 훌륭한 옵션이 될 수 있다. 많은 인메모리 데이터 스토어는 트랜잭션에서 비동기적으로 실행되는 백그라운드 프로세스를 통해 데이터를 디스크에 복사해 영속성을 제공한다. 그러나 이는 데이터가 저장되기 전에 장애로 인해 데이터가 손실되는 높은 위험성을 수반한다.

인메모리 데이터 스토어에는 보통 고급 데이터 유형, 복제, 장애 조치와 같은 추가 기능이 있다. 또한 최신 인메모리 스토어는 인메모리 접근에 최적화돼 데이터베이스 캐시에 적합한 관계형 시스템의 데이터 세트보다 더 빠른 속도를 제공한다. 데이터베이스 캐시는 여전히 저장소의 최신화를 검증하고 동시성과 ACID 요구 사항을 관리해야 한다. 따라서 인메모리 데이터 스토어는 가장 빠른 대기시간이 필요한 시스템에 가장 적합하다.

캐시를 채우는 방법에는 세 가지가 있다. 첫 번째 방법은 데이터를 관계형 데이터베이스와 같은 영구 데이터 스토어에 기록한 후 캐시에 저장하는 것이다. 두 번째 접근 방식은 이중 쓰기doulbe-write 버퍼로 캐시와 퍼시스턴스persistence를 동시에 기록하는 것이다. 이 접근 방식은 두 쓰기 중 하나가 실패할 가능성이 있기 때문에 취약하다. 확실한 보증을 위해 비용이 많이 드는 메커니즘으로 사후 쓰기 검증post-write validation이나 2단계 커밋two-phase commit이 필요하다. 마지막 접근 방식은 먼저 캐시에 기록한 다음 이를 디스크에 비동기적으로 유지하는 것이다. 이를 쓰기 쓰루write-through 방식이라고 한다. 이러한 각 접근 방식이 데이터베이스 생태계에 어떤 영향을 미칠 수 있는지 살펴보자.

가용성

캐시를 사용하면 데이터 스토어 장애 시에도 읽기를 계속할 수 있으므로 가용성에 긍정적인 영향을 미친다. 이는 읽기 중심의 애플리케이션의 경우 매우 유용할 수 있다. 반면에 캐싱 시스템이 향상된 용량 및 대기시간을 제공하거나 또는 캐싱 시스템 장애의 경우 그 뒤에 있는 영속성 데이터가 해당 트래픽 부하에 적합하지 않은 것으로 판명될 수 있다. 캐싱 계층에서 가용성을 유지하는 것은 데이터 스토어의 가용성만큼 중요하다. 즉, 관리가 두 배로 복잡해진다.

또 다른 주요 이슈는 선더링 허드thundering herd[1]의 이슈다. 선더링 허드에서 모든 캐시 서버는 쓰기나 시간 초과로 인해 유효하지 않은 데이터 조각에 매우 빈번하게 접근한다. 이 경우 많은 서버가 읽기 작업을 위한 요청을 동시에 영속성 데이터 저장소로 보내 그들의 캐시를 새로 고침 할 수 있다. 이로 인해 영속성의 데이터 스토어에 과부하가 발생할 수 있는 동시 백업을 야기한다. 이런 일이 발생하면 캐시나 영속성 계층에서 읽기 작업이 불가능하다는 것을 드러낸다.

다양한 방법으로 선더링 허드를 관리할 수 있다. 캐시 시간 초과가 서로 오프셋offset되게 하는 것은 매우 확장성이 뛰어난 건 아니지만 간단한 방법이다. 데이터 스토어에 대한 직접적인 접근을 제한할 수 있는 프록시 캐시 계층을 추가하는 것이 더 쉬운 방법이다. 여기에는 영속성 계층, 프록시 캐시 계층, 캐시 계층이 있다. 이 경우 보시다시피 확장은 매우 복잡해질 수 있다.

데이터 무결성

데이터 무결성은 캐싱 시스템에서 상당히 곤란한 상황이 발생할 수 있다. 캐시된 데이터는 일반적으로 계속 변경될 가능성이 있는 데이터의 정적인 사본이기 때문에 데이터를 자주 리프레시refresh 해서 영속성 스토어에 미치는 영향을 얼마나 허용할지와 캐시를 쿼리하는 모든 항목에 오래된 데이터를 얼마나 많이 표시할지의 사이에서 트레이드오프가 발생한다.

데이터를 저장한 후 캐시에 넣을 때는 오래된 데이터에 대한 준비가 필요하다. 이 접근 방식은 무효화나 재캐시할 필요가 거의 없는 상대적으로 정적인 데이터에 가장 적합하다. 예를 들면 지오코드geocodes, 애플리케이션 메타데이터와 같은 조회 데이터 세트거나 뉴스 기사, 사용자 생성 콘텐츠와 같은 읽기 전용 콘텐츠가 있다.

---

1. 이벤트가 발생할 때 이벤트를 기다리는 많은 프로세스나 스레드가 깨어나지만 하나의 프로세스만 이벤트를 처리할 수 있는 경우에 발생한다. 모든 프로세스는 리소스를 두고 경쟁할 것이고 이때 컴퓨터가 정지할 가능성이 있다. - 옮긴이

데이터를 영속성 스토어와 캐시에 동시 저장하게 되면 오래된 데이터에 접근할 기회를 제거하는 것이다. 그렇다고 해서 해당 데이터가 오래되지 않았음을 검증하는 필요성까지 제거하는 것은 아니다. 쓰기 작업 직후 주기적으로 소비자에게 올바른 데이터를 제공하고 있는지 보장하고자 유효성 검사를 계속 실행해야 한다.

마지막으로 먼저 캐시에 데이터를 쓴 다음 이후 영속성 스토어에 쓰기 작업을 수행할 때 쓰기를 영속성 계층으로 전송하기 전 장애가 발생하는 경우 캐시가 쓰기를 재구성하는 방안이 있어야 한다. 모든 쓰기를 로깅하고 코드 검증을 수행할 수 있는 이벤트로서 이를 처리하는 것이 한 가지 방법이 될 수 있다. 물론 지금 여러분은 이미 많은 데이터 스토어에서 제공하고 있는 복잡한 방법을 다양하게 재현해보고 있긴 하다. 그렇기 때문에 쓰기 쓰루 방식이 데이터 스토어의 무결성을 전반적으로 검증하고 유지하는 데 필요한 복잡한 방법이 가치가 있는지 신중히 고려해야 한다.

확장성

캐시와 인메모리 데이터베이스를 사용하는 주된 이유 중 하나는 작업 부하의 읽기 차원을 확장하기 때문이다. 따라서 캐싱 계층을 추가하면 여러분의 환경이 복잡해지는 대가로 좀 더 큰 규모의 확장을 효과적으로 달성할 수 있다. 그러나 '가용성' 절에서 설명했듯이 이제 서비스 수준 목표^{SLO}를 성공적으로 달성하고자 이 계층에 대한 종속성을 생성하는 것이다. 캐시 서버에 장애가 발생하거나, 데이터가 유효하지 않거나, 손상되면 더 이상 애플리케이션에 대한 읽기를 유지하고자 영속성 스토어에 의존할 수 없다.

대기시간

확장성 외에 캐싱 계층을 사용하는 또 다른 이유는 읽기 대기시간을 줄이기 위한 것이다. 이는 캐시나 인메모리 기술을 훌륭하게 사용하는 것이지만 캐시 서버 장애 시 캐시 서버가 존재하지 않는 영속성 스토어가 어떻게 보이는지 직접적으로 확인할 수 없다. 영속성 계층이 쓰기와 읽기 작업 부하를 동시에 처리하는 방법을 확인하려면 테스트 환경에서 캐시를 우회하는 읽기 트래픽을 정기적으로 스케줄링하고 수행하게 하는 것이 좋다. 여러분의 영속성 스토어의 장애 복구^{failing back}가 프로덕션에서 검증됐다면 해당 장애를 프로덕션 환경뿐만 아니라 테스트 환경에서도 테스트하려고 할 것이다.

캐싱과 인메모리 데이터 스토어는 성공적인 많은 데이터 기반 아키텍처의 신뢰성 있는 구성 요소다. 이벤트 기반 미들웨어와 잘 작동하며 애플리케이션의 확장성과 성능을 확실하게 향상시킬 수 있다. 즉, 운영 비용, 장애 위험, 데이터 무결성 위험 측면에서 관리해야 하는 추가적인 계층이다. 이는 간과될 수가 없으며 많은 캐시 시스템이 구현하기가 너무 쉽기 때문에 흔히 발생한다. 여러분의 조직이 이 하위 시스템의 가용성과 무결성에 대한 책임을 진지하게 고려하게 하는 것이 DBRE의 역할이다.

이러한 각 구성 요소는 데이터 스토어의 가용성, 확장성, 향상 기능에 중요한 역할을 한다. 그러나 이들 각각은 아키텍처의 복잡성, 운영 종속성, 데이터 손실 위험, 데이터 무결성 이슈를 증가시킨다. 이러한 트레이드오프는 아키텍처의 의사결정을 내릴 때 중요하다. 지금까지 몇 가지 개별 구성 요소를 살펴봤으므로 데이터 스토어를 통해 데이터를 프론트엔드 프로덕션으로 푸시하고 모든 다운스트림 서비스에 적용하는 데 사용되는 아키텍처를 살펴보자.

데이터 아키텍처

이 장의 데이터 아키텍처는 데이터를 수용, 처리, 제공하도록 설계된 데이터 기반 시스템의 예다. 이 절에서는 기본 원칙, 사용, 트레이드오프를 각각 살펴볼 것이다. 여기서 목표는 이 책 전반에 걸쳐 설명한 데이터 스토어와 관련 시스템이 실제 세계에 어떻게 적용돼 있는지에 대한 콘텍스트context를 제공하는 것이다. 이것들이 단순한 예시라는 것은 말할 필요도 없다. 현실 세계의 애플리케이션은 각 조직의 요구 사항에 따라 항상 굉장히 다양하다.

람다와 카파

람다lambda는 많은 조직에서 특정 수준의 유비쿼터스를 확보한 실시간 빅데이터 아키텍처다. 카파kappa는 단순함을 도입하고 최신 소프트웨어를 활용하고자 하는 응답 패턴이다. 먼저 원래 아키텍처를 살펴본 다음 차례대로 살펴보자.

람다 아키텍처

람다 아키텍처는 실시간에 가까운 요청을 제공하고자 빠르게 처리되는 대량의 데이터를 다루는 동시에 장기간 실행되는 컴퓨팅도 지원하게 설계됐다. 람다는 그림 12-1과 같이 배치 처리, 실시간 처리, 쿼리 계층 이렇게 3가지 계층으로 구성된다.

데이터가 프론트엔드 데이터 스토어에 기록하는 경우 카프카와 같은 분산 로그를 사용해 람다 처리 계층을 위한 분산 및 불변하는 로그를 생성할 수 있다. 일부 데이터는 데이터 스토어를 거치지 않고 로그 서비스에 직접 기록된다. 처리 계층에서 이 데이터를 수집한다.

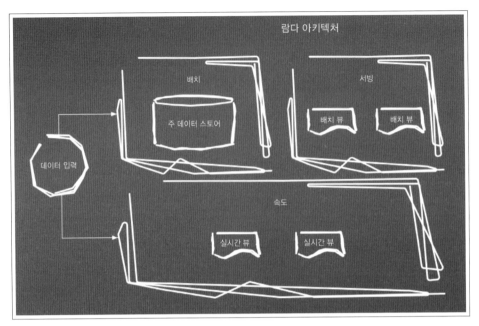

그림 12-1. 람다 아키텍처

람다에는 두 가지 처리 계층이 있으므로 충분히 빠른 프로세스로 신속하게 쿼리를 지원하는 동시에 좀 더 폭넓고 정확한 계산이 가능하다. 배치^batch 계층은 흔히 맵리듀스^MapReduce 쿼리를 통해 수행되며 이 쿼리는 실시간으로 사용될 수 없는 대기시간을 가진다. 배치 처리 계층의 일반적인 데이터 스토어는 아파치 하둡^Apache Hadoop과 같은 분산 파일 시스템이다. 그런 다음 맵리듀스는 마스터 데이터 세트에서 배치 뷰를 생성한다.

실시간 처리 계층은 데이터가 들어오는 즉시 처리하는데, 이는 완전성이나 100% 정확성을 요구하지 않는다. 이는 최근 데이터를 애플리케이션으로 제공하고자 대기시간과 품질에서 트레이드오프가 발생한다. 이 계층은 배치 처리 계층에서 지연되는 데이터를 채우는 델타^delta이다. 배치 처리가 완료되면 실시간 처리 계층의 데이터는 배치 처리 계층으로 대체된다. 이는 일반적으로 아파치 카산드라와 같은 대기시간이 짧은 데이터 스토어에서 지원되는 아파치 스톰^Apache

Storm 또는 스파크^{Spark}와 같은 스트리밍 기술로 수행된다.

마지막으로 서빙^{serving} 계층이 있다. 서빙 계층은 애플리케이션으로 데이터를 반환하는 계층이다. 대기시간이 짧은 쿼리를 보장하고자 배치 처리 계층에서 생성된 배치 뷰와 인덱싱을 포함한다. 이 계층은 HBase, 카산드라, 아파치 드루이드^{Apache Druid} 또는 다른 유사한 데이터 스토어를 사용해 구현된다.

실시간 처리 계층에서 낮은 대기시간 결과의 가치 외에도 이 아키텍처에는 다른 이점이 있다. 특히 입력 데이터가 마스터 데이터 세트에서 변경되지 않은 상태로 유지된다는 점이다. 이를 통해 코드 및 비즈니스 규칙이 변경될 때 데이터를 다시 처리할 수 있다.

이 아키텍처의 가장 큰 단점은 실시간 처리 계층과 배치 처리 계층에 따른 두 개의 개별 코드베이스를 유지해야 한다는 것이다. 이러한 복잡성은 두 개의 코드베이스가 항상 동기화되지 않는 경우 훨씬 높은 유지 보수 비용과 데이터 무결성 문제가 발생할 위험이 있다. 실시간 처리 계층과 배치 처리 계층 모두의 코드에 컴파일할 수 있는 프레임워크가 있다. 또한 두 시스템을 모두 운영하고 유지하는 복잡성이 있다.

이 아키텍처에 대한 또 다른 타당한 비판은 람다 아키텍처가 도입된 이후 실시간 처리가 크게 성장했다는 것이다. 최신 스트리밍 시스템에서는 의미론적 보장^{semantic guarantee}이 대기시간 희생 없는 배치 처리만큼 강력하다.

카파 아키텍처

카파 아키텍처(그림 12-2)의 원래 개념은 제이 크렙스^{Jay Kreps}가 링크드인^{LinkedIn}에 있을 때 처음 소개됐다. 람다에서는 데이터 영속성을 위해 관계형 또는 NoSQL 데이터 스토어를 사용한다. 카파 아키텍처에서 데이터 스토어는 카프카와 같은 추가 전용^{append-only} 성격의 불변하는 로그다. 실시간 처리 계층은 서빙^{serving}을 위해 컴퓨터 시스템을 통해 스트리밍하고 보조 스토어로 저장한다. 카파 아키텍처는 스트리밍 시스템이 모든 트랜스포메이션과 컴퓨팅 작업을 처리할 수 있다는 기대와 함께 배치 처리 시스템을 제거한다.

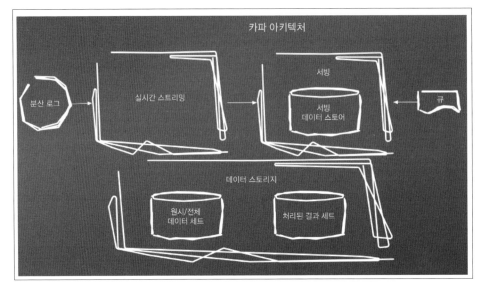

그림 12-2. 카파 아키텍처

카파의 가장 큰 가치 중 하나는 배치 처리 계층을 제거해 람다의 복잡성과 운영 비용을 줄이는 것이다. 또한 마이그레이션 및 재구성의 고통을 감소시키는 것을 목표로 한다. 데이터를 재처리하려는 경우 재처리를 시작하고 테스트한 다음 전환할 수 있다.

람다와 카파는 실시간으로 대량의 데이터를 처리하고 나타내는 데 사용할 수 있는 패턴이다. 다음으로 데이터 기반 아키텍처 패턴을 살펴보자. 해당 패턴은 기존 데이터 스토어에 직접 전달하는 애플리케이션에 대한 접근 방식의 대안으로 구축됐다.

이벤트 소싱

이벤트 소싱event sourcing은 저장된 데이터를 검색하고 삽입하는 방식이 완전히 변경되는 아키텍처 패턴이다. 이 경우 데이터 스토리지의 추상화 계층이 낮아져 데이터 뷰 생성과 재구성이 유연해진다.

이벤트 소싱 아키텍처 패턴에서 엔티티에 대한 변경 사항은 변경 상태가 순서대로 저장된다. 상태가 변경되면 새로운 이벤트가 로그에 추가된다. 기존 데이터 스토어에서의 이전 상태가 현재 상태로 대체돼 다소 파괴적이라고 할 수 있다. 하지만 이 모델은 모든 변경 사항은 기록되며 애플리케이션은 로그가 쌓인 이벤트를 재생함으로써 현재 상태를 재구성할 수 있다. 이러한 데이터 스토어를 이벤트 스토어라고 한다.

이는 변경 사항에 대한 단순한 로그 그 이상의 의미다. 이벤트 소싱 및 분산 로그는 새로운 데이터 모델링 패턴이다. 이벤트 소싱은 오버라이트overwrite할 수 있는 스테이트풀stateful 형태의 값이 아닌 이벤트로 수행되는 저수준의 데이터 스토리지를 노출함으로써 관계형 또는 키-값 스토어와 같은 기존의 스토리지를 보완한다.

이벤트 스토어는 이벤트 분산 로그와 이를 기록하는 데이터베이스의 기능뿐만 아니라 이 장의 앞부분에서 살펴본 것처럼 메시지 시스템의 역할도 한다. 다운스트림 프로세스와 워크플로는 이를 구독할 수 있다. 서비스가 이벤트 스토어에 이벤트를 저장하면 이를 관심 있어 하는 모든 구독자에게 전달된다. 여러분은 관계형이나 NoSQL 데이터 스토어나 카프카와 같은 분산 로그를 통해 이벤트 스토어를 구현할 수 있다. 불변하며immutable 추가 전용append-only 레코드를 저장하는 오픈소스 프로젝트인 EventStore라는 이벤트 스토어도 있다. 이에 대한 선택은 이벤트가 변경되는 비율과 스냅샷 및 압축 전에 모든 이벤트를 저장해야 하는 시간에 따라 크게 달라진다.

이벤트 소싱에는 많은 장점이 있다. 변경 작업이 기존 데이터를 파괴하는 속성을 지닌 전통적인 방식과는 달리 이벤트 소싱에서는 엔티티의 생명주기를 감사 audit하는 것은 매우 간단하다. 또한 디버깅과 테스트도 훨씬 쉬워진다. 이벤트 스토어를 사용하면 누군가 실수로 테이블이나 데이터 청크chunk를 삭제하더라도 여러분은 분산 로그를 통해 전체 테이블이나 삭제된 특정 엔티티를 기반으로 이를 재생성할 수 있다. 하지만 주의해야 할 내용이 있는데, 변경 사항이 저장된 이전 이벤트들까지 무효화할 수 있기 때문에 엔티티의 스키마 진화를 관리하는 것이 특히 중요하다. 이벤트 스트림을 재생할 때도 외부 의존성 문제로 이를 재생성하기가 어려울 수도 있다.

여전히 많은 애플리케이션에서 이벤트 스토어 대신 기존 데이터 스토어를 사용하더라도 이벤트 소싱의 장점들로 인해 많은 서비스에서 이를 구현해 사용할 것이다. 좀 더 나아가 감사, 복원, 다양한 변환을 위해 API를 통한 과거 기록된 내용에 접근 권한까지 제공하면 상당한 효과를 낼 수 있다.

CQRS

이벤트 스토어가 보조 스토리지의 개념에서 핵심 데이터 스토어 계층으로 사용하는 것으로 자연스럽게 진화하고 있다. 이것이 바로 CQRS Command-Query-Responsibility Segregation다. CQRS의 드라이버는 동일한 데이터를 다양한 모델이나 뷰의 형태로 표현할 수 있다는 개념이다. 이러한 다양한 모델의 필요성은 다양한 도메인 domain이 서로 다른 목표를 갖고 있고 해당 목표는 서로 다른 콘텍스트, 언어 language 그리고 궁극적으로 데이터의 뷰가 필요하다는 생각에서 비롯된다.

이벤트 소싱을 이용하면 이를 수행할 수 있다. 이벤트 상태 변경에 대한 분산 로그를 통해 이러한 이벤트를 구독하는 작업 프로세스는 효과적인 뷰를 구축할 수 있다. 또한 CQRS는 매우 유용한 다른 동작을 활성화할 수도 있다. 신규 뷰를 구축하는 것이 아니라 데이터를 사용하는 쿼리 패턴에 최적화된 여러 데이터 스토어에 해당 데이터의 뷰를 구축할 수 있다. 예를 들어 검색하려는 데이터가 텍스트인 경우 일래스틱서치와 같은 검색 스토어에 하나의 뷰를 저장하면 검색 애플리케이션을 위한 최적화된 뷰를 만들 수 있다. 또한 각 집계에 대해 독립적인 확장 패턴을 생성하게 된다. 읽기에 최적화된 데이터 스토어와 쓰기에 최적화된 추가 전용 로그를 사용하는 것으로 효과적인 CQRS 사용을 통해 여러분의 작업 부하를 분산하고 최적화할 수 있다.

하지만 이 아키텍처에는 불필요한 복잡성만 발생할 가능성이 크다. 하나의 뷰만 필요한 데이터를 분리하거나 필요한 것보다 더 많은 뷰로 과도하게 분리할 수 있다. 실질적으로 다중 모델 접근 방식이 필요한 데이터에만 집중하는 것이 복잡성을 낮추는 데 있어 중요하다.

뿐만 아니라 쓰기 또는 명령이 그들 모델의 새 버전 번호를 효과적으로 찾을 수 있도록 충분한 데이터를 반환하게 보장하는 것도 애플리케이션의 복잡성을 지속적으로 줄이는 데 도움이 된다. 명령이 성공, 실패, 오류를 반환한다면 결과 모델의 버전을 가져오는 데 사용할 수 있는 새 버전 번호가 도움이 될 것이다. 심지어 명령의 일부로 영향을 받는 모델의 데이터도 반환할 수 있다. 이는 CQRS 이론에 정확히 일치하지 않을 수 있지만 모든 사람의 삶을 훨씬 더 편리하게 해준다.

여러분은 CQRS를 이벤트 소싱과 결합할 필요는 없다. 핵심 데이터 스토리지 메커니즘인 이벤트 소싱은 매우 복잡하다. 일련의 상태 변경 기능을 가진 데이터만 이러한 방식으로 표시되게 하는 것이 중요하다. 뷰, 데이터베이스 플래그, 외부 로직 또는 이벤트 소싱 그 자체보다 덜 복잡한 여러 가지 방법을 사용해 CQRS를 수행할 수 있다.

이는 여러분이 스스로 작업하거나 설계할 수 있는 데이터 기반 아키텍처의 표본에 불과하다. 각각의 핵심은 데이터의 생명주기를 인식하고 해당 데이터를 시스템의 각 구성 요소로 가져오기 위한 효과적인 스토리지와 전송 방안을 찾는 것이다. 데이터는 다양한 방식으로 표현될 수 있으므로 오늘날 대부분의 조직은 결국 핵심 데이터 세트의 무결성을 유지하면서 여러 가지 표현 모델로 나타낼 수 있어야 한다.

정리

이 표본을 통해 여러분의 데이터 스토어에서 훨씬 더 많은 기능, 가용성, 확장성, 성능 등을 생성할 수 있는 몇 가지 기회를 얻을 수 있기를 희망한다. 유지 보수에 막대한 비용이 드는 복잡한 아키텍처에 스스로를 구속할 수 있는 수많은 기회가 있다. 물론 최악의 경우는 데이터 무결성의 손실이며, 이는 여러분의 경력에 실질적인 문제가 될 수 있다.

12장에서는 이 책의 결론에 이르렀다. 13장에서는 여러분의 조직에서 자신의 경력과 데이터베이스 신뢰성 문화를 지속적으로 개발할 수 있는 방법에 관한 지침과 더불어 모든 내용을 다시 살펴볼 것이다.

13장

DBRE 사례 만들기

이 책을 통해 데이터베이스 엔지니어링의 환경이 지난 몇 년간 어떻게 변화해 왔는지를 보여주려고 노력했다. 그러한 환경에서는 데이터베이스 신뢰성 엔지니어^{DBRE}가 관여해야 하는 운영 및 개발 분야와 이를 시작하는 방법을 나열했다. 마지막으로 스토리지, 복제, 데이터 스토어, 아키텍처 등의 최신 생태계를 펼쳐 놓으며 여러분의 생각과 지식을 넓히려고 노력했다.

단지 DBRE 직무라서가 아니라 그들이 하는 모든 일에서 신뢰성에 대한 강조가 필요하다고 느끼는 이유는 데이터베이스는 위험과 혼돈이 설 자리가 없어야 하는 영역이기 때문이다. 현재 일상 업무에서 흔히 볼 수 있는 많은 것, 즉 가상화, 코드로서의 인프라 이들 모두 위험이 용인^{tolerate}되는 컴퓨팅 영역의 위험에서 비롯됐다. 이제 이는 어디서나 볼 수 있게 됐으므로 데이터베이스를 이러한 패러다임으로 가져올 수 있는 경로를 찾는 것은 조직의 가장 소중한 자원 중 하나인 데이터의 관리자에 달려 있다.

이 작업의 대부분은 여전히 열망적이다. 데이터를 다루는 어느 조직에서나 감수해야 하는 리스크가 너무나 많다. 따라서 이러한 개념을 나머지 조직에 어떻게 도입하는지 또는 그렇게 하는 다른 사람들에게 어떻게 대응하는지 등 이는 우리에게 실질적인 규율과 직무가 된다. 비전과 의도를 갖는 것만으로는 충분하지 않다. 이 비전을 성공적으로 도입할 수 있는 방법을 찾아야 한다.

13장에서는 현재와 미래의 조직에 데이터베이스 신뢰성 문화를 적용하는 방법을 보여준다. 데이터베이스 신뢰성 엔지니어링을 대변하고 지지하면서 조직 내에서 다양한 기능에 적용해볼 수 있는 방법에 대한 아이디어를 얻을 수 있을 것이다.

데이터베이스 신뢰성 문화

데이터베이스 신뢰성의 문화는 무엇이며 이를 어떻게 홍보할 수 있는가? 특정 데이터베이스에 국한되지 않고 신뢰성 문화를 생각할 때 사람들이 떠올리는 많은 항목이 있다.

- 비난 없는 사후 분석

- 반복 작업 자동화

- 체계적이고 합리적인 의사결정

이 모든 것이 타당하며 운영 조직이나 사이트 신뢰성 엔지니어^{SRE} 조직의 모든 사람은 이를 위해 끊임없이 노력해야 한다. 그러나 이미 DBRE이거나 DBRE가 되고자 하는 사람들로서 우리의 환경에서 발전시켜야 할 것은 무엇인가? 여기서는 참여하기 위해, 신뢰성 문화를 주입하기 위해, DBRE로서의 전문 지식을 다른 조직에게 제공하기 위해 몇 가지 접근 방법을 살펴본다.

장벽 파괴

데이터 스토어를 활용하는 다른 팀과 격리된 상태를 유지하는 DBA는 성공하지 못할 것이다. 효과적인 작업을 위해서는 전통적으로 일해 왔던 것보다 훨씬 높은 추상화 계층에서 적극적인 팀원이 되고 파트너가 돼야 한다. 데이터베이스 역할이 일반적으로 흔하지 않기 때문에 그 특수성으로 인한 어려움이 있다. 책에서 우리는 데이터베이스 역할이 단순히 그들과 함께 일할 개발자와 운영 엔지니어의 수만큼 확장될 수 없다고 강조해왔다.

DBRE가 크로스펑셔널 팀과 업무에서 매우 효과적인 멤버임을 증명할 수 있는 영역이 있다. DBRE는 크로스펑셔널 업무에 참여하게 될 때마다 주요 전문 지식을 기여하거나, DBRE 자원에 대한 제약을 없애거나, 조직 내에서 제 몫을 할 수 있도록 우리 능력을 향상시키고자 다른 기능을 더 많이 배우는 등 목표가 있어야 한다.

아키텍처 프로세스

데이터베이스 전문 지식이 깊은 사람들이 아키텍처 프로세스의 모든 계층, 특히 설계 단계에 더 많이 참여해야 한다는 것은 말할 필요도 없다. 이미 프로덕션에서 상당한 테스트와 검증을 거친 적절한 데이터 스토어를 선택하는 데 있어 DBRE는 매우 가치 있는 데이터를 제공할 수 있다. 7장과 11장에서 설명했듯이 DBRE의 일은 조직에서 서비스로 사용할 수 있는 데이터 스토어를 충실하게 조사하는 것이다.

서비스를 구축하고 배포하고자 셀프 서비스가 필요한 대규모 조직에서는 DBRE가 셀프 서비스 카탈로그에 어떤 스토리지 서비스를 넣을 것인지를 결정하는 데 특별한 권한을 갖고 있다. 다른 기술 조직과 협력함으로써 DBRE는 에지 사례edge case, 확장성, 신뢰성, 데이터 무결성을 철저히 테스트하고 승인된 서비스를 사용하도록 지원할 수 있다. 때로는 모든 조직이 카탈로그 외부나 카탈로그의 다른 계층에서 서비스를 구축하고 배포할 수 있지만 그렇게 하려면 서로 다른 서비스 수준 계약SLA, Service-Level Agreements를 수용해야 한다는 경고가 발생할 수도 있다. 예를 들면 다음과 같다.

1계층 스토리지

프로덕션의 핵심 서비스에서 테스트된 스토리지다. 셀프 서비스 패턴의 사용은 운영자와 DBRE가 장애 티켓에 대한 15분 이내 심각성 1단계로 SLA를 제공한다. 그리고 가용성, 대기시간, 처리량, 내구성에 대한 가장 높은 SLA를 보증한다는 것을 의미한다.

2계층 스토리지

프로덕션 환경이지만 중요하지 않은 서비스에서 테스트된 스토리지다. 셀프 서비스 패턴의 사용은 운영자와 DBRE가 장애 티켓에 대한 30분 이내 심각성 1단계로 SLA를 제공할 수 있다는 것을 의미하며 가용성, 대기시간, 처리량, 내구성에 대해 조금 감소된 서비스 수준 목표^{SLO}를 보장할 것이다.

3계층 스토리지

프로덕션에서 테스트되지 않은 스토리지다. 장애 티켓은 운영자와 DBRE가 최대한 처리하려고 노력하겠지만 SLO를 보장할 수 없다. 소프트웨어 엔지니어링^{SWE} 팀의 전반적인 지원이 필요하다.

여러분의 조직에서 이러한 셀프 서비스 플랫폼을 지원하지 않을 경우 DBRE는 모든 팀이 데이터 스토어와 아키텍처를 평가할 때 사용하는 방법과 이를 통해 제공되는 가치를 인식할 수 있도록 보장하는 데 더욱 노력해야 한다. 미숙한 최적화는 항상 위험하지만 DBRE가 제공하는 가장 중요한 가치 중 하나는 아키텍처 데이터 스토어 결정이 향후 서비스가 확장 변곡점에 도달했을 때 서비스를 방해하지 않게 보장하는 것이다.

많은 조직에서 이는 운영 서비스가 시작되기 전에 모든 프로젝트에서 DB 검토가 포함된 기술 프로젝트의 필수 체크리스트로 시작한다. 하지만 이는 프로젝트의 수명이 다할 때까지 대기하기 쉽고 간단하게 변경이 가능한 시점을 넘기게 된다. 바로 이 부분이 정치와 대사직^{ambassadorship}의 예술이 작용하는 지점이다.

그러나 이는 프로젝트의 수명에서 너무 오래 기다리기 쉬운데, 간단히 수정할 수 있는 시점을 벗어나는 것이다. 이는 정치와 대사ambassadorshiop의 예술이 작용하는 곳이다. 데이터 스토어를 평가하고 모범 사례를 소개하며, 조직에서 가장 흔하거나 최신 데이터 스토어의 장담점과 패턴을 설명하는 시간을 갖는 것은 사람들에게 DBRE의 가치를 보여주는 중요한 방법이다. 또한 이러한 데이터를 구축하고자 SWE 및 아키텍처들과 함께 작업하고 이를 발표해 더 많은 마인드셰어mindshare를 형성할 수 있는 좋은 기회다. 이러한 내용을 정기적으로 공개함으로써 여러분이 아직 평가하지 않은 새로운 데이터 스토어가 아키텍처 구성 회의에서 논의될 때 사람들은 프로젝트의 일부가 돼 평가를 도와주고 매트릭스matrixed 멘토와 조언자로서 리소스를 나눌 수 있게 독려될 것이다. 요지는 사람들이 DBRE가 가진 제약 사항이 아닌 그 가치를 보게 하는 것이다.

이와 관련해 DBRE와 조직이 얼마나 잘하고 있는지 측정할 수 있는 지표가 있다. 다음은 몇 가지 예다.

- 얼마나 많은 아키텍처 프로젝트에서 DBRE를 사용했으며 그들이 승인한 템플릿을 사용했는가(사후 분석)?

- 어떤 스토리지가 사용되고 배포됐는가(사후 분석)?

- 각 단계별 또는 유저 스토리user story를 진행하는 동안 얼마나 많은 DBRE의 작업 시간이 발생했는가(사후 분석)?

- 신뢰성을 제공하기 위한 스토리지 계층이나 엔진별로 그룹화된 가용성, 처리량, 대기시간 수치 등

데이터베이스 개발

아키텍처와 마찬가지로 개발 주기의 초기에 데이터베이스 개발에 참여하는 DBRE도 프로젝트의 성공에 힘을 실어줄 수 있다. 8장에서 이 기회와 가치에

대해 많은 설명을 했다. 이에 대한 가장 큰 장벽 중 하나는 SWE가 DBRE와 그들의 설계를 논의하는 것을 잊어버린다는 것이다. 다른 회의 때 SWE는 그러한 지침이 필요하지 않다고 느낄 수 있다. 이 싸움에서 가장 중요한 점은 SWE 팀이 DBRE와 함께 하는 작업의 가치를 확인할 수 있게 협력하는 것이다.

프로젝트의 생명주기에서 풀타임이든 파트타임이든 DBRE를 포함한다. 소프트웨어 엔지니어와 짝을 이루는 것은 SWE가 DBRE와 협업의 가치를 알 수 있는 좋은 기회다. DBRE가 코딩에 특별하게 강점을 보이지 않더라도 데이터 모델링, 데이터베이스 액세스, 기능 사용에 대한 DBRE의 개입은 매우 유용한 것으로 입증될 뿐만 아니라 조직 간의 관계도 형성할 수 있다. 데이터 기반 애플리케이션을 지원하고자 검토, 구현, 온콜[oncall]을 수행하는 DBRE와 SW를 결합하면 개발을 가속화할 관계, 공감, 팀 상호 간 지식을 비슷하게 학습할 수 있다.

또한 각 SWE가 데이터 계층과 통합해 수행하는 기능에 대해 모범 사례와 패턴을 제공하는 것의 중요성도 살펴봤다. 예를 들어 여러분은 SWE가 패턴을 사용했는지 여부를 나타내야 하는 모델, 쿼리, 기능 사용에 대한 체크리스트를 구현할 수 있다. 이러한 체크리스트는 운영 서비스에 배포되기 전에 검토가 필요할 수도 있는 스토리나 특징에 문제점을 알려줄 수 있다.

이와 관련해 DBRE와 조직이 얼마나 잘하고 있는지를 측정할 수 있는 지표가 있다. 다음은 몇 가지 예다.

- SWE와 DBRE 간 개발 협업 시간

- DBRE를 활용한 유저 스토리[user story]

- DBRE 사용 여부에 따라 매핑되는 대기시간 및 내구성과 같은 기능 지표

- SRE와 짝으로 이뤄진 온콜 교대

프로덕션 마이그레이션

누구나 오류가 적은 마이그레이션을 원한다. 그에 대해서는 의심의 여지가 없다. 그러나 배포 속도는 DBRE가 이러한 배포를 지원하는 데 필요한 시간을 빠르게 초과하는 경우가 많다. 백로그^{backlog}는 결국 큰 위험을 초래할 수 있는 크고 취약한 변경 작업으로 묶이거나 마이그레이션은 중요한 DBRE 검토 없이 수행된다. 8장에서 설명했듯이 이를 관리하는 효과적인 방법은 SWE가 일반적인 배포 메커니즘을 통해 구현할 수 있는 것, DBRE가 구현해야 할 것, 모호한 경우 DBRE가 검토해야 할 것 등에 대해 좀 더 나은 선택을 할 수 있도록 프로세스와 도구를 만드는 것이다.

가장 쉬운 첫 번째 단계는 변경 사항이 안전한지 위험한지를 나타낼 수 있는 휴리스틱^{heuristic} 라이브러리를 지속적으로 만드는 것이다. 병목 현상이 즉시 제거되지는 않지만 DBRE와 함께 이 라이브러리를 구축해야 하는 권한을 생성하면 시간이 지남에 따라 추진력이 생기기 시작할 것이다. 가장 최근의 변경 사항을 주기적으로 검토하는 검토 위원회가 있으면 이러한 변경의 휴리스틱과 지침, 성공 또는 실패가 이 프로세스에 대한 효과적인 감시 장치가 될 수 있다. 성공과 실패한 변경 모두에 대한 정기적인 사후 분석의 일부로 이 작업을 수행할 수 있다.

SWE 조직이 가능한 한 자율적일 수 있도록 지속적으로 지원하는 또 다른 방법은 향후 변경 사항에 휴리스틱하게 적용할 수 있는 마이그레이션 패턴 데이터베이스를 구축하는 것이다. 시간이 지남에 따라 변경 사항 및 SWE와 함께 이 작업을 수행함으로써 SWE가 사용할 뿐만 아니라 시간이 지남에 따라 스스로 구축할 수 있는 실제 문서를 작성할 수 있다. 다시 말하지만 이러한 패턴의 성공 여부를 검증하고자 사후 분석과 검토를 수행하는 것은 매우 중요하다.

SWE가 수행할 수 있는 휴리스틱 및 마이그레이션 패턴이 나타내는 구현에 대한 가드레일을 제공함으로써 이를 기반으로 더 많은 것을 구축할 수 있다. 이 가드레일은 SWE, 운영자, DBRE 등 모든 사람에게 자신감을 준다. 성공을 보여주고 신뢰를 쌓을수록 이 일은 더 진전될 수 있다. SWE의 자율성을 가능하게 함으로써 여러분이 방해보다는 가치 있다는 것이 증명될수록 그 팀들과의 관계가 훨씬 더 건강해진다는 것을 발견할 수 있다. 데이터베이스 스토리지 및 액세스에 대한 전문 지식의 깊이를 지속적으로 제공하는 것으로 그들의 속도^{velocity}와 관계를 최적화할 것이다. 이러한 작업은 짝을 이루거나 워크숍, 지식 공유, 문서와 같은 좀 더 교육적인 접근 방식을 통해 개별적으로 수행할 수 있다.

아무리 많은 권한을 부여하더라도 DBRE가 반드시 수행해야 하는 마이그레이션이 있다는 사실은 바뀌지 않을 것이다. 심지어 이 단계에서도 다른 사람들을 교육하고 투입하고자 할 수 있는 접근법이 있다. 다시 말하지만 마이그레이션 계획과 실행 중에 엔지니어들과 짝을 이루는 것은 훌륭한 접근 방법이 될 수 있다. 운영 엔지니어와의 짝을 이루는 것도 매우 가치 있는 일이 될 수 있는데, 이는 궁극적으로 복잡한 운영 서비스 수행을 지원하고 소유할 수 있는 사람이 많을수록 더 좋기 때문이다.

대단한 자동화가 이뤄지지 않더라도 여러분과 DBRE 팀은 개발 파이프라인이 정체되지 않는 방식으로 좀 더 신뢰할 수 있고 오류 없는 변화를 계속 추진할 수 있는 많은 방법이 있다. 기술, 도구, 코드의 추가는 수작업 프로세스의 신뢰성과 반복성을 개선한 후에도 이를 더욱 발전시킬 수 있다.

이와 관련해 DBRE와 조직이 얼마나 잘하고 있는지를 측정할 수 있는 지표가 있다. 다음은 몇 가지 예다.

- SWE/운영자와 DBRE 간 짝을 이뤄 수행한 마이그레이션

- 모든 마이그레이션 대비 DBRE가 필요한 마이그레이션 수

- 마이그레이션의 성공과 실패 그리고 영향도

인프라 설계와 배포

'아키텍처' 절에서는 검증되고 신뢰할 수 있는 데이터 스토어를 선택하고자 엔지니어링과 함께 작업하는 것을 설명했다. 마찬가지로 운영 및 인프라 직원과 지속적으로 협력해 해당 데이터 스토어를 호스팅할 뿐만 아니라 이를 배포 및 유지 관리하는 데 필요한 모든 것을 갖추고 있는지 확인해야 한다. 5장에서는 이 기능의 다양한 부분을 자세히 설명했고, 6장에서는 그러한 인프라를 규모에 맞게 관리하는 데 필요한 소프트웨어와 도구를 살펴봤다. 그러나 우리는 아직 이를 분산된 데이터 스토어에 적용시키기에는 초기 단계에 있다.

프로덕션 구현과 소프트웨어 엔지니어에게 더 많은 자율성을 부여하는 것과 마찬가지로 이를 조직에 도입하는 것은 점진적인 단계를 통해 신뢰를 구축하는 데 있다. DBRE 팀과 조직에 중요한 가치를 제공할 수 있는 첫 번째 단계는 동일한 코드 리포지터리와 버전 시스템을 사용해 스크립트, 설정 파일, 문서를 관리하는 것이다. 그런 다음 운영 팀과 협력해 설정 관리와 오케스트레이션을 통해 빈 데이터 스토어에 설정과 배포를 시작할 수 있다. 이 작업은 실제 데이터로 해당 데이터 스토어를 마무리해야 하지만 점진적으로 단계를 진행하자.

이를 통해 운영과 연계함으로써 적절한 설정, 보안 테스트, 부하 테스트, 심지어 데이터 무결성과 복제에 대한 고급 테스트를 수행할 수 있다. 팀 전체가 데이터베이스 작동 방식과 손상 방식에 익숙해질수록 더 좋다. 가용성과 장애 테스트는 다른 조직과 협력하기 위한 중요한 테스트이기도 하다.

마지막으로 운영 담당자와 자체 인프라를 관리하는 선임 개발자에게 주요 온콜을 제공할 수 있다. 여러분과 여러분의 팀은 미러링과 페어링을 통해 리스크를 최소화하면서 이러한 인프라를 작업에 대한 자신감을 빠르게 얻을 수 있다. 이 모든 것을 유지 보수하는 내부와 외부 구조에 대해 해당 팀이 진정으로 확신할 때 비로소 데이터 로드, 복제 재구성, 주요 노드 장애 극복과 같은 위험 요소에 대한 자동화를 시작할 수 있다.

이와 관련해 DBRE와 조직이 얼마나 잘하고 있는지를 측정할 수 있는 지표가 있다.

- 설정 관리를 통해 관리되는 인프라 컴포넌트 수

- 오케스트레이션 플랫폼에 통합된 인프라 컴포넌트 수

- 성공과 실패한 프로비저닝 수

- 리소스 소비 지표(데이터 스토어에 사용되는 모든 하위 시스템)

- DBRE가 아닌 사람들에게 관리되는 온콜 교대

- DBRE가 아닌 사람이 관리하는 장애와 MTTR

- DBRE에게 요청된 건수

이 작업의 성공 중 많은 부분은 관계, 공감, 신뢰, 지식 공유에 있다. 우리는 많은 DBA가 격리된 상태에서 작업하는 데 익숙하다는 것을 알고 있지만 이러한 단계를 통해 여러분과 여러분의 팀은 데이터베이스 작업을 환한 곳으로 가져올 수 있다. 더 이상 그것이 가장 용감하거나 가장 어리석은 엔지니어만 기꺼이 해결하려는 어둡고 무서운 작업이 돼서는 안 된다. 이에 대한 핵심은 반복 노출, 지속적이고 점진적인 신뢰 구축, 다른 사람과의 협업이다.

데이터 기반 의사결정

변경 사항의 영향도에 대한 훌륭한 데이터 없이는 신뢰를 구축할 수 없다. 4장에서 살펴본 계획, 실행, 점검, 행위의 데밍 사이클^{Deming Cycle}은 가시성을 필요로 한다. 모든 변경 사항에 대한 기준을 수집하기 전에 성공을 결정하기 위한 명확히 적절한 지표를 정의하고 마지막으로 회의적인 시각으로 결과를 분석하는 시간을 갖는 것을 기억하는 것이 중요하다.

2장과 3장에서 설명한 것처럼 조직의 SLO에 대한 지식을 활용하는 것은 조직의 나머지 구성원에게 변화를 주도할 잠재적 가치와 그 변화를 이끄는 노력의 결과적 가치를 입증하는 데 필요한 측정 기준과 결과를 이해하는 데 매우 중요하다.

데이터 기반의 의사결정의 가치를 이미 보고 관찰, 분석 프로세스, 일관성 있는 실행을 위한 규율을 이미 수행하고 있는 조직에서 여러분 자신을 발견하기를 희망한다. 마찬가지로 여러분의 의사결정을 추진하고자 명확하고 유용한 SLO가 이미 정의된 조직 속에 있기를 바란다. 그러나 그렇지 않다면 더 깊고 잠재적으로 지대한 영향을 미칠 변화를 추진할 수 있도록 이와 같은 실천을 시작해야 한다.

데이터 무결성과 회복성

7장에서 데이터 무결성의 중요성과 손실 또는 손상에서 복구하는 능력을 설명했다. 너무 흔히 조직에서는 이것을 DBRE의 책임으로 보고 있지만 그것이 DBRE 조직만으로는 불가능한 일이라는 것을 알고 있다. 데이터 무결성 프로그램의 챔피언이 되는 것은 대개 DBRE 조직의 책임이 된다. 데이터 검증 파이프라인과 복구 API에 대한 리소스 할당의 중요성을 SWE 조직에 납득시키는 것은 지속적인 책임이 있다. 최근 들어 아키텍처, 소프트웨어 개발, 작업 초기 단계에서 DBRE의 참여 부족 사이의 장벽을 허물고 있다면 효과적인 데이터 무결성 파이프라인을 구현하는 데 필요한 공유 코드와 지식을 점진적으로 구축할 수 있는 관계와 신뢰를 얻게 될 것이다.

이는 쉬운 일이 아니다. 이에 대해 경험상 대부분의 SWE가 데이터 무결성은 DBRE의 도메인이라고 생각한다는 것이다. 그리고 제약이 있는 조직은 검증 파이프라인과 복구 API의 개발에 주저할 것이다. 따라서 데이터 무결성 문제에 대한 데이터를 수집할 수 있는 '불쌍한 사람'의 솔루션을 구현함과 동시에 문제를 해결해야 하는 자신을 발견할 것이다. 마찬가지로 데이터 수동 복구를 위한 노력을 추적하는 것은 복구 API와 검증 파이프라인을 위한 리소스를 커밋할 수 있도록 리더십을 설득하는 데 큰 도움이 될 수 있다.

보다시피 데이터베이스 신뢰성의 성공적인 진화는 점진적이고 포괄적인 조직 변화를 필요로 한다. 여러분의 시간을 가장 많이 소비하고 다른 조직에 가장 큰 제약을 주는 영역을 선택하는 것은 현명하게 실천할 수 있는 기술이다. 그런 다음 신뢰를 쌓고 개선점을 만들고자 점진적인 변화 지점을 구축하는 것은 모멘텀momentum을 만들 것이다. 하지만 이 모든 것은 여러분 조직의 리스크 수준에서 어떤 효과가 있고 어떤 것이 그렇지 않은지에 대한 많은 실험과 시간 그리고 신뢰가 필요하다.

정리

시간을 내어 이 책을 읽어줘서 감사드린다. 우리 둘 다 기술 경력에서 가장 부담스럽고 복잡 미묘한 것 중 하나를 발전시키는 데 매우 열정적이다. 이 책의 상당 부분은 열망적이거나 여전히 입증이 진행되고 있지만 DBRE의 움직임이 데이터 기반 서비스와 조직에 많은 가치를 가져다 줄 수 있을 것이라고 믿는다.

여러분이 조직에서 이러한 변화를 탐구하도록 영감을 받아 더 많은 것을 열렬하게 배우고 싶어 하기를 희망한다. 이 프레임워크는 유연하기 때문에 전반적으로 더 많은 읽기 및 탐색 옵션을 제공하려고 노력했다. 하지만 가장 중요한 점은 여러분이 DBA의 오랜 역할을 현재와 미래로 가져올 기회가 있다는 것을 알 수 있었길 바란다. DBA의 역할은 사라지지 않고 있으며 이 경력에 처음 발을 들였든 경험 많은 베테랑이든 여러분이 속한 모든 조직에 가치를 창출할 수 있도록 앞으로 오랜 경력을 쌓기를 바란다.

찾아보기

ㅇ

데이터베이스 신뢰성 엔지니어링

탄력적인 데이터베이스 시스템 설계와 관리

발 행 ｜ 2023년 2월 28일

옮긴이 ｜ 이 설 민
지은이 ｜ 레인 캠벨 · 채리티 메이저스

펴낸이 ｜ 권 성 준
편집장 ｜ 황 영 주
편 집 ｜ 김 진 아
　　　　 임 지 원
디자인 ｜ 윤 서 빈

에이콘출판주식회사
서울특별시 양천구 국회대로 287 (목동)
전화 02-2653-7600, 팩스 02-2653-0433
www.acornpub.co.kr / editor@acornpub.co.kr